中华人民共和国史研究文库

新中国史实考论与编纂学研究

宋月红 著

当代中国出版社
Contemporary China Publishing House
2020年·北京

图书在版编目(CIP)数据

新中国史实考论与编纂学研究 / 宋月红著 . -- 北京：当代中国出版社，2020.9
ISBN 978-7-5154-1062-3

Ⅰ . ①新…　Ⅱ . ①宋…　Ⅲ . ①中国历史—现代史—历史编纂学—研究　Ⅳ . ① K270.7

中国版本图书馆 CIP 数据核字（2020）第 174164 号

出 版 人　曹宏举
责任编辑　隋　丹　葛灿红
责任校对　康　莹
印刷监制　刘艳平
封面设计　胡椒书衣
出版发行　当代中国出版社
地　　址　北京市地安门西大街旌勇里 8 号
网　　址　http://www.ddzg.net　邮箱：ddzgcbs@sina.com
邮政编码　100009
编 辑 部　（010）66572264　66572154　66572132　66572180
市 场 部　（010）66572281　66572161　66572157　83221785
印　　刷　北京润田金辉印刷有限公司
开　　本　720 毫米 × 1020 毫米　1/16
印　　张　22 印张　2 插页　327 千字
版　　次　2020 年 9 月第 1 版
印　　次　2020 年 9 月第 1 次印刷
定　　价　69.00 元

《中华人民共和国史研究文库》

总　序

历史研究是一切社会科学的基础，重视历史、研究历史、借鉴历史是中华民族 5000 多年文明史的优秀文化传统。中国共产党继承了这一优秀文化传统，积极倡导学习历史、研究历史，尤其是学习中共党史、中华人民共和国史（或简称“新中国史”）、改革开放史和社会主义发展史。习近平总书记指出：“重视历史、研究历史、借鉴历史，可以给人类带来很多了解昨天、把握今天、开创明天的智慧。”

党的历史、新中国的历史，是中国共产党为中国人民谋幸福、为中华民族谋复兴的奋斗史，是我们党、国家和民族的宝贵精神财富。中华人民共和国的成立，开启了中华民族发展进步的历史新纪元。从那时起，即有学者开始对中华人民共和国史进行研究。1956 年 6 月，黄炎培在一届全国人大三次会议上提出，应“及时收集和保存建国史料”，并“加以整理”。

党的十一届三中全会后，伴随党的思想路线的重新确立和对中华人民共和国正反两方面历史经验的深刻总结，新中国史研究逐渐引起党和国家以及学术界的高度关注。经过多年的艰辛探索与开拓创新，新中国史研究取得了众多学术成果，成为中国历史研究中一个最年轻的学科。

党的十八大以来，以习近平同志为核心的党中央高度重视历史，特别是党史和新中国史。习近平总书记强调："历史是最好的教科书。""学习党史、国史，是坚持和发展中国特色社会主义、把党和国家各项事业继续推向前进的必修课。这门功课不仅必修，而且必须修好。"在开展"不忘初心、牢记使命"的主题教育中，党中央专门印发通知，要求各地区各部门各单位把学习党史、新中国史作为主题教育重要内容，不断增强守初心、担使命的思想自觉和行动自觉。

当代中国研究所于1990年6月28日经中共中央批准成立，研究和编纂中华人民共和国史、收集和编辑国史资料、出版国史研究著作，是当代所的主要职责，也是当代所人的崇高使命。当代中国研究所成立30年来，撰写并经中央审定出版了《中华人民共和国史稿》序卷和一至四卷，目前正在撰写五至七卷；编纂出版了每卷100万字的《中华人民共和国史编年》，该书为集资料性、研究性和学术性为一体的大型编年史书。在此期间，当代中国研究所和其主管的当代中国出版社，还参与组织编辑出版了152卷、210册、总计1亿字的大型史料性丛书——《当代中国》丛书；与中国大百科全书出版社合作编写了《中华人民共和国国史百科全书》。为迎接新中国成立70周年，受中央委托，当代中国研究所组织编写出版了《新中国70年》《中华人民共和国简史（1949—2019）》《新中国社会主义发展道路70年》等新中国史基本著作和六卷本《中华人民共和国史研究丛书》。此外，为了普及国史知识和消除历史虚无主义的影响，还编写出版了大众读物《中华人民共和国史小丛书》，并计划到2022年出版80种，向党的二十大献礼。上述图书均在国内外产生了重要影响，树立了新中国史研究的学术标杆，成为全国干部群众学习新中国史的基础性教材。

今天，我们已经进入中国特色社会主义新时代，正在向着社会主义现代化强国迈进，并日益走近世界舞台的中心，为整个人类社会做出越来越大的贡献。新中国的发展不是一帆风顺的，在探索建设社会主义的过程中，中国共产党遇到许多困难，也遭遇不少挫折。一些别有用心的人抓住新中国史上的曲折失误不放并夸大渲染，使一些领域成为历史虚无主义的重灾区。当代中国正经历着我国历史上最为广泛、深刻而急剧的社会变革，也正进行着人类历史上最为宏大而独特的实践创新。习近平总书记指出："当代中国是历史中国的延续和发展。新时代坚持和发展中国特色社会主义，更加需要系统研究中国历史和文化，更加需要深刻把握人类发展历史规律，在对历史的深入思考中汲取智慧、走向未来。"

历经30年不懈努力，当代中国研究所已经成为以马克思主义为指导、具有一流学术水平、汇聚一流科研人才的国史研究基地。30年来，当代所人始终以为国家写史、为人民立传为己任，牢记党和人民重托，真实记录中国共产党带领全国人民进行社会主义革命、建设和改革的光辉历程，全面反映中华民族从站起来、富起来到强起来的历史性进步，科学总结新中国每个历史阶段各方面建设的经验教训。

今年是当代中国研究所的"而立之年"，为进一步落实中央赋予当代中国研究所"存史、资政、育人、护国"的神圣职责，当代中国研究所决定设立《中华人民共和国史研究文库》（以下简称《文库》），为当代中国研究所以及国内外从事新中国史研究的专家学者提供一个发表学术成果的平台。入选本《文库》的标准为：以毛泽东思想、邓小平理论、“三个代表”重要思想、科学发展观和习近平新时代中国特色社会主义思想为指导，坚持辩证唯物主义和历史唯物主义的立场、观点、方法，坚持实事求是、论从史出的原则，书写和记录中国共产党领导中国人民进行社会主义和新中国建设与发展的理论创新和伟大实践，总结历史经验。《文库》的目标是打造一个能够充分展示中华人民共和国史研究成果，发挥经世致用、资政育人功能的高端权威学术平台。

“装点此关山，今朝更好看。”伴随着新中国前进的步伐，中华人民共和国史研究空间广阔，任重道远。我们希望中华人民共和国史研究工作者继承优良传统，以高度的历史自觉和历史意识、宽广的历史视野和唯物史观、强烈的文化自信和历史担当，总结历史经验，揭示历史规律，把握历史趋势，服务当代，垂鉴后世，承先启后，继往开来。当代中国研究所作为党中央赋予职能、中国社会科学院直接领导的专门研究中华人民共和国史的科研机构，有责任努力构建中华人民共和国史的学科体系、学术体系、话语体系，打造史学研究的中国学派。这一目标的实现，不仅有赖于所内全体人员的不懈奋斗，也需要所外各个方面的支持和参与。本《文库》就是这样一个服务于上述目标的开放的、持久的学术成果前沿阵地，我们期待所内外的学者写出无愧于时代和人民的历史著作并列入本《文库》，在存史、资政、育人、护国工作中做出更大贡献。

姜　辉

2020年5月22日

目　录

史观研究

史实考论

思想史论

编纂探析

国史学科

前言

历史，主要是指人类社会发展史。在人类社会发展的历史长河中，时代潮流浩浩荡荡，历史总是有规律地向前发展的。一国之史，是其国得以安身立命之基。新中国史，以中华人民共和国成立为发端，是自古以来中国史的当代发展，并将当代中国的昨天、今天和明天紧密地联系起来的历史，通称为中华人民共和国史或曰中国当代史。

欲知大道，必先为史。何以为史，《说文解字》曰："史，记事者也。从又持中，中正也。"史之用，正如唐代史学家刘知几在《史通·史官建置》中所言："史之为用，其利甚博，乃生人之急务，为国家之要道。有国有家者，岂可缺之哉。"然而，古往今来，凡修史治史者，不论自觉为之或承认与否，无不由历史观左右其立场、观点和方法。马克思主义在中国"首传真者"、中国马克思主义史学奠基者之一的李大钊，在谈到历史观与人生的关系时强调："历史观者，实为人生的准据。欲得一正确的人生观，必先得一正确的历史观。"人生观如此，为史更在于此。修史治史，以史观为魂、史料为素材、史实为依据，且研究、编纂而为信史、良史者，方可功德于存史、资政、育人。概而言之，唯有以正确历史观为历史哲学的根柢，才能以史为鉴、知往察来，科学揭示蕴含历史之中的发展规律。

人类社会的矛盾运动和时代发展，是历史发生、发展的基础和前提，昭示历史发展的趋势与方向、前途命运与本质。马克思说："人们自己创造自己的历史，但是他们并不是随心所欲地创造，并不是在他们自己选定的条件下创造，而是在直接碰到的、既定的、从过去承继下来的条件下创造。"[①]历史就是历史，对时代发展和社会历史条件敬畏和尊重与否，是能否正确认识和研究历史的逻辑认识起点。

自国之起源，历史就涵盖本国史和世界史，并在认识上有此二分之法。中国是世界的一部分，中国的发展离不开世界；世界的发展需要中国，中国为人类社会发展做出并将继续做出新的更大贡献。修史治史之要，当为立足本国，面向世界和以世界为视野，编修本国之史，并将其与世界史结合起来。编修中国史，亦然。

新中国史是历史中国的延续和发展。新中国的国情既有现实的又有历史的，认识和研究当代中国，离不开以新中国史为基础和依据，反过来亦如此。"当代中国""新中国史"，是两个内在联系在一起的认识概念与范畴，更是彼此交融在一起的客观实在，从内涵上只是称谓和认识"当代中国"的着力点或角度有所差异而已。认识和研究新中国史，在根本意义上主要是从"史"的领域或角度认识和把握当代中国的历史与现实及其发展趋势和前景。这一历史既是当代中国不断建设和发展的基础与前提，又与当代中国的理论和实践最直接、最紧密地结合在一起。新中国史是"史"，属于历史范畴，也具有时代特点。在一定意义上说，新中国史研究则是以当代中国之"史"认识、研究

① 《马克思恩格斯选集》第1卷，人民出版社1995年版，第585页。

和把握当代中国的现实与未来的。新中国史研究，以马克思主义唯物史观为哲学基础，对这一国史进行整理、记述、编纂和教育，则为国家写史、为人民立传，为时代描绘精神图谱。

新中国史是新中国的建设和发展史。就其内涵与表现来说，与中共党史融合一体，思想理论与社会实践相结合，蕴含中国共产党、中国人民、中华民族推动人类社会发展进步的智慧与贡献，凝结为社会主义物质文明、政治文明、精神文明、社会文明和生态文明的历史进程与成果。马克思主义中国化、爱国主义是新中国史的鲜明时代主题，也是新中国史研究的学理根基和发挥其社会功能的根本点。

在中国人民、中华民族的历史进程和历史深处，爱国主义是中华民族的民族心、民族魂，是中华民族精神之核，实现中华民族伟大复兴的中国梦是当代中国爱国主义的鲜明主题。新时代，加强爱国主义教育、发扬爱国主义精神，在思想政治建设中具有基础性地位和广泛性意义的是，坚持正确历史观，把爱党、爱国、爱社会主义相统一。

其一，历史是人民创造的，爱国主义始终是激励中国人民自强不息的强大力量。发扬爱国主义精神，就要把人民的命运、中华民族的命运与所处时代的命运结合起来。

人民是历史进步的真正动力。对待历史，要坚持人民的历史主体地位和首创精神。中华民族文明史、中国人民奋斗史、新中国发展史，都是人民书写的历史，人民是这一历史的真正主人。爱国主义则深深植根于中华民族悠久历史、蕴含于中华民族灿烂文化之中，并在中国共产党高举马克思主义伟大旗帜，为人民谋幸福、为中华民族谋复兴中不断升华和发扬光大。

其二，历史是有规律可循的，爱国主义精神与中国和中华民族从哪里来、到哪里去息息相关。新时代，发扬爱国主义精神，就要坚持爱党、爱国、爱社会主义相统一。

爱国主义是历史范畴，具有时代特点。就近现代中国历史来说，在半殖民地半封建社会，先进的中国人始终没有停下寻求救国救民、振兴中华的脚步。五四运动标志着中国民主革命进入新民主主义革命时期，由此诞生中国共产党，并逐步实现和不断深入推进马克思主义中国化，五四精神与历史上的爱国主义相比较，具有本质的进步和鲜明的时代特征。中国共产党领导人民在新民主主义革命胜利、新中国成立的基础上进行社会主义革命、建设和改革，引领中华民族迎来从站起来、富起来到强起来的伟大飞跃，不断丰富和发展以爱国主义为核心的民族精神和以改革创新为核心的时代精神。中国共产党是爱国主义精神最坚定的弘扬者和实践者。当代中国，爱国主义的本质就是坚持爱国和爱党、爱社会主义高度统一。

其三，坚持马克思主义唯物史观，广泛开展中共党史、新中国史、改革开放史和社会主义发展史教育，把祖国的命运与党的命运、社会主义的命运紧密结合起来，深深厚植和发扬新时代爱国主义精神，不断增强中国特色社会主义道路自信、理论自信、制度自信和文化自信。

中共党史、新中国史是党领导人民进行中国革命、建设和改革开放伟大实践的创业史、奋斗史和发展史，深刻蕴含着共产党执政规律、社会主义建设规律和人类社会发展规律。正确认识和处理党史、新中国史中的重大理论与实践问题，不只是一个历史问题，更主要的是一个政治问题。为此，要广泛开展党史、国史教育，站在中国特色社会主义新时代的历史方位上，并从党和国家事业发展大局上进行思考，坚持历史的、实践的和辩证的观点，牢牢把握党史、国史的鲜明主题、基本内涵和精神实质，不断加深对近现代中国国情和中国社会发展规律的认识，全面把握整个社会的基本面貌和发展方向，为新时代坚持和发展中国特色社会主义提供更加广泛而深厚的历史必然性和规律性的思想基础、学理依据和智力支撑，为实现中华民族伟大复兴的中国梦不断发扬光大伟大的爱国主义精神。

研究历史的重要职责在于编纂史料、历史和史籍，历史编纂学不可或缺。我国古代史官，“左史记言，右史记事”。古籍编纂，如《四库全书》，分为经、史、子、集。其中，史部十五类：正史、编年、纪事本末、别史、杂史、诏令奏议、传记、史钞、载记、时令、地理、职官、政书、目录（经籍、金石）、史评。至于今，历史文献浩瀚、历史编纂体裁体例繁多。史之编纂，基于信史，即史料之翔实、确凿，史实之真，以及史识之通。马克思指出：“研究必须搜集丰富的材料，分析它的不同的发展形态，并探寻出这各种形态的内部联系。不先完成这种工作，便不能对于现实的运动，有适当的说明。”[①]发展新中国史编纂学，藉“良史工文”，“求真”“通鉴”“致用”，疏通知远。

新中国史研究和编纂，是中国马克思主义史学的重要组成部分。马克思主义史学不仅根源于，而且统一于马克思主义的基本立场、观点和方法。近代，特别是五四运动以来，马克思主义逐步传播到中国并在中国兴起和发展，不断推进马克思主义中国化。也正是在这一历史进程中，中国马克思主义史学形成、确立和发展，并参与到、贡献于马克思主义中国化的理论与实践之中。

当代中国研究所专事研究、编纂新中国史，参与新中国史的宣传

---

① 《马克思主义经典作家论历史科学》，人民出版社 1964 年版，第 162 页。

与教育。值建所30周年之际，我以“新中国史实考论与编纂学研究”为题，选编在当代中国研究所工作期间的部分著述，辑录成册，以飨读者，并求教于方家指正，冀望于共同推动构建新中国史研究、编纂和宣传教育的学科体系、学术体系和话语体系，使之不断丰富、发展和完善，并成为一门“新中国史研究”“国史学”学科。

史观研究

用马克思主义唯物史观指导历史研究

“欲知大道，必先为史。”认识和研究历史，是人类智慧的重要源泉。马克思主义是在科学认识和研究人类社会历史的基础上创立和发展的，科学揭示了人类社会发展规律，并确立了唯物史观的基本立场、观点和方法，为马克思主义政党认识和研究历史开辟了科学道路。习近平总书记在哲学社会科学工作座谈会上的讲话中指出，马克思主义揭示了事物的本质、内在联系及发展规律，是“伟大的认识工具”，是人们观察世界、分析问题的有力思想武器。坚持以马克思主义为指导，是当代中国哲学社会科学区别于其他哲学社会科学的根本标志，必须旗帜鲜明加以坚持。历史研究作为“一切社会科学的基础”，必须在对待坚持以马克思主义为指导问题上更加坚定、更加自觉，始终高扬马克思主义唯物史观的旗帜。

一

历史是人类对自身以往思想认识和实践活动的记载，是人类文明曲折发展、多样性发展的轨迹。历史发展从来就不是杂乱无章的，而是充满了人类社会创造的一切文明成果，蕴含着人类社会发展规律，饱含着国家兴亡、民族盛衰的经验与教训。历史发展也总是向前的，没有任何力量可以阻挡，也阻挡不了。

历史是人类把握今天、创造明天的一个向导，是人类了解现在和正确地走向未来的一块基石。对于每个人来说，“不通古今，马牛而襟裾”；相反，则“寂然凝虑，思接千载”。对于一个民族来说，忘记自己的历史，就意味着背叛，是没有力量、没有希望、没有前途的；相反，以史为鉴，则可以知兴替。对于一个政党来说，不善于从历史中总结经验、汲取教训，终将被历史淘汰；相反，注重从自身和人类社会的历史中认识和把握社会发展规律，则能够成为顺应历史潮流、善于治国安邦的自觉政党。历史是一面映照现实、透视未来的明镜。看历史，就会看到方向、前途和光明。

马克思主义经典作家研究人类社会历史，发现了人类历史的发展规律，发现了现代资本主义生产方式和它所产生的资产阶级社会的特殊运动规律，即马克思的两个伟大发现——唯物史观和剩余价值学说，使社会主义由空想成为科学，也使历史研究在历史观的变革中成为历史科学。

二

中国史学在马克思主义指导下走上正确发展道路。马克思主义一经传播到中国，就与中国革命和中国共产党的成立紧密地联系在一起，与中国的具体实际结合起来，推动了马克思主义的中国化。1919 年，中国共产党的创始人之一李大钊在《新青年》杂志第 6 卷上发表《我的马克思主义观》，比较全面地介绍和阐述了马克思“特有的唯物史观”。[①] 唯物史观在中国的传播、应用和发展，开启并推动了近代中国思想界的根本变革，并在流派纷繁的近代中国史学界确立了中国史学革命的马克思主义方向。沿着这一方向，以郭沫若为代表的一批先进史学研究者，开始自觉地以唯物史观为指导，进行中国历史与中国社会问题的研究，形成了中国马克思主义史学研究的早期成果。郭沫若的《中国古代社会研究》，堪称研究中国古代社会的马克思主义史学代表作和典范之作，也深深影响了一代学人和学术。侯外庐在《韧的追求》中回忆说：“我一见郭沫若的《中国古代社会研究》，立刻就沿着他开辟的‘草径’（何等光辉

① 《李大钊文集》第 3 卷，人民出版社 1999 年版，第 21 页。

的一条‘草径’），研究起王国维的遗产和郭沫若的方法。”[①]以唯物史观为指导，是中国史学的马克思主义化的发展道路，形成和发展了以唯物史观为哲学基础的马克思主义中国化的历史理论。正如郭沫若在中国史学会成立大会上所说，中国史学界在历史研究的方法、作风、目的和对象方面“开辟了一个新纪元”。

在我国史学史上，正是在马克思主义的指导下，不论是中国历史研究还是世界历史研究，也不论是中国古代史、近代史研究还是中国现代史、当代史研究，都日益呈现出繁荣发展的局面，为继承和发展毛泽东思想，确立和发展中国特色社会主义理论体系、道路、制度和文化，提供了重要思想材料，也推动了马克思主义史学理论的丰富和发展。

三

人类社会的历史，就是一个不断地从必然王国向自由王国发展的历史。我们党在领导全国各族人民从新民主主义革命走向新中国成立，从新民主主义走向社会主义社会，从社会主义建设走向改革开放和社会主义现代化建设，总是始终高度重视并善于总结人类社会的一切历史，从对历史发展规律的不断认识和把握中探索前进的正确方向，开辟前进的正确道路。

坚持和发展马克思主义，首先必须全面、正确地认识和把握马克思主义的基本原理，并运用马克思主义的基本立场、观点和方法认识世界和改造世界，具体到历史研究，最根本的就是坚持以唯物历史观为指导。

然而，马克思主义自创立以来，始终存在各种思想倾向和错误思想的干扰和侵蚀，也始终是在与人类社会实践的结合中与时俱进、与各种非马克思主义和反马克思主义的社会思潮做斗争中发展的。当今世界社会主义运动处于低潮，马克思主义遭遇各种质疑、否定和歪曲，诸如在对待苏联马克思主义问题上的“苏马非马”，在对待传统文化与马克思主义关系问题上的“以儒反马”“以儒化马”“以儒淡马”，在对待马克思主

---

① 张岂之主编：《侯外庐著作与思想研究》第29卷，长春出版社2016年版，第84页。

义与西方马克思主义关系问题上“以西马释马”，以及篡改马克思主义的“指鹿为马”，同时又“指马为鹿”，等等，无不对认识和把握马克思主义基本原理产生误导、困扰和迷茫，对坚持和发展马克思主义产生侵蚀、扭曲和迷失。对此，我们必须旗帜鲜明地给予驳斥，站出来向种种错误思潮发声、亮剑，还马克思主义的历史理论观点的本原，正确对待不同国家的社会主义发展道路，正确处理民族传统文化、中西文化与马克思主义的关系，以发展着的马克思主义武装思想、指导实践。

20 世纪 80 年代后期以来，世界社会主义运动遭遇新的挫折、面临新的挑战与考验。其中，社会主义国家在对待本国历史问题上发生严重分歧，采取了两种截然不同的立场、态度和处理方式：一是苏联掀起了“重评”本国历史的运动，以所谓的“公开性、民主化”大肆诋毁和全盘否定苏联历史，在苏共垮台、苏联解体中扮演了极不光彩的角色。二是在中国，尽管在当时的国际大气候下发生了严重政治风波，但我们党不仅没有动摇而且更加坚定了社会主义初级阶段基本路线，并在总结历史经验教训中既实事求是地对待党的历史和新中国的历史，又敢于承认历史上发生的失误和错误，批评与自我批评，同时更加强调历史教育在思想政治教育中的重要性。邓小平指出，要懂得些中国历史，这是中国发展的一个精神动力。要用历史教育青年，教育人民。中国共产党人在世界社会主义运动转入低潮的历史条件下，坚持以唯物史观为指导与当代中国的具体历史实际相结合，充分尊重历史，客观、公正地对待历史，一切从当代中国的历史实际出发，一切根据是非曲直研究、判断和把握当代中国历史问题，不断从马克思主义中国化的发展中获得思想理论指导，从中国特色社会主义的伟大实践中汲取智慧和力量。

当代中国的历史既是中国源远流长的历史延续，又是具有划时代意义的发展，既是中华文明的历史继承、薪火相传，又是中华文明的当代发展。坚持以马克思主义为指导研究当代中国历史，在世界观上就是要毫不动摇地坚持唯物史观的指导地位，同时旗帜鲜明地反对和抵制历史虚无主义等错误思潮；在研究方向上就是要深刻阐述我们党在中国革命、建设和改革的各个历史时期，对什么是马克思主义、怎样对待马克思主义，什么是社会主义、怎样建设社会主义等一系列关系党和国家前途命运的基本问题的艰辛探索与回答，深刻揭示历史和人民怎样选择了马克思主义，选择了中国共产党，选择了社会主义道路，选择了改革开放，在历史认识和研究中探寻人类社会发展规律、共产党执政规律和社会主义建设规律，为国家写史、为人民立传，资政、育人、护国。

［原载《红旗文稿》2016 年第 16 期］

历史观、世界观决定学问观

做学问，以求知问道为旨趣，在人类社会发展到一定历史阶段而产生。做学问，是人类社会脑力劳动中具有专业化和职业化的思维认识活动，并日益成为人类社会的一种认识方式、不可或缺的一项社会性工作。

为什么人的问题，是做学问的一个根本问题。人类社会纷繁复杂而又有规律可循，社会分工越来越细而又相互联系，人们的思想认识丰富多样而又彼此争鸣与激荡。做学问，既指向人类社会发展的总趋势和规律性，又关注一个国家和民族的前途命运与兴衰成败，以至于个体人生，并无不具体到各种各样、层出不穷的社会现象与问题之中，因而形成综合性、专题性或交叉性的学科门类。然而，无论何种学科门类，都具有基础研究内涵和社会应用功能，否则难以生存和发展。做学问，也即学术研究。何为“学术”，“学术”有何意义？学术研究是否有其规律性？对此，我国近代学术大家蔡元培将“学术”分为“学”与“术”两个方面，认为“学为学理，术为应用”，“学必借术以应用，术必以学为基本，两者并进始可。”这一概念性阐释，庶几可称为学术结构功能论。它表明，做学问，不仅要探究学理，而且是要加以应用的。学理从何而来，应用到哪里去，是做学问者始终面对并需要认识和回答的。其中，学理有一个反映什么人的利益与意志，以及“对谁有利”的问题，应用则有一个为什么人服务和为谁所需所用的问题。二者归结到一点，就是做学问为什么人的问题。这是做学问的根本立场、出发点和落脚点问题，是做学问者绕不开、也躲不过的，必须直面以对。在做学问为什么人的问题上，如果模糊不清、游移不定，就会使做学问陷入混沌和迷茫；如果意识性强、思想明确，则会激发做学问的动力，并使做学问有的放矢。

为什么人的问题，是世界观的重要组成部分和集中表现。人与人之间关系的总和，构成人类社会。世界观则是人们对人类社会总的看法与根本观点。人类社会思想发展史上产生有各种各样的世界观，彼此之间既有历时性，或继承与发展，或演进与变革；又有共时性，相比较而存在，甚至截然对立。为什么人的问题，既是人与人之间关系的一个本质问题，又是世界观需要回答的一个基本问题。做学问为什么人的问题，就是要认识和处理做学问者与他人、与社会的关系问题。做学问，是主观与客观相互作用的过程。做学问，一方面取决于社会发展阶段和历史条件，另一方面则受制于研究者自觉或不自觉地对做什么样的学问和怎样做学问的选择。这两个方面构成做学问的主客观因素，也是产生不同学问甚或学术分野的主要社会根源与认识根源。在学问发展史上，做学问因研究对象的差异而形成相应学科门类或领域，更因研究主体自身政治经济状况的不同而产生各具形态的认识和主张，甚至对于同一个事物或现象产生不同或截然相反的观点。做学问，实质在于以什么样的主客观关系认识问题、事物和世界的问题。在人类社会历史发展中，总是主观见诸客观地做学问和研究，并以主观反映客观、合乎客观的认识成果，给人以智慧的力量、思想的启迪和科学的认知。相反，也总是主观脱离客观，甚或将二者对立起来地做学问，给人以误导和谬误，束缚人们的思想，障碍甚至扭曲人们的行为。

解决做学问为什么人的问题，必然而且首先要求解决世界观问题。一般来说，认识和回答做学问为什么人的问题，是复杂的，既存在是为大多数人还是为少数人甚或为个人的本质区别，又存在是自觉还是不自觉，是始终如一还是摇摆不定的类型差异的区别，而且各种情形之间在一定条件下是可以相互转化的，即使是同一个做学问者，也会因主客观因素的作用而在这一问题上发生思想和行为的变动。解决做学问为什么人的问题具有如下鲜明特征：（1）这是一个根本性问题，不是解决了一些枝节问题就能解决得了的；（2）这又是一个长期的复杂过程，不可能是一劳永逸的。因此，从根本意义上、从思想和灵魂深处去解决做学问为什么人的问题，才具有稳定性和长效性。世界观问题是人们思想和行为的“总开关”问题，是认识和解决其他一切问题的思想源泉。从世界观问题上解决做学问为什么人的问题，有利于找寻做学问的思想认识根源，确定做学问的目的与方向，形成以世界观为基础的学问观。做学问者信奉和坚持的世界观不同，势必导致人生观和价值观的不同，也势必在为什么人的问题上形成不同甚至迥异的学问观。

然而，欲正确解决做学问为什么人的问题，必先有一个正确的世界观。解决做学问为什么人的问题，存在一个正确与否的问题。在这一问题上，即使达到了意识性强、思想明确，也并不意味着就得到了正确解决。因为，在这种情况下仍然存在两种可能性：一是为大多数人；二是为少数人甚至为个人。这两种可能性，反映的不只是数量上的差别，而是对社会关系及其本质的认识不同，其根本点在于人民群众在人类社会历史中处于什么地位的问题。是否正确解决了做学问为什么人的问题，不是抽象的，不是以主观意志强弱为判断标准的，而是以客观世界为依据，以主观与客观、知与行相统一为衡量尺度的，即做学问者对于做学问的态度、立场、观点和价值取向，是否正确反映了人类社会的客观实在性及其历史发展的规律性。

不仅如此，欲有一个正确的世界观，必先有一个正确的历史观。历史观是对人类社会及其发展规律的总的看法和根本观点，是世界观的有机组成部分，并具有基础性地位。历史观需要回答和揭示社会历史的客观基础和社会历史运动，如关于社会存在与社会意识的关系问题，以及历史发展的一般规律与特殊规律、必然性与偶然性、连续性与阶段性、主体与动力等问题。有什么样的历史观，就会有什么样的世界观，也就会有什么样的学问观。马克思主义唯物史观科学揭示并阐明人民群众是人类社会历史的真正创造者，在人类社会历史发展中处于主体地位。这是其他形形色色的历史观所不可能达到的科学境界。唯物史观为正确解决做学问为什么人的问题提供了科学的历史观。

无论东方还是西方，也无论古与今，做学问的本质区别在于历史观和世界观的差异或对立。就史学来说，在中国近代思想家梁启超看来，“于今日泰西通行诸学科中，为中国所固有者，惟史学”，然而，这样的史学却存在如下“四弊”：一是“知有朝廷而不知有国家”，二是“知有个人而不知有群体”，三是“知有陈迹而不知有今务”，四是“知有事实而不知有理想”。为克服上述“四弊”，他主张进化史观，重视“民史”，倡导“史界革命”。[①] 这些史学思想尽管有其历史进步性和合理性，但终究因没有从根本上反映历史发展的本质规律而给中国史学带来变革性发展。正是由于唯物史观的确立和发展，在人类社会发展史上产生了广泛而深刻的思想革命和社会变革。也正是由于唯物史观在中国的传播和应用，使中国史学获得划时代的发展，并为为人民做学问奠定了思想理论基础。

坚持以唯物史观为指导做学问，就要依靠社会、深入社会、服务社会。做学问在一定社会条件下进行，并相应地受到这些社会条件的影响与制约，同时随着社会的变迁而在思想、方法与手段上发生变化甚至变革。做学问是一刻也离不开社会、来自社会并参与到社会中去的。做学问，远离甚至排斥现实社会生活，是做不出真正的学问来的，所谓的学问也是没有生命力的。

坚持以唯物史观为指导做学问，就要尊重人民群众的历史主体地位，站在人民群众的立场上，研究人民群众广泛的社会实践，反映人民群众的利益与意志。相应地，坚持以唯物史观为指导做学问，就要树立人民利益至上、为人民服务的价值观，自觉为人民做学问。为人民做学问，需要把做什么样的学问和怎样做学问，统一到人民群众的社会实践、思想意志和利益要求之中，做为了人民群众和有利于人民群众的学问。人民群众的社会实践是为人民做学问的根本源泉。一方面，为人民做学问，需要联系和深入人民群众的社会实践，否则是不可想象的；另一方面，人民群众的社会实践需要什么样的学问，就要做什么样的学问，把满足人民群众的社会实践需要作为做学问的价值取向。

坚定理想信念，是为人民做学问的强大精神动力。共产主义理想和中国特色社会主义信念，是马克思主义对人类社会历史规律的科学揭示，并在中国集中体现为科学社会主义理论逻辑和中国社会发展历史逻辑的辩证统一。因此，它从根本意义上反映了人民意志、符合人民利益、适

---

① 梁启超：《新史学》，商务印书馆2014年版，第85—91页。

应人民要求。坚定这一理想信念，一方面筑牢共产党人的精神支柱，另一方面增强共产党人与人民群众紧密联系在一起的精神纽带，并以此动员、组织和引导群众。习近平总书记指出："理想信念就是共产党人精神上的'钙'，没有理想信念，理想信念不坚定，精神上就会'缺钙'，就会得'软骨病'。"① 我们既要坚定走中国特色社会主义道路的信念，也要胸怀共产主义的崇高理想，矢志不移贯彻执行党在社会主义初级阶段的基本路线和基本纲领，做好当前每一项工作。

学术话语体系科学化、大众化，是为人民做学问的重要保障。为人民做学问，需要贴近人民群众的思想实际，将学理用人民群众听得懂、大众化的话语体系表达出来、传播出去。新中国成立初期，马克思主义史学家侯外庐先生在反思自己的文风中存在的"故作高深"问题时说："我的文章作风，尤其是表现形式，是很特别的，特别到有时'孤芳自赏'的程度"，"以为大众化通俗化可以不由我来负担"。他指出，这想法是错了的，主要错在脱离群众。文风问题虽然是做学问的表现形式和表达方式问题，但它实际反映的是做学问者的历史观和价值观问题。处理不好这一问题，同样会使做学问脱离实际、脱离人民群众，当然也不可能达到为人民做学问的目标。

［原载《中国社会科学报》2015 年 1 月 5 日］

① 《习近平关于全面从严治党论述摘编》，中央文献出版社 2016 年版，第 57 页。

历史虚无主义问题的实质是历史观问题

历史虚无主义以唯心史观为认识基础，对历史特别是党史、国史做所谓“反思”“翻案”“解构”等“虚无”文章，与马克思主义唯物史观争夺阐释历史的主导权、影响力和话语权，误导甚至“颠覆”人们的历史认知和政治与社会意识。从表象上看，历史虚无主义问题多以所谓史实、史料问题出现，但究其认识根源和动机，则是一个历史观问题。繁荣发展历史研究、党史、国史研究，必须反对和抵制历史虚无主义，还历史本原，澄清历史是非，修史资政育人。

一、正确的历史观在认识和研究历史中的指导地位与作用

历史观是关于什么是历史、怎样对待历史的总的看法和根本观点，是对待一个国家、一个民族安身立命的历史基础的最基本的立场和观点。然而，不同的社会发展阶段、不同的经济社会基础、不同的利益所在和不同的价值取向，就会产生不同甚至截然相反的历史观。正确的历史观或一些历史观中的合理成分，都是对人类社会矛盾运动的基本法则和历史发展的普遍性和规律性的能动反映。而且，对于一个人来说，欲有一个正确的世界观和人生观，必先有一个正确的历史观。一个人的历史观正确与否，影响甚或决定着其世界观和人生观的正确与否。正确的历史观是正确的世界观和人生观的重要思想认识来源和基础，在人类的思想

认识领域具有极其重要的地位和作用。

“欲知大道，必先为史。”人类社会的思想发展、文明进步总是离不开认识和研究历史，而认识和研究历史又总是自觉或不自觉地在一定的历史观指导下，以史实、史料为基本依据而进行的一种思想认识活动。近现代以来，人类的这一思想认识活动逐渐发展成为一门学科，即史学研究或历史科学。

史料之于史学，是基础与前提，但它并不等于史学，或者说单单如此，尚不能达到认识和研究历史的应有状态、层次和境地，当然也就难以从历史内部和深处，形成和发展历史认知，以及历史理论、史学理论。认识和研究历史，必须从史料的挖掘、整理与编纂上升到整体意义上的史学研究。历史观之于史学，是思想先导和理论基础。但只有坚持以正确的历史观为指导，才能科学地认识和研究历史。这是因为，正确的历史观总是符合历史发展实际、反映历史发展规律的；正确的历史观也总是蕴含或代表着一定的历史科学理论，指明认识和研究历史的正确方向、基本立场、观点和方法。

马克思主义唯物史观在人类社会思想发展史上具有划时代的历史变革意义。在马克思主义唯物史观产生之前，唯心史观居于主导地位，其撇开人的社会性，“至多是积累了零星收集来的未加分析的事实，描述了历史过程的个别方面”，人们对于历史的认识和研究长期陷于“神秘论”“机械论”“循环论”“宿命论”的窠臼。马克思主义唯物史观则破天荒地第一次把历史研究引上真正的科学轨道，开辟了认识和研究历史的新纪元。唯物史观是与唯心史观根本对立的，其之于历史，“不是在每个时代中寻找某种范畴，而是始终站在现实历史的基础上，不是从观念出发来解释实践，而是从物质实践出发来解释观念的形成”。[①] 马克思主义唯物史观作为“唯一科学的历史观”[②]，不仅具有科学理论体系，而且对人类社会历史发展具有实践指导意义。它科学地揭示了人类社会历史发展规律，并指导社会主义由空想变成科学、由理想变成现实，开辟了人类社

① 《马克思恩格斯选集》第1卷，人民出版社1994年版，第92页。

② 《列宁全集》第1卷，人民出版社1984年版，第112页。

会历史发展新纪元。

二、历史虚无主义根源于历史观问题

历史虚无主义以“虚无历史”为基本面貌与特征，从史实、史料问题入手，在历史过程、历史事件、历史人物、历史环节和历史逻辑上做文章，而且其“虚无历史”是有所“虚”有所“不虚”的，以其“虚”缩小、扭曲和否定对其立场、观点不利的历史，而以其“不虚”夸大、杜撰、颠倒对其立场、观点有利的所谓史实、历史碎片和历史逻辑关系。历史虚无主义之于历史，如果将历史比喻为一座“大厦”，那么历史虚无主义则把这座“大厦”视为“违建”，要么对其“位移”，对其“四梁八柱”进行“偷梁换柱”，甚或将其变为一片“废墟”。历史虚无主义对待历史，不只是形式上的“装饰”，而更多的是内涵式的“改造”。历史虚无主义实有“灭人之国，必先去其史”的功效，任其蔓延下去，后果将极其严重。

历史虚无主义问题因历史观问题而产生，因其对待历史的立场、观点问题而表现出来。历史研究有一条基本的认识逻辑，那就是研究者的立场、观点不同，即使是对待同一种史实、同一个史料、同一项历史问题，也会得出不同甚至截然相反的结论，更何况歪曲、杜撰历史事实和混淆、颠倒历史逻辑。在历史认识问题上，如果是单纯的史实、史料问题，或者仅驻足于、局限于史实、史料问题的范畴，则难以产生历史虚无主义问题；即使看似“虚无”，如果不发生历史观问题，也难以称不上或归属于历史虚无主义问题。历史就是历史，历史不能任意选择。然而，一旦历史观发生问题，历史就会成为“任人打扮的小姑娘”。历史虚无主义之所以表现为以其立场和观点选取史实、史料，把颠倒过来的历史重新颠倒过去，并以其价值判断、“反思”历史，解构主流历史认识，混淆历史是非，无不是因为其历史观发生了问题，而且用其所宣扬的历史观误导和扭曲人们的世界观和价值观，进而动摇正确的历史观基础。归结起来，历史虚无主义的历史观是唯心主义的历史观，是与历史发展的实际、逻辑和规律相背离的一种认识论。

三、历史虚无主义旨在历史观问题

历史虚无主义根源于历史观问题，也是主要作用于历史观问题的。它具体表现为“历史终结论”“告别革命论”“非毛论”，以及以西方发展道路、制度模式为归宿的“单线式历史观”等。历史虚无主义以唯心史观为认识根源，并通过“虚无历史”，为这些历史观提供所谓历史依据。

党史、国史问题，既是历史问题，也是政治问题。历史虚无主义之所以把党史、国史作为渗透和侵蚀的主要对象，本身就表明其有着不同于学术研究的动机。在党史、国史问题上，历史虚无主义从其立场和观点出发，通过历史碎片化、历史情节虚构化和史料的取舍、剪裁，偷换、变幻或伪造历史场景而任意打扮党史、国史的面貌；通过夸大或掩盖历史因果关系、历史功过、历史是非，以及以其好恶揣度历史人物的心理和彼此之间的矛盾对立关系，抹黑、丑化领袖人物，搞“翻案”等文章，要么肯定一切，要么否定一切，夸大历史之非、缩小或抹杀历史之是。如此，历史虚无主义“混淆”“修正”人们的历史认知和历史是非，以实现“解构”“重塑”人们的历史观和价值观的根本目的。

对于中国近现代史和党史、国史来说，革命史观与现代化史观本应是内在联系和辩证统一的。中国革命是为了争得人民当家作主，然后解放和发展社会生产力；实现中国现代化，是中国革命推动历史发展的必然趋势与前景。然而，历史虚无主义则“告别革命”，把中国革命与现代化割裂开来并对立起来，否定中国革命史。奉西方现代化为圭臬，误导中国现代化史观，进而否定中国共产党的领导和中国走社会主义道路的历史必然性。因而，在党史、国史问题上，历史虚无主义既表现在如何对待党史、国史的主题与主线及主流与本质问题上——诋毁新中国成立的伟大历史意义、中国共产党的领导和社会主义制度，歪曲中国革命、建设和改革的历史进程与成就，夸大或捏造历史上的失误、挫折与错误，进而否定中国特色社会主义道路、理论体系与制度，丑化中国共产党、中国人民和中华民族；又表现在如何对待具体的历史事件与人物、决策与政策问题上——从否定历史事件或人物的某个方面、某个细节，以偏概全、一叶障目地来否定这个事件或人物本身及其所代表的一段历史，从撇开历史环境条件或从抽象的概念出发，任意剪裁、肢解和臆造历史。总之，历史虚无主义的要害在于，从根本上否定马克思主义指导地位和中国走向社会主义的历史必然性，否定中国共产党的领导。

四、党史、国史研究必须坚持以唯物史观为指导

“唯物史观是吾党哲学的根据。”[①]中国共产党以马克思主义唯物史观为认识世界和改造世界的宇宙观和哲学基础，不断探索中国社会矛盾运动规律，领导人民取得新民主主义革命胜利、建立新中国，确立社会主义基本制度，并通过改革开放开创、坚持和发展中国特色社会主义，推动中国特色社会主义进入了新时代。历史选择了中国共产党的领导，中国人民选择了走社会主义道路。反对和抵制历史虚无主义，就要具体、历史地阐明新民主主义革命、社会主义革命和建设、改革开放和中国特色社会主义现代化建设的历史必然性和内在规律性。

坚持和运用正确的历史观，是处理和解决历史观问题的根本方法和途径。历史虚无主义问题实质上是一种历史观问题，反对和抵制历史虚无主义当然要以历史事实和史料为根据，但更为根本的是从历史观问题入手，坚持用正确的历史观来认识和研究历史、党史、国史，用科学的历史理论厚植和发展正确的历史观。人类社会历史发展总是阶段性与连续性的对立统一的，历史、现实与未来总是相通的，前景光明、道路曲折是人类社会一切正义事业发展的根本历史逻辑。正确的历史观，既包括马克思主义唯物史观，又具体表现为马克思主义历史科学的理论与方法，如人民历史主体地位论、社会基本矛盾论、对立统一论、历史唯物主义、大历史观等。只有全社会敬畏历史，尊重历史，实事求是地对待历史，不忘历史、面向未来，只有在历史理论上唯物地、辩证地认识和研究历史，那么历史虚无主义就会无立足之地，就会在理论上和社会生活中归于破产。

---

① 《毛泽东文集》第 1 卷，人民出版社 1993 年版，第 4 页。

坚持唯物史观，发展党史理论、国史理论。理论的力量在于说服人，理论只有彻底才能说服人，而理论要彻底必须抓住事物的根本。唯物史观论者，凡事从历史和环境两方面考察，透过现象看历史的真相和事情的本质。真正的理论是从客观实际中抽出来，又在客观实际中得到证明的理论。发展党史理论、国史理论，就要抓住党史、国史发展的主题与主线、主流与本质。党史、国史是马克思主义中国化与中国的具体实际相结合的历史进程和必然结果，蕴含着辩证唯物主义和历史唯物主义的世界观和方法论。如此，坚持历史唯物主义和辩证唯物主义的世界观和方法论，才能够具体而深刻地揭示党史、国史发展的历史逻辑和理论逻辑。

坚持唯物史观，不断提高党史、国史研究的科学化水平。从学科意义上说，坚持唯物史观，反对和抵制历史虚无主义：一方面要深入剖析历史虚无主义的社会环境条件、认识根源、主要表现与严重危害，特别是历史虚无主义问题的实质，同时处理好学术研究与政治的关系，注意区分政治原则问题、思想认识问题、学术观点问题；另一方面要构建和发展党史、国史研究的学科体系、学术体系和话语体系，根据历史事实和科学的历史认识论与方法论批驳历史虚无主义的谬误，积极引导和把握党史、国史问题上的社会思潮，不断增强反对和抵制历史虚无主义的学术理论能力和社会影响力。

［原载《光明日报》2018 年 2 月 14 日］

论《西藏通史》研究和编纂的历史观

西藏是中国不可分割的一部分。西藏历史是中国历史的重要组成部分，是国家治藏史与西藏地方史、民族史的有机结合。中国藏学研究中心主持编纂的八卷本《西藏通史》[①]比较全面而系统地研究和编纂西藏历史，集从古迄今西藏历史研究和编纂成果，铸就一项意义深远的、具有基础性的西藏历史文化精品工程。《西藏通史》的思想性、科学性和时代性，集中体现在它所坚持和彰显的历史观上，以及将古代史、近代史与当代史的贯通上，历史与现实的结合上，具有重要的政治意义、现实意义和学术价值。

一

历史观问题是历史研究的根本理论问题。进行科学的历史研究，不仅需要以确凿的史实和翔实的史料为基本依据，而且更为根本的是需要坚持正确的历史观。没有正确的历史观，即使史实再完备、史料再丰富，也难以自觉地得出符合历史实际的认识。《西藏通史》的研究和编纂坚持以唯物史观为指导，彰显和丰富了这一历史观，并使之与西藏历史相结合而具体化，使西藏历史得到鲜活的呈现，给西藏历史注入了当代意义

---

① 总主编拉巴平措、陈庆英，执行总主编张云：《西藏通史》，中国藏学出版社 2016 年版。全书 8 卷 13 册，包括早期卷、吐蕃卷（2 册）、宋代卷、元代卷、明代卷、清代卷（2 册）、民国卷（2 册）、当代卷（3 册）。

和时代认识。

《西藏通史》研究和编纂的历史观主要表现在如下四个方面：

（1）坚持和维护西藏是中国不可分割一部分。这是唯物史观关于西藏历史的核心要义。西藏是中国的一部分，是中国国家主权、安全和核心利益的重要组成部分。《西藏通史》以西藏自古是中国不可分割的一部分为编写历史的认识前提和逻辑起点，以西藏主权归属、行政管辖与治理、抵御外敌入侵、和平解放和民族区域自治为政治社会发展的基本脉络，展现了西藏地方与祖国内地的关系、西藏各民族在中华民族大家庭中的守望相助，共同抵御外侮的反侵略斗争和维护西藏是中国一部分的反分裂斗争，也展现了西藏社会制度的历史变迁特别是西藏和平解放以来逐步走上社会主义道路的历史变革，深刻揭示了西藏历史发展和社会进步的主题、主线、主流与本质，具体地、历史地阐明了《关于和平解放西藏办法的协议》（以下简称《十七条协议》）序言开宗明义所指出的："西藏民族是中国境内具有悠久历史的民族之一，与其他许多民族一样，在伟大祖国的创造与发展过程中，尽了自己的光荣的责任。"[①] 西藏历史是这样发展而来，并走向未来。讲西藏的主权归属中国，既要讲中央政府对西藏的管辖与治理，又要讲西藏各族人民对伟大祖国的创造与发展。

（2）尊重和坚持人民的历史主体地位。在人类社会发展史上，人民才是历史的真正创造者和推动者，始终处于历史主体地位。西藏历史上曾有过唯心史观在社会思想认识领域占主导地位，并严重影响了当时关于西藏历史的研究和编纂。《西藏通史》则根据西藏历史发展的历史逻辑和政治逻辑，把尊重和坚持人民的历史主体地位贯彻于记述历史进程、历史变革和历史发展之中，辩证地对待和处理历史人物与人民群众在推动历史发展中的相互关系与作用。在西藏历史上，一些历史人物在某些领域做出过贡献甚至起了关键性作用，但最终起决定作用的还是西藏各族人民的整体意志和社会实践活动。《西藏通史》在记述松赞干布建立吐蕃王朝，萨迦班智达、八思巴参与西藏融入元朝行政管辖，以及历辈达赖、班禅时，都把这一历史放在相应的社会历史条件下进行考察。西

① 《建国以来重要文献选编》第 2 册，中央文献出版社 1992 年版，第 283 页。

藏各族人民是西藏社会物质财富和精神财富的创造者，当代西藏各族人民则是在党的领导下进行西藏物质文明、政治文明、精神文明、社会文明和生态文明建设并贡献于伟大祖国的创造者、建设者，一部西藏历史，就是西藏各族人民在中华民族大家庭中的创业史、奋斗史和发展史，当代西藏历史就是西藏各族人民在党的领导下走社会主义道路，在中央关心、全国支援下自力更生，团结奋斗，建设社会主义新西藏的壮丽篇章。

（3）坚持唯物辩证的大历史观。人类社会历史发展总是阶段性与连续性的对立统一的，历史、现实与未来总是相通的。《西藏通史》以“通史”的体裁体例，附之以专门史、专题史，实现了具有西藏历史特点的历史学的“三通”：

一是融通“古今之变”。这是历史学的普遍意义在《西藏通史》上的具体体现。这就是站在西藏历史发展的整体上和相互联系上，总结中央政府治藏的历史经验与规律，西藏社会发展的历史经验与规律、西藏各民族内部团结和中华民族相互交往、交流和交融的历史经验与规律。

二是融通西藏地方与中央政府管辖之间的政治关系与历史关系，把西藏历史放在祖国大家庭的历史中进行研究和编纂。《西藏通史》在这方面的一个突出特点，就是“根据西藏历史发展与祖国内地王朝更替进程大体接近、元朝西藏地方纳入中央政府直接行政管辖以来基本相同”的特点，对西藏历史的时段进行了划分并相应地分卷编纂，由此也深刻反映了中国历史发展的主体性与多样性、总体性与不平衡性的统一。

三是贯通西藏地方的政治、经济、文化、社会、民族、宗教和自然等的历史变迁、时代变革与发展。历史本就是内涵丰富、曲折复杂的，因西藏在自然、历史、文化、社会、宗教等方面的特殊性，使得西藏历史更具复杂性和鲜明特征。《西藏通史》展现了西藏与祖国的历史发展和前途命运是紧密联系在一起的，全方位揭示了西藏各民族安身立命的基础，而且以西藏当代史直接把西藏的历史与现实联结起来，并以改革开放和社会主义新西藏的发展昭示了西藏历史的必然性和总趋势。

（4）坚持马克思主义的历史主义。根据一定的社会历史条件，判断和把握历史人物的功过是非、历史事件的成败得失，思想、制度和政策的历史进步性和局限性。在西藏历史上，封建农奴制很漫长；从近代至现当代以来，历史发展的转折性、变革性和跨越性都很强。对此，不能一概而论，更不能绝对化，而是要历史地、辩证地认识，具体问题具体分析，才能作出实事求是的分析和公允评价。

二

“铸牢中华民族共同体意识”在党的民族工作中处于十分重要的战略地位。这既是做好民族工作的一项战略目标与任务，又是做好民族工作的重要基础与前提。中华民族共同体意识是在中华民族发展史上逐步形成、巩固和发展的，中华各民族的历史与文化是中华民族共同体意识的重要源泉和载体。研究和编纂中华各民族的历史与文化，是“铸牢中华民族共同体意识”的重要实践方式。在这方面，《西藏通史》为维护国家主权而写史，为促进民族团结而立传，以确凿的史实和翔实的史料雄辩地阐明：西藏自古以来就是中国领土不可分割的一部分，藏族是中华民族大家庭中的重要成员，西藏传统文化是中华多元文化的有机组成部分；西藏各族人民“在伟大祖国的创造与发展过程中，尽了自己的光荣的责任”。“铸牢中华民族共同体意识”，迫切需要以《西藏通史》为范例，实施“中华民族共同体意识”历史文化工程，通过历史研究、编纂和教育，深化民族团结进步教育，加强各民族交往交流交融，促进各民族共同团结奋斗、共同繁荣发展。

西藏历史是马克思主义祖国观、历史观、民族观、宗教观、文化观（以下简称“五观”）的重要历史根基。《西藏通史》通篇贯彻并蕴含着唯物史观的基本立场、观点和方法，是培育和践行马克思主义“五观”的重要历史读本，是世人了解真实西藏的一部信史、一扇窗户。《西藏通史》是鸿篇巨制，全书分 8 卷 13 册，对于专业人士来说是适用的，并具有展示和收藏功能。然而，研究和编纂历史，旨在存史、资政、育人、护国。为此，亟须通过转化和开发《西藏通史》研究成果，使之简明化、大众化、信息化，用之于西藏历史教育、新旧西藏对比教育等，以历史文化自信推动“五观”深入人心，从西藏历史中汲取维护祖国统一、加强民族团结和推动西藏经济社会发展的历史智慧和精神动力，铸牢中华民族共同体意识。

（1）实施“中华民族共同体意识”历史文化工程。像《西藏通史》在整个中国历史、中华各民族交往交流交融的历史发展中研究和编纂西藏地方史、民族史一样，将研究和编纂民族区域自治地方史在全国推广开来，为研究中华民族共同体意识提供权威的历史文化读本，为铸牢中华民族共同体意识提供深厚的历史文化基础。

（2）推进《西藏通史》简明化、大众化和信息化建设。在《西藏通史》的基础上编写《简明西藏通史》和面向社会的各类西藏历史读本，形成关于西藏历史的教育教材体系、大众传播体系和话语体系。根据《西藏通史》，分门别类，通史性地编写西藏地方的政治、经济、社会制度、思想文化、宗教、军事、科技、交通、民族关系等专门史、专题史。发展以西藏历史为题材的文化创意，将《西藏通史》数字化，创建西藏历史文化信息数据库。

（3）多形式多手段地宣讲、推广《西藏通史》及其研究成果。以《西藏通史》为蓝本，设立西藏历史讲坛、讲座等，向社会普及西藏历史知识。组织参与《西藏通史》研究和编纂的专家学者到西藏和四省藏区进行宣讲。将《西藏通史》由汉文翻译成藏文，或编译适合藏族干部职工和群众喜闻乐见的藏文读本。实施“走出去”战略，推出《西藏通史》外文版，组织藏学界专家学者加强国际交流，传播西藏历史文化，不断增强涉藏对外宣讲和传播的能力，掌握更多话语权。

［原载《中国藏学》2019 年第 3 期］

史实考论

“中华人民共和国”国名补考

关于“中华人民共和国”国名问题，潘焕昭在《党的文献》2007年第3期发表的《“中华人民共和国”国名考》（以下简称“潘文”）中，具体考察了该国名最早被使用的时间、发明权的归属，以及没有加入“民主”字样的原因，丰富了人们对这一历史问题的认识。然而，潘文对新中国命名的历史逻辑起点的认识及“中华人民共和国”国名的由来、演进的描述，仍有不够全面、深入之处，实有必要做进一步的考察和补充。

新中国命名的历史逻辑起点

在新中国命名的历史逻辑起点上，潘文认为，“新中国的名称问题，大约在1947年中共中央十二月会议后考虑组建中央政府时开始出现”，“‘中华人民共和国’这一名称的出现不可能比这一时间更早了”。然而，组建中央政府与国名命名虽有一定联系，但并非因为要组建中央政府才“想到”国名问题，当然也不能只以“考虑组建中央政府”的时间来推断中国共产党关于新中国命名的时间上限。

国名是国体和政体最集中、最简明的表述。新中国命名是与中国共产党对国家性质的认识的发展和建立新国家条件的成熟相伴而生的。中共二大在最低纲领中指出要统一中国为真正的“民主共和国”。1935年12月27日，毛泽东在《论反对日本帝国主义的策略》中曾专设一节论述“人民共和国”，指出：“人民共和国是代表反帝国主义反封建势力的各阶层人民的利益的。人民共和国的政府以工农为主体，同时容纳其他反帝国主义反封建势力的阶级。”[①]“人民共和国”这一概念，无论形式还是内容，应当称得上是“中华人民共和国”名称的雏形。之后，毛泽东在1940年1月的《新民主主义论》中提出“我们要建立一个新中国”，并将新中国以“中华民主共和国”命名，指出“中华民主共和国”只能是在无产阶级领导下的一切反帝反封建的人们联合专政的民主共和国。[②]

如上，由“民主共和国”到“人民共和国”再到“中华民主共和国”的发展，是与新民主主义革命不同发展阶段的形势与任务相适应的。然而，中国共产党在使用这些名称时，关于新中国政权性质和阶级基础的认识并没有发生实质性变化。所以，无论是“民主共和国”“人民共和国”还是“中华民主共和国”，都应当被看作是中国共产党对其所要建立的新中国的一种命名，是“中华人民共和国”的一种历史形态。也就是说，对于新中国的命名贯穿于中国共产党创建新中国的整个过程中。最终新中国以“中华人民共和国”命名，是中国共产党关于人民共和国思想与人民民主政权建设实践相结合的产物。

“中华人民民主共和国”风行一时的原因

“中华人民民主共和国”的名称确实曾在1948年间凸显出来，并在一定时期比较流行，因此也就有了后来筹备召开新政治协商会议期间关于采用“中华人民共和国”还是“中华人民民主共和国”的讨论与协商。潘文认为：“从1948年下半年开始，党的各类文献中使用‘中华人民民主共和国’或‘人民民主共和国’之类的称呼明显多了起来。”这种情况究竟发生在何时，又是起于何因呢？我以为，中共中央于1948年4月30日发布纪念“五一”节口号，成为“中华人民民主共和国”等称呼随后风行一时的一个重要起因。

中共中央在1948年4月30日发布的纪念“五一”节口号中，没有

① 《毛泽东选集》第1卷，人民出版社1991年版，第159页。

② 《毛泽东选集》第2卷，人民出版社1991年版，第663、675页。

提到关于新中国的任何名称，而是号召“全国劳动人民团结起来”，为“建立新中国而共同奋斗”，“各民主党派、各人民团体、各社会贤达迅速召开政治协商会议，讨论并实现召集人民代表大会，成立民主联合政府”。[①]这在客观上就给协商确定新中国国名以更大的空间。随后，香港的各民主党派、民主人士于5月5日联合致电，对纪念“五一”节口号表示拥护。在这样的政治形势下，新中国命名的条件基本成熟。由于交通阻隔，毛泽东迟至8月1日才“奉悉”民主党派、民主人士5月5日电，并在复电中适时指出，要“建立独立、自由、富强和统一的中华人民民主共和国”[②]。就当时来说，这一建国目标由毛泽东代表中共中央向各民主党派、民主人士提出，不仅代表了中国共产党的意志，而且在得到各民主党派、民主人士拥护的情况下越来越成为社会各界的一项共识，从此便有了广泛的号召力和影响力。这样，“中华人民民主共和国”一时间成为即将建立的新中国的国名，也就是很自然的事情了。

1948年8月以后“中华人民共和国”名称使用情况

尽管有上述种种原因，1948年8月以后“中华人民共和国”名称的使用，还是比较常见的。比如，1948年10月10日，毛泽东在《中共中央关于九月会议的通知》中提到“准备在一九四九年召集中国一切民主党派、人民团体和无党派民主人士的代表们开会，成立中华人民共和国临时中央政府”[③]。1948年12月30日，毛泽东在为新华社写的1949年新年献词《将革命进行到底》中明确指出：“一九四九年将要召集没有反动分子参加的以完成人民革命任务为目标的政治协商会议，宣告中华人民共和国的成立，并组成共和国的中央政府。”[④]1949年6月15日，毛泽东在新政治协商会议筹备会上的讲话中提到“建设起一个崭新的强盛的名

① 《中共中央发布纪念“五一”劳动节口号》，《人民日报》1948年5月2日。

② 《香港各民主党派、民主人士致电毛主席　拥护中共五一时局　主张毛主席复电邀请共商具体步骤》，《人民日报》1948年8月6日。

③ 《毛泽东选集》第4卷，人民出版社1991年版，第1347页。

④ 《毛泽东选集》第4卷，人民出版社1991年版，第1379页。

副其实的人民民主共和国”[①]，但其末尾的口号中所提的，却是“中华人民共和国万岁”[②]。

实际上，“中华人民共和国”名称的出现不是单一的，而是与“人民民主共和国”等类似名称交互使用和相通的。如毛泽东在《将革命进行到底》中使用‘中华人民共和国”名称时，也没有舍弃“人民民主共和国”的称谓。他指出：“在全中国范围内建立人民民主共和国，实现统一的民主的和平。”[③]因此，根据“中华人民共和国”与“人民民主共和国”交互使用而非此起彼伏的事实，“中华人民共和国”国名与其说是由“中华人民民主共和国”演化而来，不如说是中国共产党与各民主党派和民主人士共同协商，在“中华人民共和国”和“中华人民民主共和国”之间优选的结果。

[原载《党的文献》2007年第5期]

① 《毛泽东年谱（1893—1949）》下卷，中央文献出版社2002年版，第517页。

② 《毛泽东选集》第4卷，人民出版社1991年版，第1467页。

③ 《毛泽东选集》第4卷，人民出版社1991年版，第1378、1379页。

新中国历史上两种性质不同的“和平赎买”

新中国的成立，社会主义基本制度的确立，标志中国社会进入社会主义社会初级阶段，奠定当代中国一切发展进步的政治前提与制度基础。新中国是在半殖民地半封建社会的废墟上建立起来，经由新民主主义过渡到社会主义社会的。在这一社会变革的历史进程中，中国共产党在资本主义工商业的社会主义改造中和西藏地方的民主改革中，对民族资产阶级和未参加叛乱的封建农奴主创造性地实行了“和平赎买”政策，在全国有力地促进了资本主义工商业的生产资料所有制向社会主义公有制的转变，而在西藏地方则与土地改革相配套，彻底废除了西藏封建农奴制。这两种“和平赎买”有着不可分割的历史联系，但它们的性质是不同的，集中表现在其所发生的经济社会基础、赎买的阶级对象和实现的所有制变革，都是不同的。

一、“和平赎买”发生的经济社会基础

在资本主义工商业的社会主义改造中，“和平赎买”发生在社会主义性质的国营经济占主导地位的新民主主义经济基础之上，而西藏地方民主改革的“和平赎买”则合乎西藏政教合一的封建农奴制必将废除的历史大势。

新中国成立时，社会主义性质的国营经济、半社会主义性质的合作社经济、私人资本主义经济、国家资本主义经济和农民与手工业者的个

体经济等五种经济成分并存。为发展生产，繁荣经济，《中国人民政治协商会议共同纲领》（以下简称《共同纲领》）规定，新中国经济建设实行公私兼顾、劳资两利、城乡互助、内外交流的政策。国家应在经营范围、原料供给、销售市场、劳动条件、技术设备、财政政策、金融政策等方面，调剂各种社会经济成分，使之在国营经济领导下，分工合作，各得其所，建立新民主主义经济秩序。[①]经过“银元之战”和“米棉之战”，特别是统一财经工作，从根本上稳定了物价，制止了通货膨胀。1950 年 6 月，党的七届三中全会提出争取国家财政经济状况的根本好转。为此，土地改革从 1950 年冬至 1952 年底在全国范围内基本完成。同时，合理调整工商业，加强了对私营工业的加工订货，调整了公私商业的营业范围和价格。新中国成立头三年，国民经济得到全面恢复并初步发展。1952 年工农业总产值比 1949 年增长 77.6%，国家财政比 1950 年增长 181.7%，国民收入则比 1949 年增长 64.5%。在五种经济成分中，国营工业在整个工业中的比重由 1949 年的 34.7% 上升到 1952 年的 56%，国营商业在全国社会商品批发总额中的比重由 1950 年的 23.2% 上升到 1952 年的 60.5%。私人资本主义经济企业大多通过统购包销、加工订货、经销代销和个别企业的公私合营等国家资本主义的初级形式，同国营经济相联系和合作，而成为国家资本主义企业。

随着国营经济在国民经济中占主体地位，领导力不断增强，与资本主义经济的矛盾与冲突也日趋紧张。从根本上解决这些矛盾与冲突，并适应国家工业化的需要，中国共产党提出并推动新民主主义向社会主义社会过渡。其中，在对资本主义工商业进行社会主义改造的问题上，当时可供选择的方案有三种：一是政治与行政的办法，像苏联和东欧国家一样采取没收的办法；二是经济的办法，即挤垮的办法，“不给任务，不给原料，不给生意作”；三是政治与经济相结合的办法，就是马克思主义经典作家提出的赎买办法。1953 年 5 月，中央统战部在调查私营工业实行国家资本主义情况的基础上，向中央提交了《资本主义工业中的公私关系问题》，认为公私合营是最有利于将私有企业改造和过渡到社会主

① 《建国以来重要文献选编》第 1 册，中央文献出版社 1991 年版，第 7 页。

义的形式。随后，中央政治局讨论并决定通过国家资本主义改造资本主义工商业，毛泽东提出了以逐步实现国家社会主义工业化为“主体”和以实现国家对农业、手工业和资本主义工商业的社会主义改造为“两翼”的过渡时期总路线。实施这一路线，新中国开始由新民主主义向社会主义社会过渡。其中，国营经济是向社会主义过渡具有决定性的物质基础，国家资本主义是“在人民政府管理下、用各种方式与社会主义国营经济联系和合作的、受工人阶级监督的资本主义经济”，是向社会主义过渡的基本形式，公私合营与“和平赎买”则是实行国家资本主义的主要政策。

然而，新中国成立后，西藏地方尚未实现解放。1951 年 5 月 23 日，中央人民政府与原西藏地方政府在和平友好协商的基础上签订了《关于和平解放西藏办法的协议》（以下简称《十七条协议》），标志西藏和平解放，帝国主义侵略势力被驱逐出西藏。但这只是或主要是在西藏地方完成了新民主主义革命中反帝的任务。根据《十七条协议》，西藏地方在解放后的一定时期内暂不实行民主改革。因此，全国范围内完成社会主义改造时，尽管由于中央支援西藏地方建设，人民解放军进军西藏、巩固国防，开垦荒地，生产自给，以及开展大量的争取群众工作，为西藏社会带来一些社会主义性质的经济成分，但西藏整体上还维持着封建农奴制社会形态。在这一中世纪式社会形态中，官家、贵族和寺院上层僧侣三大领主约占西藏总人口的 5%，却占有西藏绝大部分生产资料；而占总人口 95% 以上的农奴和奴隶则没有生产资料和人身自由，并世代承受着包括徭役、赋税、地（畜）租在内的沉重的乌拉差役[①]和高利贷盘剥。政教合一是这一社会形态的鲜明特征。据统计，民主改革前，西藏约有 1/4 的男子出家为僧，附属于哲蚌、色拉和甘丹三大寺的农牧奴有 6 万多人。西藏地方延续几百年的封建农奴制黑暗、腐朽、没落，与人类社会文明发展进步相悖，严重阻碍着西藏地方社会生产力的解放和发展，也使西藏地方即使在解放后仍然严重滞后于全国社会发展阶段，已到了非改变不可的地步。

① 乌拉差役，“乌拉”是藏语，指无偿劳役。

二、“和平赎买”的阶级对象与政治基础

工人阶级取得政权后对资产阶级实行赎买的设想，是马克思主义经典作家提出来的。在公有制的实现形式问题上，马克思主义经典作家认为，在一定条件下，对工人阶级来说，可以允许从资产阶级手里赎买土地、工厂及其他生产资料。这对于工人阶级和达到社会主义是有利的。这种条件是指资产阶级同工人阶级在政治和经济上一定程度上的“合作”，赎买则是工人阶级在这种“合作”基础上对资产阶级的一种“让步”。俄国“十月革命”胜利后，列宁曾在1918年《论“左派”幼稚性和小资产阶级性》和1921年《论粮食税》中提出实行赎买，但都因得不到俄国资本家的合作而未能实现。在新中国由新民主主义向社会主义社会过渡之前的人类社会所有制变革史上，发生在社会阶级之间的赎买是从未实现过。这一历史性创举，是由中国共产党在社会主义改造和少数民族地区民主改革中创造出来的。

社会主义改造中的赎买对象是中国民族资产阶级。新中国成立的伟大历史意义，首先是实现了根本政治变革和社会改造，人民当家作主，确立并实行工人阶级领导的、以工农联盟为基础的、团结各民主阶级和国内各民族的人民民主专政。在政治上，中国民族资产阶级具有两面性，同中国工人阶级存在着一定的“合作”基础；在经济上，资本主义工商业在一定时期的存在和发展，有利于促进整个经济社会的发展和国计民生。中国民族资产阶级曾经是民主革命的同盟者，新中国成立后他们不反对土地改革，并参加抗美援朝和恢复经济工作，愿意接受社会主义改造。因此，新中国对待资本主义工商业，与对待官僚资本不同，不是没收，而是利用、限制和改造。在党的七届三中全会上，毛泽东在《不要四面出击》的讲话中指出，提早消灭资本主义实行社会主义“是错误的，是不适合我们国家的情况的”。[①] 利用、限制和改造资本主义工商业，中国工人阶级同民族资产阶级结成了一种政治的和经济的联盟关系，使新中

① 《毛泽东文集》第6卷，人民出版社1999年版，第73—76页。

国具有了对中国民族资产阶级实行“和平赎买”的政治基础。

西藏民主改革中的赎买对象则是未参加叛乱的封建农奴主。在西藏民主改革问题上，《十七条协议》规定，中央不加强迫，西藏地方政府应自动进行，人民提出改革要求时，得采取与西藏领导人员协商的方法解决。因此，无论是《十七条协议》，还是新中国社会主义建设与发展，乃至人类社会文明发展进步的要求，西藏地方都是要进行民主改革的，从而彻底废除封建农奴制，在西藏完成新民主主义革命的全部任务。然而，由于西藏在解放后的一定时期民主改革的条件不成熟，同时为稳定西藏社会秩序，在西藏自治区筹备委员会 1956 年成立后，中央决定西藏地方“六年不改”，即全国实行第二个五年计划时期，西藏地方不进行民主改革，第三个五年计划时期是否要进行，要看当时的情况而定。实行这一方针，是对西藏封建农奴制的一种“让步”，也是对西藏封建农奴主的历史觉悟的一种“等待”。然而，1959 年 3 月，在国外反华势力的唆使和煽动下，西藏地方分裂分子发动全面武装叛乱，撕毁了《十七条协议》。在这种条件下，“六年不改”不可能再继续下去，西藏民主改革被迫提前进行。

西藏民主改革是和平式的，然而历史的发展使其与平息武装叛乱同步进行。西藏封建农奴主在维护祖国统一和反叛乱问题上发生政治分野。其中，未参加叛乱的封建农奴主在反分裂、反叛乱上是可以争取和团结的。在这一政治基础上，西藏民主改革以是否参加叛乱为界限，对参加叛乱的封建农奴主的财产实行没收，而对未参加叛乱的封建农奴主及其代理人则实行“和平赎买”政策。争取和团结未参加叛乱的封建农奴主，是巩固和扩大民主改革与平息武装叛乱的社会基础和群众基础的实际需要，也是符合《十七条协议》关于西藏民主改革的基本精神的。

三、“和平赎买”的历史内涵与特点

由经济社会基础和赎买对象的阶级属性所决定，两种“和平赎买”的实施，既有联系，也有区别，反映出“和平赎买”在中国实现形式的历史多样性和创新性。

在对资本主义工商业的社会主义改造中，“和平赎买”以工人阶级在资本主义工商业中为民族资产阶级生产的一部分利润为物质基础，而且以全行业公私合营为界，经历了从“四马分肥”到定期定息的发展。在全行业公私合营以前，赎买采取的是分配企业利润的办法，将私营企业所得利润按照“国家所得税金、企业公积金、职工福利奖金、资方的股息红利”[①]进行分配，其中“资方的股息红利”在整个利润中占1/4左右。资本主义工商业的全行业公私合营是国家资本主义的高级形式，实行这一形式则是资本主义所有制过渡到社会主义公有制的具有决定意义的重大步骤。在全行业公私合营以后，赎买采取定期定息制度，即在一定时期内，由国家经过专业公司支付资本家以一定的利息，“让资本家改变生活有个准备期”，同时国家可以合理安排私营企业的改组。在利息问题上，中共中央确定，不分工商，不分大小，不分盈余户、亏损户，不分地区，不分行业，均为年息五厘；个别需要提高息率的企业，可以超过五厘；已经采取定息办法的公私合营企业，如果年息不到五厘，要提高到五厘；息率已超过五厘的，不予降低。定期定息，有利于团结民族资产阶级及其知识分子积极参加社会主义建设，最终实现资本主义所有制向社会主义公有制的历史变革。

西藏封建农奴制社会的经济形态以农牧业为主，赎买未参加叛乱的封建农奴主与赎买民族资产阶级不同，不是分配利润和定息，而是由国家出钱购买他们的土地和其他生产资料后，分配给农奴和奴隶。1959年9月20日，中共西藏工委制定了《关于执行赎买政策的具体办法》，规定赎买一般采取由上登记由下评定，赎买金分期付款的方法。据统计，在西藏民主改革中，国家共支付4500多万元，赎买了1300多户未参加叛乱的农奴主和代理人的90万亩土地和82万多头牲畜。西藏地方在整个民主改革中，共计没收和赎买农奴主土地280多万亩，分给了20万户、80万农奴和奴隶，人均分得土地3.5亩多。随着西藏民主改革的完成，西藏封建农奴制从此一去不复返。

历史地看，社会主义改造支援了西藏民主改革。新中国在完成社会

① 《陈云文集》第2卷，人民出版社2005年版，第680页。

主义改造基础上开始的全面建设社会主义，以及西藏和平解放以来经济社会的发展和西藏筹备实行民族区域自治，为西藏实行民主改革提供了物质基础和制度保证。同时，西藏民主改革中的赎买是对社会主义改造中赎买的历史借鉴和创造性运用。它将对资产阶级的赎买运用到了对封建农奴主的改造上，因此实现的是两种性质不同的所有制变革，一个是全国范围内由资本主义私有制转变为社会主义公有制，另一个则是西藏地方由封建农奴主所有制转变为农牧民个体所有制。此后，西藏进入农牧民个体所有制的"稳定发展"时期。

两种"和平赎买"，一方面保护和发展社会生产力，另一方面变革生产关系，将对企业和土地制度的改革与人的改造相结合，政治手段与经济手段相并举。在对资本主义工商业的社会主义改造中，政治上不剥夺民族资产阶级的选举权，并且对于他们中积极拥护社会主义改造并有所贡献的代表人物，给以恰当的政治安排，同时对于那些有技术才能和有管理企业的能力者还给予较高的薪水，资方人员凡能工作的都由国家有关部门分配工作，不能工作的也酌量给以安置，或者予以救济。在西藏民主改革中，对未参加叛乱的封建农奴主在政治上予以妥善安排，并保障他们的生活水平不降低，而且还有所提高和改善。

两种和平赎买的实现，是中国共产党根据中国的具体实际，结合民族地区情况，对马克思主义经典作家提出的赎买设想的创造性实践，是人类社会发展史上生产资料所有制变革的历史性创举。社会主义改造完成，全国进入社会主义初级阶段；西藏民主改革则奠定了西藏地方经农牧民个体所有制而迈入社会主义社会的制度基础，推动西藏地方的社会发展，使其逐步跟上全国社会主义建设的步伐。

［原载《光明日报》2012 年 6 月 17 日］

西藏和平解放若干史实考释

西藏和平解放是新中国成立以来西藏地方具有深远历史意义的伟大转折。在西藏和平解放的历史进程中，中国共产党明确提出两个“绝不容许”和和平解放的方针，奠定了西藏解放的根本方向与方式；制定和实施以十八军为进军主力的“多路向心进兵”策略，促进和保障了西藏和平解放的开展；《关于和平解放西藏办法的协议》（以下简称《十七条协议》或《协议》）的签订，则标志着西藏和平解放的实现。认识和研究西藏和平解放史，史料的翔实与确凿是基础。然而，在上述有关西藏和平解放的关键问题上，无论是历史文献档案的整理与编纂，还是历史研究的著述，均存在着一些对史料记述有误，对历史事实认识不清晰甚或有争议之处，实有进一步研究的必要。本文择其要者作一考证与辨析，以求教于方家指正。

一、关于西藏地方两个“绝不容许”与和平解放西藏方针提出的时机问题

在解放西藏问题上，中国共产党提出了关于西藏地方两个“绝不容许”和和平解放的方针。前者遵循历史、捍卫主权，是西藏解放的根本政治前提；后者规定了西藏解放的根本方向与方式。二者相辅相成，共同形成新中国解放西藏的根本方针。

（一）关于西藏地方两个“绝不容许”方针的提出

在中国人民政治协商会议筹备召开期间，西藏地方政府中的亲帝分裂势力在英美等帝国主义侵略势力的怂恿下，于 1949 年 7 月 8 日制造了“驱汉”事件，企图将西藏地方从祖国分裂出去。中国共产党从诞生起，就始终坚持西藏地方是中国领土不可分割一部分的历史观，反对分裂，维护祖国领土完整与主权统一。针对这一“驱汉”事件，新华社发表了《决不容许外国侵略者吞并中国的领土——西藏》的社论，重申了中国共产党对于西藏地方的鲜明立场，阐明了中国人民、中国共产党和中国人民解放军对于西藏地方坚定不移的方针。这就是两个“绝不容许”的方针：（1）西藏是中国的领土，绝不容许任何外国侵略；（2）西藏人民是中国人民的一个不可分离的组成部分，绝不容许任何外国分割。[①]遵循这一方针，中国共产党领导的西藏反分裂斗争，随着新中国的即将成立而进入一个新的发展阶段，社论的发表无疑成为这一阶段到来的重要标志。

1949 年 9 月 3 日，《人民日报》全文发表了这一社论，并注明“新华社北平二日电”。这是关于该社论最初的公开记载。中央文献出版社 2005 年出版的《西藏工作文献选编（1949—2005）》（以下简称《选编》）节选了该社论，并注明“一九四九年九月三日新华社社论”。这里，新华社社论时间与公开发表时间是两个不同的概念。由于新华社电讯是《人民日报》的重要信息源和稿源，因此二者有时同日，有时则先后有别，但新华社电讯一定是在公开发表的前面。对比《选编》和《人民日报》关于新华社社论时间的注明，可以明显地看出，《选编》将《人民日报》发表社论的时间误读为新华社社论的时间，而新华社社论的实际时间应为 1949 年 9 月 2 日。

（二）关于和平解放西藏方针确立的时机问题

随着新民主主义革命的胜利，解放西藏成为历史发展的必然。为解放西藏，并争取和平解放的前途，中国共产党适时提出了和平解放西藏

---

① 《决不容许外国侵略者吞并中国的领土——西藏》，《人民日报》1949 年 9 月 3 日。

的方针。西藏的和平解放，驱逐了帝国主义侵略势力出西藏，在西藏地方的历史发展中具有转折性意义。西藏的和平解放，也揭开了西藏地方与祖国关系新的历史篇章。认识和研究西藏和平解放史，必须弄清楚党提出和平解放西藏方针的历史实际，其中何时提出的问题就成为一个重要的历史与逻辑起点。

在中央明确提出和平解放西藏方针的时机问题上，目前大体存在着三种具有代表性的观点：（1）与中央决定人民解放军向西藏进军同时，[①]但没有具体时间的表述。（2）1949 年 12 月 25 日。其所依据的是当日中共中央内部指示西北局和西南局："我军进驻西藏的计划是坚定不移的，但可采用一切办法与达赖集团进行谈判。"[②]（3）1950 年 1 月 20 日。这三种观点在时间问题上虽然相差不远，大致集中在 1949 年底至 1950 年 1 月之间，但确定中央明确提出和平解放西藏方针的具体时间，对于理解这一方针提出的历史条件，以及人民解放军进军西藏与和平解放西藏的关系问题，仍是十分必要的。

解放西藏，是中国新民主主义革命的应有之义。人民解放军进军西藏，是以驱逐帝国主义侵略势力出西藏为首要任务的解放西藏的重要组成部分。在解放西藏中，人民解放军进军西藏具有双重使命，一方面抵御西藏地方政府中亲帝分裂势力的军事威胁，另一方面则是根本的和深远的，即巩固新中国的国防。当解放西藏提上日程，无论和平解放与否，人民解放军进军西藏就成为应然和必然，并且贯穿于解放西藏的全过程。

第一种观点把人民解放军进军西藏与和平解放西藏联系和统一起来，无疑反映了西藏和平解放的内涵与实质。但是，按照这一观点推断，中央明确提出和平解放西藏方针的时机就具有了不确定性。新中国成立之前，1949 年 9 月 2 日新华社社论《决不容许外国侵略者吞并中国的领土——西藏》就明确指出："中国人民解放军必须解放包括西藏、新疆、海南岛、台湾在内的中国全部领土，不容有一寸土地被留在中华人民共和国的统治以外。"新中国成立之后，1949 年 10 月 13 日，毛泽东关于

① 中共西藏自治区委员会党史资料征集委员会编：《西藏革命史》，西藏人民出版社 1991 年版，第 30 页。

② 陈崇凯：《简论和平解放西藏战略决策和实施方针的历史实践》，《中国藏学》2001 年第 1 期。

西北西南作战部署电示彭德怀："经营云、贵、川、康及西藏的总兵力为二野全军及十八兵团。"[①]1949年12月，毛泽东赴苏联访问，途径满洲里时，致信中共中央并西南局指出："进军西藏宜早不宜迟。"[②]1950年1月10日，毛泽东同意刘伯承、邓小平关于进军西藏的计划，并指出："现在英国、印度、巴基斯坦均已承认我们，对于进军西藏是有利的。"[③]然而，这一时期的西藏严重存在着与祖国分离的危险，和平解放的历史机遇与条件并未形成。中央虽然在解放西藏问题上，始终把政治因素与军事因素相统筹，但此时并没有明确提出和平解放的战略设想，而是不断强调进军西藏的重要性和紧迫性，并相应地制定和调整进军西藏的计划。因此，认为中央决定进军西藏的同时明确提出了和平解放西藏的方针，不仅与历史事实不相符，而且在认识上带来和平解放西藏方针提出时机的不确定性。

第二种观点依据的是其所说的1949年12月25日中共中央内部指示西北局和西南局："我军进驻西藏的计划是坚定不移的，但可采用一切办法与达赖集团进行谈判。"关于这一观点，首先，就1949年12月25日这个时间点而言，在之前的11月23日，毛泽东电告彭德怀："经营西藏问题请你提到西北局会议上讨论一下。"这说明如何进军和经营西藏还在酝酿之中，思想认识尚没有达到明确提出和平解放西藏方针的程度。其后的1949年12月31日，中共中央发表《告前线将士和全国同胞书》，把解放西藏列为中国人民解放军和中国人民在1950年的任务，[④]但没有提到和平解放的内容。其次，查阅现有文献和研究著述，并没有关于1949年12月25日中央给西南局、西北局指示的记载或记述，倒是其所征引用的"可采用一切办法与达赖集团进行谈判"的提法，与1950年2月25日刘少奇代中央起草的《中共中央同意派志清法师说服达赖集团的指示》

---

① 《毛泽东军事文集》第6卷，军事科学出版社、中央文献出版社1993年版，第24页。

② 中共西藏自治区委员会党史研究室编著：《中国共产党西藏历史大事记（1949—2004）》第1卷，中共党史出版社2005年版，第5页。

③ 中共中央文献研究室、中共西藏自治区委员会编：《西藏工作文献选编（1949—2005）》，中央文献出版社2005年版，第9页。

④ 《告前线将士和全国同胞书》，《人民日报》1950年1月1日。

的内容相同。该指示是对 1950 年 2 月 24 日西南局给中央的电报中提出派志清法师秘密赴藏的回电。西南局派志清法师秘密赴藏，旨在“说服达赖集团脱离英美帝国主义，回到祖国，要达赖本人或其代表赴北京协商解决西藏问题办法，或在进军中与我前线司令部谈判”。中央同意了西南局的这一意见，并指出：“我军进驻西藏计划，是坚定不移的，但可采用一切方法与达赖集团进行谈判，使达赖留在西藏并与我和解。”[①] 有鉴于此，这一观点所征引内容的时间应是有误，以至于把中央明确提出和平解放西藏方针的时间从 1950 年提前到了 1949 年。

第三种观点持 1950 年 1 月 20 日之说。因为，这一日，毛泽东主席授权中央人民政府外交部发言人向新华社记者发表谈话，针对西藏地方政府派出所谓“亲善使团”赴美、英、印、尼等国活动争取对“藏独”的支持，并要到北京表明其“独立”一事指出：“西藏人民的要求是成为中华人民共和国民主大家庭的一员，是在我们中央人民政府统一领导下实行适当的区域自治，而这在人民政协的共同纲领上是已经规定了的。如果拉萨当局在这个原则下派出代表到北京谈判西藏的和平解放的问题，那么，这样的代表自将受到接待。”[②] 这一谈话来自毛泽东主席向中央人民政府外交部发言人的授权，并且是通过与新华社记者谈话的方式公开发布的，因此具有权威性，可以说是中央通过这一谈话，向世界宣布了关于和平解放西藏的方针。

认为中央在 1950 年 1 月 20 日明确提出和平解放西藏的方针，也是符合党的和平解放西藏的思想认识从酝酿到方针确立的逻辑发展的。1949 年 2 月 3 日，毛泽东在西柏坡与苏联客人谈到中国国内形势和解放西藏时认为，中国“大陆的事情比较好办，把军队开进去就行了”。“西藏的问题也并不难解决，只是不能太快，不能鲁莽。因为：（1）交通困难，大军不便行动，给养供应麻烦也多；（2）民族问题，尤其是受宗教控制的地区，解决它更需要时间，需要稳步前进，不能操之过急。”[③] 解

---

① 中共中央文献研究室、中共西藏自治区委员会编：《西藏工作文献选编（1949—2005）》，中央文献出版社 2005 年版，第 14 页。

② 《外交部发言人就西藏问题发表谈话》，《人民日报》1950 年 1 月 21 日。

③ 师哲：《在历史巨人身边》，中央文献出版社、中国藏学出版社 1991 年版，第 380 页。

放西藏，政治与军事交织在一起，而且政治制约军事。在1949年3月的中共七届二中全会上，毛泽东根据解放战争即将全面胜利的形势，指出今后的解放方式“不外天津、北平、绥远三种”，其中“按照北平方式解决问题的可能性是增加了”。[①]北平方式即和平方式。这里虽然不直接针对西藏而言，但对于解放西藏具有启发性和指导性。1950年1月2日，中央正式确定由西南局担负进军和经营西藏的主要责任。正在出访苏联的毛泽东从莫斯科致电中央、彭德怀并转发邓小平、刘伯承和贺龙，指出：“由青海及新疆向西藏进军，既有很大困难，则向西藏进军及经营西藏的任务应确定由西南局担负。”他建议：“请刘、邓、贺三同志于最近期内（例如一月中旬）会商一次，决定入藏的部队及领导经营西藏的负责干部等项问题，并立即开始布置一切。”[②]据此，西南局确定由十八军担任进军西藏的主力。1月15日，邓小平在向十八军部分师以上领导干部会议部署进藏工作时指出：“解放西藏有军事问题，需要一定之军事力量，但军事与政治比较，政治是主要的。”[③]1月18日，中央人民政府民族事务委员会召集各地来京藏族民主人士、知识分子等座谈西藏问题。[④]会上，中央人民政府朱德副主席指出，西藏问题最好采取政治解决的办法，不得已时才用兵。第一步先要争取西藏的知识分子，特别是受过内地文化教育的知识分子。对西藏的贵族、王公、喇嘛也要注意争取和分化，要向他们说明我们对西藏的政策，是要把西藏的政治、经济、文化都发展起来，共同把西藏建设好。[⑤]以上说明，党在优先以政治解决即和平解放西藏问题上，思想认识越来越清晰，并逐渐形成共识，进而发展到毛泽东授权中央人民政府外交部发言人向新华社记者发表谈话，对外正式宣布和平解放西藏的方针。至于1950年2月25日的《中共中央同意派志清法师说服达赖集团的指示》，则应是贯彻这一方针的一种具体体现。因此，以

① 《毛泽东著作选读》下册，人民出版社1986年版，第651、652页。

② 中共中央文献研究室、中共西藏自治区委员会编：《西藏工作文献选编（1949—2005）》，中央文献出版社2005年版，第7页。

③ 《解放西藏史》编委会：《解放西藏史》，中共党史出版社2008年版，第58页。

④ 《民族事务委员会召开西藏问题座谈会》，《人民日报》1950年1月21日。

⑤ 《朱德年谱（1886—1976）》（新编本）下卷，中央文献出版社2006年版，第1364页。

1950年1月20日毛泽东授权中央人民政府外交部发言人向新华社记者发表关于和平解放西藏方针的谈话为标志，认为中央明确提出了和平解放西藏的方针，是适宜的，也是符合历史实际的。

二、关于“多路向心进兵”策略的形成问题

以二野十八军为进军西藏主力的“多路向心进兵”，是人民解放军进军西藏的基本格局。关于这一策略的正式形成情况，从现有文献看，记载于中共中央、中央军委1950年1月24日《关于进军西藏的指示》中。该《指示》说，刘伯承、邓小平“提议由青海、新疆及云南各出一支兵向西藏多路向心进兵，以便解决粮食及地形上的困难”。对此，中共中央和中央军委同意并指示西南局和西北局以及王震等，其一，西北局立即讨论并提出关于派工兵迅速修复由西宁经玉树至甘孜的公路，并调查玉树飞机场的情况的意见，电告中央及刘邓。其二，王震立即调查并提出关于由新疆向西藏西部进兵问题的意见。其三，刘邓在陈赓占领云南后令陈赓计划并布置从云南进军察隅。刘伯承、邓小平的这一提议，是对中央在进军和经营西藏问题上统筹西南和西北的运用与发展。1949年10月10日，毛泽东电示正率第一野战军第一兵团进军新疆的兵团司令员兼政委王震：“你们的进军任务，包括出兵西藏，解放藏北。”[①]10月13日，他在关于西南、西北作战部署的电报中指出：“经营云、贵、川、康及西藏的总兵力为二野全军及十八兵团。”[②]之所以由刘伯承、邓小平向中央作出了这一提议，则是西南局积极贯彻中央确定的以西南局为主、西北局协助进军和经营西藏决策的结果。

中共中央和中央军委在《关于进军西藏的指示》中转述并研究同意刘伯承、邓小平的提议时，在指示内容的前面交代说：“西南局关于进军西藏的各电均悉。”《西藏工作文献选编（1949—2005）》在收录这一指示时，注解西南局关于进军西藏的“各电”共三个：（1）1950年1月8

① 中共西藏自治区委员会党史研究室：《天宝与西藏》，中共党史出版社2006年版，第50页。

② 《毛泽东军事文集》第6卷，军事科学出版社、中央文献出版社1993年版，第24页。

日，刘伯承和邓小平关于进军西藏问题致电毛泽东并贺龙；（2）1950年1月18日，西南局关于进军西藏的大体安排及中共西藏工委人选问题向中央军委报告；（3）1950年1月22日，刘伯承、邓小平等关于进军西藏各项准备工作的实施计划向中央军委报告。《邓小平军事文集》收录了前两个电报的内容，标题分别为《对进军西藏的计划》《进军西藏部署和成立西藏工委问题》。其中，刘伯承、邓小平在《对进军西藏的计划》中认为："根据敌情，尤其交通经济条件说来，在兵力派遣上先以一个军去，惟在开辟时，则准备以另一个师给予加强之。在康藏两侧之新青两省及云南邻界，各驻防兄弟部队如可能时则予以协助（原马步芳骑兵经玉树入康）。"同时，"拟请由十八兵团在经营西康部队中，指定一个师随同十八军先期进入西康之西部"。[①]这里有了"多路向心进兵"的雏形，可以看作是刘伯承、邓小平提议"多路向心进兵"的发端，但还没有作出"多路向心进兵"的概括。他们在该电报中说："我们在调查研究康、藏情形，并望中央情报局新、青、滇省供给该方情报。"而且，对于这一电报，毛泽东已于1950年1月10日致电中央并转刘伯承、邓小平和贺龙及西北局，做了答复。他完全同意西南局关于进军西藏的计划，并指出："现在英国、印度、巴基斯坦均已承认我们，对于进军西藏是有利的。"他说：只要刘伯承、邓小平和贺龙加紧督促张国华和十八军等部，进军西藏"在时间上是来得及的"。但回电中没有针对"多路向心进兵"的回应内容。西南局在1月18日的《进军西藏部署和成立西藏工委问题》中，只是提到"在准备事项中，有需要上海或中央帮助者（见另电）"，也没有"多路向心进兵"的有关内容。中共昌都地委、昌都地区行署编的《昌都战役文献资料选编》收录了第三个电报，即《刘邓张李[②]关于进军西藏各项准备工作的实施计划向军委的报告》。这一报告所讲的进军西藏各项准备实施计划，主要是强化补给运输组织，改善部队装备、编制，配发以适应康藏情况的卫生药物，筹带相当数量的黄金以购买必需品等，还是没有"多路向心进兵"的有关内容。因此，上述三封电报的现有内容

---

① 《毛泽东西藏工作文选》，中央文献出版社、中国藏学出版社2001年版，第10页。

② 张、李分别指张际春和李达。

均不是中央转述刘伯承、邓小平提议“多路向心进兵”的直接来源。

不仅如此，关于刘伯承、邓小平何时向中央提出“多路向心进兵”的进军西藏的策略，根据中共西藏自治区委员会党史研究室编写的《中国共产党西藏历史大事记（1949—2004）》（以下简称《大事记》）记述，1950年1月16日，西南局、第二野战军致电中央军委，建议“在决策进军部署及拟定补给线时，曾考虑到新、川、滇界线围绕康、藏成一枚手形。我们当以主力从横断山脉及五河由正面前进。如可能时，最好由青、新各派骑兵配合，似较省事与收效，亦请考虑”。就这一内容来说，根据时间判断，应是西南局对刘伯承、邓小平在《对进军西藏的计划》中有关设想的一种延展。《大事记》接着说，1月19日，刘伯承、邓小平向军委报告，认为“进军西藏宜沿四省适当路线作向心的迂回部署，尤其照顾到地形、经济困难，亦以多路的向心进兵为宜”。[①] 如果这一记述属实，则“多路向心进兵”的策略至此正式被概括出来。对于这一内容，《刘伯承年谱》中有一相似条目，但表述有差异，记载的时间也不同。《刘伯承年谱》载，1月24日，刘与邓向中央军委提出：“根据藏兵配置情况，尤其是根据粮食困难，征之军用会引起藏民反感，故进军西藏宜由四省路线作向心迂回，尤其照顾补给与经济困难，亦以多路向心进攻为有利。”而由解放西藏时曾任十八军五十二师副政委的阴法唐主持编写、经历进军和解放西藏的部分老同志参加、中共西藏自治区委员会党史研究室参与的《解放西藏史》的征引内容与《刘伯承年谱》相同，但记述刘伯承、邓小平向中央军委报告的时间为1月18日。[②] 以上关于刘伯承、邓小平提议“多路向心进攻”的记载或记述，在时间上出现了1950年1月18日、1月19日和1月24日三种情况，实有厘清的必要。

《邓小平军事文集》收录的1月18日的电报《进军西藏部署和成立西藏工委问题》中没有“多路向心进兵”的内容。然而，《解放西藏史》认为，1月18日，刘伯承、邓小平向中央军委提出了“多路向心进兵”，征引内容如上所述，并以注释的形式披露了“从各个方向进入西藏拉萨

① 中共西藏自治区委员会党史研究室编著：《中国共产党西藏历史大事记（1949—2004）》第1卷，中共党史出版社2005年版，第9—10页。

② 《解放西藏史》编委会：《解放西藏史》，中共党史出版社2008年版，第89、90页。

的地形道路状况和行动路线”的具体内容。由于《解放西藏史》所征引的内容在《进军西藏部署和成立西藏工委问题》中不存在，可能出现两种情况：一是1月8日的《对进军西藏的计划》、1月18日的《进军西藏部署和成立西藏工委问题》的内容公布不完整。可资为证者，中央在1月24日《关于进军西藏的指示》中是将刘伯承、邓小平关于“多路向心进兵”的提议与“刘邓已决定十八军为进攻西藏的主力”作为一个整体进行转述的。刘伯承、邓小平在1月8日《对进军西藏的计划》中，“拟定以二野之十八军担任入藏任务”，在《进军西藏部署和成立西藏工委问题》中谈到“我们近日召集十八军师以上干部来重庆，讲清入藏任务并商谈具体准备”，以十八军为基础，“拟成立西藏工作委员会”。二是除《进军西藏部署和成立西藏工委问题》外，1月18日，另有一封刘伯承、邓小平向中央军委提议“多路向心进兵”的电报。在《进军西藏部署和成立西藏工委问题》中，西南局在该电报中提到关于进军西藏计划的多项准备事项时，注明“另电报告”，接着谈到“在准备事项中，有需要上海或中央帮助者”时，也注明“见另电”。这里一封电报中连续注明“另电”，并且“另电”所指都是进军西藏计划中的“准备事项”，两个“另电”不应是两封电报，而是同一封电报。从内容上来说，这封电报就是1月22日《刘邓张李关于进军西藏各项准备工作的实施计划向军委的报告》。比如，该报告在谈到“改善部队装备、编制以适于康藏地区的特殊条件”时说：“拟请军委制发五千个帐篷，五万件雨衣。”此正是需要中央帮助者。因此，1月18日，另有一封刘伯承、邓小平向中央军委提议“多路向心进兵”的电报的可能性不大。

关于1月19日，与《大事记》记载的时间相一致的是，据时任十八军政治部主任的刘振国在《难忘的和平解放西藏大进军》中记述，1月19日，“邓小平、刘伯承向党中央和毛主席汇报进藏部队的部署情况及支援措施，并提议由青海、新疆和云南各出一支部队，配合主力向西藏实施多路向心进军，以便解决粮食和地形上的困难”。[①]将这一记述与现有电报相对应，一方面“进藏部队的部署情况”被1月18日的《进军西藏部

---

① 金良平主编：《刘振国将军纪念文集》，成都军区联勤部西较场干休所2004年编印。

署和成立西藏工委问题》所反映，“支援措施”则被1月22日的《刘邓张李关于进军西藏各项准备工作的实施计划向军委的报告》所体现；另一方面，这里的“提议”与1月24日中共中央和中央军委在《关于进军西藏的指示》中转述相同。这一记述的内容具有综合性，不宜作为1月19日刘伯承、邓小平向中央军委提议“多路向心进兵”的佐证。但是，根据《大事记》所征引的情况，并不排除1月19日有一封刘伯承、邓小平向中央军委提议“多路向心进兵”的电报。此有待进一步研究。

至于1月24日，这是中央在《关于进军西藏的指示》中转述刘伯承、邓小平关于“多路向心进兵”提议的时间。中央是根据西南局关于进军西藏的各电，特别是在刘伯承、邓小平关于“多路向心进兵”提议的基础上作出相应部署的。因此，这个时间的可能性也不大。

基于以上分析，笔者认为，刘伯承、邓小平关于“多路向心进兵”的提议，在1月8日的《对进军西藏的计划》中初显雏形，在1月18日形成《进军西藏部署和成立西藏工委问题》时已经完备。或是这两封电报公布的内容不完整，或是1月19日存在一封刘伯承、邓小平向中央军委提议“多路向心进兵”的电报，而导致现有著述的有关征引在时间和内容上产生差异。“多路向心进兵”策略最终形成于1月24日中共中央和中央军委的《关于进军西藏的指示》。

“多路向心进兵”是中央进军西藏的战略决策与部署，在1950年10月的昌都战役中得到初步尝试，在和平解放西藏的《十七条协议》签订后的和平进军西藏中得到贯彻实施。此表明，人民解放军进军西藏，是中央指导、全军支援和以十八军为主力、西南局与西北局协同进军的结果。人民解放进军西藏，实现了解放西藏、建设西藏和巩固新中国国防的历史性任务。

三、关于《十七条协议》附件问题

1951年5月23日，中央人民政府全权代表和西藏地方政府全权代表在北京正式签订《十七条协议》，由此标志西藏和平解放。从其内容上看，《协议》是新中国对西藏地方主权归属的鲜明宣示：“西藏人民团结起来，驱逐帝国主义侵略势力出西藏，西藏人民回到中华人民共和国祖国大家庭中来。”《协议》是现代意义上关于西藏人权的宣言，同时规定了西藏和平解放后的社会发展方向，并将西藏地方与祖国的关系推进到新的历史发展阶段，在新中国和西藏地方史上具有重要的里程碑意义。

为了保证《协议》的贯彻执行，同时针对当时十四世达赖喇嘛从西藏拉萨移居亚东，有可能出走国外的情况，《协议》还签订了两个附件《关于人民解放军进驻西藏的若干事项的规定》和《关于西藏地方政府负责执行和平解放西藏办法的协议的声明》。[①] 中央人民政府和西藏地方政府各执一份，对外不宣布，同样起作用。[②]1951 年 5 月 28 日，《人民日报》用藏汉文两种文字公布了《协议》全文，[③] 附件未予公布。

《十七条协议》关于人民解放军进驻西藏，用了四项条款，分别对西藏地方政府积极协助、西藏军队改编、人民解放军入藏纪律，以及中央人民政府在西藏设立军政委员会和军区司令部等，作出了明确规定。针对人民解放军进军西藏问题，《协议》的附件《关于人民解放军进驻西藏的若干事项的规定》作了带有实施办法性的规定。根据《周恩来与西藏》的公布，原文共七项条款：（1）中央人民政府派遣人民解放军进驻西藏。兵力为一个军左右。驻地为国防要点及交通要点。（2）进军计划及驻军部署，由中央人民政府人民革命军事委员会根据当地实际情况，以命令行之。（3）人民解放军向西藏进军期间，西藏现有军队仍在原驻地或原驻地附近维持治安，待人民解放军到达后，由西藏军区司令部进行统一部署和必要的调整。（4）人民解放军进入西藏之后，成立西藏军区。统一领导和指挥西藏境内之一切武装部队。军区司令员、副司令员和政治委员，统由中央人民政府委任。（5）西藏现有军队，应有计划有步骤地改编成为人民解放军及达赖喇嘛的警卫部队和一定数量的公安部队。现有各地征调的民兵，得予逐步复员。（6）西藏现有军队既

① 西藏自治区党史办公室编：《周恩来与西藏》，中国藏学出版社 1998 年版，第 19—21 页。

② 阿沛·阿旺晋美：《回顾西藏和平解放的谈判情况》，《中共党史资料》1988 年第 3 期。

③ 有报道说，“协议”的内容通过广播传播到全国和世界各地的时间比《人民日报》播发消息还早一天，是 1951 年 5 月 27 日夜。参见袁莎、周爱民：《金钥匙·十七条协议》下册，鹭江出版社 2004 年版，第 588—589 页。

已同意改编为人民解放军，其所需武器，中央人民政府允许将昌都战役中人民解放军所缴获的武器予以发还，并酌予必要补充。（7）人民解放军驻西藏部队的经费，由中央人民政府供给，西藏地方政府应协助人民解放军购买和运输粮秣及其他日用品。为着国防建设的需要，修建飞机场、公路等需占用西藏人民私有土地或寺庙土地时，中央人民政府酌予补偿。[①] 从《协议》与其附件的关系来说，《协议》具有基础性和原则性，附件则是对《协议》有关规定的具体化和未尽事宜的补充完善。由于这一附件的内容属于军事机密，在当时是不能对外公布的。

附件《关于西藏地方政府负责执行和平解放西藏办法的协议的声明》，共两项条款。原文为："一、西藏地方政府全权代表声明：（甲）西藏地方政府及其军队负责执行和平解放西藏办法的协议。（乙）希望中央人民政府允许达赖喇嘛在西藏地方政府执行和平解放西藏办法的协议第一年内，如因某种需要，得自行选择驻地。在此期间内返职时，其地位和职权不予变更。二、中央人民政府全权代表同意西藏地方政府全权代表之上项声明。"[②] 然而，关于这一附件，《当代西藏简史》（以下简称《简史》）则记述说："在谈判人民解放军进驻西藏时，中央人民政府代表也接受了西藏地方代表的意见，搞一个暂时不公布的附件，其中就有如果达赖喇嘛以不同意解放军进军西藏守卫边疆为借口去了国外，应该允许他到国外去看四五年，看到西藏情况有好的变化，有发展，到时他再返回西藏的时候，中央保证维持达赖喇嘛的固有地位和职权。"[③] 《简史》的记述内容与附件的内容存在出入，主要是：（1）达赖喇嘛是"自行选择驻地"还是"到国外"；（2）达赖喇嘛返职的期限是"协议第一年内"还是"到国外去看四五年"。《简史》的这一记述依据的是阿沛·阿旺晋美 1989 年 7 月 31 日在西藏自治区五届人大二次会议上的有关讲话。阿沛·阿旺晋美在讲了与《简史》所记述的相同内容后接着说："我

① 《关于人民解放军进驻西藏的若干事项的规定》，见西藏自治区党史办公室编：《周恩来与西藏》，中国藏学出版社 1998 年版，第 19—20 页。

② 《西藏地方政府关于执行协议的声明》，见西藏自治区党史办公室编：《周恩来与西藏》，中国藏学出版社 1998 年版，第 20 页。

③ 丹增主编：《当代西藏简史》，当代中国出版社 1996 年版，第 82 页。

们提出这个要求后，中央答应了。但是中央提出，十七条协议要向全世界公布，如果把这个条件写到协议里面，世界上可能有很多的议论，为了避免这个议论，建议不把这一条写到协议里面，而单独搞一个附件，写在附件里面。”[①] 由此可以看出，《简史》记述的应不是附件原文，而主要是西藏地方政府全权谈判代表当时所表示的意见。再者，对于西藏和平解放和实施《协议》来说，允许达赖“到国外去看四五年”，也是不现实的。1951 年 1 月 29 日，周恩来在为中央起草的关于欢迎达赖喇嘛派代表来京商议和平解决西藏问题复我国驻印度大使袁仲贤的电文中曾指出：“达赖活佛不应离开西藏。离开西藏不仅有碍和平解放西藏的商谈，且将丧失达赖原在西藏的地位。”[②] 因此，《简史》的记述反映的是谈判签订附件过程中的情况，而附件则是经过双方谈判协商之后的最终结果，二者出入之处应以附件的规定为准。《和平解放西藏五十周年纪念文集》在收入阿沛·阿旺晋美 1989 年 7 月 31 日的讲话时征得了阿沛·阿旺晋美 1989 年 11 月 21 日同意。编者经与史料核对，将允许达赖喇嘛“到国外去看四五年”订正为“到国外去看一年”。[③]

此外，在昌都地区人民解放委员会隶属关系问题上，《西藏革命史》在谈到昌都地区人民解放委员会由政务院而不由西藏地方政府领导时说：“在 1951 年 5 月签订《关于和平解放西藏办法的协议》时，在协议之外，有个附件，附件中提到在适当的时候昌都地区人民解放委员会将统一于西藏地方政府领导。”[④] 然而，《十七条协议》的两个附件均没有此项内容，只是在附件《关于人民解放军进驻西藏的若干事项的规定》中就改编藏军问题时规定：“西藏现有军队既已同意改编为人民解放军，其所需武器，中央人民政府允许将昌都战役中人民解放军所缴获的武器予以发还，并

---

① 阿沛·阿旺晋美：《回忆和平解放西藏协议的签订》，载《和平解放西藏五十周年纪念文集》，中国藏学出版社 2001 年版，第 299、300 页。

② 西藏自治区党史办公室编：《周恩来与西藏》，中国藏学出版社 1998 年版，第 12 页。

③ 阿沛·阿旺晋美：《回忆和平解放西藏协议的签订》，载《和平解放西藏五十周年纪念文集》，中国藏学出版社 2001 年版，第 300、304 页。

④ 中共西藏自治区委员会党史资料征集委员会编：《西藏革命史》，西藏人民出版社 1991 年版，第 215 页。

酌予必要补充。”[①] 因此，《协议》附件中提到“在适当的时候昌都地区人民解放委员会将统一于西藏地方政府领导”的记述，缺乏文献依据。

根据现有记载，昌都地区划归以后成立的西藏自治区问题，不是由《十七条协议》附件所规定，而是在中央代表张经武促使达赖喇嘛拥护《协议》中发生的。为贯彻执行《协议》，毛泽东主席选派张经武为中央代表，赴藏劝说达赖喇嘛从西藏亚东返回拉萨。在亚东，张经武向达赖喇嘛递交了毛泽东主席的信、《协议》副本和上述两个附件。[②] 当时，达赖喇嘛对《协议》未予表态。1951 年 8 月 17 日，达赖喇嘛回到拉萨。此前，张经武于 8 月 8 日抵达拉萨。随着新中国第二个国庆节的到来，张经武希望达赖喇嘛最好在国庆节前致电中央，说明对《协议》的意见。[③]9 月 24 日至 26 日，西藏地方政府召开全体僧俗官员、三大寺堪布和藏军甲本以上军官等 300 多人的官员大会。阿沛·阿旺晋美在会上详细报告了参加和平谈判和签订《协议》的经过，出示了《协议》正本，并表示：“愿以全体和谈代表的身家性命和财产担保，签订协议完全是为了达赖喇嘛和全藏人民的复兴，中央对协议有诚意。”[④] 会议总的认为“协议本身很好”，但也提出了军政委员会的性质、希望进藏的军队要少、昌都划归西藏管辖等问题。[⑤]9 月 30 日，西藏地方政府以时间太紧为借口，告知节前发出电文来不及。节后，西藏地方政府则向张经武提出在拍发对《协议》表态的电报以前，要求答复成立军政委员会、解放军少来和昌都地区划归西藏地方政府等问题。[⑥] 对此，张经武经请示中央批准后，于 10 月 14 日在西藏地方政府的会议上做了明确答复。其中，中央人民政府原则上同意昌都地区划归以后成立的西藏自治区。[⑦]10 月 24 日，达赖喇嘛根据

① 西藏自治区党史办公室编：《周恩来与西藏》，中国藏学出版社 1998 年版，第 20 页。

② 赵慎应：《中央驻藏代表——张经武》，中国藏学出版社 2001 年版，第 18 页。

③ 赵慎应：《中央驻藏代表——张经武》，中国藏学出版社 2001 年版，第 37、40 页。

④ 中共西藏自治区委员会、西藏自治区人大常委会、西藏自治区人民政府、政协西藏自治区委员会：《维护祖国统一的楷模　爱国进步人士的典范——纪念阿沛·阿旺晋美同志》，《人民日报》2010 年 1 月 5 日。

⑤ 《解放西藏史》编委会：《解放西藏史》，中共党史出版社 2008 年版，第 185 页。

⑥ 赵慎应：《中央驻藏代表——张经武》，中国藏学出版社 2001 年版，第 40 页。

⑦ 《解放西藏史》编委会：《解放西藏史》，中共党史出版社 2008 年版，第 187 页。

西藏僧俗官员大会关于《十七条协议》的呈文，致电毛泽东主席表示拥护《协议》。

西藏和平解放后，昌都地区成为西藏地方的一个行政区域，是在西藏和平解放和筹备成立统一的西藏自治区的历史进程中逐步完成的。

昌都地区人民解放委员会在1950年10月昌都战役胜利后，经昌都地区第一届人民代表会议选举成立。西藏和平解放后，昌都地区人民解放委员会与原西藏地方政府、班禅堪布会议厅委员会并存，均归政务院（后来的国务院）领导。在西藏统一问题上，1952年10月27日，中央复电中共西藏工委指出："在中央人民政府统一领导之下的西藏（指前藏后藏和阿里地区，在条件成熟时还可包括昌都地区）地区的统一，对于建设和发展西藏，对于争取团结全国藏族都是有利的。统一是困难的，因此需要慎重稳步实现，不可急躁。"中央强调："统一的西藏自治区，是不可动摇的。"[①] 至1956年4月西藏自治区筹备委员会成立之后，昌都地区人民解放委员会、原西藏地方政府、班禅堪布会议厅委员会则分事项归国务院和西藏自治区筹备委员会领导。1955年3月9日，国务院全体会议第七次会议通过《关于成立西藏自治区筹备委员会的决定》规定，西藏自治区筹备委员会是负责筹备成立西藏自治区的带政权性质的机关，受国务院领导，其主要任务是依据我国宪法的规定以及《关于和平解放西藏办法的协议》和西藏的具体情况，筹备在西藏地区实行区域自治。西藏地方政府、班禅堪布会议厅委员会、昌都地区人民解放委员会除按照《关于成立西藏自治区筹备委员会的决定》第一条规定接受西藏自治区筹备委员会领导进行各项工作以外，其他有关国家行政事宜，仍受国务院直接领导。[②] 其后，昌都地区人民解放委员会在中央人民政府的领导下，逐步参与到西藏实行民族区域自治的历史进程中。由于1959年3月西藏发生全面武装叛乱，昌都地区基本上形成全区性的叛乱，昌都地区人民解放委员会的委员也大都参加了叛乱，3月28日，国务院下令解散了原西藏地方政府，由西藏自治区筹备委员会行使西藏地方政府职权，

---

① 中共西藏自治区委员会党史研究室编著：《中国共产党西藏历史大事记（1949—2004）》第1卷，中共党史出版社2005年版，第64页。

② 《国务院关于成立西藏自治区筹备委员会的决定》，《人民日报》1955年3月13日。

并在4月20日撤销了昌都地区人民解放委员会。[①]由此，昌都地区在西藏自治区筹备委员会的领导下，逐步成为西藏自治区的一个地方行政区域。

［原载《中国藏学》2011年第2期］

① 中共西藏自治区委员会党史研究室编著:《中国共产党西藏历史大事记（1949—2004）》第1卷，中共党史出版社2005年版，第144—145页。

西藏和平解放后没有成立军政委员会

新中国成立初期的军政委员会，应当时实施军事管制、建立政治社会秩序而设，兼具各该区所辖省（市）高一级的地方政权机关和领导地方政府工作的代表机关之职权。[①] 关于军政委员会在西藏的成立问题，有学者指出：“1951 年中央和地方政府签订的《关于和平解放西藏办法的协议》（即‘十七条协议’）将毛泽东提出的‘不吃地方’进一步明确规定为：‘军政委员会、军区司令部及入藏人民解放军所需经费，由中央人民政府供给。’后来军政委员会撤销，西藏自治区筹委会建立，有关行政开支和筹委会组织兴办的各项事业也由中央政府负责。”[②] 如此说来，西藏在和平解放后不仅根据《十七条协议》（也简称《协议》）成立了军政委员会，而且后来由西藏自治区筹备委员会继之。事实并非如此，西藏和平解放后没有成立军政委员会。

一、西藏成立军政委员会，由中央人民政府主动推迟

标志西藏和平解放的《十七条协议》第 15 条和第 16 条分别对西藏设立军政委员会及这一委员会的组成和经费供给问题，作了明确规定，其主要内容是：中央人民政府在西藏设立军政委员会，除中央人民政府

---

① 《大行政区人民政府委员会组织通则》，《人民日报》1949 年 12 月 19 日。

② 杜玉芳：《略论毛泽东和平解放西藏的后勤决策》，《党的文献》2011 年第 1 期。

派去的人员外，尽量吸收西藏地方人员参加工作；参加军政委员会的西藏地方人员，得包括西藏地方政府及各地区、各主要寺庙的爱国分子，由中央人民政府指定的代表与有关各方面协商提出名单，报请中央人民政府任命；军政委员会所需经费，由中央人民政府供给。[①]

从中央人民政府和西藏地方政府谈判签订《十七条协议》的情况看，西藏成立军政委员会是由中央主动提出来，并通过协商得到西藏地方政府同意。在《十七条协议》谈判过程中，西藏地方政府代表团曾对此有过疑虑，认为既然承诺西藏政治制度不变，为何要在西藏设立一个既管军又管政的军政委员会来指导西藏事务？中央人民政府首席谈判代表李维汉解释说："军政委员会是中央的代表机关，西藏既然不是一个独立的国家，是一个地方政府，那么它就应该受中央人民政府的领导，中央就可以在西藏设立代表机关。我们说西藏的政治制度不变，但并不是不要中央的领导了。"[②]在双方友好协商的基础上，西藏成立军政委员会被《十七条协议》规定下来。

贯彻《十七条协议》的规定，西藏本应该成立军政委员会。但是，整个《协议》的贯彻执行不可能一蹴而就，各项条款由规定变成现实是需要相应条件的。其中，成立军政委员会并非单纯建立一个中央在西藏地方的代表机关问题，而是一个关系西藏和平解放后地方政权建设，并牵动和影响《协议》其他条款实施的重大问题；尤其对于处在"政教合一封建农奴制下的西藏地方政府来说，可以说是新事物，更何况当时西藏地方政府对于《协议》是"勉强接受的，不愿意实行"[③]。因此，在西藏成立军政委员会需要一个主客观条件不断成熟的过程，不可急于求成。1952 年 4 月 1 日，中央指示中央驻藏代表张经武、西藏工委并西南局："在西藏地区工作，既须坚持既定协议的执行，又须了解各种情况，从具体情况出发，经过许多必须经过的步骤和曲折，以达稳步执行协议的目

---

① 《中央人民政府和西藏地方政府关于和平解放西藏办法的协议》,《人民日报》1951 年 5 月 28 日。

② 廖祖桂:《西藏的和平解放》, 中国藏学出版社 1991 年版, 第 77 页。

③ 中共中央文献研究室、中共西藏自治区委员会编:《西藏工作文献选编（1949—2005 年）》, 中央文献出版社 2005 年版, 第 69 页。

的。”[①] 这一指示充分体现了党的民族工作“慎重稳进”的方针，成为中央执行《十七条协议》的基本方略。

西藏和平解放初期，中央判断西藏成立军政委员会的条件是不成熟的。1952 年 4 月 6 日，中央在《关于西藏工作的方针》中指出：“我们在目前不仅没有全部实行协定的物质基础，也没有全部实行协定的群众基础，也没有全部实行协定的上层基础，勉强实行，害多利少。”针对西南局 1952 年 4 月 2 日关于西藏当前工作重点、藏军改编、社会改革和部队供应等几个问题的基本认识，中央还指出，只有一点值得考虑，就是短期内改编藏军和成立军政委员会是否可能和得策的问题。中央认为目前不要改编藏军，也不要在形式上成立军分区，也不要成立军政委员会。[②] 中央之所以不急于在西藏成立军政委员会，其主要原因在于西藏地方政府对成立军政委员会的“害怕”，也就是说成立军政委员会的“上层基础”还比较薄弱。1952 年 10 月 8 日，毛泽东在接见西藏致敬团代表时说：“成立军政委员会和改编藏军是协议上规定了的，因为你们害怕，我通知在西藏工作的同志，要他们慢点执行。”“今年害怕，就待明年执行；如果明年还害怕，就等后年执行。”[③] 于是，在和平解放后的一段时期内，西藏地方的政权组织体系是：（1）党的领导机构是中共西藏工作委员会，中央驻藏代表张经武自 1952 年 3 月以来兼任该委员会书记或第一书记，直至 1965 年 9 月西藏自治区成立后调离西藏；（2）根据《十七条协议》关于中央“不予变更”西藏的“现行政治制度”的规定，原西藏地方政府（即“噶厦”）行使西藏地方政府职权；（3）昌都地区人民解放委员会和班禅堪布会议厅委员会与原西藏地方政府并存，都直属政务院和后来的国务院领导。

---

① 中共中央文献研究室、中共西藏自治区委员会编：《西藏工作文献选编（1949—2005 年）》，中央文献出版社 2005 年版，第 65 页。

② 中共中央文献研究室、中共西藏自治区委员会编：《西藏工作文献选编（1949—2005 年）》，中央文献出版社 2005 年版，第 69、70 页。

③ 中共中央文献研究室、中共西藏自治区委员会编：《西藏工作文献选编（1949—2005 年）》，中央文献出版社 2005 年版，第 87 页。

二、一届全国人大一次会议召开后西藏不再成立军政委员会，符合宪法精神和西藏当时的实际

军政委员会本是一种过渡性的政权机构，其过渡期至召开人民代表大会选举人民政府委员会为止。1949 年 12 月 16 日，政务院第十一次政务会议通过的《大行政区人民政府委员会组织通则》明确规定："凡军事行动已经结束，土地改革已经彻底实现，各界人民已有充分组织的大行政区，即应实行普选，召开大行政区的人民代表大会，正式选举大行政区的人民政府委员会。在大行政区人民政府委员会成立以后，军政委员会即宣告结束。"[①] 至一届全国人大一次会议召开，西藏尚没有进行土地改革，当然不可能实行普选，也就是说召开人民代表大会的基本条件还不具备。据此，西藏仍可以成立军政委员会，只是成立的方式会与实行普选的地区有所不同。但事实上，西藏没有成立军政委员会，而是成立了西藏自治区筹备委员会，逐步实行民族区域自治。之所以如此，主要由如下历史条件所决定：

一是《中华人民共和国宪法》颁布，规定"各少数民族聚居的地方实行区域自治"。西藏作为中华人民共和国不可分割的一部分，适用于宪法该规定；西藏作为以藏族为主体的少数民族聚居的地方，尽管具有一定的特殊性，但也是适合实行民族区域自治的。在宪法起草过程中，为了照顾少数民族特别是西藏的情况，草案有关条款规定："各民族自治地方的自治机关的具体形式，按照实行区域自治的民族大多数人民的意愿规定。"[②] 中央人民政府充分考虑和照顾西藏的历史与现实，积极以宪法和法律的形式来促进和保证西藏实行民族区域自治。

二是军政委员会在全国的撤销。1952 年 11 月 15 日，中央人民政府委员会第十九次会议通过了《关于改变大行政区人民政府（军政委员会）

---

① 《大行政区人民政府委员会组织通则 大行政区军政委员会适用此组织通则》，《人民日报》1949 年 12 月 19 日。

② 中共中央文献研究室、中共西藏自治区委员会编：《西藏工作文献选编（1949—2005 年）》，中央文献出版社 2005 年版，第 104 页。

机构与任务的决定》。此后，全国各地在政权机构上的一个重要变化就是撤销了军政委员会。西藏尽管与全国其他地方在政治、经济和社会发展上存在一定的不平衡性，此时如若再成立军政委员会，不仅在政权组织形式上滞后，与全国其他地方不甚协调，而且与西藏和平解放后准备实行民族区域自治的历史发展趋势也不相适应。

三是西藏和平解放以来政治、经济和社会状况发生的变化，为西藏实行民族区域自治奠定了一定基础。自1951年西藏和平解放至1954年一届全国人大一次会议召开的三年多来，西藏尽管仍然维持着封建农奴制社会，但随着人民解放军进军西藏，中央进藏工作人员在西藏开展爱国统一战线、财经和影响群众的工作，以及中央人民政府和全国其他地方对西藏实施多种形式的帮助，西藏地方的政治、经济、文化教育和卫生事业都有了一些积极发展。西藏地方政府和班禅堪布会议厅委员会之间关于历史和悬案问题经谈判达成协议，汉藏民族之间和西藏内部的团结日益加强，边疆国防巩固，西藏人民的爱国热情不断增长，康藏公路和青藏公路通车到拉萨，也为今后帮助西藏发展建设事业创造了更有利的条件。总体上看，和平解放后的西藏社会面貌已经与1951年签订《十七条协议》时有了很大的不同和改观。

有鉴于此，1954年10月10日，毛泽东接见了出席会议的十世班禅，在谈到军政委员会问题时说："关于军政委员会及双方所提的一些问题，这次拟由达赖方面、班禅方面、昌都方面指定的人员共同组织一个商量的机构，在这里开会，商量解决。"当时，十四世达赖喇嘛和十世班禅均表示同意西藏不成立军政委员会，而成立西藏自治区筹备委员会。[①]1955年3月9日，周恩来在国务院第七次全体会议上说："毛主席指示，有了这样的基础，就不需要成立军政委员会，可以进一步筹备成立自治区。"[②]这次会议通过的《关于成立西藏自治区筹备委员会的决定》指出，在西藏地区不用成立军政委员会而成立西藏自治区筹备委员会是完全符合宪

① 岗日曲成：《西藏的民族区域自治》，五洲传播出版社1999年版，第6—7页。

② 中共中央文献研究室、中共西藏自治区委员会编：《西藏工作文献选编（1949—2005年）》，中央文献出版社2005年版，第129页。

法精神和西藏当时具体情况的。[①]

三、西藏成立自治区，经历了一个边平叛边改革和民主普选的筹备过程

西藏实行民族区域自治，是需要一定的政治、经济和社会条件的。成立西藏自治区，应根据西藏地方的政治、经济、文化、宗教信仰、风俗习惯等方面的实际，特别是要团结各方面人士，培养民族干部，积累工作经验。因此，不再成立西藏军政委员会，也不意味着要直接成立西藏自治区。为此，中央人民政府代表和西藏地方政府代表、班禅堪布会议厅委员会代表、昌都地区人民解放委员会代表，在北京组成西藏自治区筹备委员会筹备小组，经过充分协商，提出了关于成立西藏自治区筹备委员会具体方案的工作报告。据此，国务院第七次全体会议通过了《关于成立西藏自治区筹备委员会的决定》，规定西藏自治区筹备委员会是负责筹备成立西藏自治区的带政权性质的机关，受国务院领导。其主要任务是依据宪法的规定以及《十七条协议》和西藏的具体情况，筹备在西藏地区实行区域自治。西藏地方政府、班禅堪布会议厅委员会、昌都地区人民解放委员会除接受西藏自治区筹备委员会领导进行各项工作外，其他有关国家行政事宜，仍受国务院直接领导。[②]1956年4月，西藏自治区筹备委员会正式成立。随后，西藏地方在西藏自治区筹备委员会的主持下，经过长达八年的筹备，其间通过平叛和民主改革，百万农奴翻身解放，当家作主，在实行普选的基础上，于1965年9月正式成立了自治区。从此，西藏地方的政权建设和政治发展进入民族区域自治时期。

总之，中央人民政府起初计划在西藏成立军政委员会，是为了和平解放西藏和贯彻执行《十七条协议》；随着和平解放后西藏与全国政治、经济和社会条件的发展变化，决定西藏不再成立军政委员会，而成立西

---

① 《中华人民共和国国务院第七次全体会议通过关于西藏工作的几项决定》，《人民日报》1955年3月13日。

② 《中华人民共和国国务院第七次全体会议通过关于西藏工作的几项决定》，《人民日报》1955年3月13日。

藏自治区筹备委员会，进而正式成立西藏自治区，是符合西藏实际、适应西藏实行民族区域自治的需要的，也是符合《十七条协议》的基本精神的。西藏实行民族区域自治，是中国特色、西藏特点在西藏当代历史发展中的生动体现。

［原载《党的文献》2011 年第 5 期］

争取和平解放西藏与昌都战役问题研究

和平解放西藏在新中国成立以来的当代西藏历史上具有转折性意义。1951 年 5 月 23 日，中央人民政府和西藏地方政府通过民主协商谈判，正式签订了《关于和平解放西藏办法的协议》（以下简称《十七条协议》）最终实现了西藏和平解放。而在此之前，中央人民政府为和平解放西藏，军事与政治并用，以政治为优先，在进军西藏中形成争取和平解放西藏和筹划实施昌都战役两条主线。这两条主线相辅相成，并在“西藏代表团”故意拖延到北京和谈的情况下，交汇于“以打促和”，进而推动了西藏和平解放事业的发展。然而，学术界关于西藏和平解放史的研究，较多集中于进军西藏和《十七条协议》的谈判与签订，对于相对复杂的争取和平解放西藏的历史则重视不够，其中也存在一些需要厘清和辨正之处。本文以当年西藏地方政府先后派出的“西藏代表团”和中央人民政府筹划实施昌都战役为研究对象，试图深化对西藏和平解放史的研究，以就教于方家。

一、中央人民政府对西藏“亲善使团”和“西藏代表团”问题的处理

在争取和平解放西藏这一历史阶段，西藏地方政府在亲帝国主义分裂势力的把持下，曾派出向美、英、印度和尼泊尔等国寻求支持“西藏独立”的“亲善使团”和向新中国中央人民政府表明“西藏独立”的“西

藏代表团”。中央人民政府遏止了“亲善使团”，并将“西藏代表团”定位为西藏“地方性的及民族性的代表团”，进而争取其到北京与中央人民政府谈判西藏和平解放问题。

（一）中央人民政府对西藏“亲善代表团”的遏止与争取和平解放西藏方针的确立

1949年底、1950年初，西藏地方政府将要向美、英、印度和尼泊尔等国派出寻求支持“西藏独立”支持的“亲善使团”的消息，是美国合众社1950年1月14日从伦敦发出的，原文译为：“西藏摄政呼图克图致合众社电：我们的国民会议已经全体通过，同意分别派遣亲善使团至下列各国，并另派一使团到中国，以便向中共当局解释并表明独立。”①西藏的“独立”要向美国、英国、印度、尼泊尔的政府去宣传，并由美国的合众社加以宣布，明显表现出其背后有帝国主义侵略势力的操纵。据曾任西藏地方政府秘书长的拉乌达热·土丹旦达著文回忆，在“亲善使团”中，“堪穷土登桑杰、四品官丁甲·多吉坚赞为赴美、印代表，札萨宇妥·札西顿珠、堪布土登钦绕为赴英代表，台吉次松平康、堪穷罗桑旺杰为赴尼代表。各代表均携带有达赖喇嘛和摄政大札印鉴的书信”。②此种书信的内容大体相同，其中西藏地方政府在致美国总统杜鲁门的信中说：“近来中国共产党称西藏是中国的一部分，并且已经占领了新疆、西宁以及西康等地。在此万分危急的时刻，我们派出堪穷土登桑杰、丁甲·多吉坚赞前往贵国，请求得到贵国政府的援助。”③“亲善使团”向国外寻求支持“西藏独立”的政治企图显而易见。

针对西藏地方政府的这一举动，1950年1月20日，中央人民政府外交部发言人向新华社记者发表谈话。该谈话根据西藏是中国领土的事实，

---

① 西藏社会科学院、中国社会科学院民族研究所等编：《西藏地方是中国不可分割的一部分》（史料选辑），西藏人民出版社1986年版，第552页。

② 土丹旦达：《〈关于和平解放西藏办法的协议〉签订前后》，《西藏文史资料选辑》1981年第一辑。

③ 西藏历史档案馆馆藏档案噶厦卷，转引自《解放西藏史》编委会：《解放西藏史》，中共党史出版社2008年版，第48页。

指出西藏地方政府“没有权利擅自派出任何‘使团’，更没有权利去表明它的所谓‘独立’”。该谈话阐明了这种“使团”的两个基本政治属性，即“违反西藏人民的意志”和“接受帝国主义侵略者的命令”，其本质在于“分裂和背叛祖国”。对此，中央人民政府是“不能容忍”的，并认为“任何接待这种非法‘使团’的国家”，是对中华人民共和国“怀抱敌意”。同时，该发言人指出了西藏地方政府派出合法代表团的法理基础，这就是：“西藏人民的要求是成为中华人民共和国民主大家庭的一员，是在我们中央人民政府统一领导下实行适当的区域自治”。如此，西藏地方政府在这个原则下派出代表到北京谈判西藏的和平解放的问题，那么，“这样的代表自将受到接待。”① 以此谈话为标志，中央人民政府对外正式宣布了争取和平解放西藏的方针。

达赖与班禅并称为西藏藏传佛教格鲁派的领袖。由于十三世达赖与九世班禅不和，导致九世班禅从 1923 年起避居内地，后返藏受阻而于 1937 年圆寂于青海玉树。1949 年 6 月 3 日，国民政府代总统李宗仁颁布命令，免予掣签，特准宫保慈丹继任为十世班禅额尔德尼。8 月 10 日，十世班禅在国民政府以蒙藏委员会委员长关吉玉为专使的主持下，在青海塔尔寺坐床。十世班禅拥护新中国成立，成为西藏地方爱国进步力量的主要代表。针对西藏地方政府派出所谓“亲善使团”，十世班禅于 1950 年 1 月 31 日特致电毛泽东主席和朱德总司令，表示愿率全藏爱国人民，支援解放军解放西藏。他在电报中说：“西藏系中国领土，为全世界所公认，全藏人民亦自认为中华民族之一。今拉萨当局此种举动，实为破坏国家领土主权完整，违背西藏人民意志。谨代表西藏人民，恭请速发义师，解放西藏，肃清反动分子，驱逐在藏帝国主义势力，巩固西南国防，解放西藏人民。”② 十世班禅反对西藏地方政府派出“亲善使团”，反映了西藏地方爱国进步力量在西藏问题上的根本要求，也扩大了争取西藏和平解放的社会政治基础。

中央人民政府外交部发言人在做出上述谈话时，“亲善使团”的先遣

① 《外交部发言人就西藏问题发表谈话》，《人民日报》1950 年 1 月 21 日。

② 《班禅电毛主席朱总司令》，《人民日报》1950 年 2 月 7 日。

人员已到达西藏江孜。正是这一谈话所阐述的中央人民政府的严正立场，使得“美、英等国致电噶厦政府，要求撤回代表，噶厦不得已才将代表团召回拉萨”。[①]“亲善使团”以流产而告终，只有派向印度的代表秘密到了新德里。[②]

（二）中央人民政府争取“西藏代表团”到北京商谈西藏和平解放问题

如上述美国合众社报道，在西藏地方政府决定派出“亲善使团”的同时，“另派一使团到中国，以便向中共当局解释并表明独立”。这就是堪穷土登结波、孜本夏格巴率领的代表团。1950 年 2 月 5 日，该代表团从拉萨出发，欲经印度到香港等地“寻找共产党官员说明或了解情况”。在印度噶伦堡，代表团先后在 3 月 15 日和 4 月 10 日致信毛泽东主席，要求派代表赴香港谈判相互关系问题。[③]5 月 22 日，中共香港工作委员会书记张铁生就如何接待将来香港的西藏地方政府代表团电报中央统战部和周恩来。5 月 24 日，毛泽东批示：“西藏代表必须来京谈判，不要在港谈判，请加注意。”[④]5 月 28 日，中央人民政府秘书长林伯渠复信“西藏代表团”，指出这一代表团是“西藏地方政府派至中央人民政府商谈西藏地方事件的代表团，不能称为西藏派赴中国外交代表团”。中央人民政府欢迎该代表团“作为西藏地方政府的代表，前来北京商谈有关西藏地方和平解放的问题”,“谈判的地点必须在北京，不能在香港”。[⑤]争取西藏地方政府派代表团到北京商谈有关西藏和平解放的问题，成为中央人民政府争取西藏和平解放的一个工作主轴。

“西藏代表团”虽然曾写信给我国驻印度大使馆代办申健说其准备经香港来北京，但其目的是要阻止人民解放军进军西藏。据法新社 1950

---

① 土丹旦达：《〈关于和平解放西藏办法的协议〉签订前后》，《西藏文史资料选辑》1981 年第一辑。

② 《解放西藏史》编委会：《解放西藏史》，中共党史出版社 2008 年版，第 49 页。

③ 《解放西藏史》编委会：《解放西藏史》，中共党史出版社 2008 年版，第 111 页。

④ 《毛泽东西藏工作文选》，中央文献出版社、中国藏学出版社 2008 年版，第 15 页。

⑤ 西藏自治区党史资料征集委员会等编：《和平解放西藏》，西藏人民出版社 1995 年版，第 79 页。

年5月6日加尔各答电讯称：这一代表团“希望向中国共产党说明西藏愿与一切国家保持友谊，并且不愿意作任何国家的敌人，从而使毛泽东不要派遣武装部队，攻打他们国家的没有充分防备的边界”。[①]然而，对于这样一个代表团，英国、印度不愿让其“与中共举行谈判”。英国“借以延缓中共对西藏攻势，以待国际局势之转变”。[②]印度政府则认为，“如果汉藏谈判在印度举行，就能密切注意谈判的动向”，建议该代表团同中国新任驻印度大使谈判。[③]6月5日，该代表团在印度加尔各答机场登机时受阻，于是提出在新德里晤面商谈。[④]8月2日，周恩来致电申健，指出中央人民政府对“西藏代表团”的方针是：“西藏为中国领土的一部分，我不能承认该代表团为西藏之外交代表，但可承认其为西藏地方政府或西藏民族的代表，并同意其以此身份和中央人民政府商谈和平解放西藏问题，此谈判应在北京举行。”[⑤]8月4日，申健复信夏格巴，重申了中央人民政府对“西藏代表团”的方针。鉴于该代表团由印度经香港去北京有困难，申健提出，请代表团考虑转回西藏经由国内其他路线，如青海、西康、云南等地前往北京，国内各地方政府及人民解放军均愿给予协助。[⑥]

此时，中国驻印度大使袁仲贤即将赴任。印度政府承认中国对西藏拥有主权，并经过其驻北京大使表示印度政府对西藏从来没有现在也没有任何政治或领土野心，并说其他国家也不会干涉西藏。[⑦]1950年8月19日，周恩来电示申健：袁仲贤大使到后，可电约夏格巴代表团到新德里晤面。见面后，袁仲贤大使可先表示中央人民政府欢迎“西藏代表团”前往北京商谈和平解决西藏问题，然后再解释西藏为中华人民共和国领土，为举世所公认。西藏问题是中华人民共和国的内部问题，只能由中央人民政府与西藏地方当局自己商谈解决，外人不能干涉。“西藏代表团”是地方性的及民族性的代表团，而北京是中央人民政府所在地，亟

① 转引自牙含章：《达赖喇嘛传》，华文出版社2001年版，第359页。
② 转引自牙含章：《达赖喇嘛传》，华文出版社2001年版，第359页。
③ 《解放西藏史》编委会：《解放西藏史》，中共党史出版社2008年版，第112页。
④ 西藏自治区党史办公室编：《周恩来与西藏》，中国藏学出版社1998年版，第4页。
⑤ 西藏自治区党史办公室编：《周恩来与西藏》，中国藏学出版社1998年版，第4页。
⑥ 西藏自治区党史办公室编：《周恩来与西藏》，中国藏学出版社1998年版，第4页。
⑦ 西藏自治区党史办公室编：《周恩来与西藏》，中国藏学出版社1998年版，第5页。

愿“西藏代表团”前往北京商谈。时间虽稍耽搁，但并不算晚。[①]8月21日，周恩来在给印度驻华大使潘尼迦的备忘录中重申：“西藏代表团是地方性的及民族性的代表团，他们应该到中华人民共和国首都来商谈和平解决西藏问题的办法。”[②]由于该代表团滞留印度，毛泽东提出“希望西藏代表团九月中旬到达北京谈判”，“西藏代表团如有诚意，应当速来，并希印度政府予该代表团的旅行以可能的协助”。[③]鉴于袁仲贤大使9月14日左右才能抵达加尔各答，等待袁仲贤大使约见西藏代表团时间太晚，8月30日，周恩来电示申健，要他以代办身份电约“西藏代表团”迅即到新德里面谈前来北京问题，希望“西藏代表团”在9月中旬能赶到北京，以利于商谈和平解决西藏问题。

申健在1950年9月6日再次复信“西藏代表团”，并曾当面催促该代表团以西藏地方政府代表的名义前往北京。[④]然而，夏格巴一边答应愿意到北京谈判，一边出入于美国、英国驻印度的机构和印度外交部，并于9月8日向印度总理尼赫鲁转达西藏地方政府请其“在西藏和中国之间斡旋”之要求。[⑤]该代表团不仅对到北京谈判迟疑不决，而且继续向美国、英国、印度等国寻求对“西藏独立”的支持。同样是在9月8日，中央电示申健：中央人民政府邀请“西藏代表团”迅即动身乘飞机经香港、广州北上，中央人民政府已派员在广州接待。人民解放军将按原定计划在西康行动，代表团愈早到京，愈有利于西藏问题和平解决。[⑥]袁仲贤大使9月14日到任后，与“西藏代表团”进行了谈话，进一步明确了该代表团到达北京的期限，即“九月二十日前须抵北京，否则一切责任在彼”。[⑦]9月19日，周恩来电示袁仲贤，肯定了其与“西藏代表团”的谈话“甚妥”，指出“西藏代表团”如已定行期，只需帮助他们按时动身即可。如该团尚迟疑不决，可邀其团长来馆告以“中央人民政府约你们在

---

① 西藏自治区党史办公室编：《周恩来与西藏》，中国藏学出版社1998年版，第5页。
② 西藏自治区党史办公室编：《周恩来与西藏》，中国藏学出版社1998年版，第6页。
③ 《毛泽东西藏工作文选》，中央文献出版社、中国藏学出版社2008年版，第27页。
④ 西藏自治区党史办公室编：《周恩来与西藏》，中国藏学出版社1998年版，第8页。
⑤ 《解放西藏史》编委会：《解放西藏史》，中共党史出版社2008年版，第112—113页。
⑥ 西藏自治区党史办公室编：《周恩来与西藏》，中国藏学出版社1998年版，第8页。
⑦ 《毛泽东西藏工作文选》，中央文献出版社、中国藏学出版社2008年版，第31—32页。

九月中旬前往北京之限期已过，而刘伯承将军部队依原定计划在西康西部的行动，西藏方面必生疑虑；欲解除此虑，只有西藏代表团早去北京商谈和平解决西藏问题，别无他途”。[①]9 月 30 日，周恩来在人民政协为新中国成立一周年举行的庆祝大会上发表讲话时指出：“人民解放军也决心西去解放西藏人民，保卫中国边防。对于这个为祖国安全所必需的步骤，我们愿以和平谈判的方式求得实现。西藏的爱国人士对此已经表示欢迎，我们希望西藏的地方当局不再迟疑，好使问题能得到和平解决。”[②]然而，该代表团虽然是中央人民政府争取到北京谈判的对象，但它却延续了“亲善使团”的政治功能，并“在外界的唆使下，制造各种借口，迟不离印”。[③]这也就决定了它不可能实现与中央人民政府谈判和平解放西藏问题。

二、昌都战役的必然性和“以打促和”问题

昌都战役的胜利打开了进军西藏的东大门，为和平解放西藏创造了条件。这里所说的昌都战役的必然性问题，需要探讨的是解放昌都是否可以避免通过昌都战役而实现。历史事实表明，昌都战役“以打促和”，导致西藏地方政府的态度变动，使之朝着与中央人民政府和谈的方向发展。那么，昌都战役“以打促和”的战略意图是否是从一开始就具有的？认识这些问题，关系到对昌都战役历史地位与作用，乃至对和平解放西藏战略方针和历史进程的评价问题。

昌都地区原归属西康区域范围，在中华民国成立以后，西藏地方政府逐步对其行使实际管辖权。从地理上讲，西康“界于川藏之间，乃川省前行，为西藏后劲，南接云南，北连青海，地处高原，对于四方皆有建瓴之势”。[④]西康筹设省制之议始于晚清。1903 年，建昌道台赵尔丰在《平康三策》中力主“改康地为行省，改土归流，设置郡县，以丹达为界，扩充

① 西藏自治区党史办公室编：《周恩来与西藏》，中国藏学出版社 2008 年版，第 9 页。

② 《周恩来选集》下卷，人民出版社 1997 年版，第 33、40 页。

③ 《我政府答复印度政府照会》，《人民日报》1950 年 11 月 17 日。

④ 吴丰培编：《赵尔丰川边奏牍》，四川民族出版社 1984 年版，第 503 页。

疆域，以保西陲”。[1]他以丹达为界，划分“康地”与西藏，将昌都地区归入“康地”。1906年7月，赵尔丰任驻藏大臣兼川滇边务大臣。[2]1909年，清廷免赵尔丰驻藏大臣之职，让其专任川滇边务大臣，并将察木多（今昌都）和乍丫（今察雅）划归边务大臣管辖。赵尔丰奏请清廷改察木多为昌都府，将乍丫、恩达、贡觉、江卡、桑昂曲宗和杂瑜分别改为隶属于昌都府的察雅县、恩达县、贡县、宁静县、科麦县和察隅县，以加强对昌都地区的管辖与治理。[3]自1913年起，西藏地方政府在该地设置“朵麦基巧”[4]（昌都总管府），由一名噶伦掌管该地的军政事务。[5]由此可见，昌都处于康藏要冲，战略地位十分重要。中央将进军和经营西藏的主要任务交给西南局后，昌都自然就成了进军西藏的必经之地。

然而，西藏地方政府却在亲帝分裂势力的控制下，调集藏军主力于金沙江沿岸，欲阻止人民解放军进军解放西藏。1950年夏，西藏地方政府将阿沛·阿旺晋美从孜本提升为增额噶伦，并派其到昌都接替拉鲁·次旺多吉的昌都总管的职务。西藏地方政府并将藏军从14个代本扩充为17个代本，“以其主力7个代本，位于昌都为中心的周围地区，积极备战企图阻止我解放西藏”。[6]其中，第二、第六、第七、第八代本各一部和噶伦卫队集结昌都，第七代本的一部部署在类乌齐，第三代本和民兵真伯拉、热杰代本位于以生达为中心的周围地区，第十代本位于江达至岗拖一线，第九代本位于宁静（现芒康）。[7]

面对藏军陈兵昌都地区的局面，西南局在被中央赋予承担进军和经营西藏的主要任务后，积极准备进军西藏的各项工作，并在进军西藏的计划中，把“占领昌都”作为重中之重和阶段性目标。1950年1月18

---

① 吴丰培编：《赵尔丰川边奏牍》，四川民族出版社1984年版，第1—2、55—56页。

② 参见王川：《西康地区近代社会研究》，人民出版社2009年版，第3页。

③ 参见西藏昌都地区地方志编纂委员会编：《昌都地区志》（上），方志出版社2005年版，第6页。

④ 基巧，原西藏地方政府中相当于内地的地区一级行政区划。

⑤ 参见西藏昌都地区地方志编纂委员会编：《昌都地区志》（上），方志出版社2005年版，第6页。

⑥ 中共昌都地委、昌都地区行署编：《昌都战役文献资料选编》，西藏人民出版社2000年版，第65页。

⑦ 参见廖立：《中国藏军》，中国文史出版社2009年版，第199页。

日，西南局就进军西藏的大体安排及西藏工委人选问题向中央军委报告："我们大体上确定于二月底完成准备，三月初出动，三月底主力集结甘孜地区，四月底集结德格地区，五月间占领昌都。……再一个月，即六月份即可占领拉萨乃至日喀则中心地区，从军事上基本解决了西藏问题。"[①]中央同意了西南局的这一计划。[②]这是关于解放昌都的最初计划。该计划将解放昌都置于促进解放西藏的重要地位。西南局之所以做此计划，依据的是藏军分布和昌都距拉萨的地理位置情况，认为占领昌都就会"震动全藏，促进内部分化"。[③]为此，2 月 15 日，西南军区所辖第二野战军做出进军西藏政治动员令："解放西藏，巩固人民祖国边防。"并要求每个指战员在解放西藏进军的同时，"必须树立长期建设西藏的思想和决心"，不但要成为"捍卫人民祖国的边防军"，而且还要成为"人民祖国的生产军"，"与西藏人民一块共同建设民主繁荣的西藏"。[④]西南局尽管这时考虑的重点在于军事解放昌都乃至西藏，但已蕴含有通过解放昌都而促进和平解放西藏的思想认识和战略构想。

西南局原计划"五月间占领昌都"，但由于当时"川西及雅安地区匪特蜂起，勾结封建势力与某些不稳之起义部队到处危害交通破坏征粮"，抢修公路计划无法实施，进藏部队所需的大批粮食"更无法赶筹"，致使十八军原定的三月初行动的计划难以实现。鉴于粮食成为入藏的最大问题，西南局和西南军区于 1950 年 2 月 26 日向中央军委请示推迟进军西藏的时间，拟将十八军入藏时间推迟到冬季，若有特殊困难，则推迟到 1951 年入藏。[⑤]

由"占领昌都"到"昌都战役"的变化，发生在 1950 年 5 月 18 日

① 中共昌都地委、昌都地区行署编：《昌都战役文献资料选编》，西藏人民出版社 2001 年版，第 32 页。

② 参见中共昌都地委、昌都地区行署编：《昌都战役文献资料选编》，西藏人民出版社 2001 年版，第 32 页。

③ 中共昌都地委、昌都地区行署编：《昌都战役文献资料选编》，西藏人民出版社 2001 年版，第 32 页。

④ 中共昌都地委、昌都地区行署编：《昌都战役文献资料选编》，西藏人民出版社 2001 年版，第 46、47 页。

⑤ 参见中共昌都地委、昌都地区行署编：《昌都战役文献资料选编》，西藏人民出版社 2001 年版，第 48、49 页。

西南军区致中央军委的电文上。西南军区在电文中说，昌都战役系根据康甘公路可于 1950 年 7 月 10 日修复并能运足够粮食到甘孜的情况决定的。然而经过实地勘察，康甘公路最早需要 7 月底始能修复。6 月 26 日，西南军区报告中央军委，提出比原计划推迟 20 天，进军预定 9 月上旬，最迟 9 月中旬占领昌都。① 根据中央军委 1950 年 7 月 28 日的电文指示，为争取主动，西南军区 8 月 5 日向中央军委报告："力争今年实现昌都战役，并由张国华即赴前方，切实了解粮食供给等具体情况，作最后的确定。"②8 月 9 日，康甘公路修到道孚，若无意外情况，8 月底前可保证通到甘孜。基于此，西南军区决定 1950 年 10 月间实施昌都战役，并于 8 月 14 日向中央军委做了报告。毛泽东对向昌都进军非常关切，指出"今年如能进到昌都"当然是很好的，并向西南局询问"甘孜到昌都一段很长道路是否能随军队攻进速为修筑通车"等问题。西南军区在复毛泽东的电文中说："我们考虑只要八月底能修通甘孜的公路，十月上半月占领昌都是办得到的。"康藏公路雅安至甘孜段全长 603 公里，工兵和十八军部队从 1950 年 4 月 13 日开始抢修，至 8 月 26 日全线正式通车。③

西南军区也曾考虑 1950 年不占领昌都，推迟到 1951 年。但是，1950 年占领昌都，"利于早点促进政治变化"，而且"金沙江边到昌都约七百华里，昌都到拉萨约两千华里。我们前进一段，则进占拉萨的军事政治准备都会确实一些"。④ 同时，西南军区提出了"占领昌都之后的处置"问题，并在解决吃饭问题的前提下拟定了两个方案：一是将主力收回过冬，留三千人守昌都，作为 1951 年向拉萨前进的基地；二是除留少数游动部队于金沙江西岸外，将部队全部撤回金沙江以东，主力撤到康

---

① 参见中共昌都地委、昌都地区行署编：《昌都战役文献资料选编》，西藏人民出版社 2001 年版，第 53 页。

② 中共昌都地委、昌都地区行署编：《昌都战役文献资料选编》，西藏人民出版社 2001 年版，第 55 页。

③ 中共昌都地委、昌都地区行署编：《昌都战役文献资料选编》，西藏人民出版社 2001 年版，第 157 页。

④ 中共昌都地委、昌都地区行署编：《昌都战役文献资料选编》，西藏人民出版社 2001 年版，第 60 页。

定以东，旨在促进西藏政治上的变化。[①]8月23日，毛泽东电示西南局并西北局按照第一个方案做积极准备，“待本月底下月初判明公路已通至甘孜无阻，即可实行进军，期于十月占领昌都”，并指出“这对于争取西藏政治变化及明年进军拉萨，是有利的”；如能于十月占领昌都，有可能促进西藏代表团来京谈判，“求得和平解决（当然也有别种可能）”。[②]他还指出：“现我们正采取争取西藏代表来京并使尼赫鲁减少恐惧的方针。西藏代表到京时，我们拟以既定的十条作为谈判条件，争取西藏代表签字，使十条变为双方同意的协定。果能如此，则明年进军拉萨会要顺利些。”[③]此时，鉴于“西藏代表团”故意拖延，中央通过昌都战役实现“以打促和”的意志愈来愈坚定。8月26日，西南军区下达了《昌都战役的基本命令》，即“歼灭藏敌主力于昌都及其以东之恩达、类乌齐地区，占领昌都，打下明年进军拉萨解放西藏之基础”。[④]

藏军主力陈兵于金沙江沿线，阻止人民解放军进军西藏，而“西藏代表团”在外国的唆使和阻挠下迟迟不来北京进行和谈，并且其寻求“西藏独立”的立场始终没有改变。在这样的情况下，和平解放昌都变得遥遥无期；而中央人民政府“占领昌都”的计划若不能如期进行，则势必影响西藏的解放。因此，实施昌都战役，“以打促和”，便成为解放西藏的一个必经阶段。历史没有给予避免昌都战役而实现昌都和平解放、进而推进西藏和平解放的客观条件。

三、关于昌都战役起止时间考

关于昌都战役的起止时间，据新华社1950年11月8日报道的西南军区司令部公布的进军西藏、解放昌都战役详细战果，该战役于1950

---

① 参见中共昌都地委、昌都地区行署编：《昌都战役文献资料选编》，西藏人民出版社2001年版，第60页。

② 中共昌都地委、昌都地区行署编：《昌都战役文献资料选编》，西藏人民出版社2001年版，第62页。

③《毛泽东西藏工作文选》，中央文献出版社、中国藏学出版社2008年版，第23页。

④ 中共昌都地委、昌都地区行署编：《昌都战役文献资料选编》，西藏人民出版社2001年版，第65页。

年10月7日发起，至10月15日结束。[①]中共党史出版社2008年出版的《解放西藏史》则认为，昌都战役自1950年10月6日发起，至10月24日结束。[②]二者不仅关于昌都战役的开始时间不同，而且结束时间也不一致。就目前的文献和研究著述来看，不论是昌都战役的开始还是结束，都存在着明显争议之处。

其中，在昌都战役开始时间上，主要有两种观点：一是1950年10月6日；[③]二是1950年10月7日。[④]目前的研究著述以前者为昌都战役的开始时间者居多。如西南军区1950年10月9日昌都战役战报第一号记载："十八军部队于10月6日晨7时起，分别渡金沙江执行解放昌都作战任务。"[⑤]这一记载与上述西南军区司令部所公布的昌都战役开始时间不相一致，提前了一天。后者除了西南军区司令部所公布的时间外，1950年10月1日，西南军区向中央军委报告，鉴于十八军第五十二师因甘孜至康定段公路曾发生故障，"粮物未能及时前送及52师在甘孜以西修路三天"，部队不能按照预定计划集结邓柯、德格地区，于是决定改于10月7日开始渡金沙江西进。[⑥]其实，这一决定后来发生了改变。10月4日，十八军第五十二师发布命令，"决于本（十）月六日早七时开始由邓柯渡江，执行解放昌都，聚歼藏军主力于澜沧江以东及恩达、类乌齐地区之任务"。[⑦]于是，这才有了昌都战役战报第一号所记载情况的发生。

笔者认为，昌都战役的发起时间应以人民解放军开始渡金沙江为标

---

① 参见《人民解放军西南军区司令部公布昌都战役歼敌五千余人，各处溃散之敌现正继续向我军投降》，《人民日报》1950年11月9日。

② 参见《解放西藏史》编委会：《解放西藏史》，中共党史出版社2008年版，第127页。

③ 参见段君毅等：《戎马一生 功在国家——怀念张国华同志》，《人民日报》1995年9月15日；阴法唐：《第二次长征与西藏和平解放》，《人民日报》2001年8月11日；《解放西藏史》编委会：《解放西藏史》，中共党史出版社2008年版，第127页。

④ 参见张国华：《西藏，回到了祖国的怀抱》，《人民日报》1962年10月25日。

⑤ 中共昌都地委、昌都地区行署编：《昌都战役文献资料选编》，西藏人民出版社2001年版，第217页。

⑥ 参见中共昌都地委、昌都地区行署编：《昌都战役文献资料选编》，西藏人民出版社2001年版，第210页。

⑦ 中共昌都地委、昌都地区行署编：《昌都战役文献资料选编》，西藏人民出版社2001年版，第214页。

志，因为各参战部队开始渡江和全部渡过江的时间是不同的，即使是同一个师的各团也是不一样的。如第五十二师各团都由邓柯渡江，但开始渡江的时间各异，其中，一五四团是 10 月 6 日，一五五团是 10 月 8 日。10 月 6 日是人民解放军开始渡江的最早时间。[①]而且由于各团开始渡江的时间有先后，直接导致渡过江的时间也是不同的，如一五四团于 10 月 7 日 14 时渡过江，一五五团于 10 月 8 日 24 时渡过江，五十三师一五七团主力则于 10 月 9 日强渡金沙江。[②]新华社 1950 年 11 月 1 日电讯报道："人民解放军应藏族同胞的请求，于十月七日分路渡过金沙江、怒江、澜沧江，克服了道路、气候等各种困难向昌都疾进。"[③]这里，10 月 7 日是人民解放军渡过金沙江之后的时间。然而，渡江是昌都战役的第一步和必经过程。因此，将 10 月 6 日确定为昌都战役的开始时间是符合该战役的实际过程的。

关于昌都战役的结束时间问题，除了上述西南军区司令部所公布的 10 月 15 日外，还有 10 月 19 日、[④]10 月 21 日[⑤]和 10 月 24 日[⑥]等说法。

根据昌都战役的进展情况，到 1950 年 10 月 15 日，五十三师一五七团除留一个营驻守宁静外，以两个营向左贡、邦达、八宿方向机动，切断昌都守敌向西南的退路。[⑦]五十二师师直部队抵达生达地区。[⑧]一五五团先头营经衣曲卡疾进。衣曲卡距生达二日程、昌都东北 200 余里。

---

① 中共昌都地委、昌都地区行署编：《昌都战役文献资料选编》，西藏人民出版社 2001 年版，第 215 页。

② 中共昌都地委、昌都地区行署编：《昌都战役文献资料选编》，西藏人民出版社 2001 年版，第 217—218 页。

③《人民解放军开始进军西藏》，《人民日报》1950 年 11 月 2 日。

④ 央珍、马程：《四十年沧桑话昌都》，《人民日报》1990 年 10 月 20 日。

⑤ 中共昌都地委、昌都地区行署编：《昌都战役文献资料选编》，西藏人民出版社 2001 年版，第 235 页。

⑥ 段君毅等：《戎马一生 功在国家——怀念张国华同志》，《人民日报》1995 年 9 月 15 日；阴法唐：《第二次长征与西藏和平解放》，《人民日报》2001 年 8 月 11 日；《解放西藏史》编委会：《解放西藏史》，中共党史出版社 2008 年版，第 127 页。

⑦ 中共昌都地委、昌都地区行署编：《昌都战役文献资料选编》，西藏人民出版社 2001 年版，第 225 页。

⑧ 中共昌都地委、昌都地区行署编：《昌都战役文献资料选编》，西藏人民出版社 2001 年版，第 227 页。

一五五团主力抵面达，距生达西南二日程，16日渡杂曲河继续向昌都前进。一五六团到达衣曲卡以北20华里处，16日通过衣曲卡向昌都前进。[①]这表明，10月15日，昌都战役正在进行中，尚未到达昌都，因此不能作为昌都战役结束的时间，应为误报。

10月19日，一五六团一部及军侦察营占领了昌都。这时所解放的只是昌都中心地带。据1950年10月20日昌都战役战报第九号记载："守敌……及第二、三、四、七、八共五个代本与雪打老松之民兵一部共约四千人，向昌都以西以北地区分散溃逃，但仍未逃出我包围圈外，我部队现正对该逃敌紧缩包围进剿中。"[②]因此，尽管在10月19日昌都战役取得重大胜利，昌都城获得解放，但昌都战役的战事并没有结束，人民解放军仍在包围进剿昌都地区其他地方。

1950年10月23日昌都战役战报第十一号记载："昌都战役已于10月21日胜利结束。"[③]之后，昌都战役战报就停止了。另据新华社康藏前线1950年11月1日电讯称：至10月21日，"逃敌全部就歼或投降"。[④]为此，10月24日，西南军区、西南局向中共西藏工委并转前线全体指战员致昌都战役贺电，庆祝解放昌都、恩达、宁静、盐井、类吾（乌）齐、碧土等要地，并争取第九代本光荣起义等胜利。[⑤]笔者认为，10月21日应为昌都战役结束的实际时间，而10月24日以西南军区、西南局庆祝昌都战役胜利的贺电为标志，成为昌都战役结束的纪念性时间。

鉴于以上分析，昌都战役实际开始于1950年10月6日，结束于10月21日。

---

① 中共昌都地委、昌都地区行署编：《昌都战役文献资料选编》，西藏人民出版社2001年版，第230页。

② 中共昌都地委、昌都地区行署编：《昌都战役文献资料选编》，西藏人民出版社2001年版，第233页。

③ 中共昌都地委、昌都地区行署编：《昌都战役文献资料选编》，西藏人民出版社2001年版，第235页。

④ 《人民解放军开始进军西藏》，《人民日报》1950年11月2日。

⑤ 中共昌都地委、昌都地区行署编：《昌都战役文献资料选编》，西藏人民出版社2001年版，第236页。

四、达赖正式派出西藏地方政府和谈代表团问题考

如上所述，“西藏代表团”故意拖延行期，直至1950年10月昌都战役开始后，尚未动身。在昌都战役中，毛泽东仍催促西藏如愿意谈判，“代表团应速来京”。[①] 昌都战役结束之后，昌都地区人民解放委员会成立，十八军副政委王其梅为主任、阿沛·阿旺晋美为副主任，同时成立了以阿沛·阿旺晋美为主任的昌都地区僧俗人民争取和平解放西藏工作委员会。昌都战役促使西藏内部发生变化。10月25日，西藏地方政府举行“官员会议”。会上，亲帝派与主和派形成对立。最终，摄政达扎被迫下台，十四世达赖于11月17日提前亲政，西藏地方政治局势朝和平解放演进的趋势进一步显现出来。1950年11月17日，《人民日报》发表社论指出：“只要西藏地方当局力改前非，放弃依靠外国势力拒绝人民解放军进军的错误立场，西藏问题仍然可以和平解决。”[②] 西藏的和平解放，关键在于西藏地方政府能否放弃向外国势力寻求支持“西藏独立”的立场。

在中央人民政府民族平等政策和和平解放西藏方针的感召下，随着西藏地方上层爱国进步力量的增强和达赖的亲政，西藏地方政府派出了以阿沛·阿旺晋美为首席全权代表的西藏地方政府全权代表团。关于达赖何时正式派出西藏地方政府和谈代表团问题，有一种普遍的观点认为是在1951年2月。[③] 其主要依据是，1951年2月，达赖和亚东噶厦决定，除阿沛·阿旺晋美等三名代表由昌都赴北京外，增派藏军司令凯墨·索安旺堆、仲译土丹旦达为谈判代表，由亚东经印度前往北京谈判。这一决定表明，一方面达赖明确了阿沛·阿旺晋美等三名代表的身份，另一方面在代表团的形成过程中发生过增派和谈代表的情况。进一步讲，1951年2月作为西藏地方政府全权代表团组成的时间，是否又是达赖决定正式派出和谈代表与中央人民政府和平谈判时间的关键在于，一是达赖此前

---

① 《毛泽东西藏工作文选》，中央文献出版社、中国藏学出版社2008年版，第31页。

② 《中国人民解放西藏是不容干涉的》，《人民日报》1950年11月17日。

③ 牙含章：《达赖喇嘛传》，华文出版社2001年版，第366—367页；丹增主编：《当代西藏简史》，当代中国出版社1996年版，第77—78页。

是否决定过派和谈代表，二是达赖增派和谈代表是在什么情况下发生的。

（一）昌都战役后，达赖起初派出阿沛·阿旺晋美等三名代表是要与人民解放军前线部队接触商谈，行缓兵之计

1950 年 12 月 17 日，西藏地方政府以“官员会议”形式决定，派土登列门、桑颇·登增顿珠去昌都，并与阿沛·阿旺晋美一道同人民解放军谈判。[①] 当天，达赖写信给十八军副政委、昌都地区人民解放委员会主任王其梅：“根据昌都总管噶伦阿沛及其下属的报告，此处已派出和谈办事人员”。这封信是 2 月 5 日土登列门、桑颇登增顿珠到达昌都后才予以转交的。[②] 同时，达赖也写信给阿沛·阿旺晋美，要其作为主要谈判代表。[③] 然而，达赖提出的谈判条件仍是以“西藏独立”论为基础，如“要求中国人民政府今后不要派遣军队”进入西藏，“要求已进驻康区和阿里的汉政府军队撤回内地”等。[④] 而且达赖派出阿沛·阿旺晋美等三名代表，尚不是与中央人民政府进行谈判，而是与前线部队和谈。此时，达赖和西藏地方政府实际上仍然是要阻止人民解放军进军西藏。这表明，昌都战役结束后，达赖并没有在亲政后立即决定同中央人民政府进行和平解放西藏问题的谈判。因此，这时还不能说达赖已经作出正式派西藏地方政府全权代表团与中央人民政府和谈的决定。由此也表明，昌都战役后，达赖在和谈问题上有一个渐进而非疾进的演变过程。

（二）达赖移居西藏亚东后，开始向与中央人民政府和谈的方向发展，并在 1951 年 1 月中下旬正式决定派代表赴北京与中央人民政府商谈和平解放西藏问题

达赖在派出同人民解放军谈判的代表后，于 1951 年 1 月 2 日移居于西藏亚东，噶厦即西藏地方政府也相应地分为拉萨噶厦和亚东噶厦。在

---

① 《解放西藏史》编委会：《解放西藏史》，中共党史出版社 2008 年版，第 113 页。

② 《解放西藏史》编委会：《解放西藏史》，中共党史出版社 2008 年版，第 149、150 页

③ 《解放西藏史》编委会：《解放西藏史》，中共党史出版社 2008 年版，第 149 页。

④ 中共中央文献研究室、中共西藏自治区委员会编：《西藏工作文献选编（1949—2005）》，中央文献出版社 2005 年版，第 41 页。

亚东，被达赖召回的夏格巴报告了美国、英国、尼泊尔和印度政府对西藏的态度。经西藏地方政府“官员会议”讨论决定，正式派出代表去北京，同中央人民政府谈判和平解放西藏问题。[①]1月18日，亚东噶厦派两位代表曲培土登和索康携带达赖和“官员会议”分别致我国驻印度大使馆的信函去了印度新德里。[②]1月27日，他们到达新德里，并请袁仲贤大使转呈达赖致中央人民政府表示愿意和平谈判的信。[③]达赖在信中说：过去，在其年幼未掌权期间，藏汉之间关系屡遭破坏，近日已通知阿沛·阿旺晋美及随员从速启程去北京。为争取时间，将再给阿沛·阿旺晋美增派两位助手，经印度前往北京。[④]袁仲贤大使接见了他们，并向中央电报了“接见达赖两代表及所取态度”。[⑤]笔者认为，从达赖方面而言，其在1951年1月中下旬已经作出派代表赴北京与中央人民政府和谈的决定，只是由于信件转交的缘故，我国驻印度大使馆才收悉这一决定。

（三）曾派和谈代表，是由达赖提出、中央人民政府同意并欢迎的

如上所述，达赖在致中央人民政府表示愿意和平谈判的信中说：为争取时间，将再给阿沛·阿旺晋美增派两位助手，经印度前往北京。[⑥]1951年1月29日，中央电复袁仲贤大使：达赖派往昌都接洽的两位代表，中央人民政府即通知昌都人民解放军于他们到后，给以很好招待，并负责护送阿沛·阿旺晋美等人前去北京。唯康藏路远，一时不易到达，仍盼达赖加派代表经印度乘飞机至香港转广州来北京。中央要求驻印大使馆“予以旅行上的协助”，“如西藏代表确定来京，大使馆应派人同来”，并代表毛泽东主席祝贺达赖亲政。[⑦]2月1日，袁仲贤大使复信达赖，代表毛

---

① 《解放西藏史》编委会：《解放西藏史》，中共党史出版社2008年版，第149—150页。

② 中共西藏自治区委员会党史资料征集委员会编：《西藏革命史》，西藏人民出版社1991年版，第51页。

③ 《解放西藏史》编委会：《解放西藏史》，中共党史出版社2008年版，第150页。

④ 丹增主编：《当代西藏简史》，当代中国出版社1996年版，第76页。

⑤ 西藏自治区党史办公室编：《周恩来与西藏》，中国藏学出版社1998年版，第11页。

⑥ 丹增主编：《当代西藏简史》，当代中国出版社1996年版，第76页。

⑦ 西藏自治区党史办公室编：《周恩来与西藏》，中国藏学出版社1998年版，第12—13页。

泽东主席祝贺达赖亲政，并转达了中央的指示。他在信中说："唯从西藏经西康等地去北京，因路途较为不便，恐一时不易到达，因此中央同意而且欢迎你加派代表经印度乘飞机到香港转广州赴北京。"[①] 这就有了达赖和西藏地方政府于 1951 年 2 月做出增派凯墨·索安旺堆、土丹旦达为谈判代表的决定。但是，达赖增派代表只是在原有三名代表的基础上的增加，并没有对代表进行调整，也没有改变以阿沛·阿旺晋美为首席代表的既定事实。可资为证者，1951 年 3 月 27 日，刘少奇、周恩来就西藏问题近期处理情况致电毛泽东说："达赖自接主席祝贺其执政电后，除仍向袁大使表示希望我撤退军队外，一方面声明已派阿沛（即在昌都放下武器的西藏驻昌都负责人）为赴北京的和谈代表团团长，并派两助理代表经印度赴北京；另一方面带信给阿沛，委其为全权代表，称其为西藏僧俗中最有威信的噶伦，劝其好好赴北京和谈。"[②] 因此，上述认为 1951 年 1 月中下旬达赖已作出派代表赴北京与中央人民政府和谈的决定，是成立的。

1951 年 3 月 24 日，达赖增派的代表凯墨·索安旺堆、土丹旦达抵达印度新德里。[③]3 月 27 日，毛泽东批示同意由驻印度大使馆参赞申健陪同他们到北京。[④] 这样，以阿沛·阿旺晋美为首席全权代表的西藏地方政府全权代表团取代"西藏代表团"，承担起了与中央人民政府全权代表谈判和平解放西藏问题的历史责任。至此，争取和平解放西藏取得突破性的进展，西藏解放循入通过平等协商和平解放的轨道。在此基础上，以 1951 年 5 月 23 日中央人民政府和西藏地方政府正式签订《关于和平解放西藏办法的协议》为标志，西藏地方走上和平解放的道路。

［原载《中国边疆史地研究》2011 年第 2 期］

---

① 西藏自治区党史办公室编：《周恩来与西藏》，中国藏学出版社 1998 年版，第 12—13 页。

② 中共中央文献研究室、中共西藏自治区委员会编：《西藏工作文献选编（1949—2005）》，中央文献出版社 2005 年版，第 39 页。

③ 中共中央文献研究室、中共西藏自治区委员会编：《西藏工作文献选编（1949—2005）》，中央文献出版社 2005 年版，第 40 页。

④ 中共中央文献研究室、中共西藏自治区委员会编：《西藏工作文献选编（1949—2005）》，中央文献出版社 2005 年版，第 40—41 页。

中央人民政府直辖昌都地区人民解放委员会问题研究

昌都地区人民解放委员会在1950年10月昌都战役胜利、昌都地区解放的基础上，通过召开昌都地区第一届人民代表会议，于1951年1月1日正式宣告成立。关于昌都地区人民解放委员会的称谓问题，目前有两种表述：一是“西康省昌都地区人民解放委员会”；二是“中华人民共和国昌都地区人民解放委员会”。相应地，前者认为该委员会归属西康省，后者则认为归属政务院（1954年9月后改称国务院）直接领导。两种称谓的不同在于昌都地区人民解放委员会是省属还是中央人民政府直辖，不仅反映了对昌都地区人民解放委员会行政隶属关系认识的差异，而且影响到对该政权组织的历史地位与作用的评价。

一、关于“西康省昌都地区人民解放委员会”问题

将昌都地区人民解放委员会称为“西康省昌都地区人民解放委员会”，谓之昌都地区人民解放委员会归西康省行政管辖。这一称谓主要来自新华社自1951年至1954年初关于昌都地区人民解放委员会的有关报道。新华社1951年2月16日重庆电讯称：“西康省昌都地区人民解放委员会已于一月一日在昌都地区第一届人民代表会议上成立。”[①]接着，新华社1951年5

① 《西康昌都地区举行首届人民代表会议成立争取和平解放西藏工委会》，《人民日报》1951年2月18日。

月 8 日重庆电讯也称："昌都地区这半年来在共产党和西康省昌都地区人民解放委员会的领导下，各民族人民过着自由、幸福的生活，与会者[①]都亲身感到祖国大家庭的温暖。"[②]时至 1954 年 1 月，新华社在报道昌都地区解放三年来的各项建设工作时仍称："西康昌都地区人民解放委员会成立三年来，领导全区人民开展各项建设工作，获得了显著成绩。"[③]以上报道均称昌都地区人民解放委员会为西康省昌都地区人民解放委员会，并成为这一称谓的主要来源和基本依据。

新华社那时将昌都地区人民解放委员会称为西康省昌都地区人民解放委员会，沿袭和依据的是新中国成立之前原国民政府关于昌都地区归属西康省的行政区划。

昌都地区在西康筹设省制始，便在西康区域范围之内。从地理上讲，西康"界于川藏之间，乃川省前行，为西藏后劲，南接云南，北连青海，地处高原，对于四方皆有建瓴之势"[④]。西康筹设省制之议始于晚清。民国初年，西康设为"川边特别行政区"，直隶国民政府，裁撤府、厅、州为县，属下计 34 个县。[⑤]西康建省以来，昌都地区在行政区划上实归属西康省所辖。川边特别行政区于 1925 年改称西康特别行政区。1928 年 8 月 17 日，南京国民政府行政院令称："所有热河、察哈尔、绥远、青海、西康各区，均改为省，依照法令组织省政府。所有热河、青海、西康三省区域，均仍其旧。"[⑥]随着西康建省提上日程，国民政府于 1935 年 7 月在雅安成立了西康建省委员会，并于 1938 年 11 月 28 日批准西康建省。1939 年 1 月，西康正式建省，国民政府划 46 县和 3 个设治局归其管辖，包括金沙江以西的昌都、恩达、察雅、贡县、武城、同普、宁静、盐井、

① 1951 年 4 月 29 日，旅居昌都的拉萨人士举行座谈会，欢庆以噶伦阿沛为首席代表的西藏地方当局谈判代表团到达北京，并表示要求迅速和平解放全西藏的愿望。

② 《旅居昌都的拉萨人士集会热望和平解放全西藏 预祝西藏代表团和谈成功》，《人民日报》1951 年 5 月 9 日。

③ 《三年来昌都地区各项建设工作有显著成绩》，《人民日报》1954 年 1 月 9 日。

④ 吴丰培编：《赵尔丰川边奏牍》，四川民族出版社 1984 年版，第 503 页。

⑤ 参见王川：《西康地区近代社会研究》，人民出版社 2009 年版，第 60 页。

⑥ 四川省档案馆、四川省民族研究所编：《近代康区档案资料选编》，四川大学出版社 1990 年版，第 50 页。

科麦、察隅、硕督、嘉黎、太昭等13个宗[①]。[②]

新中国成立后，西康省延续下来，昌都地区人民解放委员会成立后，西康省仍然存在，直至1955年由国务院撤销省制。联系西康的历史区域，特别是延续原国民政府关于西康省的行政区划，不免让人以为昌都地区人民解放委员会归属西康省管辖，而称其为“西康省昌都地区人民解放委员会”。

昌都地区解放后，其与西康省之间的行政关系成为判断昌都地区人民解放委员会归属的一个重要方面。昌都地区解放前长期在西藏地方政府实际管辖之下，昌都地区的解放和昌都地区人民解放委员会的成立，直接的结果是废除了西藏地方政府昌都总管府，解除了西藏地方政府对昌都地区的实际管辖。而且，昌都解放之时，西藏仍处在争取和平解放之中，是不可能将昌都地区人民解放委员会这一新型民主政权组织交给西藏地方政府来管辖的，否则，就失去了解放的意义。但是，解放后的昌都地区也不可能沿袭旧制而交予西康省实际管辖，因而成为新中国的一个特殊行政区域。

（一）按照原国民政府的行政区划，将解放后的昌都地区交予西康省管辖，不符合历史上形成的西藏地方政府对昌都地区行使实际管辖权的事实，而且将在行政管理上把昌都地区与西藏之间的历史关系有所分割

中华民国以来，西藏地方政府加强了对昌都地区管辖权的争夺与治理，自1913年起在该地设置“朵麦基巧”，任命一名噶伦为昌都总管，以此掌管该地的军政事务。[③]1917年9月，川军与藏军在类乌齐发生纠纷，史称“类乌齐事件”或“第一次康藏纠纷”，藏军占据类乌齐、昌都等金沙江以西的13个县，以及金沙江东岸的德格、邓柯、石渠、白玉等

---

① 宗，原西藏地方政府中相当于内地的县一级地方行政区划。

② 参见王川：《西康地区近代社会研究》，人民出版社2009年版，第5、74页。

③ 参见西藏昌都地区地方志编纂委员会编：《昌都地区志》（上），方志出版社2005年版，第6页。

县。后经交涉，双方达成停战协议，川军退守甘孜，藏军退守德格。[①]此时的西康尽管尚未设省，但西藏地方政府实际上已经控制了其中的昌都地区，西康省对金沙江以西的地方只是“遥瓴”而已。[②]

即使在解放后，“昌都地区旧有一切行政组织及制度，在不反对我们情况下，原封不动，不予变更”[③]。1950 年 9 月 30 日，中共西藏工委、西藏前线政治部作出关于解放昌都战役工作指示，规定了“原封不动，不予变更”的政策。这一政策体现了当时西藏爱国进步人士的意志，有利于昌都地区社会秩序的维护和西藏爱国统一战线的开展。1950 年 12 月 29 日，阿沛·阿旺晋美在昌都地区人民代表会议上发言时说：“西藏和平解放后，应成立区域自治机构，统一由中央领导；昌都各宗现有之各宗本，仍应照常供职，并认真负起责任，没有充分的理由不得辞职；原西藏地方政府和贵族存放在昌都地区之公粮，应一律上缴昌都解放委员会处理。”[④]昌都地区人民解放委员会成立后，昌都地区所属宗保持了原封不动，未予变更。

再从当时的西康省情况看，在昌都地区人民解放委员会成立之前夕，西康省藏族自治区（即后来的甘孜藏族自治州）已于 1950 年 11 月成立，与昌都地区隔江相望。在昌都地区人民解放委员会成立不久，原西康省所辖 14 个县随即划归了昌都地区人民解放委员会管辖。[⑤]当时，昌都地区的行政区划不仅牵涉到西康省，而且与云南省有关，表现在盐井、察隅、科麦三县管理问题的处理。对此，西藏工委曾建议，盐井、察隅、科麦三县应属昌都地区为好，鉴于昌都当时的领导力量不足，由昌都地区人民解放委员会和云南省管理。1951 年 8 月 14 日，邓小平起草西南局复云南省委转滇西工委、西藏工委，同意西藏工委关于盐井等县管理的意

① 参见西藏昌都地区地方志编纂委员会编：《昌都地区志》（上），方志出版社 2005 年版，第 639 页。

② 王川：《西康地区近代社会研究》，人民出版社 2009 年版，第 6 页。

③ 中共昌都地委、昌都地区行署编：《昌都战役文献资料选编》，西藏人民出版社 2000 年版，第 113 页。

④ 魏克：《情凝雪域》，中共党史出版社 2007 年版，第 168—169 页。

⑤ 《西藏自治区概况》，民族出版社 2009 年版，第 28 页。

见。[①] 在盐井等三县的管理上，昌都地区被作为脱离于西康省，而又与云南省相并列的行政区域而对待。

因此，根据昌都地区与西藏地方的历史关系，昌都地区归属西藏地方的条件尚不成熟，也不宜再交予西康省行政管辖。

（二）昌都地区在和平解放西藏的进程中与西藏地方形成了不可分割的紧密联系。维护和巩固这一联系，有利于支援和平解放西藏

昌都战役是为争取和平解放西藏而进行。由于以西藏地方政府摄政达扎为首的亲帝分裂势力企图阻挠人民解放军进藏，将藏军从 14 个代本扩充为 17 个代本，并“以其主力 7 个代本，位于昌都为中心的周围地区，积极备战企图阻止我解放西藏”[②]。同时，为了促进西藏地方政府内部分化，以推动西藏和平解放进程，人民解放军被迫进行了昌都战役。昌都战役从 1950 年 10 月 6 日开始至 10 月 24 日胜利结束，“解放昌都、恩达、宁静、盐井、类吾（乌）齐、碧土等要地”，“并争取第九代本光荣起义等胜利”。[③] 昌都地区的解放，不仅是军事胜利，更为重要的是为和平解放西藏创造了政治条件，促进了西藏上层内部的分化，爱国进步力量进一步增强。

昌都地区人民解放委员会在昌都地区解放的历史条件下，通过召开昌都地区第一届人民代表会议而选举产生。1951 年 1 月 1 日，昌都地区人民解放委员会发出布告正式成立。[④] 成立昌都地区人民解放委员会，一方面维护昌都地区社会秩序，另一方面为和平解放西藏做准备。为争取和平解放西藏，昌都地区人民代表会议不仅选举成立了昌都地区人民解放委员会，而且于 1950 年 12 月 31 日通过了成立昌都地区僧俗人民争取

---

① 《邓小平年谱（1904—1974）》（中），中央文献出版社 2009 年版，第 1004 页。

② 中共昌都地委、昌都地区行署编：《昌都战役文献资料选编》，西藏人民出版社 2000 年版，第 65 页。

③ 中共昌都地委、昌都地区行署编：《昌都战役文献资料选编》，西藏人民出版社 2000 年版，第 236 页。

④ 中共昌都地委、昌都地区行署编：《昌都战役文献资料选编》，西藏人民出版社 2000 年版，第 298 页。

和平解放西藏工作委员会的决议案，选举阿沛·阿旺晋美为主任，并发起争取和平解放西藏签名活动。[①] 中央人民政府坚持和平解放西藏的方针，在昌都地区解放后，再次敦促西藏地方政府派代表到北京与中央人民政府谈判和平解放西藏的办法。

昌都地区人民解放委员会成立后的主要任务是支援人民解放军进军西藏和修路运输。1951 年 5 月 5 日至 12 日，昌都地区僧俗人民代表举行支援解放西藏大会，总结了该区半年来的支援工作，并作出了今后支援工作的决定。[②] 根据和平解放西藏的《十七条协议》规定，西藏的现行政治制度，中央不予变更；达赖喇嘛的固有地位和职权，中央也不予变更；班禅额尔德尼的固有地位及职权，应予维持。鉴于此，不把昌都地区交予西康省，有利于维持昌都地区与西藏地方的历史关系，同时也有利于《十七条协议》的贯彻执行。

从以上情况可以看出，新华社当时将昌都地区人民解放委员会称为西康省昌都地区人民解放委员会，是有缘由的，但这一称谓并没有反映解放了的昌都地区的形势及其与西康省在行政关系上的变化，以及昌都地区人民解放委员会与和平解放西藏不可分割的密切关系。

二、关于“中华人民共和国昌都地区人民解放委员会”问题

与“西康省昌都地区人民解放委员会”之称谓不同，以当代中国出版社 1991 年出版的《当代中国的西藏》、方志出版社 2005 年出版的《昌都地区志》和中共党史出版社 2008 年出版的《解放西藏史》为代表，将昌都地区人民解放委员会均称为“中华人民共和国昌都地区人民解放委

---

① 中共昌都地委、昌都地区行署编：《昌都战役文献资料选编》，西藏人民出版社 2000 年版，第 295 页。

② 《班禅堪布会议厅人员及塔尔寺僧众等集会庆祝和平解放西藏协议 昌都地区人民支援解放军保卫祖国边疆》，《人民日报》1951 年 6 月 4 日。

员会”，受政务院直接领导。[①] 与此相类似，多杰才旦、江村罗布主编的《西藏经济简史》等也认为，昌都地区解放后，被划为中央直辖区，直接受政务院领导。[②] 遗憾的是，这些著述并没有对“中华人民共和国昌都地区人民解放委员会”称谓的由来与依据，作出具体说明，进而给理解昌都地区人民解放委员会作为一个带有统一战线性质的过渡性政权机构，而且只是负责调节人民解放军与昌都地区关系、指导有关军政事宜的区域性政权组织，[③] 为什么归中央人民政府直辖、受政务院直接领导等问题，造成一定的困难。因此，对昌都地区人民解放委员会归属问题，实有进一步探讨的必要。

从现有文献和回忆资料看，在昌都战役胜利、昌都地区解放的基础上成立昌都地区人民解放委员会，废除了原西藏地方政府对这一地区的实际管辖，也改变了原国民政府将昌都地区划归西康省的行政关系。为成立昌都地区人民解放委员会，中央修改制定了《中华人民共和国昌都地区人民解放委员会组织条例》，确定了这一政权组织的应有职责，赋予了它由中央人民政府直辖、受政务院直接领导的行政地位。“中华人民共和国昌都地区人民解放委员会”的称谓不仅具有法律意义上的规定性，而且符合历史事实，是一种客观存在。

（一）法律意义上的规定性

昌都地区人民解放委员会成立时，其组织条例冠以“中华人民共和国昌都地区人民解放委员会”来命名和发布。该组织条例起初由中共西藏工委起草。1950 年 9 月 19 日，中共西藏工委关于拟就昌都地区人民解放委员会成立布告、组织条例和印章等致电请示西南局。布告称：“奉中华人民共和国西南军政委员会电令：‘昌都地区即日解放，为着保障全

① 丹增、张向明主编:《当代中国的西藏》(上)，当代中国出版社 1991 年版，第 157、158 页；西藏昌都地区地方志编纂委员会编:《昌都地区志》(上)，第 7 页;《解放西藏史》编委会:《解放西藏史》，中共党史出版社 2008 年版，第 138 页。

② 多杰才旦、江村罗布主编:《西藏经济简史》，中国藏学出版社 1995 年版，第 6、49 页。

③ 中共昌都地委、昌都地区行署编:《昌都战役文献资料选编》，西藏人民出版社 2000 年版，第 277、280 页。

体人民生命财产，维持社会治安，确立革命秩序，着令成立昌都地区人民解放委员会，负责调节人民解放军与本地区关系。’”“遵照中华人民共和国中央人民政府之民族政策与西南军政委员会中国人民解放军西南军区布告及西藏前线司令部布告施行为藏族人民服务。”该组织条例规定：“本会负责调节人民解放军与昌都地区地方关系，对昌都地区原有各种政治制度维持现状，概不变更。本会并与当地各级政权联络建立指挥关系。”组织条例还规定了将要成立的昌都地区人民解放委员会的任务与机构设置。同时，中共西藏工委请示“颁发‘中华人民共和国昌都地区人民解放委员会印’一颗”。西南局将此转报中央后，中央做了若干修改，并于1950年10月9日致电西南局并西藏工委。其中，中央在昌都地区人民解放委员会职责为“负责调节人民解放军与本地区关系”的基础上补充了“负责指导有关军政事宜”；在人民解放委员会成立后，昌都地区原有各种政治制度“维持现状”之外，增加了各级行政机构“概不变更”，在人民解放委员会指导下“继续行使职权”等内容。为表示对藏族宗教信仰的重视和有利于消除藏族同胞在这方面的怀疑，中央在布告中的“保障全体人民生命财产”之后，增加了“执行信教自由政策，保护喇嘛寺庙”的内容。关于组织条例规定的“接收并代管无人维持管理已逃跑政府一切公共机关、公共产业、公共物资及其他一切公共财产”的问题，中央认为人民解放委员会任务中的“接收并代管一切公共财产”很不妥当，指出西藏的公共财产包括喇嘛寺庙及公地，“是不能或不需我们接收和代管时”，“只责成原有机构和人员负责保管，我们派人检查保护”“而对于人员逃散无人管理的公共财产，我们才可能接收或代管”。因此，为避免误会，以及有利于团结藏胞特别是争取西藏官员，中央指出只规定“保护一切公共财产”。与此相联系，中央将该会所设财政经济组职责中的负责“物资接收与代管事宜”修改为“保护一切公共财产事宜”，将文化组职责中的“负责接收及代管一切公共文化教育及一切文物古迹”修改为“负责保护一切公共文化教育机关及一切文物古迹”。人民解放委员会的内设机构起初设想由警备司令部、调节组、物资代管组、文化代管组和秘书长领导下的负责处理日常工作及联络供给事宜的秘书室、供给股和行政股等机构组成，经西南局和中央修改后，最终确定的方案是，警备司令部和秘书日常机构不变，设立负责处理有关民政及司法等事宜的政务组、负责管理公安事宜的公安组，以及财政经济组、文化组，同时因工作需要，该会可在原昌都所管辖地区内各城市设立分会。关于其他各条，包括印章问题，中央都予以同意，并“同意用‘中华人民共和国昌都地区人民解放委员会’名义发布”。[①] 以上是昌都地区第一届人民代表会议1950年12月31日通过的人民解放委员会组织条例的基本内容。由此可以看出，在昌都战役前，中央已基本确定了将要成立的昌都地区人民解放委员会的职责和组织方案，昌都地区人民解放委员会称谓为“中华人民共和国昌都地区人民解放委员会”是中央赋予的，也是从法律意义上规定了的。

（二）昌都地区人民解放委员会报请中央人民政府批准任命，并以全国人民代表大会的一个选举单位参与国家事务管理

为筹备昌都地区第一次人民代表会议，1950年11月20日，中共昌都工委临时会议决定在工委领导下成立筹备委员会，以阿沛·阿旺普美为主任，下辖秘书、宣传、总务三个组，分别担任有关大会一切事务性的筹备工作。[②] 第二天，筹备委员会在充分协商的基础上正式组成，改由王其梅任主任，阿沛·阿旺晋美和惠毅然为副主任。该筹备委员会下设秘书组、宣传组、总务组和事务委员会。王其梅在筹备委员会会议上说，人民解放委员会是一个带政权性质的过渡性组织，将担负起促进西藏和平解放，增强藏汉民族之间、藏族人民内部之间的团结，驱除帝国主义势力出西藏，支援人民解放军进军西藏、巩固国防，稳定社会治安，发展昌都地区的政治、经济和文化教育事业，逐步改善藏族人民的生活水平等任务。他指出：“这个委员会的成立，要在同昌都所管辖之各地区、各宗（县）、各寺庙、各阶层人民充分协商的基础上，召开代表会议进行选

---

① 中共昌都地委、昌都地区行署编：《昌都战役文献资料选编》，西藏人民出版社2000年版，第278—284页。

② 中共昌都地委、昌都地区行署编：《昌都战役文献资料选编》，西藏人民出版社2000年版，第290页。

举，并报请中央人民政府批准任命后，行使其职权。”[①]1951年1月1日，昌都地区人民解放委员会发布成立布告，也冠以“中华人民共和国昌都地区人民解放委员会”名称。[②]尽管这一布告称西南军政委员会“特任命”昌都地区人民解放委员会主任、副主任和委员，却是要报请中央人民政府批准任命的。这也说明，在政务院直接领导昌都地区人民解放委员会的体制中，西南军政委员会处于重要的地位。

其后，在人民代表大会制度在全国确立的过程中，昌都地区人民解放委员会作为一个选举单位，参加了第一届全国人民代表大会。为出席第一届全国人民代表大会第一次会议，昌都地区与西藏地方分别采取代表会议的形式选出了全国人民代表大会代表。其中，1954年9月10日，昌都地区推选出全国人大代表，即昌都地区人民解放委员会的主任王其梅、副主任邦达多吉和德格·格桑旺堆。[③]1954年8月21日，他们从昌都出发前往北京。临行时，昌都地区各机关、部队和僧俗人民集会欢送。会上，昌都喇嘛寺谢瓦拉呼图克图代表昌都地区宗教界讲话说：“我们昌都地区的宗教界一致拥护我们的代表去北京出席第一届全国人民代表大会会议。几年来，我们在宗教信仰上是自由的，在民族关系上是平等的。今天我们少数民族在管理国家事务上又实行了自己的民主权利。”[④]1955年7月25日，在第一届全国人民代表大会第二次会议上，邦达多吉作了大会发言，谈到昌都地区在执行第一个五年计划中所应进行的各项工作时说，昌都地区在进行各项工作中的一个重要环节是，培养藏族的政治工作干部和技术干部，为将来成立统一的西藏自治区，发展藏族人民的经济、文化事业创造条件。[⑤]昌都地区作为全国人民代表大会的一个选举单位，享有参与国家事务的权利，参与了新中国成立初期的国家政治

① 魏克：《情凝雪域》，中共党史出版社2007年版，第166—167页。

② 中共昌都地委、昌都地区行署编：《昌都战役文献资料选编》，西藏人民出版社2000年版，第298—299页。

③ 《人民日报》1954年9月4日；西藏昌都地区地方志编纂委员会编：《昌都地区志》（下），方志出版社2005年版，第1261页。

④ 《昌都地区全国人民代表大会代表王其梅等三人启程来北京》，《人民日报》1954年8月30日。

⑤ 《全国人民代表大会代表继续发言》，《人民日报》1955年7月28日。

生活。

（三）西藏和平解放以来，中央直接领导西藏工作

由于西藏问题的特殊性和西藏工作的重要性，西藏和平解放以来，中央对西藏问题直接处理、集中解决，对西藏工作直接领导。[①]1952年4月7日，西南局致电中央，提出关于拉萨骚乱事件的处置由中央直接给西藏工委发布指示的请示。此前，以鲁康娃等为首的西藏上层反动分子煽动群众向进藏部队寻衅闹事，导致拉萨骚乱。4月8日，中央在《关于西藏的重要问题均集中由中央解决的指示》中指出："必须认识藏族问题的极端严重性，必须应付恰当，不能和处理寻常关系一例看待。"中央并指示西南局和西藏工委，"同意西南局意见拉萨骚乱事件由中央直接处理"，同时决定"嗣后关于我方和藏方发生的政治、军事、外交、贸易、宗教、文化等交涉、商谈和处理事件，均集中由中央解决，西藏工委直接向中央作报告，同时告知西南局。西南局对这些问题的意见向中央提出"[②]。西藏自治区筹备委员会成立以后，中央于1957年5月14日在关于西藏进行民主改革和收缩方针的指示中进一步指出，"西藏工作统一由中央直接领导"[③]。昌都地区的党的领导机构在昌都地区人民解放委员会成立时是中共昌都地区工作委员会（简称"昌都工委"），昌都地区人民解放委员会主任王其梅任书记。西藏和平解放后，1951年7月，昌都工委结束工作，分设中共西藏地区工委昌都分工委、三十九族分工委、波密分工委。1955年4月，中共中央决定将三十九族分工委、波密分工委合并到昌都分工委。[④]在昌都地区的党的工作机构由西藏工委领导、中央直接领导西藏工作的情况下，昌都地区人民解放委员会实际上是不可能归属

---

① 中共中央文献研究室、中共西藏自治区委员会编：《西藏工作文献选编（1949—2005）》，中央文献出版社2005年版，第72页；宋月红：《陈云与西藏自治区筹备成立时期的财经工作》，《毛泽东思想研究》2007年第5期。

② 中共中央文献研究室、中共西藏自治区委员会编：《西藏工作文献选编（1949—2005）》，中央文献出版社2005年版，第72页。

③ 中共中央文献研究室、中共西藏自治区委员会编：《西藏工作文献选编（1949—2005）》，中央文献出版社2005年版，第201页。

④ 西藏昌都地区地方志编纂委员会编：《昌都地区志》（上），方志出版社2005年版，第495页。

西康省管辖的。由于昌都地区与西藏地方的特殊历史关系，中央直接处理和解决西藏工作，也是适用于并包括昌都地区人民解放委员会的工作在内的。

（四）昌都地区人民解放委员会历史当事人的见证与回忆，也认为昌都地区人民解放委员会由中央人民政府直辖

在昌都地区人民解放委员会成立时，惠毅然是该委员会副主任之一，王其梅主任不在昌都时曾代理主任一职。他在回忆那段工作经历时说："昌都战役胜利后，成立了中华人民共和国昌都地区人民解放委员会，当时直属西南军政委员会和政务院领导。"他还说："1950 年 10 月至 1957 年 4 月，中华人民共和国昌都地区人民解放委员会共召开过五次人民代表会议，为西藏的政权建设工作开辟了一条新路。"陈竞波时任该委员会委员兼秘书长。他在回忆文章中指出，昌都地区人民解放委员会的最大特点是，"它归政务院领导，财政是独立的，改革方面的工作也可以多做一些，为了促进西藏的进步，它可以先行一步，但是必须照顾大局，它又不可走得太远，不能影响整个西藏局势的稳定。"时任昌都地区人民解放委员会筹备委员会宣传组组长的魏克，回忆昌都地区人民解放委员会成立的情形时说："中央人民政府和毛泽东主席、朱德总司令，及时满足了昌都地区各界人民的要求和愿望。根据我国的《共同纲领》，批准昌都地区成立一个带政权性质的过渡性组织——即在中央人民政府领导下的昌都地区人民解放委员会。"李本信 1951 年 7 月至 1955 年 4 月任中共昌都分工委秘书长，他在题为《昌都，光辉的 1951 年》的回忆文章中说："昌都解放后，1950 年 12 月下旬召开了昌都地区第一届人民代表会议，1951 年 1 月 1 日选举产生了中华人民共和国昌都地区人民解放委员会。"[①] 以上在昌都地区人民解放委员会成立和存在期间担任重要职务的当事人，从不同工作岗位的角度对昌都地区人民解放委员会进行了回忆，并相互印证了昌都地区人民解放委员会是"中华人民共和国昌都地区人

① 《为和平解放西藏而战——昌都战役回忆录》，四川民族出版社 2000 年版，第 516、508、525—526、534 页。

民解放委员会”，受政务院直接领导这一历史事实。

由上可以看出，昌都地区人民解放委员会的法定和实际称谓应是“中华人民共和国昌都地区人民解放委员会”，而不是“西康省昌都地区人民解放委员会”。称谓“西康省昌都地区人民解放委员会”，应是新华社当时对昌都地区人民解放委员会的一种误报。

三、筹备成立西藏自治区以来中央人民政府直辖昌都地区人民解放委员会的调整

中央人民政府和西藏地方政府签订的关于和平解放西藏办法的《十七条协议》明确规定西藏人民有实行民族区域自治的权利。同时，该《协议》规定，中央人民政府在西藏设立军政委员会等，以保证本《协议》的执行。[①]1954年，十四世达赖喇嘛和十世班禅额尔德尼联袂出席了第一届全国人民代表大会第一次会议。一届全国人大通过了我国第一部宪法。根据宪法精神和西藏当时具体情况，10月9日，毛泽东在与十四世达赖喇嘛谈话时提出：“现在可以把前藏、后藏、昌都各方面代表人物团结起来，组成西藏自治区筹备委员会。究竟好不好，你们研究一下。”[②]同时，他就西藏地方政府、班禅堪布会议厅委员会和昌都地区人民解放委员会之间的关系问题指出：“团结问题，要几方面当面来谈，彼此不满的事都谈出来，目的是使前藏、后藏、昌都能团结起来。”[③]由此，由中央人民政府代表和西藏地方政府代表、班禅堪布会议厅委员会代表、昌都地区人民解放委员会代表，在北京组成西藏自治区筹备委员会筹备小组，并经过充分协商，提出了关于成立西藏自治区筹备委员会具体方案的工作报告。根据西藏自治区筹备委员会筹备小组报告中所提出的方案和意见。1955年3月9日，国务院全体会议第七次会议通过了《关于成立西藏自治区筹备委员会的决定》，规定西藏自治区筹备委员会是负责筹备成

① 《中央人民政府和西藏地方政府关于和平解放西藏办法的协议》，《人民日报》1951年5月28日。

② 《毛泽东西藏工作文选》，中央文献出版社、中国藏学出版社2008年版，第111页。

③ 《毛泽东西藏工作文选》，中央文献出版社、中国藏学出版社2008年版，第111页。

立西藏自治区的带政权性质的机关，受国务院领导，其主要任务是依据我国宪法的规定以及《关于和平解放西藏办法的协议》和西藏的具体情况，筹备在西藏地区实行区域自治。同时，国务院还决定，西藏地方政府、班禅堪布会议厅委员会、昌都地区人民解放委员会除按照《关于成立西藏自治区筹备委员会的决定》第一条规定接受西藏自治区筹备委员会领导进行各项工作以外，其他有关国家行政事宜，仍受国务院直接领导。西藏地方政府、班禅堪布会议厅委员会、昌都地区人民解放委员会三方面的地方财政开支如有困难时，可由各该方面直接向国务院请求给予补助，同时向西藏自治区筹备委员会报告备案。国务院在西藏设立的各种企业机关，仍由国务院各主管部门分别领导，但在工作上须同西藏自治区筹备委员会和西藏地方政府、班禅堪布会议厅委员会、昌都地区人民解放委员会取得密切联系，以期协力推进工作。[①]这些规定表明，昌都地区人民解放委员会在西藏自治区筹备委员会成立前，是受政务院和后来的国务院直接领导的，而且在西藏自治区筹备委员会成立后，在筹备西藏自治区的各项工作中接受西藏自治区筹备委员会领导外，其他有关国家行政事宜，仍受国务院直接领导。

此后不久，西康省建制撤销。1955 年 7 月 30 日，第一届全国人民代表大会第二次会议通过关于撤销西康省的决议，决定将西康省所属行政区域划归四川省。[②]1955 年 9 月 15 日至 19 日，西康省第一届人民代表大会第三次会议举行，决定从 10 月 1 日起，西康省人民委员会及所属机构即停止行使职权，宣布撤销；各自治州、市、县人民委员会和各专署受四川省人民委员会领导。[③]西康省建制的撤销，最终从行政区划上消除了产生昌都地区人民解放委员会归属西康省这一认识的依据，新华社此后再未出现用“西康省昌都地区人民解放委员会”称谓昌都地区人民解放

① 《中华人民共和国国务院第七次全体会议通过关于西藏工作的几项决定》，《人民日报》1955 年 3 月 13 日。

② 《中华人民共和国第一届全国人民代表大会第二次会议关于撤销热河省西康省并修改中华人民共和国地方各级人民代表大会和地方各级人民委员会组织法第二十五条第二款第一项规定的决议》，《人民日报》1955 年 7 月 31 日。

③ 《西康省举行人民代表大会 会议决定贯彻执行关于撤销西康省建制的决议》，《人民日报》1955 年 9 月 23 日。

委员会的报道。

随着中央人民政府启动筹备成立西藏自治区的工作，昌都地区人民解放委员会一方面继续受国务院直接领导，另一方面昌都作为主体之一，其领导人参与了西藏自治区筹备委员会的工作，并开始接受西藏自治区筹备委员会的领导。国务院全体会议第七次会议通过《关于帮助西藏地方进行建设事项的决定》，拨给包括西藏地方政府、班禅堪布会议厅委员会、昌都地区人民解放委员会在内的西藏地方农业工具购置费100万元，由西藏自治区筹备委员会根据具体情况统一筹划，协商分配，并对各地农业工具的发放工作进行检查和指导。① 西藏自治区筹备委员会委员名额定为51人，其中昌都地区人民解放委员会占10名。为筹备成立西藏自治区筹备委员会，1955年9月20日，西藏自治区筹委会筹备处在拉萨成立，由阿沛·阿旺晋美任处长，昌都地区人民解放委员会副主任邦达多吉等任副处长。② 此后，毛泽东在同藏族人士谈到昌都、卫（前藏）和藏（后藏）地方关系时，更多的是强调三个地方应该联合起来，昌都应和西藏其他地方团结起来，特别是在西藏平叛民主改革时期，称昌都、前藏和后藏（包括阿里）构成“西藏本部”。③

1956年4月22日，西藏自治区筹备委员会成立。然而，这一委员会成立后，并不是要取代或撤销西藏地方政府、班禅堪布会议厅委员会、昌都地区人民解放委员会，而是依然保留这三个政权组织，并继续发挥作用。而与以前有所不同的是，它们开始在西藏自治区筹备委员会领导下开展筹备成立统一的西藏自治区的工作，但在其他有关国家行政事宜上，仍然受国务院直接领导。西藏自治区筹备委员会在日常工作中，其所属各部门与西藏地方政府、班禅堪布会议厅委员会、昌都地区人民解放委员会所属各部门间，以定期会议、互相通信和访问等形式，按照各自业务性质直接建立并加强互相间的联系，以互通情况，互相学习，交

---

① 中共中央文献研究室、中共西藏自治区委员会编：《西藏工作文献选编（1994—2005）》，中央文献出版社2005年版，第133页。

② 《西藏自治区筹委会筹备处成立》，《人民日报》1955年9月23日。

③ 中共中央文献研究室、中共西藏自治区委员会编：《西藏工作文献选编（1994—2005）》，中央文献出版社2005年版，第149、151、207、211页。

流经验，并在工作中互相配合，互相支持。[①]

为筹备成立西藏自治区，西藏自治区筹备委员会还在各地建立了各级办事处。西藏自治区筹备委员会常务委员会第六次会议于1956年7月6日决定在各地建立各级办事处。9月11日至17日，昌都地区人民解放委员会召开委员扩大会议，宣布昌都地区人民解放委员会代行西藏自治区筹备委员会昌都基巧级办事处职权，并决定昌都地区的28个宗人民解放委员会同时代行西藏自治区筹委会宗级办事处职权。[②]如此，昌都地区人民解放委员会逐步与西藏自治区筹备委员会在昌都地区的办事机构有机结合起来，标志着昌都地区由中央人民政府直辖转而正式归属西藏自治区筹备委员会。

昌都地区归属西藏自治区筹备委员会后，西藏作为西藏地方政府、班禅堪布会议厅委员会和昌都地区人民解放委员会出席全国人民代表大会统一选举单位，参加了第二届全国人民代表大会。这一届来自西藏的全国人民代表大会代表是王其梅、协饶登珠、尧西·泽仁卓玛、达赖喇嘛·丹增嘉措、赤江·罗桑益西、邦达多吉、张国华、阿沛·阿旺晋美、周仁山、班禅额尔德尼·确吉坚赞、格桑旺堆、詹东·计晋美等12人。[③]从此，西藏选举出席全国人民代表大会的代表，不再分为西藏地方和昌都地区。

然而，1959年3月10日，西藏上层反动集团在外国势力支持下，蓄意破坏西藏和平解放《十七条协议》的实行，发动了全面武装叛乱。由于在西藏发生全面武装叛乱中，昌都地区基本上形成了全区性的叛乱，昌都地区人民解放委员会、各宗解放委员会的委员大都参加了叛乱。该两级解委会已失去职能，无法维持社会秩序和贯彻执行国家的命令。在平定叛乱的基础上，昌都地区各族人民迫切要求实行民主改革。1959年4月20日，国务院发布布告，决定撤销昌都地区人民解放委员会及所属

---

① 《西藏日报》1956年7月8日。

② 《新华社新闻稿》1956年9月11日。

③ 《中华人民共和国第二届全国人民代表大会代表名单》,《人民日报》1959年3月12日。

的各宗人民解放委员会。[①] 当月，昌都地区实行军事管制，[②] 成立了军事管制委员会和昌都县人民政府。[③]

在平息叛乱和民主改革的基础上，1959 年 10 月 26 日，西藏自治区筹备委员会常务委员会举行第二十八次会议，讨论并通过了《西藏自治区筹备委员会关于建立一个直属市和七个专署的决议》，并呈报国务院批准实行。[④]1960 年 1 月 7 日，国务院通过《关于西藏地区、市、县行政区域划分的决定》，将原西藏 83 个宗和 64 个相当于宗的独立谿卡 [⑤] 合并，划分为拉萨市和昌都、日喀则、山南、江孜、林芝、黑河和阿里等 7 个专区，下辖 72 个县。到 1960 年底，西藏地区成立 1009 个乡级政权、283 个区级政权、78 个县（内包括县级区）和 8 个专区（市）的人民政权。[⑥] 由此，西藏逐步建立起统一的人民民主政权，为西藏成立统一的自治区准备了政权与组织基础。

综上所述，从西藏自治区筹备委员会成立以来的历史发展看，筹备成立西藏自治区，逐步改变了昌都地区人民解放委员会的行政管辖关系，形成了在筹备成立西藏自治区的各项工作中接受西藏自治区筹备委员会的领导，在其他国家行政事宜上继续接受国务院直接领导的局面。尽管如此，“中华人民共和国昌都地区人民解放委员会”的称谓并没有因此而改变，相反是贯穿于昌都地区人民解放委员会历史的始终的。. 随着西藏全面武装叛乱的发生，昌都地区人民解放委员会被解散，昌都地区在西藏自治区筹备委员会的领导下，逐步成为西藏自治区的一个地方行政区。

［原载《中共党史研究》2011 年第 4 期］

① 中共西藏自治区委员会党史研究室编著：《中国共产党西藏历史大事记（1949—2004）》第 1 卷，中共党史出版社 2005 年版，第 144—145 页。

② 《解放西藏史》编委会：《解放西藏史》，中共党史出版社 2008 年版，第 376 页。

③ 《昌都在前进》，《人民日报》1959 年 7 月 29 日。

④ 《西藏日报》1959 年 10 月 30 日。

⑤ 谿卡，旧西藏属于官府、寺院和贵族的庄园。

⑥ 《解放西藏史》编委会：《解放西藏史》，中共党史出版社 2008 年版，第 447 页。

西藏和平解放的重要力量

西藏和平解放，是新中国实行民族平等、团结政策，驱逐帝国主义侵略势力出西藏的历史必然，也是西藏各族人民和上层爱国进步力量维护祖国统一、开展反分裂斗争的历史必然。十世班禅在新中国成立的历史转折关头和解放西藏的大是大非问题上，秉承和发扬班禅世系爱国爱藏爱教的历史传统，拥护新中国成立，并为争取早日解放和和平解放西藏而积极奔走。十世班禅及其所领导的爱国进步力量是支持和推动西藏和平解放不可或缺的重要力量。

一、拥护新中国成立，走上解放西藏的道路

新中国成立前夕，十世班禅经国民政府批准认定为九世班禅的转世灵童，并在以蒙藏委员会委员长关吉玉为特派专使的主持下，于 1949 年 8 月 10 日在青海省塔尔寺坐床继位。此时，为建立新中国而召开的中国人民政治协商会议正在北京筹备中，而国民政府却要十世班禅到台湾暂住一个时期。在中国由旧到新、实现划时代变革之际，十世班禅和班禅堪布会议厅面临着何去何从的历史抉择。

党把解放西藏与保护、尊重和团结十世班禅紧密联系在一起。在筹划解放西藏时，党就把十世班禅放在了十分重要的地位。1949 年 8 月 6 日，也即十世班禅坐床继位的前几天，毛泽东电示彭德怀："攻兰州时请十分注意保护并尊重班禅及甘青境内的西藏人，以为解决西藏问题的准

备。”[①] 十世班禅虽然从塔尔寺移居到了香日德，以观察时局，但他积极了解中国共产党的民族和宗教政策，并在 1949 年 9 月初西宁解放后，即派大堪布计晋美同青海省军事管制委员会联系，最终作出了“返回西宁”、跟中国共产党走的决定。他后来在回忆这段经历时说：“不想离开家乡，加上大体了解到共产党的政策，所以下决心留下来了。”这是十世班禅在新中国即将成立时的一次历史性的重大抉择，也是其人生道路的一个重要转折点。从此，十世班禅与新中国共命运、与中国共产党肝胆相照，矢志不渝，历久弥深。

在新中国中央人民政府成立的 1949 年 10 月 1 日，十世班禅致电毛泽东主席和朱德总司令拥护新中国成立，表示“凡有血气，同声鼓舞”。同时，他希望早日解放西藏，并“待命返藏”。电文称：“班禅世受国恩，备荷优崇。二十余年来，为了西藏领土主权之完整，呼吁奔走，未尝稍懈。”“今后人民之康乐可期，国家之复兴有望。西藏解放，指日可待。”[②] 毛泽东主席和朱德总司令接读十世班禅的来电甚为欣慰，于 11 月 23 日联名复电嘉慰，高度赞扬十世班禅的这一爱国主义举动，指出西藏人民是爱祖国而反对外国侵略的，是“愿意成为统一的富强的各民族平等合作的新中国大家庭的一分子”的，表示“中央人民政府和中国人民解放军必能满足西藏人民的这个愿望”，同时希望十世班禅和全西藏爱国人士一致努力，为西藏的解放和汉藏人民的团结而奋斗。[③]

从往来电文看，毛泽东主席和朱德总司令的复电与十世班禅的来电之间相差 50 多天。对此，十世班禅当时是这样想的，他说：“正说明中央人民政府是慎重考虑了这个复电的作用和意义，它表明中央人民政府正式承认了我作为十世班禅额尔德尼地位的合法性。”与复电十世班禅的同一天，毛泽东电示彭德怀等，责成西北局担负解放西藏的主要责任，其理由之一就是十世班禅当时居住在青海。此后不久，由于从青海和新疆向西藏进军有很大困难，中央决定将进军和经营西藏的主要责任改由西南局担负。但这只是进军西藏工作布局的调整，而对于做好十世班禅

① 《毛泽东文集》第 5 卷，人民出版社 1996 年版，第 320 页。

② 《中华人民共和国开国文选》，中央文献出版社 1999 年版，第 611 页。

③ 《中华人民共和国开国文选》，中央文献出版社 1999 年版，第 610 页。

的工作，特别是“班禅是否随军入藏，以及在以后如何处理班禅问题”，中央要求西南局、西北局继续调查研究并提出意见。

十世班禅是坚持维护祖国统一、反对分裂的爱国主义立场的。当时，西藏地方政府以所谓非法“亲善使团”的名义，派遣代表前往英美等国活动，图谋西藏“独立”。1950 年 1 月 31 日，班禅堪布会议厅从青海致电毛泽东主席和朱德总司令，申明“西藏系中国领土，为全世界所公认，全藏人民亦自认为中华民族之一”，认为“今拉萨当局此种举动，实为破坏国家领土主权完整，违背西藏人民意志”，恳请中央人民政府“速发义师，解放西藏，肃清反动分子，驱逐在藏帝国主义势力，巩固西南国防，解放西藏人民”，并表示“誓率西藏爱国人民，唤起西藏人民配合解放大军，为效忠人民祖国奋斗到底”。十世班禅和班禅堪布会议厅的这一爱国主义立场，建立在西藏是中国不可分割一部分的祖国观基础之上，是其拥护新中国的一种必然要求，也是与新中国解放西藏的精神和意志相统一的。

二、献策和平解放西藏，支持参与《十七条协议》谈判签订工作

为和平解放西藏，中央人民政府一方面争取西藏地方政府派遣全权代表到北京与中央人民政府谈判和平解放西藏办法问题，另一方面团结十世班禅及其所领导的爱国进步力量，共同解决西藏民族内部的团结问题。

针对西藏地方政府派遣所谓“亲善使团”一事，1950 年 1 月 20 日，中央人民政府以毛泽东主席授权外交部发言人向新华社记者发表谈话的形式，对外明确宣布了关于和平解放西藏的方针。为争取和平解放西藏，十世班禅、班禅堪布会议厅积极建言献策。1950 年 6 月 15 日，计晋美受十世班禅的委派，携带十世班禅的致敬书和相片等到达西安，向西北军政委员会致敬。在西安，计晋美列席了西北民族事务委员会第一次全体委员会议，并于 8 月 1 日以十世班禅的名义，递交了“解放西藏办法及政府组织方案”，其中建议“从滇、康、青、新四省同时进军西藏，统

一作战，以收迅速解放之效”。这一建议近似于西南局此前向中央提议的“多路向心进兵”策略。中央对十世班禅方面所提出的建议，表示研究考虑后，凡可行各点将在解放西藏、治理西藏的工作中予以采纳，并指出在当时采取的各项措施，要有利于争取达赖喇嘛和西藏的团结统一。

就如何做好十世班禅的工作，1950 年 8 月 3 日，毛泽东复电彭德怀，指出“我们对班禅的地位，终须有适当安置，先就班禅集团内选择适当人员参加西北军政委员会工作是需要的”。同时，同意计晋美“可以来京”。[①] 于是，十世班禅派遣计晋美率致敬团，到北京向中央人民政府致敬。据曾任西北军政委员会驻班禅行辕代表的范明回忆，9 月上旬，计晋美在北京受到毛泽东主席的接见，并向中央提出了一个解决西藏问题的方案和十余项要求，盼望尽早解放西藏。9 月 23 日，中共中央向西北局、西南局和青海省委发出《关于班禅致敬团提出的问题和要求的指示》，指出：“不管西藏解放形式如何及达赖集团的变化如何，我们必须积极争取班禅集团和他们所能影响的人民和我们合作。”[②] 西藏和平解放，除了要以争取西藏地方政府派代表到北京与中央人民政府协商谈判为主外，争取十世班禅的合作与支持也是不可缺少的重要组成部分。

在中央人民政府民族平等政策和和平解放西藏方针的感召下，西藏地方政府在 1951 年初派出了以阿沛·阿旺晋美为首席的五人全权代表团，赴北京与中央人民政府协商谈判西藏和平解放办法问题。西藏地方政府全权代表分作两路，并先后于 4 月 22 日和 26 日到达北京。与此同时，中央人民政府还邀请了十世班禅到北京参加“五一节”观礼，并就和平解放西藏问题向班禅和班禅堪布会议厅征询意见。1951 年 4 月 27 日，十世班禅率班禅堪布会议厅一行 45 人，在西北军政委员会代表的陪同下抵达北京，受到中央人民政府副主席朱德、李济深和政务院总理周恩来等的迎接。

解决中国近代以来班禅与达赖之间的团结问题，是和平解放西藏的重要内容和必然要求。由于西藏地方政府起初并不承认十世班禅的合法

---

① 《毛泽东西藏工作文选》，中央文献出版社、中国藏学出版社 2001 年版，第 19 页。

② 《文史资料选辑（合订本）》第 44 卷第 129 辑，中国文史出版社 2000 年版，第 11 页。

地位，因此这一问题一提出，就成了谈判中的一个焦点问题。在谈判中，中央人民政府谈判代表团指出，中央人民政府成立时，班禅即通电拥护，他们没有勾结帝国主义，没有出国，这是一个界限。在班禅堪布会议厅的协助下，中央人民政府全权代表向西藏地方政府全权代表展示了原国民政府批准认定十世班禅为九世班禅转世灵童的全部公文和十世班禅在塔尔寺坐床继位时的照片。这些证据表明，十世班禅是经中央政府批准认定的，达赖方面的人员也参加了十世班禅在塔尔寺坐床的仪式。由此，西藏地方政府谈判代表团承认了十世班禅的合法地位，为谈判解决班禅与达赖之间的团结问题奠定了重要基础。

1951 年 5 月 1 日，中央人民政府邀请西藏地方政府谈判代表团和十世班禅参加五一节观礼，阿沛·阿旺晋美与十世班禅在天安门城楼上进行了友好会面，并受到毛泽东主席的接见。经中央人民政府和西藏地方政府平等协商，班禅与达赖之间的团结问题，以维持十三世达赖喇嘛和九世班禅额尔德尼彼此和好相处的固有地位及职权而得到解决。

在整个谈判过程中，中央有关部门多次向十世班禅通报谈判进展情况，十世班禅及其主要官员也积极提出建议、意见和要求，协助中央人民政府与西藏地方政府达成了关于和平解放西藏办法的《十七条协议》。1951 年 5 月 23 日，中央人民政府和西藏地方政府举行《十七条协议》正式签字仪式。班禅堪布会议厅的代表拉敏·益喜楚臣、计晋美、纳旺金巴等参加了仪式，见证了标志西藏和平解放的这一历史性事件。

班禅与达赖之间团结问题的解决，对于和平解放西藏具有战略性意义。中央人民政府首席谈判代表李维汉在 1951 年 5 月 23 日《十七条协议》正式签订仪式上致辞说，关于达赖喇嘛和班禅额尔德尼之间的和解办法，在整个《协议》中占去了三条，因为这是西藏僧、俗人民所共同关心的事情。在这个问题上经过反复商谈所取得的协议，从历史上和政治上说是公平的合理的，从宗教关系说，也是史有前例的，因此是符合于西藏内部团结的需要的。阿沛·阿旺晋美也在致辞中说："藏族内部必须消除过去帝国主义和历代反动政府制造的分裂。由于毛主席民族政策的伟大感召，藏族内部自前十三世达赖和九世班禅之间以来的长期的不和睦，也得到公平的解决了。”[①]《协议》签订的当晚，班禅驻京办事处举行庆祝晚会。班禅额尔德尼暨班禅堪布厅全体人员发表声明，拥护《关于和平解放西藏办法的协议》。声明说，中央人民政府和西藏地方政府关于和平解放西藏问题，已经取得圆满的协议，西藏民族从此摆脱了帝国主义的羁绊，回到了伟大的祖国大家庭；宣告了帝国主义对于西藏侵略的失败，西藏民族与中国各民族团结起来，西藏民族内部团结起来。从此西藏民族开始了自己历史的新纪元。《协议》签订的第二天，毛泽东主席设宴庆祝和平解放西藏办法的《协议》。在欢宴会上，他在致辞中指出：“现在，达赖喇嘛所领导的力量与班禅额尔德尼所领导的力量与中央人民政府之间，都团结起来了。”“这种团结是兄弟般的团结，不是一方面压迫另一方面。这种团结是各方面共同努力的结果。今后，在这一团结基础之上，我们各民族之间，将在各方面，将在政治、经济、文化等一切方面，得到发展和进步。”十世班禅也在会上说：“和平解放西藏是中国各民族大家庭的一件大喜事。中央人民政府、达赖与班禅三方面的团结，只有在中国共产党和人民政府领导下才能实现。”[②]因此，《十七条协议》的签订，标志着西藏和平解放，也标志着全国各族人民的大团结和西藏民族内部团结的实现。

三、贯彻执行《十七条协议》，返藏促进西藏内部的团结

《十七条协议》在第四条和第五条规定维持达赖喇嘛和班禅额尔德尼的固有地位及职权的基础上，在第六条中明确规定，“达赖喇嘛和班禅额尔德尼的固有地位及职权，系指十三世达赖喇嘛与九世班禅额尔德尼彼此和好相处时的地位及职权。”这就为西藏民族内部团结奠定了历史的和法理的基础。

为贯彻执行《十七条协议》，1951 年 6 月 1 日，十世班禅特向毛泽

① 《在举行关于和平解放西藏办法的协议的签字仪式时 中央人民政府首席代表李维汉讲话》《在举行关于和平解放西藏办法的协议的签字仪式时 西藏地方政府首席代表阿沛·阿旺晋美讲话》，《人民日报》1951 年 5 月 28 日。

② 《庆祝和平解放西藏办法的协议 毛主席举行盛大欢宴会》，《人民日报》1951 年 5 月 28 日。

东主席发致敬电表示："今后，我一定要为实现关于和平解放西藏办法的协议，为我西藏民族永远地脱离帝国主义羁绊，获得解放和发展而努力，首先是加强民族团结，包括西藏民族内部和西藏民族与各兄弟民族的团结。"他说："西藏将来必然成为幸福与繁荣的西藏，西藏民族必然成为发展与进步的民族，我们各民族人民的祖国，在其所已经奠定的强大而牢固的基础上，必然成为更其尊荣和繁昌的祖国。"①此前，十世班禅于1951年5月30日致电十四世达赖喇嘛称："根据这个协议，我们西藏民族和中国各兄弟民族空前的团结起来，使我们西藏永远脱离帝国主义的压迫。我们西藏民族的宗教信仰和宗教事业得到合理的尊重与保护；我们西藏民族和西藏人民的生活得到逐步提高和发展，从而达到繁荣和幸福的可能。"他表示"愿竭绵薄，精诚团结"，在中央人民政府领导下，协助十四世达赖喇嘛和西藏地方政府彻底实行《协议》，为和平解放西藏而奋斗。②移居西藏亚东的十四世达赖喇嘛返回拉萨后，于9月19日致电十世班禅，对其返回西藏表示欢迎："即速启程回寺。"在十四世达赖喇嘛10月24日致电毛泽东主席表示拥护《十七条协议》后，毛泽东主席就十世班禅返回西藏之事，于11月10日致电十四世达赖喇嘛说："班禅额尔德尼先生入藏事宜，已嘱西北地方人民政府负责帮助，一俟准备停当，即可起程。"③根据班禅世系在藏传佛教中的历史地位和西藏广大僧俗群众的意愿，中央支持并指示西北军政委员会负责护送十世班禅返藏工作。1951年12月29日，十世班禅和班禅堪布会议厅官员从青海西宁起程，至1952年4月28日抵达拉萨，并于当天下午与十四世达赖喇嘛在布达拉宫会晤，"彼此作了友谊的交谈"。6月9日，十世班禅由拉萨启程返回后藏，于6月23日上午在日喀则扎什伦布寺历代班禅举行坐床典礼的大殿内升座参禅。至此，近代以来九世班禅从祖国内地返回西藏的夙愿，由十世班禅得以圆满实现。

十世班禅回到西藏以后，始终不渝地为维护祖国统一，增强藏汉民

---

① 《为和平解放西藏协议 班禅电毛主席致敬》，《人民日报》1951年6月2日。

② 《为彻底实现和平解放西藏办法的协议 班禅致电达赖表示精诚团结》，《人民日报》1951年5月31日。

③ 《毛泽东西藏工作文选》，中央文献出版社、中国藏学出版社2008年版，第57页。

族团结和各民族之间的团结，为促进西藏内部的团结，进行了坚持不懈的努力，做出了重大历史性贡献。1980 年 8 月，邓小平与十世班禅谈话时称其是“我们国家一个最好的爱国者”。

西藏民族内部团结问题的解决，是西藏和平解放的有机组成部分。其中，达赖世系与班禅世系之间彼此团结的实现，是西藏民族内部团结的重要标志。历史发展表明，西藏地方和西藏各民族只有在中央人民政府领导下，在中华人民共和国祖国大家庭内团结起来，才能从黑暗走向光明，从落后走向进步，从贫穷走向富裕，从专制走向民主，才能建设一个团结、富裕、民主、文明、和谐的社会主义新西藏。

［原载《中国民族报》2011 年 6 月 20 日］

《十七条协议》的不朽精神

1951 年 5 月 23 日，中央人民政府和西藏地方政府在友好协商的基础上，签订了《关于和平解放西藏办法的协议》[①]（以下简称《十七条协议》或《协议》）。从此，西藏走上了和平解放、民主改革和民族区域自治的发展道路。《协议》是中国共产党把马克思主义民族理论与中国民族问题的具体实际相结合，实现西藏解放和建设人民民主新西藏的产物，是揭开、规范和指引西藏和平解放以来政治、经济、文化发展和社会进步的经典性历史文献。《协议》之所以具有重要的历史意义、地位与作用，是由其基本内涵与精神所决定的。

一、《协议》是反帝的，也是反封建的。不能以“暂不反封”而掩盖其反封建的精神内涵

在半殖民地半封建的旧中国，中国共产党领导全国各族人民进行的新民主主义革命，是彻底地和不妥协地反帝和反封建的革命。随着这一革命在全国的基本胜利，新中国应运而生。新中国成立初期，继续完成这一革命的遗留任务，其中就包括解放地处祖国西南边陲的西藏。

对于西藏，无论如何解放，首要的任务都是反帝，以驱逐帝国主义

① 《中央人民政府和西藏地方政府关于和平解放西藏办法的协议》，《人民日报》1951 年 5 月 28 日。

侵略势力出西藏。《协议》在前言中指出：“在近百余年来，帝国主义势力侵入了中国，因此也就侵入了西藏地区，并进行了各种的欺骗和挑拨。”这是鸦片战争以来西藏地方与祖国的共同命运。因为帝国主义对中国的侵略，使包括西藏地方在内的近代中国逐步沦入半殖民地半封建社会的深渊，不仅严重侵害了中国的主权统一和领土完整，而且严重损害了中国对西藏地方的主权管辖和历届中央政府对西藏地方的有效治理。而且，帝国主义侵略势力在西藏上层扶植亲帝分裂势力搞所谓“西藏独立”的破坏活动，使近代以来的西藏严重存在着脱离于祖国的危险。长期以来，达赖分裂集团鼓吹“西藏问题”，并使之国际化，正是历史上的帝国主义侵略势力与西藏上层亲帝分裂势力相互勾结，将西藏从中国分离出去的图谋在新的历史条件下的延续，形式和手段虽然有所变化，但目的和实质并没有改变。所谓的“西藏问题”，是帝国主义侵略中国及其西藏地方的产物，是分裂与反分裂的斗争问题，并不是什么西藏地方的主权归属问题。

新中国的成立，为驱逐帝国主义侵略势力出西藏提供了政治前提和保障。但帝国主义侵略势力是不会自动退出的，而必须由包括西藏地方在内的全国各族人民团结起来加以驱逐。因此，解放西藏成为新中国成立后继续完成反帝反封建的新民主主义革命遗留任务的重要而特殊的组成部分。

新中国之所以要解放西藏，《十七条协议》之所以能够签订，是因为西藏地方是中国不可分割一部分。自古以来，西藏地方就是中国的领土。《协议》前言指出：“西藏民族是中国境内具有悠久历史的民族之一，与其他许多民族一样，在伟大祖国的创造与发展过程中，尽了自己的光荣的责任。”这一历史事实，即使在近代以来不仅没有因中国半殖民地半封建化而改变，也没有因中央政府的更迭而改变。西藏地方是中国不可分割一部分，是西藏地方历史一切发展的总和，是关于西藏历史问题的祖国史观。这一祖国史观是新中国解放西藏的历史基础和法理依据，是中央人民政府和西藏地方政府签订《十七条协议》的共同政治基础。离开了这一基础，解放西藏就无从谈起，中央人民政府不可能同西藏地方政府通过谈判解决，即使谈判也不可能成功，更不可能签订这样的《协议》。

新中国是不容许帝国主义侵略势力在中国领土上存在的，也决不容许外国侵略势力吞并中国的领土西藏。正因为如此，《十七条协议》将“驱逐帝国主义侵略势力出西藏”列为《协议》的第一条款，彰显了《协议》反帝的彻底性和不妥协性。它是新中国对反帝斗争的继续，是对中国固有主权统一和领土完整的鲜明宣示，也是西藏人民从那种脱离于祖国大家庭的严重危险中解放出来，维护祖国统一的共同意志所在。

在近代中国历史上，反帝特别是要取得反帝斗争的胜利，是离不开反封建的。《十七条协议》是反帝的，也是反封建的。

从和平解放西藏的斗争对象看，除帝国主义侵略势力外，国民党政府在西藏和平解放前尽管对西藏地方进行了一定条件下的有效治理，但其中包含着对西藏行使民族压迫和民族离间政策。《协议》前言指出，这一政策“致使西藏民族内部发生了分裂和不团结。”不仅如此，“西藏地方政府对于帝国主义的欺骗和挑拨没有加以反对，对伟大的祖国采取了非爱国主义的态度”。这些情况，“使西藏民族和西藏人民陷于奴役和痛苦的深渊”。结束国民党政府的民族压迫和民族离间政策在西藏的统治，改变西藏地方政府的非爱国主义的态度，把西藏地方的人民从这种统治和状态之下解放出来，是新中国解放西藏的应有之义。

从西藏和平解放后的历史发展方向看，《十七条协议》在规定了中央不予变更西藏当时的政治制度的同时，也规定了西藏地方政府应自动进行改革。这一改革就是要废除西藏政教合一的封建农奴制度。然而，这些规定并不矛盾，而是辩证地统一于推动当代西藏社会发展进步之中的。历史发展表明，在西藏地方完成新民主主义革命的历史任务，是分两步逐步实现的。其中，和平解放西藏是第一步，首要的是反对帝国主义；西藏社会的民主改革是第二步，根本的是废除政教合一的封建农奴制度。这样一来，西藏和平解放就大致形成了“先反帝、暂不反封”的情形。

根据西藏的历史与现实情况，反帝虽然离不开反封建，却是可以分步骤实施的。但是，这并不意味着认识《十七条协议》的精神内涵也可以分“两步走”，也就是说把《协议》的反帝与反封建的性质分割开来。不能以“暂不反封”而忽视或否定《协议》的反封建的精神内涵。达赖分裂集团后来撕毁《十七条协议》，正是因为《协议》的反封建性与他们要求永远不改之间矛盾斗争的必然。

《协议》的反封建性，并不要求西藏立即进行民主改革，而是在策略上与内地应是有区别的，也就是《协议》所规定的“中央不加强迫”，“人民提出改革要求时，得采取与西藏领导人员协商的方法解决”。但是，这也不表明能够以《协议》规定的反封建策略来掩盖《协议》反封建的精神内涵与实质。

二、《协议》以《共同纲领》为法理依据，并强调要根据西藏的实际情况逐步发展西藏的经济和文化教育，在西藏发展的理念意义上初具“中国特色、西藏特点”雏形

《共同纲领》是由中国人民政治协商会议第一届全体会议通过的具有临时宪法性质的新中国根本大法。当时参加中国人民政治协商会议第一届全体会议的国内少数民族代表中，有藏族人士天宝（代表）和多杰才旦（候补代表）。《共同纲领》代表了包括藏族人民在内的中国各族人民的共同意志。它并专设一章规定了新中国的民族政策，主要是各民族一律平等，实行团结互助，各少数民族聚居的地区应实行民族区域自治，各少数民族均有发展其语言文字、保持或改革其风俗习惯及宗教信仰的自由。人民政府应帮助各少数民族发展其政治、经济、文化、教育的建设事业。

《共同纲领》作为国家根本大法，无疑是适用于西藏地方的。由于自然、历史、社会和文化等多方面的影响，西藏形成其多方面的特殊性。毛泽东说：“在西藏考虑任何问题，首先要想到民族和宗教这两件事，一切工作必须慎重稳进。”[①] 民族和宗教是西藏地方特殊性的集中体现。因此，无论是和平解放西藏，还是建设、发展和稳定西藏，都需要正确处理其民族与宗教问题。对于这两件事或者两个问题，《协议》分设两项条

---

① 《毛泽东民族工作文选》，中央文献出版社、民族出版社 2014 年版，第 130 页。

款明确规定，根据《共同纲领》的民族政策和宗教信仰自由政策，“在中央人民政府统一领导之下，西藏人民有实行民族区域自治的权利；尊重西藏人民的宗教信仰和风俗习惯，保护喇嘛寺庙。”《协议》从文本上指出这些内容根据的是《共同纲领》的有关精神，这在其他条款中是没有的。《协议》在对待和处理西藏的特殊性问题上，严格遵循《共同纲领》的精神，也就是说《协议》把《共同纲领》与西藏的特殊性有机统一了起来。历史发展表明，这些规定在西藏和平解放以来的建设和发展中得到了贯彻，并且早已变成了社会现实。

关于少数民族地区经济社会发展问题，《共同纲领》规定：“人民政府应帮助各少数民族的人民大众发展其政治、经济、文化、教育的建设事业。”[①]《十七条协议》尽管没有从文本上明确规定根据《共同纲领》，而是在相应的条款中分别规定“依据西藏的实际情况”，逐步发展西藏的农牧工商业、语言、文字和学校教育，但《协议》在前言中讲到中央人民政府与西藏地方政府签订协议的宗旨时指出，为了使西藏民族和西藏人民获得解放，“与国内其他各民族享受同样的民族平等的权利，发展其政治、经济、文化教育事业”。这些规定为西藏和平解放后的政治、经济、文化和社会发展作出了总体规划，指明了发展的方向。此表明，《协议》的签订以及《协议》的有关规定，事实上既贯彻了《共同纲领》的精神，又强调了从西藏的实际情况出发，蕴含着在西藏和平解放后的经济社会发展的理念，初显出“中国特色、西藏特点发展路子”的雏形。它是马克思主义民族理论与中国民族问题的实际相结合在解决西藏发展问题上的生动体现。

三、《协议》既注重西藏人民的团结，又强调西藏上层内部的团结，民族团结精神贯彻其中

为驱逐帝国主义侵略势力出西藏，《十七条协议》号召“西藏人民团结起来”，“西藏人民回到中华人民共和国祖国大家庭中来”。这些内容

---

① 《建国以来重要文献选编》第1册，中央文献出版社1992年版，第12页。

不仅从团结的角度强调了反帝的主体力量的建设，并指出了反帝的目的和落脚点在于实现中国各民族的大团结。正如《协议》前言所说："中央人民政府依据中国人民政治协商会议通过的共同纲领，宣布中华人民共和国境内各民族一律平等，实行团结互助，反对帝国主义和各民族内部的人民公敌，使中华人民共和国成为各民族友爱合作的大家庭。"新中国通过实行平等、团结、互助的民族政策，建设"各民族友爱合作的大家庭"，彰显了中国各民族大团结的国家建设方向。在当时，这种大团结只有在驱逐帝国主义侵略势力出西藏的情况下才能实现。历史告诉我们，中国各民族大团结与维护国家主权统一是互为前提和保障的。

西藏和平解放以前，"西藏民族内部发生了分裂和不团结"，主要是在政教合一的封建农奴制下达赖喇嘛和班禅额尔德尼之间的不团结。为实现西藏内部特别是上层之间的团结，《协议》专门规定："达赖喇嘛和班禅额尔德尼的固有地位及职权，系指十三世达赖喇嘛与九世班禅额尔德尼彼此和好相处时的地位及职权。"《协议》这样规定，推崇的是建立在爱国基础之上的团结。西藏上层特别是藏传佛教领袖之间的团结，是西藏内部团结的主要方面，并对整个西藏社会的团结具有积极的引导和带动作用。

从一定意义上说，实现西藏和平解放，就是实现中国各民族之间和西藏内部之间的团结。1951 年 5 月 24 日，即《协议》签订的第二天，毛泽东主席主持举行盛大欢宴会，庆祝《协议》的签订。他在致辞中说："几百年来，中国各民族之间是不团结的，特别是汉民族与西藏民族之间是不团结的，西藏民族内部也不团结。这是反动的满清政府和蒋介石政府统治的结果，也是帝国主义挑拨离间的结果。现在，达赖喇嘛所领导的力量与班禅额尔德尼所领导的力量与中央人民政府之间，都团结起来了。这是中国人民打倒了帝国主义及国内反动统治之后才达到的。"他还特别指出："这种团结是兄弟般的团结，不是一方面压迫另一方面。这种团结是各方面共同努力的结果。今后，在这一团结基础之上，我们各民族之间，将在各方面，将在政治、经济、文化等一切方面，得到发展和进步。"对于《协议》签订的意义，毛泽东主席强调了三个方面团结的实现：一是中国各民族之间；二是西藏内部；三是中央人民政府与西藏地方政府之间。[①]毛泽东主席之所以强调这些团结，是因为《协议》贯彻了平等、团结、互助的民族政策，规定了民族团结的历史内涵，实现民族团结成为《协议》的一个鲜明主题。

在贯彻执行《协议》中，《协议》的民族团结的基本内涵和精神在西藏和平解放以来的各项工作中得到实践，并在西藏的建设和发展中凝结为以爱国、爱藏和爱教为核心的伟大民族团结精神。

［原载《中国民族报》2011年6月10日］

① 《庆祝和平解放西藏办法的协议 毛主席举行盛大欢宴会》,《人民日报》1951年5月28日。

《邓小平时代》[1] 中有关“西藏问题”的谬误

《邓小平时代》以“宗主权”否定历史上中国对西藏的主权，片面甚至断章取义地理解《关于和平解放西藏的协议》（以下简称《十七条协议》），看不到新中国维护西藏历史地位的原则性、策略性以及西藏民主改革的历史必然性。

《邓小平时代》是美国哈佛大学费正清东亚研究中心前主任、社会学教授傅高义积十年之功，倾力撰写完成的一部关于邓小平政治生涯的著作。该书将邓小平 93 年的人生历程划分为五个阶段，融合领袖人物传记与编年史，记述了邓小平在中国革命、建设和改革中的主要活动、思想与业绩，为读者透过邓小平来认识当代中国提供了多方面的有益参考。

邓小平曾参与领导西藏和平解放、民主改革和自治区成立，在改革开放历史新时期，指导并推动了西藏的改革开放和现代化建设。书写邓小平及其时代，邓小平与西藏关系的内容不可或缺。然而，由于受西方世界对“西藏问题”的误读和达赖集团长期以来歪曲西藏历史、诋毁西藏现实的影响，《邓小平时代》在西藏历史问题特别是西藏历史地位问题上却存在与历史事实不相符的认识。

---

① ［美］傅高义：《邓小平时代》，冯克利译，生活·读书·新知三联书店 2013 年版。

一、涉藏“宗主权”问题是近代英俄为染指中国西藏虚构和杜撰西藏的历史地位而造成的，旨在否定中国对西藏的主权

《邓小平时代》一书在结合《十七条协议》谈到20世纪50年代西藏与中央的关系时说：“在进行社会主义改造之前，西藏在20世纪50年代保留了很多清王朝作为其宗主国时的特点。”并据此作出如下判断：一是中国在清代是西藏的“宗主国”而非主权国，二是中国在20世纪50年代具有所谓西藏“宗主国”的特点。该书沿袭了历史上涉藏“宗主权”的观念，形成其关于“西藏历史地位论”的核心内容。对此，笔者认为需要加以厘清，以正视听。

西藏地方自古以来就是中国不可分割的一部分，自元朝归入中国中央政府行政管辖，虽历经政权更迭，但从未停止或中断过。至清代，即使在受到帝国主义侵略的情况下，中国仍然以主权国行使对西藏地方的有效主权管辖和行政治理，并确立和强化了对后世有重要影响的驻藏大臣、金瓶掣签和常设藏兵等一系列制度。

驻藏大臣是清政府向西藏地方派出的督办藏内事务的官员。在西藏政教合一的封建农奴制下，驻藏大臣与达赖喇嘛、班禅额尔德尼平等，共同协商处理政事，主持西藏地方官员的任免以及达赖喇嘛、班禅额尔德尼及一切大活佛的转世与坐床活动，办理一切涉外事宜。因此，驻藏大臣不是一国驻外使节，而是清政府的封疆大吏，代表中央政府管辖和治理西藏地方。从1727年到1911年，清政府先后派出驻藏大臣136人。

清政府扶持藏传佛教格鲁派统摄西藏地方和蒙古地区，并建立了达赖喇嘛和班禅额尔德尼两大活佛转世系统。顺治和康熙先后册封了第五世达赖喇嘛和第五世班禅额尔德尼。自乾隆起，为不使寻找灵童问题作假，皇帝特赐一金瓶，遇到寻认灵童时，邀集四大护法，将灵童的名字及出生年月，用满、汉、藏三种文字写于签牌上，放进瓶内，选派真正有学问的活佛，祈祷七日，然后由呼图克图和驻藏大臣在大昭寺释迦佛像前掣签认定，再奏请皇帝批准。金瓶掣签成为活佛转世的历史定制，

规范并完善了达赖喇嘛和班禅额尔德尼两大活佛转世系统。

清乾隆时，筹议并实行了常设藏兵制度。据《钦定藏内善后章程二十九条》载：设3000名正规军队，前后藏各驻1000名，江孜驻500名，定日驻500名，以上兵员由各地征调，每500兵员委一代本管理。前藏代本由驻拉萨游击统辖，日喀则、江孜、定日各地代本由日喀则都司统辖。所有征调的兵员，填造两份名册，分别存在驻藏大臣衙门和西藏地方政府，发生缺额即依名册补充。代本下设甲本、如本和定本，由驻藏大臣和达赖喇嘛挑选年轻有为者充任，并发给执照。

不仅如此，清政府还在西藏地方推行宗政府和“谿卡”庄园制度，统一乌拉差役，颁予西藏地方政府《钦定藏内善后章程二十九条》。这些治藏制度和法规的确立和实行，反映了清政府对西藏主权的全面行使，也为后来中央政府治藏提供了一定的制度基础。而涉藏“宗主权”问题是近代以来帝国主义侵略中国及其西藏所产生的“西藏问题”的组成部分，实质在于以“宗主权”否定中国对西藏的主权，为使西藏地方脱离中国提供理论依据。在这一问题的产生和演化过程中，既有帝国主义侵略势力“瓜分豆剖”中国的殖民交易，也有它们对中国及其西藏地方的逼迫与利诱，与此相对应的则是中国人民维护西藏历史地位的抗争，最终导致帝国主义侵略势力以“宗主权”否定中国对西藏主权阴谋的破产。

鸦片战争以来，帝国主义势力侵入中国，并在西藏培植亲帝分裂势力进行“西藏独立”的活动。英国充当了急先锋，先后于1888年和1903年发动了两次侵略西藏的战争，并逼迫清政府签订了《中英会议藏印条约》和《中英新订藏印条约》，且与西藏地方非法签订了《拉萨条约》。为在与其他国家争夺势力范围中维护其侵藏成果，1907年8月31日，英国与俄国在彼得堡签订了《英俄西藏协定》。该《协定》英文版载，英俄“皆承认中国在藏之宗主权”。提出承认中国对西藏的“宗主权”，实质在于变西藏为英俄侵略中国、争夺南亚的一个“缓冲国”。在1913年至1914年的西姆拉会议上，英国运用“宗主权”的观念，进一步提出划分所谓的“内藏”和“外藏”。据《西姆拉会议草约》载：“‘外藏’系指与印邻近一带而言，并包括拉萨日喀则察木多三地在内”，“承认‘外藏’之自治”，中国“决不干涉该地内政”。在英方的逼迫下，中方代表陈贻范“未候中央命令、擅自画行”，中国中央政府对此“万难承认”，严禁正式签署，并电令陈贻范立即声明取消，致使该《草约》不了了之。对于这一非法、无效的《草约》，英属印度政府于1929年出版《艾奇逊条约集》14卷时未收入其中。英国承认中国对西藏的“宗主权”，一方面否定中国对西藏的主权，另一方面也使其感到妨碍“同西藏直接签订条约的自由”。为此，英国曾为进一步支持“西藏独立”，甚至连承认中国对西藏的“宗主权”也酝酿要放弃。鉴于这样做，“可能会促使中国提前向西藏发动进攻”，以及碍于当时的国际局势，英国才不得已继续承认中国对西藏的“宗主权”，但它并没有因此而放弃支持“西藏独立”。

以“宗主权”否定中国对西藏的主权，是帝国主义为侵略西藏玩弄的伎俩，它掩盖不了也改变不了西藏的历史地位。2008年10月29日，时任英国外交大臣的米利班德发表书面声明，指出历史上染指西藏是“时代的错误”，“宗主权”概念已经过时，英国和欧盟其他成员国、美国一样，承认西藏是中华人民共和国的一部分。

二、20世纪50年代是西藏发生历史性变革的时期，《十七条协议》标志西藏和平解放，奠定了西藏民族区域自治和民主改革的政治与法律基础，继承和维护了西藏的历史地位

《邓小平时代》为阐述改革开放历史新时期邓小平如何认识和促进中央与西藏地方、汉藏民族关系以及处理与十四世达赖集团之间关系的努力，不惜笔墨地回顾了毛泽东所开展的西藏工作，以期通过前后比较，显现邓小平时代在西藏工作上的新举措和新进展。

作者认为，“西藏在1950年代保留了很多清王朝作为其宗主国时的特点”，并根据《十七条协议》列举出一些表现作为根据，这些表现主要是：藏人接受中国的主权，但中央同意达赖喇嘛无限期治理西藏本土；毛泽东同意，只有在西藏本土的宗教和贵族精英同意的情况下，才会对自治区的社会和宗教进行变革；实行《十七条协议》之后，“达赖喇嘛领导的藏人仍然可以征税、调解纠纷、使用自己的货币，甚至保留他们自

己的军队”，“共产党则控制着外交、军事和边防”。这些表现反映了西藏和平解放以来的一些历史情况。但是，该书以清王朝是西藏地方的“宗主国”的逻辑来看待《十七条协议》，存在对《协议》的片面理解甚至断章取义，尤其是看不到新中国维护西藏历史地位的原则性与策略性和西藏民主改革的历史必然性。

《十七条协议》是西藏历史地位的继承者和捍卫者。《协议》首条规定，西藏人民团结起来，驱逐帝国主义侵略势力出西藏，西藏人民回到祖国大家庭中来。帝国主义侵略势力是“西藏问题”的始作俑者，驱逐这一势力，才能消除“西藏问题”的根源，维护和保障中国对西藏的主权。为此，《协议》规定，西藏地方政府积极协助人民解放军进入西藏，巩固国防；西藏军队逐步改编为人民解放军，成为中华人民共和国国防武装的一部分；中央人民政府统一处理西藏地区的一切涉外事宜。

《邓小平时代》主要根据《协议》规定中央不予变更“西藏的现行政治制度”和“达赖喇嘛的固有地位及职权”，推论出“中央同意达赖喇嘛无限期治理西藏本土”。作者没有认识到，这种“不予变更”不是“无限期”的，相反，《协议》规定，在中央人民政府的统一领导下，西藏人民有实行民族区域自治的权利；西藏地方政府应自动进行改革，人民提出改革要求时，得采取与西藏领导人员协商的方法解决。民族区域自治实行政教分离，其自治机关又是地方政权机关，具有双重性质，而且社会改革包括民主改革和社会主义改造，其中民主改革就是要彻底废除西藏的封建农奴制度。

历史地看，西藏之所以在和平解放后的1959年才进行民主改革，一是此前进行改革的社会历史条件还不成熟，二是西藏分裂势力为了永远不改革，在1959年3月撕毁《协议》，发动了全面武装叛乱，致使西藏丧失了暂不实行改革的政治基础，“边平叛边改革”成为当时西藏社会发展的必然选择。不仅如此，《协议》还作出规定，依据西藏的实际情况，逐步发展西藏民族的语言、文字和学校教育，逐步发展西藏的农牧工商业，改善人民生活。以上《协议》内容足以表明，20世纪50年代，中央人民政府对西藏地方政府是完全主权管辖，并不存在或具有“宗主国”特点；中央不予变更“西藏的现行政治制度”，是服务于实现西藏和平解放的需要，而不是允许西藏封建农奴制度长期或永远不变，也不是要对西藏地方实行“一国两制”。西藏地方社会制度落后于整个国家的社会制度，是新中国的整体与局部之间社会历史发展的阶段性和不平衡性的具体表现，西藏封建农奴制度不是要保持长期不变，而是要随着社会历史条件的成熟而给予彻底废除。因为它严重束缚和阻碍西藏社会生产力的发展，在这样的社会制度下，西藏社会不能进步，西藏人民没有前途。

《邓小平时代》承认《十七条协议》的历史合法性，但将中央人民政府片面地理解为汉族政府，认为“毛泽东把西藏领导人请到北京，与汉族官员签订了‘西藏十七条协议’”。这里所说的“汉族官员”应该是指参加《协议》谈判和签订的中央人民政府全权代表李维汉、张经武、张国华和孙志远。该书过分强调签订协议者的民族成分，认为《协议》规定“藏人接受中国的主权”，更多地以汉藏关系诠释中国对西藏的主权，把国家主权问题转化为民族关系问题，以至于更愿意把邓小平处理与十四世达赖集团的矛盾问题，放在汉藏民族关系范畴中进行讨论，认为“1978 年，有很多原因促使邓小平努力减少汉人与西藏少数民族之间的对立”；认为十四世达赖集团建立“大藏区”的主张，“即使是最开明的汉族干部，也反对这种藏人对疆域的巨大扩张”。

中国是一个以汉族为主体民族的统一的多民族国家，西藏地方是藏族聚居地之一，汉藏关系在中央人民政府与西藏地方的关系中是一项重要社会基础，与中国对西藏的主权密不可分，不断改善民族关系，是解决西藏发展问题的重要组成部分。但所谓的“西藏问题”却不是民族问题、宗教问题，而是在中国对西藏的主权问题上的分裂与反分裂之间的斗争问题。这种斗争的焦点为是否承认中国对西藏的主权，而不是《邓小平时代》所认为的自治程度问题，因此把反分裂斗争概括为“遏制西藏的自治要求”，混淆了西藏民族区域自治与十四世达赖集团所主张的“高度自治”的本质。

［原载《中国民族报》2014 年 11 月 25 日］

思想史论

起草党的第二个历史决议的思想史料整理与研究

中共十一届六中全会通过的《关于建国以来党的若干历史问题的决议》（以下简称“第二个历史决议”或“决议”），坚持马克思主义唯物史观的基本立场、观点和方法，回顾党成立以来领导新民主主义革命的历史，总结新中国成立以来至改革开放初期的历史进程与经验教训，根本否定“文化大革命”，正确评价毛泽东的历史地位，坚持和发展毛泽东思想，标志着党在指导思想上完成拨乱反正，并发挥了统一全党对党史、国史的认识、团结一致推进改革开放事业的重要历史作用。就党史、国史研究而言，党的第二个历史决议形成的一系列关于党史、国史的认识论与方法论，推动了党史、国史研究在改革开放新时期的兴起与发展。其中，关于党的第二个历史决议的研究，也逐渐发展成为党史、国史研究中具有“显学”性的专题研究领域。

第二个历史决议自通过并发表以来，有关史料特别是文献档案和回忆性著述的整理与研究，尤其是《邓小平文选》第二卷、《陈云文选》第三卷、《邓小平年谱（1975—1997）》《邓小平思想年谱（1975—1997）》《邓小平思想年编（1975—1997）》和《陈云年谱（1905—1995）》，以及《胡乔木文集》第二卷、《胡乔木谈中共党史》和《胡乔木书信集》等的出版，为廓清决议酝酿、发起、起草和通过的历史过程，提供了丰富的历史根据，主要包括主持和参与决议起草者的思想史料、决议文本史料等，并形成起草决议的思想史料的基本格局与主体面貌。酝酿、发起和起草决议的基本立场、指导原则与方法及其形成和贯彻，以及在决议起草过程中关于党的历史问题的认识及其形成和发展，构成起草决议的思想发展史的基本脉络与内涵。然而，相对于决议起草工作的长时段和复杂性来说，有关史料特别是思想史料的整理仍显大略，有的还是空白；档案文献有待进一步发掘；已有研究中也存在史料使用重复、矛盾或错讹之处，一些史实需要新的史料佐证。本文试图系统地整理起草决议的思想史料，辨析史料之间的联系，以进一步厘清起草决议的若干思想认识的形成与发展。

一、关于邓小平酝酿、发起和主持决议起草工作的思想史料

在关于党的第二个历史决议的研究中，主持、指导和参与起草者与决议之间的历史关系受到普遍重视，研究成果也愈来愈丰富，由此邓小平、陈云和胡乔木等在起草决议中的地位与作用也日益清晰。其中，关于邓小平与决议的关系问题，现存有三种基本观点：一是邓小平主持起草决议[①]。与之相一致，有观点还认为，邓小平是决议的总体设计者和直接主持者[②]。二是决议是邓小平与陈云的合作[③]。三是邓小平、胡耀邦主持决议起草工作[④]。其中，有观点进一步强调，胡耀邦自始至终参与主持了决议的起草和发表，“因为没有公布有关档案资料，人们还知之甚少”[⑤]。这些观点虽然存在一定差异，主要是认识问题的角度、反映决议起草工

---

① 参见程中原：《邓小平与党的第二个历史决议》（上），《党史文汇》2004年第9期；程中原：《邓小平主持起草第二个历史决议的十次谈话》，《文史精华》2010年第1、2期；陈东林：《邓小平在起草历史决议的重要关头》，《党史博览》2005年第2期。

② 陈东林、李建斌：《邓小平与〈关于建国以来党的若干历史问题的决议〉研究述评》，载龙平平主编《邓小平研究述评》（上），中央文献出版社2003年版。

③ 彭世杰等：《“邓陈合作”的第二个历史决议》，《党史博采》2006年第9期。

④ 谢春涛：《关于建国以来历史决议的起草——龚育之访谈录》，《百年潮》2001年第6期；刘金田：《邓小平领导起草第二个“历史决议”的历史贡献及其启示》，《党的文献》2011年第3期；甄实：《胡耀邦与〈关于建国以来党的若干历史问题的决议〉》，《党史博览》2012年第2期。

⑤ 甄实：《胡耀邦与〈关于建国以来党的若干历史问题的决议〉》，《党史博览》2012年第2期。

作的重点有所不同，但没有实质性矛盾。其中，邓小平与陈云的合作主要表现在指导决议起草的思想上的一致和互补。邓小平在决议起草中举足轻重，处于思想指导和工作主持的地位。

（一）酝酿、发起决议起草工作

从粉碎“四人帮”到叶剑英代表党中央在庆祝中华人民共和国成立30周年大会上发表讲话，是第二个历史决议的酝酿、发起阶段。邓小平旗帜鲜明地反对“两个凡是”，支持关于真理标准问题大讨论，提出要坚持四项基本原则。贯穿其中的就是要完整、准确地认识和把握毛泽东思想，实事求是地评价毛泽东的历史地位。

在这一阶段，关于邓小平在毛泽东历史地位和毛泽东思想这一关键问题上的思想史料，参加决议起草工作的龚育之在1981年7月青岛市领导干部会上作的学习决议报告中，列举了邓小平的八次书信、谈话和讲话。[①] 这是在《邓小平文选（1975—1982）》[②]、《三中全会以来重要文献选编》[③] 和《邓小平思想年谱（1975—1997）》等出版之前的一种概括。这八次依次是：（1）1977年4月10日致党中央的信，中共中央予以转发。（2）1977年7月21日在党的十届三中全会上的讲话。（3）1977年8月18日在党的十一大上作的闭幕词。（4）1978年6月2日在全军政治工作会议上的讲话。（5）1978年11月27日同美国专栏作家罗伯特·诺瓦克的谈话。（6）1978年12月在中央工作会议期间和会上的讲话，其讲话精神被吸收到1978年12月党的十一届三中全会发表的公报中。（7）1979年3月3日在理论工作务虚会上的讲话。（8）1979年9月4日对修改叶剑英在庆祝中华人民共和国成立30周年大会上的讲话稿提出意见。其中，上述（2）、（4）和（7）被收入《邓小平文选》第二卷。从上述史料可以

---

① 龚育之：《学习〈关于建国以来党的若干历史问题的决议〉》，《社会科学动态》1981年第11期。此文被收入《龚育之论中共党史》（湖南人民出版社1999年版）和《龚育之党史论集》（湖南人民出版社2009年版）。

② 《邓小平文选（1975—1982）》于1983年由人民出版社出版，经增补修订后，于1994年出版第2版，改称《邓小平文选》第2卷，本文注释中的《邓小平文选》第2卷，如无特别说明，均指1994年版。

③ 《三中全会以来重要文献选编》，人民出版社1982年版。

看出，邓小平关于党的历史问题的思想认识，从酝酿起草决议起，就主要围绕如何对待毛泽东思想和评价毛泽东的历史地位而展开。

随着《邓小平文选》第二卷、《三中全会以来重要文献选编》和《邓小平思想年谱（1975—1997）》等的出版，龚育之循着上述思路，在决议发表20周年之际的访谈录中又补充了邓小平有关谈话、讲话共八次[①]：（1）1977年5月24日同中央两位负责人的谈话，收入《邓小平文选》第二卷，题为《"两个凡是"不符合马克思主义》。（2）1977年9月19日同教育部主要负责人就教育战线的拨乱反正问题的谈话，收入《邓小平文选》第二卷，题为《教育战线的拨乱反正问题》。（3）1978年5月30日同胡乔木等就准备在全军政治工作会议上讲话内容的谈话。《邓小平思想年谱（1975—1997）》收录了这次谈话的主要内容[②]。（4）1978年7月21日同中宣部负责人就真理标准问题讨论的谈话[③]。《实践是检验真理的唯一标准》于5月11日在《光明日报》公开发表。（5）1978年7月22日同胡耀邦就《实践是检验真理的唯一标准》文章的谈话，指出这篇文章是马克思主义的[④]。（6）1978年8月19日同文化部负责人就理论问题的谈话。[⑤]（7)1978年9月13日至20日访问朝鲜归来在东北几个地方和天津讲思想路线和高举旗帜问题，其中在长春听取中共吉林省委常委汇报工作时的讲话，收入《邓小平文选》第二卷，题为《高举毛泽东思想旗帜，坚持实事求是的原则》。（8）1978年10月14日在听取解放军总政治部负责人汇报时就真理标准问题讨论的谈话。[⑥]

根据《邓小平年谱（1975—1997）》《邓小平思想年谱（1975—1997）》《邓小平文选》第二卷，笔者认为，还应在此基础上补充如下内容：（1）1977年10月15日在会见加拿大麦吉尔大学东亚研究所主任时

---

① 谢春涛：《关于建国以来历史决议的起草——龚育之访谈录》，《百年潮》2001年第6期。

② 《邓小平思想年谱（1975—1997）》，中央文献出版社1998年版，第66—67页；《邓小平思想年编（1975—1997）》，中央文献出版社2011年版，第132—134页。

③ 《邓小平年谱（1975—1997）》（上），中央文献出版社2004年版，第345页。

④ 《邓小平年谱（1975—1997）》（上），中央文献出版社2004年版，第345—346页。

⑤ 《邓小平思想年谱（1975—1997）》，中央文献出版社1998年版，第74—76页；《邓小平思想年编（1975—1997）》，中央文献出版社2011年版，第155—157页。

⑥ 谢春涛：《关于建国以来历史决议的起草——龚育之访谈录》，《百年潮》2001年第6期。

的谈话，指出“毛泽东思想是继承、捍卫和发展了马克思列宁主义”[①]。这是邓小平对外国人谈毛泽东思想中比较早和有代表性的一次谈话。（2）1978年10月3日同国务院政治研究室负责人的谈话，指出“要把领袖变成人，不要把领袖变成神。按照不正常的方法去做，就会损害毛主席的形象”[②]。（3）1978年11月25日同中央政治局常委听取中共北京市委和团中央几位负责人汇报天安门事件平反后群众的反映和北京市街头大字报情况时的讲话，指出“我们一定要高举毛主席的伟大旗帜”，“毛主席的伟大功勋是不可磨灭的”[③]。（4）1978年11月27日在同华国锋、叶剑英、李先念、汪东兴听取中央工作会议各组召集人汇报时的插话，指出“毛主席的伟大功勋是不可磨灭的”[④]。（5）1978年11月29日在会见日本公明党第七次访华团时的谈话。[⑤]（6）1979年1月24日在会见美国时代出版公司总编辑多诺万和《时代》杂志驻香港分社社长克拉克时就“非毛化”问题的谈话。[⑥]（7）1979年3月16日在中共中央召开的对越自卫反击情况报告会上就“维护毛主席这面伟大旗帜”的讲话。[⑦]（8）1979年3月27日同胡耀邦、胡乔木等就在党的理论工作务虚会上的讲话稿的谈话，提出“四个坚持”的思想。[⑧]（9）1979年7月29日在青岛接见出席海军常委扩大会议全体人员时就思想路线和真理标准问题讨论的讲话。[⑨]邓小平在这些谈话和讲话中，结合当时的思想实际，不仅阐述了毛泽东思想对马克思主义的继承与发展、毛泽东和毛泽东思想的评价问题，而且初步概括了在后来的决议中所提出的实事求是、群众路线、独立自主的毛泽东思想活的灵魂。

不仅如此，在这一阶段，邓小平对于党史、国史问题，特别是对待

---

① 《邓小平年谱（1975—1997）》（上），中央文献出版社2004年版，第222页。
② 《邓小平年谱（1975—1997）》（上），中央文献出版社2004年版，第394页。
③ 《邓小平年谱（1975—1997）》（上），中央文献出版社2004年版，第435页。
④ 《邓小平思想年谱（1975—1997》），中央文献出版社1998年版，第95页。
⑤ 《邓小平年谱（1975—1997）》（上），中央文献出版社2004年版，第443页。
⑥ 《邓小平年谱（1975—1997）》（上），中央文献出版社2004年版，第473—474页。
⑦ 《邓小平年谱（1975—1997）》（上），中央文献出版社2004年版，第492—493页。
⑧ 《邓小平年谱（1975—1997）》（上），中央文献出版社2004年版，第498—500页。
⑨ 《邓小平文选》第2卷，人民出版社1994年版，第190—193页。

这些历史问题的立场和原则的论述，提出了需要总结新中国成立以来历史经验教训的任务，并与其关于毛泽东和毛泽东思想的阐述一起，成为指导决议起草的思想认识来源与基础。但对于这些论述，在决议研究中运用得还比较薄弱。从史料来说，主要有以下五则文献史料可资依据。

其一，解决历史问题要符合党和人民的根本利益。1978 年 11 月 25 日，邓小平在同中共中央政治局常委听取中共北京市委和团中央几位负责人汇报时，就历史问题指出，有些历史问题要解决，不解决就会使很多人背包袱，不能轻装前进。有些历史问题，在一定的历史时期内不能勉强去解决。有些事件我们这一代人解决不了的，让下一代人去解决，时间越远越看得清楚。有些问题可以讲清楚，有些问题一下子不容易讲清楚，硬要去扯，分散党和人民的注意力，不符合党和人民的根本利益。[①]

其二，历史问题“宜粗不宜细”。1978 年 12 月 1 日，邓小平在中共中央政治局常委召集的部分解放军大军区司令员和省委第一书记打招呼会议上的讲话中指出，历史问题只能搞粗，不能搞细。一搞细就要延长时间，这就不利。要以大局为重。[②]

其三，科学地历史地认识毛泽东的功绩和评价“文化大革命”。1978 年 12 月 13 日，邓小平在中央工作会议上的讲话中谈到怎样处理历史遗留问题时强调，要科学地历史地认识毛泽东的伟大功绩。“文化大革命”已成为我国社会主义历史发展中的一个阶段，总要总结，但是不必匆忙去做。要对这样一个历史阶段作出科学的评价，需要做认真的研究工作，有些事要经过更长一点儿的时间才能充分理解和作出评价，那时再来说明这一段历史，可能会比我们今天说得更好。党的十一届三中全会公报吸纳了邓小平关于“文化大革命”问题处理的思想。[③]

其四，否定毛泽东，就否定了中华人民共和国的一段历史。1979 年 3 月 16 日，邓小平在中共中央召开的对越自卫反击战情况报告会上的讲

---

① 《邓小平年谱（1975—1997）》（上），中央文献出版社 2004 年版，第 435 页。

② 《邓小平年谱（1975—1997）》（上），中央文献出版社 2004 年版，第 445 页。

③ 参见《中国共产党第十一届中央委员会第三次全体会议公报》，《人民日报》1978 年 12 月 24 日。

话中指出："否定毛主席，就是否定了中华人民共和国，否定了整个这一段历史。所以，有好多问题应该从大局着眼，不能搞得太细。现在的关键是安定团结。处理遗留问题，为的是集中力量向前看。像评价'文化大革命'这样的问题，可以暂时放下。"①

以上四则文献史料表明，邓小平在认识和处理历史问题上，注重科学性与政治性的统一，并初步提出了后来在决议起草中所坚持的"宜粗不宜细"的基本原则。但他这时还没有要发起对新中国成立以来党的历史问题作决议的思想，认为对"文化大革命"的总结"不必匆忙去做"。邓小平在这一问题上的思想转变，发生在庆祝中华人民共和国成立30周年之际。

其五，把坚持四项基本原则同新中国30年的历史衔接起来。1979年9月4日，邓小平对修改叶剑英在庆祝中华人民共和国成立30周年大会上的讲话稿提出意见，指出要把坚持四项基本原则同30年的整个历史衔接起来，要在坚持四项基本原则的大前提下写这个讲话。要使人看了这个讲话以后得出一个总的印象，我们的党和人民现在是真正坚持毛泽东思想，是完整、准确地学习、运用毛泽东思想，是真正将毛泽东为我们制定的路线、方针、政策付之实现，不是搞片言只语。这是个非常大的问题。②在9月29日的庆祝大会上，叶剑英代表中共中央、全国人大常委会和国务院作的这个讲话，对新中国成立30年特别是"文化大革命"十年的历史给予了"初步的基本估价"，同时指出"应当在适当的时候，经过专门的会议，作出正式的总结"③。当天，邓小平还在国务院办公室为参加国庆30周年活动的华侨、华人、台港澳同胞和知名人士举行的招待会上的讲话中指出："这三十年是值得我们回顾的，值得我们总结的。"④这就是后来决议所要完成的使命。国庆30周年之后，起草党的第二个历史决议工作提上日程。这一工作由中共中央政治局、中共中央书记处领导。

① 《邓小平年谱（1975—1997）》（上），中央文献出版社2004年版，第493页。

② 《邓小平年谱（1975—1997）》（上），中央文献出版社2004年版，第552—553页。

③ 叶剑英：《在庆祝中华人民共和国成立三十周年大会上的讲话》，《人民日报》1979年9月30日。

④ 《邓小平年谱（1975—1997）》（上），中央文献出版社2004年版，第561页。

（二）决策和指导决议起草工作

关于邓小平在决议起草过程中的决策和指导，《邓小平文选》第二卷收入了他自1980年3月至1981年6月对决议稿起草和修改意见一系列谈话、讲话中九次的节录。[①]概括起来就是：（1）1980年3月19日同胡耀邦、胡乔木、邓力群就决议最重要、最根本、最关键的是确立毛泽东的历史地位、坚持和发展毛泽东思想的谈话。（2）1980年4月1日同胡耀邦、胡乔木、邓力群就开始全面建设社会主义的十年和决议框架的谈话。（3）1980年6月27日同胡耀邦、赵紫阳、胡乔木、姚依林、邓力群就重点放在毛泽东思想是什么、毛泽东正确的东西是什么的谈话。（4）1980年10月25日同胡耀邦、胡乔木、邓力群就粉碎"四人帮"以后的四年这段"势必要写"和毛泽东思想是马克思列宁主义在中国的运用和发展的谈话。（5）1981年3月18日同邓力群、吴冷西就社会主义改造是毛泽东对马克思列宁主义的一个重大贡献和写"文化大革命"这一部分要概括的谈话。（6）1981年3月26日同邓力群就赞成陈云关于加写新中国成立前28年历史和提倡学习的谈话。（7）1981年4月7日同胡乔木、邓力群就如何处理"四千人大讨论"中意见的谈话。（8）1981年5月19日在中央政治局扩大会议上关于决议正确处理"四个问题"的讲话。（9）1981年6月22日在十一届六中全会预备会期间关于核心问题是对毛泽东的评价的讲话。从这些谈话和讲话来说，邓小平为决议的起草工作确定了指导思想与原则，指明了决议处理和解决一些重要问题的方向，在决议确立毛泽东的历史地位、坚持和发展毛泽东思想中发挥了关键作用。

在《邓小平文选》第二卷中，除了以《对起草〈关于建国以来党的若干历史问题的决议〉的意见》为题收入了九次邓小平关于起草决议的谈话和讲话外，单列的还有如下三次：一是1980年8月18日在中共中央政治局扩大会议关于党和国家领导制度的改革问题的讲话，指出对毛

---

① 邓小平：《对起草〈关于建国以来党的若干历史问题的决议〉的意见》，《邓小平文选》第2卷，人民出版社1994年版，第291—310页。

泽东思想要作系统的阐述，对毛泽东的功过要作全面的评价。二是1980年8月21日接受意大利记者法拉奇的采访，指出尽管毛泽东过去有段时间也犯了错误，但他终究是中国共产党、中华人民共和国的主要缔造者。拿他的功和过来说，错误毕竟是第二位的。他为中国人民做的事情是不能抹杀的。三是1980年12月25日在中共中央工作会议上发表《贯彻调整方针，保证安定团结》的讲话，指出毛泽东的功劳是第一位的，错误是第二位的，这个估计是合乎实际的，决不能加以怀疑和否定。毛泽东的错误，决不能归结为个人品质问题。经过实践检验证明是正确的毛泽东思想，仍然是我们的指导思想，必须结合实际加以坚持和发展，并理直气壮地进行宣传，不允许怠工。应当把毛泽东思想和毛泽东晚年的错误区别开来，这样可以避免许多混乱。当然，这不是说毛泽东晚年没有发表过正确的意见。因此，如果在《对起草〈关于建国以来党的若干历史问题的决议〉的意见》的基础上加上上述3次，邓小平关于指导决议起草工作的谈话和讲话就有了12次之多。

在《邓小平文选》第二卷出版以来，陈东林、程中原先后发表了《邓小平在起草历史决议的重要关头》[①]和《邓小平主持起草第二个历史决议的十次谈话》。[②]陈文认为，邓小平在主持起草决议过程中，共作了13次专门的重要谈话和讲话，包括《邓小平文选》第二卷收入的9次。那么，另外4次是什么呢？陈文并没有一一列举，但其所列举的谈话和讲话中有3次没有收入《邓小平文选》第二卷。一是在1980年8月10日的谈话中说，有些人担心将来有人要翻案，无非是翻毛主席的案，只要我们把主席的功劳讲够了，讲得合乎事实，我看翻也不容易翻。二是1981年3月9日谈话重申：现在稿子的调门不对头，好像错误都是毛泽东一个人的，别人都对。总的说来，我们犯错误还是由于没有经验，大家都有责任。中心问题还是毛泽东、毛泽东思想的历史地位。此次是同邓力群等的谈话，在《邓小平年谱（1975—1997）》中有所记述。[③]三是1981年3月针对仍有个别人坚持自己在“四千人大讨论”时的意见的情况说：有

---

① 陈东林：《邓小平在起草历史决议的重要关头》，《党史博览》2005年第2期。

② 程中原：《邓小平主持起草第二个历史决议的十次谈话》，《文史精华》2010年第1、2期。

③ 《邓小平年谱（1975—1997）》（上），中央文献出版社2004年版，第719页。

的同志不高兴，想不通，对这样一些意见我们就是要硬着头皮顶住，坚定不移地按原来的设想改好决议。这样一来，加上《邓小平文选》第二卷收入的12次讲话，邓小平关于起草决议的谈话和讲话的次数增加到了15次。

程文也认为邓小平关于起草决议的谈话和讲话有“十多次”并记述了邓小平在起草决议进程中关键时刻的10次谈话和讲话。其中，与《对起草〈关于建国以来党的若干历史问题的决议〉的意见》相重复者7次，补充了如下3次：一是1979年10月同胡耀邦、姚依林、邓力群谈话。他说，起草新中国成立以来党的历史问题决议，现在着手，明年底六中全会讨论通过。有了国庆讲话，历史决议就好写了，以讲话为纲要，考虑具体化、深化。二是1981年3月9日同邓力群谈话。三是1981年6月29日在党的十一届六中全会闭幕会上的讲话。由于其中的第二条与陈文的列举重复；第三条已不在决议起草过程中，而是在决议通过之后，也就是说，程文实际上新补充了1次。这样，从1979年10月至1981年6月27日决议通过，邓小平关于起草决议的谈话和讲话由前面的15次加上这里的1次，累积达到了16次。

不仅如此，根据《邓小平思想年编（1975—1997）》，邓小平关于决议起草和毛泽东的历史地位、毛泽东思想评价问题的谈话和讲话，还应补充如下11则史料。[①]（1）1980年2月5日同胡耀邦、胡乔木、邓力群谈话，就修改党章“总纲”要“写上中国共产党以马克思列宁主义、毛泽东思想的科学理论作为自己的行动指南”指出：作为一种科学的语言，马克思主义是可以包括列宁主义和毛泽东思想的，但如果我们的党章中只提马克思主义，不提列宁主义和毛泽东思想，国际上就会有人说我们党的性质变了，国内就牵涉到一个毛泽东思想的问题。（2）1980年2月28日在中共中央政治局常委召集的十一届五中全会各组召集人汇报会上的讲话。邓小平就为刘少奇平反的决议要不要写刘也犯过错误的问题指出，实事求是可不容易。刘少奇与一般人不同，在给他作的平反决议中

① 本段所提的11则材料，依次详见《邓小平思想年编（1975—1997）》，中央文献出版社2011年版，第290—291、292—293、293—296、329、339—340、340—341、347、347—348、354—355、362、365页。

如果没有这样的内容，会给人一个印象，就是所有错误都是毛泽东一个人的。这不是事实。总要承认刘少奇自己也有错误就是了。这也是个党风问题。（3）1980 年 2 月 29 日在党的十一届五中全会第三次全体会议上讲坚持党的思想路线。他指出，我们任何时候都不能损害毛泽东在整个中国革命史上的光辉形象，不能动摇高举毛泽东思想旗帜的原则。（4）1980 年 8 月 22 日在中共中央政治局扩大会议各小组召集人汇报会上的讲话。他说，现在正在准备搞一个关于若干历史问题的决议，主要是把新中国成立后 30 年的历史清理下。力求在十二大前的中央全会上通过这个决议，对过去的问题有一个统一的认识，作一个结束。（5）1980 年 11 月 24 日在会见西班牙共产党代表团时的谈话。他就什么是毛泽东思想指出，毛泽东思想就是把马列主义普遍真理同中国的具体实践相结合，根据中国的实际，运用马列主义原理，寻求自己革命的道路，包括方式。（6）1980 年 11 月 26 日在宴请罗马尼亚政府总理维尔德茨时的谈话。他就决议起草工作说，决议要对 31 年的历史做个总结，不走这一步不行。许多人，特别是青年人，看“文化大革命”那一段多一些，而没有看到整个历史；看了 10 年，而没有看到整个 59 年的党史，没有看到毛泽东的整个贡献。这涉及对毛泽东的一生如何评价问题，我们必须现在解决，不能由后代来解决，因为他们不了解整个历史。（7）1981 年 1 月 16 日在会见日本众议院副议长冈田春夫时的谈话。他就新中国 31 年的历史指出，国际、国内都把这 31 年的成绩估计低了。总的来说，31 年中，我们做了很多的事情，成绩不少，虽然也犯了一些错误，但不是一片漆黑。总结历史要把这个体现出来。（8）1981 年 1 月 26 日在会见澳大利亚外交部长斯特里特时的谈话。他就毛泽东和毛泽东思想评价问题指出，我们没有搞“非毛化”，而是坚持毛泽东思想。毛泽东思想是历史形成的，这个财富不能丢。我们要写个文件，主要是总结新中国成立以来的历史经验，肯定要坚持毛泽东思想，肯定毛泽东的功绩是第一位、错误是第二位。（9）1981 年 3 月 24 日在会见坦桑尼亚总统尼雷尔时的谈话。他就如何正确评价毛泽东的问题指出，如果真搞“非毛化”，那就要犯历史性的错误。毛泽东的一生，成绩是第一位的，错误是第二位的。他在后期确实有不少错误，特别是在“文化大革命”的问题上。我们必须总结经验教训，正确评价毛泽东的各个方面，目的还是要坚持毛泽东思想。（10）1981 年 4 月 18 日同金日成的两次会谈。[①]他就毛泽东、毛泽东思想的评价问题再次指出，坚持毛泽东思想的科学体系，不是坚持只言片语。毛泽东思想是中国革命经验的总结，对世界也有贡献。新中国成立后，毛泽东思想还有发展。（11）1981 年 5 月 15 日在会见津巴布韦总理穆加贝时的谈话。他就对毛泽东和毛泽东思想的评价问题进一步指出，这是我们现在正在做的一件重要的事情，这个问题弄清楚，对我们以后的发展，怎样搞得更快一些、更好一些，很有关系。

另外，《党的文献》2011 年第 3 期刊发的《邓小平关于正确评价毛泽东和起草历史问题决议的谈话选载（1980 年 9 月—1981 年 4 月）》中，新披露了一条关于毛泽东思想评价问题的谈话，即 1980 年 9 月 14 日邓小平在会见日本公明党第九次访华团时的谈话，题为《实事求是评价毛泽东的功过，坚持毛泽东思想》。他强调，毛泽东思想是集体的创造，内容也是很广泛的，但不包括毛泽东错误的地方。在实事求是评价毛泽东功过的基础上坚持毛泽东思想。

邓小平关于起草决议的思想，主题鲜明，一以贯之。他在阐述决议的中心任务和总的原则时指出，确立毛泽东的历史地位、坚持和发展毛泽东思想是“最核心的一条”，并强调“不仅今天，而且今后，我们都要高举毛泽东思想的旗帜”，因此，要把毛泽东思想的主要内容，特别是今后还要继续贯彻执行的内容，“用比较概括的语言写出来”。当时，在这一方面，现实地存在一些错误倾向和意见，如何面对和处理，更显示出邓小平的坚定立场。他说：“要硬着头皮顶住。”对于写不写、怎么写毛泽东功过的评价和毛泽东思想，邓小平指出：“如果不写或写不好这个部分，整个决议都不如不做。”不仅如此，邓小平还把决议是否科学评价毛泽东的历史地位、坚持和发展毛泽东思想作为衡量决议起草成功与否的标准。当决议起草稿没有很好地体现和达到这一标准时，他要求“要重新来”。1981 年 5 月 19 日，邓小平在中央政治局扩大会议上的讲话中概

① 《邓小平关于正确评价毛泽东和起草历史问题决议的谈话选载（1980 年 9 月—1981 年 4 月）》，《党的文献》2011 年第 3 期。

括决议需要解决四个基本问题，其中两个是中心问题：毛泽东的功绩是第一位还是错误是第一位，新中国成立32年特别是“文化大革命”前10年成绩是主要的还是错误是主要的；第三个问题是这些错误是毛泽东一个人的还是“别人也有点份”；第四个问题是毛泽东犯错误的性质问题。邓小平在后两个问题中指出：“这个决议稿中多处提到我们党中央要承担责任，别的同志要承担点责任，恐怕这比较合乎实际”，毛泽东犯了错误，“是一个伟大的革命家犯错误，是一个伟大的马克思主义者犯错误”。决议起草工作之所以能够成功完成，关键之处也在于此。在党的十一届六中全会预备会议期间，邓小平对当时决议稿的评价是：“这个决议是个好决议，现在这个稿子是个好稿子”，因为这个稿子能够实现“高举毛泽东思想的伟大旗帜，实事求是地、恰如其分地评价‘文化大革命’，评价毛泽东同志的功过是非”的要求。其中，他强调：“核心问题是对毛泽东同志的评价，稿子的分寸是掌握得好的。”决议在党的十一届六中全会上通过也就顺理成章、水到渠成了。

邓小平作为党的第二个历史决议起草工作最主要的主持者，是决议的主要发起者、设计者和决策者，指导了决议起草的整个过程，并在决议起草的重要关头起了关键作用。以上这些史料只是目前已知的谈话和讲话记载，随着文献档案资料的进一步整理，还将会有所增加。尽管如此，这些谈话和讲话业已比较集中地反映了邓小平关于决议起草的基本思想。

二、关于陈云指导决议起草工作的思想史料

陈云作为党的第二代中央领导集体的主要成员，对于党的第二个历史决议的起草工作发挥了重要推动作用。

在决议起草过程中，陈云除参加有关会议讨论、党内“四千人大讨论”，以及征求意见外，主要是通过同有关人员谈话，提出对决议起草的意见和建议。陈群、孙东升在《陈云与第二个历史决议的起草》[1]一文中，

---

① 陈群、孙东升：《陈云与第二个历史决议的起草》，《党的文献》2001年第5期。

统计陈云的有关谈话主要有 8 次，依次为：1980 年六七月间同胡乔木的谈话、1980 年 11 月上旬同胡乔木的两次谈话、1981 年 3 月同邓力群的四次谈话、1981 年 3 月 24 日同邓小平的谈话。

其中，关于陈云的第一次谈话内容，胡乔木在 1980 年 7 月 3 日中共中央书记处会议讨论起草决议时的发言中，以一个自然段作了强调。他说："陈云同志讲，一定要在我们这一代人还在的时候，把毛主席的功过敲定，一锤子敲定。一点一点讲清楚。这样，党的思想才会统一，人民的思想才会统一。如果我们不这样做，将来就可能出赫鲁晓夫，把毛主席真正打倒，不但会把毛主席否定，而且会把我们这些作含糊笼统决议的人加以否定。因此，必须对这个问题讲得很透彻。"[①] 这是胡乔木对陈云同其谈话精神的转述。

关于陈云的第二、三次谈话，根据《陈云年谱（1975—1997）》载，1980 年 11 月上旬，也就是在决议的"四千人大讨论"期间，陈云先后两次同胡乔木谈决议起草问题。其主要谈的是关于毛泽东的错误及其责任问题。概括起来就是，关于毛泽东的错误问题，着重写他的破坏民主集中制，其他的可以少写；整个党中央是否可以说，毛泽东的责任是主要的，党中央作为一个教训来说，有责任，没有坚决斗争；毛泽东的错误，地方有些人，有相当大的责任。[②] 之后，胡乔木在 1980 年 11 月 12 日同起草小组成员的谈话中，传达了陈云的这些意见。[③]

邓小平看望陈云时的谈话发生在 1981 年 3 月 24 日。此前的 3 月 18 日，邓力群在同吴冷西一起向邓小平汇报胡乔木关于决议修改意见的同时，转述了胡耀邦关于决议稿写出来后，多听听老同志意见的建议。对此，邓小平说："这很对，我赞成。"[④] 邓小平看望陈云，就是在这个背景下发生的。根据《邓小平文选》第二卷和《邓小平年谱（1975—1997）》载，当时陈云向邓小平提出了修改决议稿的两条意见，其中第一条就是专门加一篇话，讲讲解放前党的历史，写党的 60 年。邓小平认为陈云的

---

① 《胡乔木谈中共党史》，人民出版社 1999 年版，第 75 页。

② 《陈云年谱（1905—1995）》下卷，中央文献出版社 2000 年版，第 260—261 页。

③ 《胡乔木谈中共党史》，人民出版社 1999 年版，第 138 页。

④ 《邓小平文选》第 2 卷，人民出版社 1994 年版，第 303 页。

这个意见很好，并在3月26日同邓力群的谈话中，请邓力群将陈云的这个意见转告起草小组。另一条则是建议中央提倡学习，主要是学习马克思主义哲学。[①]

陈云向邓小平提出的上述两条意见，也出现在了《陈云文选》所载的1981年3月陈云同邓力群的四次谈话中的两次之中。[②]其中，在同邓力群的第一次谈话中，陈云指出，一定要写准确新中国成立以来32年中党的工作的错误，论断要合乎实际，要把它“敲定”下来，使它能够站得住，经得起历史的检验。他同意邓小平提出的“宜粗不宜细”的原则，指出要在这个原则下，是成绩就写成绩，是错误就写错误；是大错误就写大错误，是小错误就写小错误。要分别不同情况，把它“敲定”下来。这里所讲的主要是决议起草的原则性问题。在同邓力群的第二次谈话中，陈云要求决议贯彻邓小平关于“确立毛泽东同志的历史地位，坚持和发展毛泽东思想”这一核心原则，并提出了决议起草的一个写作方法问题。他说：“要达到这个目的，使大家通过阅读《决议》很清楚地认识这个问题，就需要写上党成立以来六十年中间毛泽东同志的贡献，毛泽东思想的贡献。”他建议在决议中增加回顾新中国成立以前28年历史的段落。之所以这样写，他认为，有了党的整个历史，解放前解放后的历史，把毛泽东在60年中间重要关头的作用写清楚，毛泽东的功绩、贡献就会概括得更全面，确立毛泽东的历史地位，坚持和发展毛泽东思想，也就有了全面的根据；而且，说毛泽东功绩是第一位的，错误是第二位的，说毛泽东思想指引我们取得了胜利，就更能说服人了。陈云的这一建议为决议如何确立毛泽东的历史地位、写好毛泽东思想，提供了一个“建党以来”的新思路。

由上表明，在决议中增加回顾新中国成立以前28年历史的建议，陈云既向邓小平当面提出过，也向邓力群当面说过，而且这两种情形是分别发生的。由于《陈云文选》《陈云年谱（1975—1997）》没有明确记载陈云同邓力群谈话的具体日期，有关的研究著述也是一般地讲陈云当面

---

① 《邓小平文选》第2卷，人民出版社1994年版，第303—304页。

② 陈云：《对起草〈关于建国以来党的若干历史问题的决议〉的几点意见》，《陈云文选》第3卷，人民出版社1995年版，第283—286页。

同邓力群说过。这就在史实上留下一个认识盲点，即这两种情形发生的先后顺序问题。从时间上看，两种情形都发生在同年 3 月，而且应是很紧凑的。从内容上看，陈云在向邓小平谈关于修改决议问题时，不仅提出了上述建议，而且还建议中央提倡学习，主要是学习马克思主义哲学，重点是学习毛泽东的哲学著作。邓小平要邓力群将陈云的这些意见报告胡耀邦，并指出："历史决议中关于毛泽东同志对马克思主义哲学的贡献，要写得更丰富，更充实。结束语中也要加上提倡学习的意思。"提倡学习是陈云对决议起草的又一重要修改意见。但在陈云同邓力群的这次谈话中则没有此项内容。陈云的建议十分重要，特别是第一项建议，突破了决议所界定的"建国以来"32 年历史的写作范围，而是要写建党以来 60 年历史。如果陈云首先向邓力群谈起过，按常理，邓力群必定会及时向邓小平、胡乔木等报告。然而，从现有材料看，事实则是邓小平在同邓力群的谈话中对陈云的建议作的转述。由此，或可以初步判断，陈云当面向邓小平提出决议修改意见在先，陈云之后在同邓力群的谈话中作了进一步强调和阐释。可资为证者，其一，在邓小平看望陈云的 3 月 24 日之前，3 月 7 日、3 月 9 日邓小平曾同邓力群谈话，[①]3 月 18 日邓力群等曾向邓小平汇报情况[②]。但在这些谈话和汇报中，都没有关于陈云建议的内容。其二，关于在决议中增加回顾新中国成立以前 28 年历史这一写法的意义，陈云当面向邓力群讲的，除了邓小平的转述内容外，还增加了有利于有说服力地正确评价毛泽东功过的内容。[③]

陈云在同邓力群的第三次谈话中，讲到了提倡学马列著作，特别是学哲学的问题。他回忆了其在延安时期的学习情况，谈到一个深刻的体会是，工作要做好，一定要实事求是。他认为，新中国成立以后，我们一些工作发生失误，原因还是离开了实事求是的原则。在党内，在干部中，在青年中，提倡学哲学，有根本的意义。现在我们的干部中很多人不懂哲学，很需要从思想方法、工作方法上提高一步。只有掌握马克思主义哲学，思想上、工作上才能真正提高。要把《实践论》《矛盾论》

---

① 《邓小平年谱（1975—1997）》（下），中央文献出版社 2004 年版，第 718、718—719 页。

② 《邓小平年谱（1975—1997）》（下），中央文献出版社 2004 年版，第 721—722 页。

③ 《陈云文选》第 3 卷，人民出版社 1995 年版，第 284 页。

《论持久战》和《战争和战略问题》等著作选编一下。还要选一些马恩列斯的著作。他还指出，也要学点历史。青年人不知道我们的历史，特别是中国革命、中国共产党的历史。这件事情现在要抓，以后也要抓，要一直抓下去。[①] 从这次和上次的谈话内容可以看出，邓小平转述的陈云当面向他提出的修改决议的两条建议，在陈云同邓力群的谈话中是分作前后两次谈的。此外，陈云在这次谈话中还重点谈到了毛泽东的历史功绩。其中，从遵义会议到抗日战争胜利，毛泽东培养了一代人；毛泽东正确处理“西安事变”，并制定了抗日战争期间我们党的一系列方针政策，包括同国民党又联合、又斗争，坚持独立自主立场的抗日民族统一战线。陈云指出，毛泽东的一整套理论和政策，是总结错误教训得出来的，对中国革命的胜利起了决定性的作用。毛泽东在党内的威望，是通过长期的革命斗争实践建立起来的。老一代人拥护毛泽东是真心诚意的。

陈云同邓力群第四次谈话的中心思想是，决议要写国际上对中国共产党和中国的帮助。他回顾了共产国际对中国共产党成立的帮助、苏联在抗日战争期间对中国的援助，以及苏联对新中国第一个五年计划的援助。他说:“这样一些问题,《决议》应该如实地按照事情本来面貌写上去。要通过对这些历史问题的论断，再一次说明中国共产党人是公正的。”[②]

陈云关于决议起草的意见和建议，根据《陈云年谱（1975—1997）》，参考程中原《邓小平主持起草第二个历史决议的十次谈话》所转引的邓力群 1981 年 7 月 4 日、6 日、7 日在中央党校传达党的十一届六中全会精神的记录，还有另外两个情形。一是发生在 1981 年 6 月 22 日党的十一届六中全会预备会各小组召集人碰头会上。陈云出席了会议，并在会上插话表示赞成邓小平的讲话意见，即今后党内斗争是什么性质就说是什么性质，犯了什么错误就说是什么错误，原则上不再用路线斗争的提法。陈云说：胡乔木是第一个主张用路线错误的，但他后来讲，“路线错误”历史上用惯了，“文化大革命”中用得就更滥了。因此，陈云赞成决议稿中不用“路线错误”的提法。二是发生在党的十一届六中

① 《陈云文选》第 3 卷，人民出版社 1995 年版，第 284—285 页。

② 《陈云文选》第 3 卷，人民出版社 1995 年版，第 285—286 页。

全会通过决议前夕的6月26日。根据程文，陈云当天审阅了起草小组修改后的决议稿，并评价说：改得很好，气势很壮。[①]

陈云在思想上对决议起草有比较直接影响的，主要集中在怎样对待毛泽东的功过是非，如何正确评价毛泽东的历史地位，如何坚持和发展毛泽东思想等问题上。他同意邓小平为决议起草工作确立的指导思想和总的原则，并探索在决议起草中贯彻这一指导思想和总的原则的内容与方法，为决议起草提供了历史的和科学的认识论与方法论基础。

陈云指导决议起草的一系列思想，既来自他长期的革命实践活动和思想理论学习，又是与他的思想认识与方法一脉相承的，特别是他在改革开放初期思想发展的一种必然。1978年11月12日，陈云在中央工作会议东北组的发言中提出，中央需要考虑影响大或者涉及面很广的历史遗留问题，并做出“实事求是的经得起历史检验的结论”[②]。陈云担任中央纪律检查委员会第一书记伊始，就在第一次全体会议上的讲话中指出，中国共产党是胜利了的执政党，是毛泽东领导党取得了伟大胜利。[③]1979年3月6日，陈云会见马来亚共产党总书记陈平，其中就毛泽东的评价问题，他谈到，“文化大革命”不能说毛泽东没有一点责任，但中国共产党对毛泽东的评价不会像赫鲁晓夫对斯大林那样。在这个问题上，要平心静气，要掌握分寸，慎重考虑，不能感情用事。这不仅是中国的问题，也是世界的问题。[④]陈云在起草第二个历史决议之前的思想和实践，奠定了其指导决议起草的思想的形成与发展。

三、关于胡乔木负责起草决议的思想史料

胡乔木是党的第二个历史决议起草小组的负责人，具体主持、全程参与了决议稿的写作、讨论和修改工作。关于他负责决议起草的思想史料，主要是他同起草小组成员的谈话、关于决议稿的说明和讲话、就决

---

① 程中原：《邓小平主持起草第二个历史决议的十次谈话》，《文史精华》2010年第1、2期。

② 《陈云文选》第3卷，人民出版社1995年版，第232—233页。

③ 《陈云文选》第3卷，人民出版社1995年版，第240页。

④ 《陈云年谱（1905—1995）》下卷，中央文献出版社2000年版，第237—238页。

议起草工作的信函，以及回忆性史料等，承载了胡乔木在决议起草工作以及有关历史问题上的基本立场和观点。

（一）同起草小组成员的谈话

同起草小组成员谈话，是胡乔木具体负责起草工作的重要方式。这些谈话包含了胡乔木关于决议起草工作的设想与思路、对于指导思想和基本原则的贯彻，以及对若干党史、国史问题的认识和处理。他同起草小组成员的谈话，根据这一时期担任其秘书的黎虹记述，有33次长篇谈话；[①] 最后一任秘书邱敦红则记述有32次，记录稿约20多万字；[②]《胡乔木传》编写组编辑的《胡乔木谈中共党史》一书在注释中认为，胡乔木曾就决议涉及的多方面问题作过“三十多次谈话”[③]；《胡乔木传》编写组的程中原在纪念邓小平诞辰100周年时所写的《邓小平与党的第二个历史决议》[④] 中，以及刘金田在纪念中国共产党成立90周年时所写的《邓小平对第二个历史决议的历史贡献》[⑤] 中，使用了“胡乔木关于《历史决议》的历次谈话记录（打字稿）”。其中，收入《胡乔木文集》第二卷和《胡乔木谈中共党史》的谈话计14篇即：（1）《起草〈历史决议〉的初步设想》（1979年12月13日）；（2）《〈历史决议〉要注意写的两个问题》（1980年3月15日）；（3）《〈历史决议〉要有一种理论的力量》（1980年5月16日）；（4）《对一九五七年后几段历史的议论》（1980年5月24日）；（5）《毛主席在追求一种社会主义》（1980年6月9日）；（6）《毛主席打破了共产国际的教条化倾向》（1980年7月5日）；（7）《共产国际犯了两个大错误》（1980年7月7日）；（8）《关于民主和专政的问题》（1980年7月18日）；（9）《对“文化大革命”要作出从历史到逻辑的总结》（1980年7月23日）；

---

① 黎虹：《呕心沥血，默默奉献——忆乔木同志》，载《胡乔木传》编写组：《我所知道的胡乔木》，当代中国出版社2012年版，第425页。

② 邱敦红：《他写了一部成功的历史》，载《胡乔木传》编写组：《我所知道的胡乔木》，当代中国出版社2012年版，第493页。

③《胡乔木谈中共党史》，人民出版社1999年版，第42页。

④ 程中原：《邓小平与党的第二个历史决议》，《党史文汇》2004年第9期。

⑤ 刘金田：《邓小平对第二个历史决议的历史贡献》，《前线》2011年第7期。

（10）《毛泽东思想是团结全党奋斗的旗帜》（1980年7月24日）；（11）《关于社会主义的若干问题》（1980年8月13日）；（12）《关于阶级斗争问题和党的建设问题》（1980年9月27日）；（13）《“文化大革命”是个内乱》（1980年9月30日）；（14）《陈云同志的三条意见》（1980年11月12日）。另外，程中原在《邓小平主持起草第二个历史决议的十次谈话》一文中谈到，1979年10月30日胡乔木传达邓小平关于起草决议的谈话并部署起草工作，标志决议起草小组成立和起草工作正式开始。胡乔木的部署主要是宣布了新中国成立以来历史阶段的划分和起草小组的组成及分工。历史地看，这应是胡乔木关于决议起草工作的第一次谈话。

不仅如此，上述程文说，1980年7月上旬，“起草小组连续3天开座谈会讨论，胡乔木每次都有长篇发言，中下旬又有4次谈话”。据此，并对照《胡乔木谈中共党史》所收入的胡乔木关于决议起草工作的上述谈话，就史实而言，起草小组在7月上旬连续3天召开座谈会讨论，如果包括7月3日中央书记处会议讨论起草决议的会，那么就是7月3日、5日和7日，因此不是连续3天，而是隔一天开一次；如果不包括7月3日的会，若连续3天，则有可能是7月5日、6日和7日。若如此，胡乔木在7月6日还应有一次谈话。关于胡乔木在7月中下旬的谈话，《胡乔木谈中共党史》收入了7月18日、23日和24日的三次谈话，按照程文所说，还应另有一次谈话。

从谈话的时机和内容来看，胡乔木关于决议起草的谈话还应包括1981年4月16日同中央书记处研究室部分同志的谈话，题为《坚持社会主义道路》。一是它发生在决议起草过程中，二是谈话内容紧扣决议起草中需要讲清楚的重要问题。正如胡乔木在这次谈话的最后所说的，关于坚持社会主义道路的问题，将在决议中占很重的分量。三是这一谈话在中央书记处研究室编《论〈关于建国以来党的若干历史问题的决议〉》时，征得胡乔木同意，作为首篇收入了该书。[①] 另外，郑惠在《对“文化

---

① 中共中央书记处研究室编：《论〈关于建国以来党的若干历史问题的决议〉》，中国社会科学出版社1982年版，第1—17页。

大革命”几个问题的认识》[①]中谈到，1980 年 12 月 22 日，胡乔木同起草小组谈话。这次谈话在其他著述中没有记述，可作为收集胡乔木有关谈话的一个重要线索。

以上这些谈话尽管是胡乔木关于决议起草的谈话的一部分，但谈话的主题与内容反映了决议起草的发展脉络，以及每个阶段的工作重点和需要解决的难点问题，也反映了胡乔木对有关历史问题的认识和研究成果，特别是其对毛泽东的历史地位的评价，对毛泽东思想的科学内涵的提炼，以及对社会主义理论与实践的回顾总结，对“文化大革命”性质、发生原因等问题的探究。此也表明，决议起草工作是在历史研究基础上的理论建设和创新。

（二）关于决议稿的说明和讲话

1980 年 7 月 3 日，胡乔木在中共中央书记处会议讨论起草决议时的发言，以《要把毛主席晚年的错误同毛泽东思想加以区别》为题，收入《胡乔木谈中共党史》。发言主要讲了以下原则问题：（1）不能动摇决议起草的中心任务。（2）“文化大革命”的发生不是偶然的，有它历史的原因。（3）要把毛泽东晚年思想上行动上的错误同毛泽东思想加以区别与对照。对毛泽东思想加以肯定，对毛泽东晚年错误的理论和实践加以批判。（4）敲定毛泽东的功过，统一党的思想和人民的思想。（5）回答什么是社会主义，说明社会主义的一些基本原则。就当时决议草稿关于“文化大革命”的性质、发动及其发生原因等带结论性的认识，胡乔木在 1980 年 9 月 21 日中共省、市、自治区党委第一书记座谈会上发表讲话指出，决议草案把“文化大革命”定性为“内乱”，八届十一中全会的召开标志“文化大革命”全面发动。“文化大革命”既没有经济基础、也没有政治基础。一定要讲毛泽东思想，而且毛泽东思想不包括毛泽东的错误。这个讲话以《〈历史决议〉中对“文化大革命”的几个论断》为题，收入《胡乔木文集》第二卷和《胡乔木谈中共党史》。1981 年 5 月 19 日，胡乔木在中共中央政治局扩大会议上就决议稿中需要解释的九个方面的

① 郑惠：《对“文化大革命”几个问题的认识》，《中共党史研究》1995 年第 1 期。

问题作了说明，主要是关于决议稿未用或极少用错误路线、机会主义路线、路线斗争和路线等术语，批评“无产阶级专政下继续革命”和不再用“以阶级斗争为纲”口号的理由；高度民主和社会主义民主的内涵与实质；中国社会主义社会的性质；“文化大革命”发生的原因；毛泽东犯错误的性质；毛泽东在哲学方面的贡献；“宜粗不宜细”原则在处理党在历史上的成绩与错误中的贯彻；决议稿把个人迷信改为个人崇拜；认为知识分子是劳动人民的一部分、同工人农民一样是社会主义事业依靠力量的科学性。

此外，就胡乔木关于决议起草的思想史料来说，说明和讲话还应列入如下三则文献史料。一是他具体负责起草的叶剑英代表中央发表的国庆 30 周年的讲话。二是 1979 年 9 月 17 日他于“在京中共中央委员和候补中央委员讨论会”上关于国庆 30 周年讲话稿起草情况的发言。[①] 因为，国庆 30 周年的讲话对新中国成立 30 周年作了初步总结，也成为决议的初步基础，以及决议关于历史问题的直接思想来源和认识基础。胡乔木在上述发言中说：这是一个庆祝讲话，不是对过去三十年作全面的总结。那样的总结只能在另外的时间经过另外的会议，经过详细讨论，作出正式的专门的文件。三是胡乔木在决议通过后对学习中所提问题的回答，主要是他于 1981 年 9 月 14 日在中共江苏省委举办的决议学习班上的讲话。[②] 这一讲话主要根据决议，就党在历史上“左”的错误经常发生、而且占主导地位的原因，我国在社会主义改造基本完成以后所要解决的主要矛盾是人民日益增长的物质文化需要同落后的社会生产之间的矛盾而不是阶级矛盾，毛泽东晚年在理论上和实践上背离了辩证唯物主义和历史唯物主义，阶级斗争还将在一定范围内长期存在，以及现阶段我国国情的基本特征和生产关系状况等五个方面的问题，对决议的内容与精神作了解读，这在一定程度上反映了胡乔木在决议起草过程中对有关问题的思考。

---

① 《胡乔木谈中共党史》，人民出版社 1999 年版，第 30—41 页。

② 《胡乔木谈中共党史》，人民出版社 1999 年版，第 148—172 页。

（三）关于决议起草工作的信函

在2002年胡乔木诞辰90周年之际，《党的文献》2002年第3期从即将出版的《胡乔木书信集》中选载了胡乔木关于两个历史决议的三封书信。第一封是就第一个历史决议致任弼时的信，第二、三封信都是关于第二个历史决议起草问题的，即1980年10月10日的《致中共中央政治局常委》和1980年11月6日的《致邓小平并转中共中央政治局》。

据第二封信介绍，在全党“四千人大讨论”的决议讨论稿付印的前一天，胡乔木把他增写的关于粉碎“四人帮”以后四年的一段，附信送给中央政治局常委审阅。这一段因华国锋鉴于没有经过中央政治局常委正式讨论而不同意加印到讨论稿中。邓小平约胡耀邦、胡乔木、邓力群谈话，表示先不加，等“四千人大讨论”意见，如果需要另加，那时再加也不迟。后来，根据“四千人大讨论”的意见，决议草案加上了这一段。①

第三封信则是决议起草小组在“四千人大讨论”意见的基础上提出的修改决议草案的18条“重要原则性设想”。概言之，（1）同意讨论意见的，如为解决讨论稿篇幅太长、像论文而不像决议的问题，提出“力求缩短至少一半，采取简单明了的决议体裁”。（2）不同意讨论意见的，如关于作决议的时机问题。讨论中有人认为条件“还不成熟”。胡乔木在信中说：“在六中全会作决议的时机已经成熟，统一大多数意见并无严重困难，不能再行延迟。”与此问题相联系，作决议是否等待新中国成立以来或有关“文化大革命”的材料书编成，胡乔木在信中认为，新中国成立以来和“文化大革命”的主要问题是清楚的，“现在就可以起草，讨论和通过决议（决议不涉及细节），不必也不能等待材料书的编成”。再如，关于决议从何时写起，以及是否要写粉碎“四人帮”以后四年，胡乔木在信中专列一条，认为“决议时间不向前提到七大以后，仍由建国开始，但第四阶段（一九七六年十月至一九八〇年底）一定要写”。这一认识反映了第二封信与第三封信之间的内在联系。（3）信中提出的设想更多

① 《邓小平文选》第2卷，人民出版社1994年版，第298页。

的是对决议起草中若干历史问题的思想拓展和认识深化，如关于新中国成立头七年即讨论稿中的第一阶段，胡乔木在信中提出，这一阶段的内容可以大体仍旧，但要增加“社会主义改造和社会主义建设的具体成就”等方面的内容。胡乔木在信中还指出，毛泽东思想是马克思主义在中国革命建设实践中的运用发展，决不能与马克思主义对立或并立。同时，他对毛泽东晚年错误作了历史分析，指出决议中应对其错误的由来和发展作出比较系统的说明，“文化大革命”的起因和性质需要讲得更清楚些。还如，在新中国成立以来党内是否一直存在两条路线斗争的问题上，他指出，“一直存在两条路线的斗争”的说法“不甚符合实际”，但应指出在哪些时候、哪些问题上、哪些同志是站在正确方面的。（4）胡乔木还在信中对决议起草工作提出建议。针对把讨论范围逐步扩大到全党的主张，他认为：“这样性质的问题党中央不拿出一个正式通过的决议而拿一个草案去在全党讨论，势必等于全民讨论，等于对外表示党内的不一致”，“很不利于安定团结的大局”。他建议：“新稿写成后先经中央政治局常委审查，原则同意后在四千人范围内再讨论一次，但时间可缩短些，以利工作，亦免外泄。”胡乔木的这封信写于“四千人大讨论”的“各组各地修改稿”还没有集中，但讨论稿中的一些主要问题通过简报等形式已反映上来之时。因此，这封信可以说是决议起草小组对“四千人大讨论”意见和建议的一次集中回应和答复。

不过，胡乔木就决议起草工作的信函并不只是这些。《胡乔木书信集》还载有如下六封书信。[①]（1）1981 年 2 月 14 日，胡乔木致信吴冷西并胡绳。当时在广州休息的胡乔木在信中回复吴冷西，收到关于“两个凡是”提出经过的信和记录，并就决议起草工作，要求起草小组“写完后仍请送来，看看是否已差不多”。（2）1981 年 4 月 7 日，胡乔木致信《解放军报》并转黄克诚，主要谈黄克诚在第三次贯彻《关于党内政治生活若干准则》座谈会上所讲的《关于对毛主席评价和对毛泽东思想的态度问题》的修改情况。（3）1981 年 4 月 8 日，胡乔木致信吴冷西等，请

---

① 此六封信，依次详见《胡乔木书信集》，人民出版社 2002 年版，第 322、324、326、328—329、339—340、343—344 页。

决议起草小组阅读刊登在《南京大学学报》1980年第4期上的《关于社会主义改造后期的几个理论问题》的文章，信中指出："这样的文章竟能在大学学报公开发表，可以看出我国目前思想的状况严重混乱到何种程度"。他说："我们的《决议》一定要注意到和有助于反击这种极为有害的思潮"，决不能随便讲什么农业社会主义、封建主义，讲到生产关系一定要适应生产力发展问题时要注意措辞。勿被人利用来进行反党宣传。（4）1981年4月9日，胡乔木就决议稿征求意见中提出的"八届十二中全会和'九大'不合法"问题致信邓小平。他在信中说，查了周恩来在1968年10月13日八届十二中全会开幕会上的讲话，"仅从法律形式说，还应承认十二中全会是合法的"。他还认为："这事关心的同志较多，恐需在适当时机说明一下。"邓小平接受了胡乔木的这个建议。（5）1981年5月20日，胡乔木致信吴江。信中关于"路线"问题指出："以后在不严格的意义上仍可用路线，但党的总路线、路线错误、路线斗争等确以不提为好。"（6）1981年6月7日，胡乔木致信邓力群、吴冷西等，建议修改决议稿时，一是在成果中列上杂交水稻的试验成功和大面积推广。他说："这有力地说明了'文化大革命'时期的党政领导并没有只做坏事不做好事。"二是用简洁语言，将"以阶级斗争为纲只在阶级社会和由资本主义向社会主义转变的时期才是正确的和适用的。到生产资料所有制改造基本完成以后就不再正确和适用"的内容，补充到决议的"结尾一章的某处"。由此统计，《胡乔木书信集》收录胡乔木关于第二个历史决议起草工作的书信计有八封。

此外，上述程文说，1980年7月22日，胡乔木致信邓小平，汇报决议写作的进度。该信据程文载："关于若干历史问题的决议，我和邓力群同志已经开始重写，希望在本月底至迟下月初能以新稿送上。"另据程文，胡乔木1980年10月6日就粉碎"四人帮"以来四年一段草稿附信送中央政治局常委审批。该信载："常委各同志，现将《关于建国以来党的若干历史问题的决议》（草案）中新增的关于粉碎'四人帮'以后四年的一段送上，请审阅批改。"[①]《胡乔木书信集》没有收入这两封信。

---

① 程中原：《邓小平主持起草第二个历史决议的十次谈话》，《文史精华》2010年第1、2期。

（四）关于胡乔木负责起草决议的回忆

胡乔木是第二个历史决议起草小组负责人，因此，决议起草工作的参与者、在决议起草过程中胡乔木身边工作人员，以及当时与胡乔木有过接触者，在回忆胡乔木的著述中大都会讲到一些情形。其中，就思想史料而言，1992 年 10 月 5 日，邓力群在当代中国研究所的讲话中说，决议草稿中对社会主义建设时期的第一个十年，“改了多少次以后的稿子对毛病、错误写的分量较重，成绩估计得不够、不充分”。对此，胡乔木认为：“就是有这么多错误，不能隐晦。”据邓力群在这个讲话中回忆：“后来经过讨论，不同的意见提出来以后，又进行修改，成了现在的样子，比原来好多了”。他说，胡乔木“想通了，表示赞成”。[①] 由此表明，胡乔木在起草决议中对一些问题的思考和认识，也有一个调整和发展的过程。吴冷西回忆说，第二个历史决议中，“关于毛泽东思想的灵魂的三个基本点（实事求是、群众路线、独立自主），是乔木同志概括毛泽东思想丰富内容的精粹之作”。[②] 郑必坚在回忆胡乔木起草决议时，根据他当时记录胡乔木谈话的笔记，阐述了胡乔木对社会主义的新认识。其中，他提到 1981 年 3 月 16 日胡乔木关于对待马克思主义态度问题的谈话。[③]《胡乔木文集》和《胡乔木谈中共党史》没有收入这个谈话。如果这一记录属实，无疑对已公开发表的胡乔木关于决议起草工作的谈话作了补充。

然而，根据黎虹记述，1981 年 3 月 16 日，胡乔木从昆明致电邓力群，“详细谈了他对 2 月 23 日修改稿的意见，并提出新的修改方案”。由于那一段时间，胡乔木抱病主持起草小组工作，陈云督促他去外地休养。黎虹记述说，胡乔木 1 月 25 日离开北京去南方休养，3 月 28 日赶回北京。[④] 根据这一背景情况，胡乔木从昆明致电邓力群是有根据的。这样一

---

① 邓力群：《向胡乔木同志学习》，《党的文献》1993 年第 2 期；《胡乔木传》编写组：《我所知道的胡乔木》，当代中国出版社 2012 年版，第 12 页。

② 吴冷西：《忆乔木同志》，载《胡乔木传》编写组《我所知道的胡乔木》，当代中国出版社 2012 年版，第 23 页。

③ 郑必坚：《乔木同志对社会主义的新认识》，《当代中国史研究》1995 年第 2 期。

④ 黎虹：《呕心沥血，默默奉献——忆乔木同志》，载《胡乔木传》编写组：《我所知道的胡乔木》，当代中国出版社 2012 年版，第 426 页。

来，郑必坚与黎虹的记述产生了矛盾。如果两者都是真实的，那么就需要考证胡乔木在休养期间是否回过北京。如果回过北京，就需要考证胡乔木在 3 月 16 日的工作和生活情形。一种可能性是，胡乔木当天先在北京并作了如郑必坚所述的工作谈话，然后去了昆明，并发生了如黎虹所述的电话情况。如果胡乔木在这期间没有回过北京，则可能是另一种情况，胡乔木当天在昆明致电邓力群，然后邓力群在起草小组中传达了胡乔木的电话内容，其中包括如郑必坚所记述的有关内容。然而，参考程中原《邓小平主持起草第二个历史决议的十次谈话》，邓力群 3 月 18 日晚才传达胡乔木的意见。由此判断，郑必坚的记述可能在时间和内容上发生了错误，有待进一步考证。

胡乔木负责起草决议的历史贡献，主要是在研究建党特别是新中国成立以来历史和世界社会主义运动史的基础上贯彻起草决议的指导思想和总的原则，深入探讨毛泽东关于什么是社会主义、怎样建设社会主义的思想成果，历史地分析“文化大革命”和毛泽东晚年错误发生的原因，概括总结毛泽东思想的实质即活的灵魂，并初步论述了粉碎“四人帮”以来的历史发展及其与中国特色社会主义开辟、发展的关系。胡乔木为改革开放新时期党的思想理论建设、为党史、国史研究事业的发展做出了重要理论贡献。

四、关于决议文本史料

党的第二个历史决议的文本史料，包括起草决议的过程稿和党的十一届六中全会通过的决议文本。党的十一届六中全会通过这一决议以来，中国的思想文化宣传领域形成学习、研究和阐释决议的局面。

决议过程稿不仅是决议起草工作的文献记录，而且集中反映了党在决议起草过程中关于党史、国史若干问题的思想认识过程。由于决议起草思路几经调整，起草内容反复修改，过程稿存档未公开，决议过程稿的全貌，包括讨论和征求的意见和建议是怎样的，起草和修改时又是如何认识和处理的，以及形成多少过程稿，每份过程稿的内容又是什么等等，迄今尚不完全清楚，但经过 30 多年的研究，起草工作的基本脉络和过程稿的内容要点，已有了一个大体清晰的轮廓。

关于决议起草的经过。在决议发表后不久，邓力群于 1981 年 7 月 7 日和 8 日在驻京部队师以上干部大会上作学习决议的辅导讲话，[①] 其在第一部分介绍了决议起草经过和主要内容；如前所述，龚育之在 1981 年 7 月青岛市领导干部会议上所做的学习决议报告中，也介绍了决议起草的大体经过。之后，《三中全会以来重要文献选编》《邓小平文选》《陈云文选》和《邓小平思想年谱（1975—1997）》《邓小平思想年编（1975—1997）》的出版，为研究决议及其起草经过提供了基本文献史料；《胡乔木谈中共党史》的出版则丰富了有关具体史实。2001 年 6 月 12 日，龚育之在中共中央文献研究室和当代中国研究所联合举办的"纪念中国共产党成立 80 周年暨《关于建国以来党的若干历史问题的决议》发表 20 周年座谈会"上对决议起草工作做了回忆，《百年潮》2001 年第 6 期发表了龚育之关于决议起草的访谈录，又提供了一些史实。他根据讨论的过程，认为在党的十一届六中全会通过前，决议有五次讨论稿，即 1980 年 6 月送中央书记处稿，1980 年 10 月提交全党 4000 名高级干部稿，1981 年 3 月 31 日发给中央政治局、书记处和一些老同志稿，1981 年 5 月提交中央政治局扩大会议稿，1981 年 6 月提交党的十一届六中全会稿。此外，陈群、孙东升在《党的文献》2001 年第 5 期发表了《陈云与第二个历史决议的起草》，主要阐述了陈云参与决议起草的过程及其贡献与作用；人民出版社 2002 年出版了程中原、夏杏珍著《历史转折论——从遵义会议到十一届三中全会》，其中《第二个历史决议的起草和通过》运用了一些档案和访谈材料，描述更加具体，推进了对于决议起草经过的研究。胡乔木、邓力群和龚育之分别作为决议起草小组的负责人、联络者和成员，亲历并见证了决议起草的过程；陈群、孙东升是中央文献研究室的研究人员；程中原则是《胡乔木传》编辑组的副组长，在研究中查阅了有关档案。他们关于决议起草经过的介绍、回忆和研究应是可信的。

根据文献史料和研究著述，从整体来看，决议过程稿具有如下基本情形。1980 年 2 月 20 日，起草小组完成"仅供领导参阅"的《〈决

---

① 邓力群：《介绍和答问》，北京出版社 1981 年版。

议〉提纲（草稿）》。这份提纲包括“前言”“从建国到八大”“八大以后到‘文化大革命’前夕”“文化大革命”“对毛泽东同志的功过和毛泽东思想的评价”和“主要经验教训的总结”。6月，起草小组送中央书记处讨论《〈决议〉草稿》。邓小平认为，此稿不行，没有很好地体现确立毛泽东的历史地位和坚持毛泽东思想的要求，要重新来。8月8日，起草小组正式将决议定名《关于建国以来党的若干历史问题的决议》。但这个稿子没有写完整。9月10日，起草小组完成补充完整的《关于建国以来党的若干历史问题的决议（未定稿）》。此稿为中共省、市、自治区党委第一书记座谈会讨论稿。胡乔木起草关于粉碎“四人帮”以后四年的基本总结，是决议的备选部分，起初未写入后来“四千人大讨论”讨论稿，由胡乔木于10月6日送中央政治局常委审批，后修改一稿，于10月10日又送中央政治局常委审阅。在此基础上，决议形成“供党内高级干部讨论稿”，也即征求意见稿。此稿分发给中央党政军机关、各省市自治区党委分头组织讨论。此次讨论史称“四千人大讨论”。此外，当年中共中央党校学员1500人左右也参加了此次讨论。在“四千人大讨论”的基础上，起草小组于11月22日修改完成决议讨论稿修改稿，写入了胡乔木起草的关于粉碎“四人帮”以后四年的基本总结。1981年2月3日，起草小组根据中央政治局会议决定，修改完成送中央政治局常委审阅稿，并于2月10日修改完成关于粉碎“四人帮”以后四年的基本总结。3月初，胡耀邦牵头，另写出《口头汇报提纲（草稿）》，并拟将决议题目改为《关于建国以来的党的若干历史问题和历史经验的决议》。这就是起草决议的“第二个方案”。3月间，起草小组根据陈云的意见，在决议稿前加写了建国前28年的历史，形成送中央政治局、书记处和一些老同志的征求意见稿。5月15日，起草小组完成征求意见稿修改稿。第二天，起草小组完成经中央政治局常委讨论的修改稿，随后交由中央政治局扩大会议讨论。6月4日和11日，起草小组完成经中央政治局扩大会议讨论的修改稿两稿。6月13日，中央政治局扩大会议原则通过提交党的十一届六中全会的审议稿。其中，决议稿第一部分的标题由“前言”改为“建国以前二十八年历史的回顾”。经党的十一届六中全会预备会审议，并征求参加“四千人大讨论”的中央党政军机关近1000人和各民主党派负责人的意见和建议，起草小组于6月26日完成党的十一届六中全会正式审议的决议草案。6月27日，党的十一届六中全会一致通过决议草案。7月1日，《人民日报》等媒体公开发表了决议全文。决议由八个部分构成，依次是“建国以前二十八年历史的回顾”“建国三十二年历史的基本估计”“基本完成社会主义改造的七年”“开始全面建设社会主义的十年”“‘文化大革命’的十年”“历史的伟大转折”“毛泽东同志的历史地位和毛泽东思想”和“团结起来，为建设社会主义现代化强国而奋斗”。决议的精神实质是坚持和发展毛泽东思想，在马克思主义中国化的理论与实践中具有重要的历史地位与作用。

从决议的起草工作情况看，以上只是决议过程稿的主体。决议起草历时一年零八个月，并经反复修改。龚育之在接受访谈回答决议“一共搞了几稿”时说：“无数次稿。这不是夸大其词，是没有法子计算次数。”[①] 因此，修改稿的发掘和整理，还有一定的空间。

党的第二个历史决议，是以邓小平同志为核心的党的第二代中央领导集体关于党史、国史的光辉历史文献。它的酝酿、发起、起草与通过，成为改革开放以来党的思想理论发展史的重要组成部分。其思想史料分布集中，内容丰富，形式多样。然而，目前关于起草决议的思想史料的整理与研究，仍然缺乏完整性和系统性，有的史料还只是线索性的，甚或空白。整理和研究这一思想史料，除了以关于邓小平、陈云和胡乔木等在决议起草工作中的思想史料为基础外，还需要进一步拓展发掘胡耀邦、李先念、彭真、李维汉和黄克诚等在决议起草中思想活动的史料，系统整理决议起草工作的文献档案，以及决议起草过程稿和参加决议起草者的日记、工作笔记和回忆等，并与党的《关于若干历史问题的决议》相联系，与改革开放以来党和国家领导人关于党史、国史的论述相结合。同时，在丰富而翔实的思想史料基础上，进一步加强史料学研究，以史料和史料学建设，促进党的第二个历史决议研究深入发展。

［原载《中共党史研究》2014年第4期］

① 谢春涛：《关于建国以来历史决议的起草——龚育之访谈录》，《百年潮》2001年第6期。

改革开放理论的丰富与发展

党的十八届三中全会以研究全面深化改革问题并作出决定，成为当代中国改革开放史上又一重要里程碑。全会坚持和发展中国特色社会主义，立足于当代中国长期处于社会主义初级阶段这个最大的国情实际，审议通过了《中共中央关于全面深化改革若干重大问题的决定》，提出了全面深化改革的指导思想、总体思路和目标任务，描绘了在新的历史起点上全面深化改革、深入推进改革开放伟大事业的宏伟蓝图，丰富和发展了以社会主义改革观为核心内容的改革开放理论。

一、全会把完善和发展中国特色社会主义制度，推进国家治理体系和治理能力现代化，确立为全面深化改革的总目标，深化和拓展了中国特色社会主义现代化建设的科学内涵

全会确立的这一全面深化改革的总目标，是改革开放坚持什么样的社会制度、走什么样的发展道路与实现什么样的国家治理的内在统一，是社会主义现代化建设的制度基础与国家治理能力的有机结合，本质上体现了科学社会主义理论逻辑与中国社会发展历史逻辑的统一。

首先，当代中国的改革是中国特色社会主义制度的自我完善和发展。新民主主义革命的胜利、新中国的成立和社会主义基本制度的确立，为当代中国的发展进步奠定了根本政治前提和制度基础。当代中国的改革

开放事业，是党在探索什么是社会主义和怎样建设社会主义的伟大历史进程中，坚持把马克思主义基本原理与中国的具体实际相结合，独立自主走自己的路，并在继承和发展党在改革开放前历史时期积累和创造的社会主义建设的物质基础、理论准备和历史经验的基础上，在改革开放历史新时期坚持以邓小平理论、“三个代表”重要思想和科学发展观为指导，而开辟、坚持并不断向前推进，开创和发展了中国特色社会主义。党的十八大精神，归结起来就是坚持和发展中国特色社会主义。党的十八大在总结改革开放的历史经验时指出：“在改革开放三十多年一以贯之的接力探索中，我们坚定不移高举中国特色社会主义伟大旗帜，既不走封闭僵化的老路、也不走改旗易帜的邪路。中国特色社会主义道路，中国特色社会主义理论体系，中国特色社会主义制度，是党和人民九十多年奋斗、创造、积累的根本成就，必须倍加珍惜、始终坚持、不断发展。”[①] 在中国特色社会主义建设事业中，道路是实现途径，理论体系是行动指南，制度是根本保障，三者统一于中国特色社会主义伟大实践。因此，坚持和发展中国特色社会主义，具体地讲，就是坚持和拓展中国特色社会主义道路，丰富和发展中国特色社会主义理论体系，健全和完善中国特色社会主义制度。

全会决定全面深化改革的基本内涵和根本意义在于，通过全面深化改革，围绕使市场在资源配置中起决定性作用深化经济体制改革，围绕坚持党的领导、人民当家作主、依法治国有机统一深化政治体制改革，围绕建设社会主义核心价值体系、社会主义文化强国深化文化体制改革，围绕更好保障和改善民生、促进社会公平正义深化社会体制改革，围绕建设美丽中国深化生态文明体制改革，围绕提高科学执政、民主执政、依法执政水平深化党的建设制度改革，进而在新的历史起点上把中国特色社会主义坚持好、发展好，并不断推向前进。[②] 以上“六个围绕”的改革，坚持社会主义改革的性质与方向，进一步深刻揭示了中国特色社会主义建设事业“五位一体”总布局中的主要矛盾、重要问题和发展趋势，

---

① 胡锦涛：《坚定不移沿着中国特色社会主义道路前进 为全面建成小康社会而奋斗》，《人民日报》2012 年 11 月 18 日。

② 《中共中央关于全面深化改革若干重大问题的决定》，《人民日报》2013 年 11 月 16 日。

是对改革开放历史经验的深刻总结与运用、对社会主义建设规律和改革规律的深入探索与遵循。

其次，推进国家治理治理体系和治理能力现代化，实质在于为中国特色社会主义现代化建设事业提供科学化、制度化、规范化和程序化的体制机制保障。全会要求，到2020年，在重要领域和关键环节改革上取得决定性成果，形成系统完备、科学规范、运行有效的制度体系，使各方面制度更加成熟更加定型。[①] 全会创造性地提出推进国家治理体系和治理能力现代化，把中国特色社会主义现代化建设在工业、农业、国防和科学技术“四个现代化”的基础上，由比较注重物质技术领域，深入发展到需要注重制度文明领域，形成社会主义物质文明、精神文明和政治文明有机统一的现代化建设战略目标体系。

推进国家治理体系和治理能力现代化，需要正确认识和把握这一现代化的思想理论来源、历史与现实基础、基本内涵与精神实质。

推进国家治理体系和治理能力现代化，是党把马克思主义国家学说与中国具体实际相结合的思想认识成果，也是对人类社会创造的优秀政治文明成果的吸收与借鉴。把推进国家治理体系和治理能力现代化确立为全面深化改革总目标的重要组成部分，继承和发展了党治国理政的实践经验与理论成果，也是党适应党情、国情和世情的不断深刻变化，对中国特色社会主义建设规律、共产党执政规律和执政能力建设规律的深刻认识与把握。推进国家治理体系和治理能力现代化，是以完善和发展中国特色社会主义制度为根本立足点和出发点的，同时把中国特色社会主义制度的自身优势与特点，通过科学、有效的体制机制的保障与支撑，不断转化为推动中国特色社会主义现代化建设的物质力量和中国特色社会主义的道路自信、理论自信与制度自信。

在当代中国，推进国家治理体系和治理能力现代化，贯穿于经济、政治、文化、社会、生态文明各领域和党的建设之中，是社会主义民主政治建设、社会主义市场经济建设、社会主义先进文化建设和中国特色社会治理体制与机制建设的有机结合。为此，需要正确认识和把握社会

① 《中共中央关于全面深化改革若干重大问题的决定》，《人民日报》2013年11月16日。

主义中国的社会矛盾关系、国家与社会、政府与市场的关系，以及改革发展稳定的关系，坚持社会主义道路，扩大人民民主，巩固和增强马克思主义在我国意识形态领域的指导地位，改革和完善党的领导方式与执政方式，进一步实现科学执政、民主执政和依法执政。

二、全会把市场在资源配置中的“基础性作用”发展到“决定性作用”，丰富并深化了党对社会主义市场经济体制的认识

改革开放以来至党的十八届三中全会，党关于市场作为经济手段在资源配置中起什么作用问题的认识发展，经历了如何认识和处理计划和市场同社会制度之间的关系，以及如何认识和处理计划与市场、政府与市场关系的探索过程。

党的十一届三中全会以来，随着改革的不断深入和拓展，党对于市场在社会主义经济建设中作用的认识，逐步摆脱“市场经济是资本主义特有的东西，计划经济才是社会主义经济的基本特征”的传统观念，从提出“计划经济为主，市场调节为辅”，到提出“社会主义有计划商品经济的体制应该是计划与市场内在统一的体制”和“建立适应有计划商品经济发展的计划经济与市场调节相结合的经济体制和运行机制”。[①]党不仅把市场调节进一步纳入社会主义经济建设之中，而且把计划与市场之间关系的认识，从“主辅”发展到“内在统一”和“相结合”。邓小平在1992年初的南方谈话中关于计划与市场的属性及其与社会制度之间关系的论述，从根本上解除了把计划经济和市场经济看作属于社会基本制度范畴的思想束缚，并奠定了党的十四大把建立社会主义市场经济体制确立为经济体制改革目标这一改革决策的思想理论基础。邓小平指出，计划经济不等于社会主义，资本主义也有计划；市场经济不等于资本主义，社会主义也有市场。计划和市场都是经济手段。计划多一点还是市场多

---

① 《江泽民文选》第1卷，人民出版社2006年版，第201页。

一点，不是社会主义与资本主义的本质区别。[①]党的十四大在确立经济体制改革目标的同时，认为“我们要建立的社会主义市场经济体制，就是要使市场在社会主义国家宏观调控下对资源配置起基础性作用”[②]。在此基础上，党进一步探索市场在资源配置中作用的科学定位，从提出“在更大程度上发挥市场在资源配置中的基础性作用”，到提出“从制度上更好发挥市场在资源配置中的基础性作用”，再到提出“更大程度更广范围发挥市场在资源配置中的基础性作用”。[③]在社会主义市场经济思想史和政策史上，市场在资源配置中的“基础性作用”，无论是在制度和体制机制上，还是在广度和深度上，都呈现出强化的趋势。正是在不断深化政府与市场关系的认识和实践探索中，我国社会主义市场经济体制逐步建立和发展起来，并形成与之相适应的基本法律体系。然而，在社会主义市场经济体制建设和经济社会发展中，长期以来受到市场体系不完善、政府干预过多和监管不到位等问题的影响与制约，集中到一点就是经济体制改革的核心问题仍然是处理好政府和市场关系。市场经济本质上就是市场决定资源配置的经济。为最大限度地发挥市场在资源配置中的应有作用，进一步解放和发展社会生产力，党的十八届三中全会坚持社会主义市场经济改革方向，遵循市场决定资源配置这一市场经济的一般规律，决定围绕使市场在资源配置中起决定性作用深化经济体制改革，从而把党关于市场作为经济手段的作用的认识发展到了一个新的高度。

全会提出的围绕使市场在资源配置中起决定性作用深化经济体制改革，是同社会主义基本制度结合在一起，并以坚持和完善社会主义基本经济制度为基础与前提的。全会强调，公有制为主体、多种所有制经济共同发展的基本经济制度，是中国特色社会主义制度的重要支柱，也是社会主义市场经济体制的根基。围绕使市场在资源配置中起决定性作用深化经济体制改革，旨在坚持和完善基本经济制度，加快完善现代市场体系、宏观调控体系、开放型经济体系，加快转变经济发展方式，加快

---

① 《邓小平文选》第3卷，人民出版社1993年版，第373页。

② 《十四大以来重要文献选编》(上)，人民出版社1996年版，第19页。

③ 习近平:《关于〈中共中央关于全面深化改革若干重大问题的决定〉的说明》,《人民日报》2013年11月16日。

建设创新型国家，推动经济更有效率、更加公平、更可持续发展。全会明确公有制经济和非公有制经济都是社会主义市场经济的重要组成部分，都是我国经济社会发展的重要基础。全会决定坚持和发展党的十五大以来有关论述，提出要积极发展混合所有制经济。从根本意义上说，这是为了发展和创新基本经济制度的实现形式。

然而，市场在资源配置中起决定性作用，并不是起全部作用，核心问题是处理好政府和市场的关系。这就需要以建设统一开放、竞争有序的市场体系为基础，统筹兼顾使市场在资源配置中起决定性作用和更好发挥政府作用。正确认识和把握使市场在资源配置中起决定性作用这一党的理论创新成果，在思想认识上，既要把市场作为经济手段的作用从“基础性作用”转变到“决定性作用”上来，又要防止将市场的这一作用从“资源配置”泛化到“市场决定制度”[①]等方面中去的错误倾向。

三、全会继承和发展改革开放的历史经验，研究全面深化改革问题并作出决定，丰富和发展了党关于改革的认识论与方法论内涵

党关于改革开放的科学认识成果，以及在这一认识成果指导下的改革开放实践及其历史经验，既蕴含着社会主义改革观，又蕴含着社会主义改革的认识论与方法论，形成党的改革开放理论，并融入党的马克思主义中国化的理论创新成果之中，为改革开放事业全面而深入发展提供了重要思想理论基础。

党关于改革的性质、地位与作用的认识，随着改革开放的发展而不断深入。改革与革命一样，也是解放和发展生产力。改革是一种革命，具有革命意义。邓小平指出：“改革是中国的第二次革命。”[②]这次全会坚持党的十七大的论述，强调“改革开放是党在新时代条件下带领全国各族人民进行的新的伟大革命”。[③]是否坚持改革开放，能否取得改革开放的

① 王长江：《改革“政左经右”说法太片面》，《第一财经日报》2013年12月18日。

② 《邓小平文选》第3卷，人民出版社1993年版，第113页。

③ 《中共中央关于全面深化改革若干重大问题的决定》，《人民日报》2013年11月16日。

成功，关系到当代中国的前途和命运。只有改革开放才能发展中国、发展社会主义。邓小平说："不坚持社会主义，不改革开放，不发展经济，不改善人民生活，只能是死路一条。"① 在坚持和推进改革开放中，党把改革开放与中国特色社会主义的前途命运结合起来，形成并确立了改革开放是"决定当代中国前途的关键抉择，发展中国特色社会主义、实现中华民族伟大复兴的必由之路"②，以及"改革开放是决定当代中国命运的关键一招，也是决定实现'两个一百年'奋斗目标、实现中华民族伟大复兴的关键一招"③ 和"党和人民事业大踏步赶上时代的重要法宝"④ 等一系列认识成果，不断赋予党的改革开放理论以新的时代内涵。

当代中国的改革开放事业，是党在不断总结历史经验的基础上结合中国实际和时代特征，深入推进马克思主义中国化的历史进程中全面而深入发展的。全会强调，改革开放的成功实践为全面深化改革提供了重要经验，必须长期坚持。对此，全会继承党的十七大关于改革开放的"十条经验"⑤，进一步概括了改革开放最重要的历史经验。这就是，在改革的领导力量、发展道路与方向上，必须坚持党的领导，贯彻党的基本路线，不走封闭僵化的老路，不走改旗易帜的邪路，坚定走中国特色社会主义道路，始终确保改革正确方向；在改革的思想基础、基本依据和实现途径上，必须坚持解放思想、实事求是、与时俱进、求真务实，一切从实际出发，总结国内成功做法，借鉴国外有益经验，勇于推进理论和实践创新；在改革的依靠力量和根本宗旨上，必须坚持以人为本，尊重人民主体地位，发挥群众首创精神，紧紧依靠人民推动改革，促进人的全面发展；在改革的基本原则、策略与方法上，必须坚持正确处理改革发展稳定关系，胆子要大、步子要稳，加强顶层设计和摸着石头过河相结合，整体推进和重点突破相促进，提高改革决策科学性，广泛凝聚

① 《邓小平文选》第3卷，人民出版社1993年版，第370页。

② 《十七大以来重要文献选编》(上)，中央文献出版社2009年版，第8页。

③ 习近平：《关于〈中共中央关于全面深化改革若干重大问题的决定〉的说明》，《人民日报》2013年11月16日。

④ 《中共中央关于全面深化改革若干重大问题的决定》，《人民日报》2013年11月16日。

⑤ 《十七大以来重要文献选编》(上)，中央文献出版社2009年版，第8页。

共识，形成改革合力。[①]

全面深化改革的一个基本特征是，既要以经济体制改革为重点并发挥其牵引作用，又要更加注重改革的系统性、整体性、协同性。全会决定中央成立全面深化改革领导小组，以负责改革总体设计、统筹协调、整体推进、督促落实，适应了全面深化改革的要求。改革开放是前无古人的事业，同时又是有规律可循的。全面深化改革，要有推进改革的信心和勇气，又要坚持解放思想、实事求是。实践发展永无止境，解放思想永无止境，改革开放也永无止境。

［原载《当代中国史研究》2014 年第 1 期］

① 《中国共产党第十八届中央委员会第三次全体会议公报》，《人民日报》2013 年 11 月 13 日。

毛泽东与民族地区的民主改革

少数民族地区的民主改革，是中国共产党领导全国各族人民在少数民族地区进行社会改革的重要组成部分。这一改革属于新民主主义革命性质，以土地改革为主要内容，旨在废除少数民族地区存在的封建地主土地所有制、封建农奴制、奴隶制和原始公社制残余，解放和发展社会生产力，为实现民族区域自治和向社会主义过渡提供政治前提和经济社会基础。毛泽东从少数民族地区民主改革前的社会状况和发展趋势出发，形成并不断丰富少数民族地区民主改革的思想与方法论基础，指导和推动少数民族地区全面实现民主改革和广泛而深刻的社会变革，创造性地探索并初步开辟具有中国特色解决民族问题的正确道路。

一、高度重视少数民族的解放和发展，科学阐述社会改革的思想与方法论，推动“慎重稳进”方针在民主改革工作中贯彻执行

在人类社会发展中，生产关系是否适应生产力发展的要求，是社会革命或社会改革的根本依据。鸦片战争以来，中国社会逐步陷入半殖民地半封建社会的深渊，生产关系严重阻碍生产力的发展，先后兴起农民战争、社会改良和民主革命。随着中国工人阶级独立地登上政治舞台和马克思主义在中国传播，中国共产党诞生并领导全国各族人民取得新民主主义革命胜利，成立了新中国，也推动了在中国这样一个统一的多民

族国家中少数民族地区的解放和民族平等。

中国共产党坚持民族平等，高度重视和处理民族问题，推动少数民族地区经济社会发展。抗日战争即将胜利时，毛泽东在党的七大上作《论联合政府》的政治报告，就民族政策指出，中国共产党“必须帮助各少数民族的广大人民群众，包括一切联系群众的领袖人物在内，争取他们在政治上、经济上、文化上的解放和发展”。[①] 实现这种帮助，不仅需要首先争取新民主主义革命胜利和建立新中国，为少数民族人民群众的解放和发展创造根本政治前提，而且需要进行广泛的经济建设。然而，旧中国经济落后，生产力水平低下，少数民族地区更是停滞不前。新民主主义革命胜利前夕，毛泽东在党的七届二中全会上指出，中国的工业和农业在国民经济中的比重，就全国范围来说，在抗日战争以前，大约是现代性的工业占 10% 左右，农业和手工业占 90% 左右。他说：“这是帝国主义制度和封建制度压迫中国的结果，这是旧中国半殖民地和半封建社会性质在经济上的表现，这也是在中国革命的时期内和在革命胜利以后一个相当长的时期内一切问题的基本出发点。”[②] 这一重要论述指出了旧中国经济落后的历史、社会和制度根源，阐明了即将成立的新中国处理和解决包括民族问题在内一切问题的基本依据与出发点，即反帝反封建，变革旧中国的社会制度，建立人民民主的社会制度。

中国是一个经济社会发展不平衡的国家，其中少数民族地区和边疆地区同汉族地区和内地相比，存在很大差异，甚至是同一个民族内部的不同地区，也处在不尽相同的社会发展阶段。新中国成立前后，少数民族地区社会经济形态中既有封建地主土地所有制和封建农奴制，也有奴隶制和原始公社制残余。少数民族地区这些落后的社会经济形态和社会制度，极大地束缚着当地社会生产力的发展，导致经济文化严重落后，并极大地制约着民族平等的实现。解放和发展少数民族地区社会生产力、推动全国各民族共同发展，必须进行社会制度改革，以消除少数民族地区落后的经济社会根源。1949 年 9 月 28 日，毛泽东起草并与朱德联合

① 《毛泽东选集》第 3 卷，人民出版社 1991 年版，第 1084 页。
② 《毛泽东选集》第 4 卷，人民出版社 1991 年版，第 1430 页。

复电新疆的陶峙岳和包尔汉，希望他们维持民族团结和地方秩序，“废除旧制度，实行新制度，为建立新新疆而奋斗”。[①] 在中国人民政治协商会议第一届全体会议筹备和召开期间，毛泽东在新中国的国家结构形式问题上，决策在少数民族聚居区实行民族区域自治。新中国具有临时宪法性质的《中国人民政治协商会议共同纲领》在民族政策中规定，各民族一律平等，各少数民族聚居区实行民族区域自治；各少数民族均有发展其语言文字、保持或改革其风俗习惯及宗教信仰的自由，人民政府应帮助各少数民族的人民大众发展其政治、经济、文化、教育的建设事业。[②] 这是以法的形式，对中国共产党在新民主主义革命时期形成和发展的民族理论与政策的科学总结，并转化为全国各族人民的共同意志。毛泽东关于实行民族区域自治、进行社会制度改革和帮助少数民族经济社会发展的一系列思想观点和政策主张，为《共同纲领》的制定和通过，做出了重要理论贡献。

在民族工作方针上，中国共产党根据全国解放前内蒙古自治政府成立以来的工作，特别是内蒙古地区民主改革的实际，提出了“慎重缓进”的方针。内蒙古自治政府坚持这一方针，注重在民主改革中进行调查研究和试点探索，防止和纠正了工作中出现的一些“左”的偏差，并创造了“三不两利”[③] 的牧区改革工作经验。随着新中国的成立，党的民族工作既要完成新民主主义革命的遗留任务，又要在此基础上促进各少数民族经济社会发展，包括民主改革在内的社会改革从内蒙古地区推及到或普及到全国其他少数民族地区。关于新疆的社会改革，1949 年 11 月 19 日，中央指示西北局在党内党外都要特别注意处理民族问题，改革则完全不应该性急，首先应对各民族中的社会情况作深刻确实的调查研究，然后才能确定改革的政策口号与时期，而且必须在各不同民族中采取不同的改革政策。1950 年 3 月 16 日，第一次全国统战工作会议在北京召开。会前，中央统战部部长兼民委主任李维汉起草了关于人民民主统一战线的新形势与任务的报告提纲，经中央和毛泽东同意，提交会议讨论。

---

① 《毛泽东民族工作文选》，中央文献出版社、民族出版社 2014 年版，第 35 页。

② 《建国以来重要文献选编》第 1 册，中央文献出版社 1992 年版，第 12 页。

③ 三不两利，“三不”即“不分、不斗、不划阶级”；“两利”指“牧工、牧主两利”。

3 月 21 日，李维汉根据这一提纲在会上做了题为《人民民主统一战线的新形势与新任务》的讲话，就各民族内部制度改革问题指出："一般地说，各少数民族的情况极其复杂，群众觉悟和革命力量的增长较为缓慢，因此对他们内部制度的改革，必须采取谨慎缓进方针，切忌主观急躁，或机械地搬用汉民族中的经验。"[①] 这里所提出的"谨慎缓进"方针与内蒙古工作的"慎重缓进"方针并无实质区别，由此也表明"慎重缓进"方针开始由地方民族工作提到全国民族工作特别是少数民族地区的民主改革上来。

作为民族工作方针，在"慎重缓进"向"慎重稳进"发展中，毛泽东从"不要四面出击"、团结少数民族出发，阐述了少数民族地区社会改革的思想与方法论基础。1950 年 6 月 6 日，毛泽东在党的七届三中全会上发表讲话指出，我们"不要四面出击"，"必须在一个方面有所让步，有所缓和，集中力量向另一方面进攻"，"一定要做好工作，使工人、农民、小手工业者都拥护我们，使民族资产阶级和知识分子中的绝大多数人不反对我们"。其中，"团结少数民族很重要"。他就少数民族地区的社会改革问题，除强调改革的必然性外，进一步阐述了如下思想。一是关于改革的重要性。他从团结少数民族出发，指出少数民族地区的社会改革是"一件重大的事情"。二是关于改革的基本态度与原则。他强调，不是"不要改革，而是"可以改革"，但"必须谨慎对待"，"无论如何不能急躁，急了会出毛病"。三是关于改革的条件。他把条件是否具备和成熟作为判断能否进行改革的基本依据和标准，指出条件不成熟，不能进行改革；一个条件成熟了，其他条件不成熟，也不要进行重大的改革；没有群众条件、人民武装和少数民族干部，就不要进行任何带群众性的改革工作。四是关于改革的主体。他指出，这种改革"必须由少数民族自己来解决"。他说："我们一定要帮助少数民族训练他们自己的干部，团结少数民族的广大群众。"[②] 毛泽东在会上的讲话比较集中而完整地阐述了少数民族地区包括民主改革在内的社会改革的必然性、重要性、基本态

---

① 《建国以来重要文献选编》第 1 册，中央文献出版社 1992 年版，第 150 页。

② 《建国以来重要文献选编》第 1 册，中央文献出版社 1992 年版，第 259—260 页。

度、条件与主体，蕴含着“慎重稳进”的基本内涵与精神实质。

不仅如此，毛泽东还把“慎重稳进”方针确立为党的西藏工作的基本方针。他在运筹和指导解放西藏过程中，确立了和平解放的方针，即通过政治争取，兼顾军事，实现和平解放西藏。1951 年 5 月 23 日，中央人民政府和西藏地方政府在友好谈判的基础上签订了《关于和平解放西藏办法的协议》（简称《十七条协议》或《协议》），标志西藏和平解放。《十七条协议》中一项具有深远历史意义的重要内容是，依据西藏的实际情况，逐步发展西藏的农牧工商业和民族语言、文字与学校教育，实行有关西藏的各项改革。《协议》签订的当天下午，毛泽东在与担负进军西藏的十八军军长张国华谈话时指出：“在西藏考虑任何问题，首先要想到民族和宗教问题这两件事，一切工作必须慎重稳进。”① 从签订《十七条协议》起，毛泽东就把“慎重稳进”确立为党的西藏工作的基本方针，指导了西藏和平解放以来的各项工作。历史地看，西藏民主改革虽然发生在 20 世纪 50 年代末 60 年代初，但在何时改革和如何改革的决策问题上，则遵循了毛泽东这一思想的基本精神，推动了“慎重稳进”作为民族工作方针在民主改革中的贯彻执行。

二、从少数民族地区社会实际出发，创造性地探索民主改革的方式与方法，推进民主改革全面实现

少数民族地区民主改革的对象是落后的社会制度。毛泽东依据少数民族地区社会经济形态和发展阶段研究民主改革问题。1954 年 6 月 14 日，他在中央人民政府第三十次会议上就宪法草案关于生产资料所有制状况指出：“实际上我们少数民族地区现在还有别种的所有制。现在是不是还有原始公社所有制呢？在有些少数民族中恐怕是有的。我国也还有奴隶主所有制，也还有封建主所有制。”他强调，奴隶制度、封建制度、资本主义制度开始时是进步的，到后来就不行了，被别的制度所代替。②

---

① 《毛泽东民族工作文选》，中央文献出版社、民族出版社 2014 年版，第 130 页。

② 《毛泽东民族工作文选》，中央文献出版社、民族出版社 2014 年版，第 197 页。

毛泽东关于必须改革少数民族地区落后的社会制度的思想，集中体现在他对西藏封建农奴制的深刻认识上。《十七条协议》根据《共同纲领》规定西藏应进行改革，但由于条件的不成熟，西藏民主改革则一拖再拖，中央人民政府予以等待和让步。在这一过程中，毛泽东在1956年西藏自治区筹备委员会成立后不久，提出并确立了西藏民主改革“六年不改”方针，即从1957年起，第二个五年计划期间不进行改革，第三个五年计划时期内是否进行改革，要到那时看情况才能决定。然而，西藏1959年3月发生全面武装叛乱，“六年不改”方针也就没有再继续实行的必要，西藏民主改革被迫提前进行。为此，毛泽东就西藏如何实行民主改革，对西藏社会情况进行了调查研究。4月7日，他在致时任中央统战部副部长汪锋的信中提出了一个调查提纲，内容包括藏族人口、土地面积、封建农奴制度、宗教和阶级状况等。他还担心“北京材料少”，要求分别致电西藏工委和青海、甘肃、四川、云南省委加以搜集，动员新华社驻当地的记者帮助搜集，并交给新华总社长期调查研究藏族情况的任务。[①]在调查研究的基础上，毛泽东在4月15日的第十六次最高国务会议上谈到西藏平叛问题时指出，“旧制度不好，对西藏人民不利，一不人兴，二不财旺”。他说，西藏的农奴制度，就像春秋战国时代的庄园制度，说奴隶不是奴隶，说自由农民不是自由农民，是介乎这两者之间的一种农奴制度。在这种社会制度下，“贵族坐在农奴制度的火山上是不稳固的，每天都觉得要地震，何不舍掉算了，不要那个农奴制度了，不要那个庄园制度了，那一点土地不要了，送给农民”。[②]通过调查研究，毛泽东深刻阐述了人类社会发展规律在我国少数民族地区社会发展中的具体表现，以及少数民族地区民主改革的必然性及其实质内涵。

毛泽东重视少数民族地区民主改革的普遍性与特殊性的统一，一方面指出这一改革的主体是各民族人民以及和人民有联系的民族宗教上层人士，改革不能由中央人民政府命令强迫，也不能由汉族或其他民族代替；另一方面强调必须立足于少数民族地区的实际情况及特点，区别对待。

---

① 《毛泽东民族工作文选》，中央文献出版社、民族出版社2014年版，第283—284页。

② 《毛泽东民族工作文选》，中央文献出版社、民族出版社2014年版，第285—286页。

为争取西藏和平解放，西南局曾拟定一份关于与西藏地方政府谈判条件的意见，共计十条，其中第八条是："有关西藏的各项改革事宜，完全根据西藏人民的意志，由西藏人民采取协商方式加以解决。"1950 年 5 月 27 日，西南局将这份意见报送中央审查。5 月 29 日，毛泽东致信李维汉指出，除第八条应加"西藏领导人员"外，均可同意。这就形成了后来《十七条协议》第十一条的主要内容，即"有关西藏的各项改革事宜，中央不加强迫。西藏地方政府应自动进行改革，人民提出改革要求时，得采取与西藏领导人员协商的方法解决之"。为恪守《十七条协议》，毛泽东在 5 月 26 日审读《人民日报》社论稿《拥护关于和平解放西藏办法的协议》时加写了一段文字，指出《协议》有关西藏改革问题的规定，不但对西藏如此，对国内一切少数民族都是如此。他说，少数民族的政治、经济、文化、宗教等的固有制度的改革以及风俗习惯的改革，如果不是出于各民族人民以及和人民有联系的领袖们自觉自愿地去进行，而由中央人民政府下命令强迫地去进行，而由汉族或他族人民中出身的工作人员生硬地强制地去进行，只会引起民族反感而达不到改革的目的。[①] 在少数民族地区民主改革问题上，毛泽东始终强调由各少数民族自己解决，不仅要依靠各族人民群众，而且要争取民族宗教上层人士的同意、接受和参与。这就是说，民族宗教上层人士既是少数民族地区民主改革的一种客体，又可以是一种主体。

新中国成立后，土地改革依据土地改革法实施。由少数民族地区社会的特殊性和复杂性所决定，该法规定本法"不适用于少数民族地区"。毛泽东主持了新中国成立以来第一部宪法即 1954 年宪法的起草制定工作。1954 年 6 月 14 日，他在中央人民政府第三十次会议上阐述宪法草案的原则性和灵活性时，举例少数民族问题，指出它除有与全国其他地方的共同性，也有自身特殊性，"少数民族在政治、经济、文化上都有自己的特点"。[②] 在这一问题上，1954 年宪法规定，少数民族自治地方的自治机关"可以依照当地民族的政治、经济和文化的特点，制定自治条

---

① 《毛泽东民族工作文选》，中央文献出版社、民族出版社 2014 年版，第 67—68、107、113 页。

② 《毛泽东民族工作文选》，中央文献出版社、民族出版社 2014 年版，第 197 页。

例和单行条例”。[①] 这一立法原则对于少数民族地区的民主改革同样是适用的。少数民族地区的民主改革，应根据自身政治、经济和文化的特点进行，因地制宜。1956 年 2 月 12 日，毛泽东在同藏族人士谈话时指出，与汉族地区相比，“对西藏地区的土地改革要采用不同的办法”。[②] 不仅如此，社会状况不同的少数民族地区，民主改革也应区别对待。新疆解放初期，关于新疆建党和土地改革工作，由毛泽东签发的中共中央有关指示中明确规定：“必须在各不同民族中采取不同的改革政策”，西藏与新疆虽然都是少数民族聚居区，但社会状况很不相同。1952 年 4 月 6 日，毛泽东在《关于西藏工作的方针》中指出，就民主改革来说，“无论在政治上经济上西藏均比新疆差得多”，“西藏至少在两三年内不能实行减租，不能实行土改”。[③] 由于历史、民族和宗教等因素的严重影响，西藏民主改革的条件成熟缓慢，没有如新疆的维吾尔族地区只是稍迟于汉族地区完成土地改革，而是因 1959 年西藏发生全面武装叛乱，激起人民要求废除封建农奴制度，才逐步实施边平叛边改革。

“和平赎买”是中国共产党创造性地对资本主义工商业进行社会主义改造的一种政策，毛泽东把它创造性地运用到少数民族地区特别是西藏的民主改革中。关于西藏民主改革采取什么办法的问题，1956 年 2 月 12 日，毛泽东在同藏族人士谈话时提出“要采用云南的办法”，这就是“通过和平协商的办法进行土地改革”。7 月 22 日，他在听取甘孜、凉山两个自治州改革和平乱问题汇报时指出：“少数民族地区的地主在民主改革以后不剥夺选举权，还可以做官。对少数民族中的地主应该宽一些。我们对资本家都是赎买政策，对他们应该比对资本家更宽大一些。”随着西藏民主改革提上日程，1959 年 4 月 15 日，毛泽东在第十六次最高国务会议上谈到西藏平叛问题时指出，西藏民主改革，“凡是革命的贵族，以及中间派动动摇摇的，总而言之，只要是不站在反革命那边的，我们不使他吃亏，就是照我们现在对待资本家的办法”。[④] 这就是区分叛乱与未叛

① 《建国以来重要文献选编》第 5 册，中央文献出版社 1993 年版，第 537 页。

② 《毛泽东文集》第 7 卷，人民出版社 1999 年版，第 4 页。

③ 《毛泽东民族工作文选》，中央文献出版社、民族出版社 2014 年版，第 131 页。

④ 《毛泽东民族工作文选》，中央文献出版社、民族出版社 2014 年版，第 236、249、286 页。

乱，对叛乱者实行没收，而对未叛乱的农奴主及其代理人的多余生产资料实行赎买。根据这一政策，西藏工委于9月20日制定了《关于执行赎买政策的具体办法》。与对民族资产阶级进行赎买不同的是，西藏民主改革中的赎买不是分配利润和定息，而是由国家出资购买未叛乱农奴主及其代理人的土地和其他生产资料后，分配给农奴。正是主要由于实行了和平赎买，未叛乱的农奴主及其代理人支持和参与民主改革，促进了这一改革的和平进行和实现。

三、根据社会发展规律，正确把握民主改革的性质与前途，指导少数民族地区发展进步

少数民族地区民主改革的完成，废除了当地落后的社会制度，促进了社会生产力的解放和发展，也为向社会主义社会过渡创造了条件。少数民族地区在民主改革之后面临的问题是何时和在什么样的基础上向社会主义社会过渡，也即民主改革的前途问题。为此，需要回答少数民族地区民主改革的性质与历史方位，以正确认识和处理少数民族地区民主改革与向社会主义社会过渡的关系。

毛泽东探索新中国成立后的革命和建设问题，指出从新中国成立到社会主义改造基本完成是一个过渡时期。随着国民经济的恢复和发展，他提出不是10年以后才过渡到社会主义，而是开始用“10年到15年基本上完成社会主义”。在此基础上，中国共产党逐步形成过渡时期总路线。实行这条总路线，就是要在一个相当长的时期内，逐步实现国家的社会主义工业化，并逐步实现国家对农业、对手工业和对资本主义工商业的社会主义改造。根据这条总路线，党在民族问题方面的任务是，巩固祖国统一和各民族团结，实行民族区域自治，逐步发展各民族的政治、经济、文化，消灭历史上遗留下来的各民族间事实上的不平等，使落后的民族得以跻于先进民族的行列，过渡到社会主义社会。这其中“包含稳步的和必要的社会改革”。1954年10月24日，中共中央批发全国统战工作会议《关于过去几年内党在少数民族中进行工作的主要经验总结》。该《总结》指出：“已经进行了社会改革和土地改革的少数民族地

区和汉族地区一样，现在是处在过渡到社会主义社会的过渡时期，而那些尚未进行社会改革或只进行了一点小的改革的少数民族地区，今后究应如何来进行社会改革，以便这些地区也能过渡到社会主义，是必须慎重考虑的。”[①] 少数民族地区中，除一些地方如云南的“直过区”从原始社会末期直接过渡到社会主义社会外，一部分地方在解放战争中完成了土地改革，如东北的蒙古族、满族和朝鲜族地区，而大部分地方则是在新中国成立后的国民经济恢复时期或全国进入社会主义改造时期完成土地改革的，如新疆 1951 年 9 月至 1952 年 5 月普遍开展了减租反霸，并在此基础上于 1953 年底完成土地改革。总体来说，这些地方的土地改革与汉族地区同时或稍迟完成。因此，它们基本上也与汉族地区一样，在民主改革完成后，接着进行了社会主义改造。还有一部分地方，如四川的甘孜、凉山等藏族、彝族地区，因发生武装叛乱，1960 年才完成民主改革，社会主义改造随后进行。西藏地方则因 1959 年 3 月发生全面武装叛乱，实行了边平叛边改革，民主改革至 1961 年基本完成。在民主改革进程上，西藏是全国最后一个完成民主改革的少数民族地区。

在贯彻执行《十七条协议》中，中共西藏工委提出了西藏民主改革属于什么性质的问题。1955 年 9 月 4 日，中共中央答复西藏工委指出，在西藏进行的任何改革都不能不是国家过渡时期总任务的一部分，包括西藏地方政府和班禅堪布会议厅委员会进行的一些改革，在一定时期还只能是民主主义性质的改革。10 月 23 日，毛泽东在与西藏参观团谈话时说：“现在不要去搞社会主义……将来的改革，也不能一下子搞社会主义，要分好几步走。”[②] 西藏开始实行民主改革时，1959 年 4 月 28 日，第二届全国人大第一次会议通过了《关于西藏问题的决议》，指出西藏自治区筹备委员会应当根据宪法，以及西藏广大人民的愿望和西藏社会经济文化的特点，逐步实现西藏的民主改革，以便为建设繁荣昌盛的社会主义的新西藏奠定基础。[③]5 月 7 日，毛泽东在与班禅和阿沛·阿旺晋美等谈话时指出：“只要同西藏人民合作，讲民主，一定有你们的政治地位，生

① 《建国以来重要文献选编》第 5 册，中央文献出版社 1993 年版，第 656 页。

② 《毛泽东民族工作文选》，中央文献出版社、民族出版社 2014 年版，第 225、226 页。

③ 《关于西藏问题的决议》，《人民日报》1959 年 4 与 29 日。

活上不降低。”他说：“这是第一步，走民主的道路。第二步是走社会主义的道路。”① 这两步走，在内蒙古、新疆等少数民族地区都已走过。但是，在西藏完成民主改革之后，是否接着就要进行社会主义改造、向社会主义社会过渡呢？在这一问题上，毛泽东认为，西藏在民主改革的基础上走上社会主义社会要有一个逐步发展的时期。西藏民主改革后，中共中央从西藏的实际出发，制定了“稳定发展”的方针，而不是马上进行社会主义改造、向社会主义社会过渡。西藏农牧民个体经济的稳定发展成了西藏此后一个时期的基本政策和工作目标。

总之，在新中国成立以来的民族工作中，以毛泽东同志为核心的党的第一代中央领导集体，把马克思主义民族理论与我国民族问题和少数民族地区社会的具体实际相结合，指导少数民族地区民主改革和社会主义改造，实现了少数民族地区广泛而深刻的社会变革。从此，全国各族人民在党的领导下共同走上社会主义道路，并形成平等、团结、互助、和谐的社会主义民族关系，共同团结奋斗、共同繁荣发展。

［原载《中国民族报》2013 年 12 月 24 日］

---

①《毛泽东民族工作文选》，中央文献出版社、民族出版社 2014 年版，第 305 页。

毛泽东的建藏思想

毛泽东在指导西藏和平解放、民主改革、自治区成立和经济社会发展中，将马克思主义民族理论与中国及其西藏地方的具体实际相结合，形成和发展关于建设新西藏的思想。它以维护西藏是祖国不可分割一部分的历史地位和推动西藏由旧到新的社会变革为核心内容，确立了新中国成立以来西藏社会发展的基本道路、方向与制度基础，奠基并开创了党关于具有中国特色、西藏特点的建设社会主义新西藏的理论与实践。

一、进军和经营西藏是党的光荣而艰巨的任务

进军西藏，是西藏地方是祖国不可分割一部分的历史地位所决定的，是驱逐帝国主义侵略势力出西藏和巩固新中国的国防所要求的。在和平解放西藏的历史进程中，对于外国势力干涉新中国解放西藏，阻挠人民解放军进军西藏问题，毛泽东坚持并贯彻始终的思想意志是："西藏是中国领土"；"西藏问题是中国内政问题"，"任何外国无权过问"。他强调："中国军队是必须到达西藏一切应到的地方，无论西藏地方政府愿意谈判与否及谈判结果如何，任何外国对此无置喙的余地。"[①] 西藏地方的主权归属中国，是毛泽东进军西藏和解放西藏的思想形成与发展的根本依据。

毛泽东在筹划是由西北局还是西南局担负解放西藏的主要责任的过

① 《毛泽东民族工作文选》，中央文献出版社、民族出版社 2014 年版，第 87 页。

程中，提出了“经营西藏问题”，并把进军和经营西藏统一起来。1949年11月23日，他致电西北局第一书记彭德怀，责成西北局讨论“经营西藏问题”，认为当时除给以适当的“政治改造”和生活照顾争取十世班禅方面外，“训练藏民干部极为重要”。同时，他分析解放西藏的未来发展趋势，指出进军西藏“不只有西北一路，还有西南一路”，强调西南局“在川康平定后，即应着手经营西藏”。经营西藏，在当时主要是指解放西藏，但也含有长远意义上建设西藏的意蕴。随着西南局势的变化，并比较西南与西北在进军西藏上的条件优劣，1950年1月2日，毛泽东致电中央和西北局并转发西南局负责人，决定将进军和经营西藏的任务改由西南局担负，强调“进军及经营西藏是我党光荣而艰苦的任务”。1月8日，西南局将“进军西藏计划”呈报中央，毛泽东即于1月10日复电表示完全同意，并提出经营西藏应成立一个党的领导机关。[①]这一机关就是后来的中共西藏工作委员会，一直延续到西藏自治区成立，才由中共西藏自治区委员会取而代之，完成其历史使命。中共西藏工作委员会的成立使西藏地方从此有了党的组织和领导机关，并具体领导了西藏和平解放、民主改革和自治区成立，为西藏地方的建设和发展奠定了重要政治前提和基本制度基础。

二、团结是建设新西藏的基础与保障

鸦片战争以来，西方资本主义和帝国主义侵略中国，也侵入了西藏地方，中国封建统治者实行民族压迫和民族离间政策，致使包括汉藏在内的中国各民族之间不团结，西藏地方内部也不团结。新中国成立后进行解放西藏事业，在一定意义上说就是要消除这种不团结的历史与社会根源。

新中国成立时，暂住青海的十世班禅致电拥护中央人民政府成立，走上团结西藏各族人民争取西藏解放的道路。1949年11月23日，毛泽东和朱德联合复电，阐明西藏人民的历史地位和意志，指出西藏人民是

---

① 《毛泽东民族工作文选》，中央文献出版社、民族出版社2014年版，第52—53、56、58页。

“爱祖国而反对外国侵略的”，“愿意成为统一的富强的各民族平等合作的新中国大家庭的一分子”，表示中央人民政府和人民解放军必能满足西藏人民的这个愿望，也希望十世班禅和全西藏爱国人士一致努力，为西藏的解放和汉藏人民的团结而奋斗。《十七条协议》就是中央人民政府和西藏地方政府在和平、友好的基础上通过谈判而签订的，标志着西藏和平解放，也标志着西藏地方与中央人民政府之间、西藏地方内部团结起来。《十七条协议》第一条明确规定：“西藏人民团结起来，驱逐帝国主义侵略势力出西藏，西藏人民回到中华人民共和国祖国大家庭中来。”这是西藏历史地位的时代内涵，其社会基础则是西藏人民的团结。1951 年 5 月 24 日，毛泽东在庆祝《协议》签订的宴会上发表讲话指出，今后，在团结的基础上，中国各民族之间，将在各方面，将在政治、经济、文化等一切方面，得到发展和进步。①

《十七条协议》是建设新西藏的奠基和开篇之作，揭开了西藏历史发展新的篇章。贯彻执行《协议》的过程，就是西藏地方从黑暗走向光明、从愚昧走向文明、从专制走向民主的过程，是西藏地方巩固和发展团结，实现社会进步的过程。贯彻执行《协议》，必须消除历史上遗留下来的民族隔阂，增进彼此信任。为此，毛泽东在审阅《人民日报》社论稿《拥护关于和平解放西藏办法的协议》时，改写了一段文字，向一切进入西藏的人民解放军和地方工作人员提出了“五个必须”的要求，以尊重和服务西藏人民。这就是：“必须恪守民族政策和宗教政策，必须恪守和平解放西藏办法的协议，必须严守纪律，必须实行公平的即完全按照等价交换原则去进行的贸易，必须防止和纠正大民族主义倾向。”② 贯彻执行《协议》，也必须解决达赖和班禅之间的固有地位与职权问题。《十七条协议》第六条规定，达赖和班禅之间的固有地位与职权，“系指十三世达赖喇嘛与九世班禅额尔德尼彼此和好相处时的地位及职权”。在中央人民政府主持下，这一问题得到基本解决，十世班禅返回西藏。1952 年 5 月 23 日，西藏和平解放一周年，毛泽东复电十四世达赖和十世班禅，欣慰

① 《毛泽东民族工作文选》，中央文献出版社、民族出版社 2014 年版，第 54、106—107 页。

② 《毛泽东民族工作文选》，中央文献出版社、民族出版社 2014 年版，第 114 页。

他们和全体西藏人民“更加亲密团结起来，与全国各兄弟民族人民，同心协力，建设我们伟大的祖国和繁荣幸福的新西藏”。[①]团结进步、繁荣发展，是毛泽东对西藏未来发展的期望。

在团结问题上，商量办事是毛泽东关于加强和巩固团结的重要实现途径。1953年10月18日，毛泽东在接见西藏国庆观礼团、参观团代表的谈话中强调：“我们的方针是团结进步，更加发展。”这一方针对于民族地区和西藏地方来说，具有如下内涵：（1）团结是发展的基础与保障，中国各民族要讲团结，不论大的民族、小的民族都要团结。团结起来，按照各民族不同地区的不同情况进行工作，有些地方可以做得快一点，有些地方可以做得慢一点。（2）商量办事是做工作的重要前提和必要条件。无论做快做慢都要先商量好了再做，没有商量好就不勉强做。商量好了，大多数人赞成了，就慢慢地去做，做好事也要商量着做。（3）商量办事必须开展批评错误、纠正缺点。毛泽东对西藏国庆观礼团、参观团代表说：“我们的干部有了错误就要批评。我们在西藏的工作有什么缺点和错误，请你们讲，你们不同意的和你们认为不利于人民的都可以讲，便于我们纠正。”[②]毛泽东关于商量办事的思想，集中体现在西藏民主改革和成立自治区等的工作中，促进了西藏内部和中国各民族之间的团结，推动了西藏地方在祖国大家庭中各方面的发展进步。

三、慎重稳进地实现西藏民主改革

毛泽东对待少数民族地区的社会改革持十分谨慎的态度，一切以条件是否成熟作为判断是否进行改革的依据与标准。他在党的七届三中全会上阐述了对待少数民族地区社会改革的基本态度与原则，以及实行这一改革的条件论。（1）少数民族地区的社会改革是一件重大的事情，必须谨慎对待。（2）无论如何不能急躁，否则，急了会出毛病。（3）条件不成熟，不能进行改革。一个条件成熟了，其他条件不成熟，也不要进

① 《毛泽东民族工作文选》，中央文献出版社、民族出版社2014年版，第155页。

② 《毛泽东民族工作文选》，中央文献出版社、民族出版社2014年版，第188—189页。

行重大的改革。没有群众条件、人民武装和少数民族干部，就不要进行任何带群众性的改革工作。（4）改革必须由少数民族自己解决。这些思想虽然是针对少数民族地区改革的整体意义而言的，西藏民主改革虽然发生在20世纪50年代末60年代初，但在何时改革和怎么改革的决策问题上，则遵循了毛泽东的这些思想的基本精神。

西藏在民主改革前是一个政教合一的封建农奴制社会，社会生产力极其低下，生产关系极其不合理。因此，建设新西藏，面临变革这一社会形态和制度的问题。《十七条协议》第十一条规定，有关西藏的各项改革事宜，中央不加强迫。西藏地方政府应自动进行改革，人民提出改革要求时，得采取与西藏领导人员协商的方法解决。这一规定符合西藏社会的实际和西藏民主改革的性质与特点，其中改革的方法则是由毛泽东在西南局1950年5月27日报送中央审查的关于与西藏地方政府谈判条件的意见基础上补充完善的。西南局的意见共计十条，其中第八条是："有关西藏的各项改革事宜，完全根据西藏人民的意志，由西藏人民采取协商方式加以解决。"5月29日，毛泽东致信李维汉，指出除第八条应加"西藏领导人员"外，均可同意。《十七条协议》签订的当天，毛泽东对担负进军西藏任务的十八军军长张国华说："在西藏考虑任何问题，首先要想到民族和宗教问题这两件事，一切工作必须慎重稳进。"为恪守协议，毛泽东在5月26日审读《人民日报》上述社论稿时，加写了一段文字，指出《协议》有关西藏改革问题的规定，不但对西藏如此，对国内一切少数民族都是如此。他说，少数民族的政治、经济、文化、宗教等的固有制度的改革以及风俗习惯的改革，如果不是出于各民族人民以及和人民有联系的领袖们自觉自愿地去进行，而由中央人民政府下命令强迫地去进行，而由汉族或他族人民中出身的工作人员生硬地强制地去进行，那就只会引起民族反感，达不到改革的目的。①

西藏和平解放初期，在西藏站稳脚跟是党的西藏工作的关键。面对复杂的西藏社会和党的西藏工作基础的不稳固，毛泽东指出，对西藏在

① 《毛泽东民族工作文选》，中央文献出版社、民族出版社2014年版，第67—68、107、113页。

政治上必须采取极端谨慎的态度，稳步前进，以待公路修通、生产自给，并对藏族人民物质利益有所改善之后，才能谈得上某些较大的改革。为争取群众，一要精打细算，生产自给；二要同印度和内地打通贸易关系，使西藏出入口趋于平衡，不因人民解放军入藏而使藏族人民生活水平稍有下降，并争取使他们在生活上有所改善。他在 1952 年 4 月 6 日的中央关于西藏工作的方针中，针对《十七条协议》规定的有关西藏的各项改革事宜强调："目前不仅没有全部实行协定的物质基础，也没有全部实行协定的群众基础，也没有全部实行协定的上层基础，勉强实行，害多利少。"他指出："拖下去，对我们的害处并不大，或者反而有利些。"我们"只做生产、贸易、修路、医药、统战等，以争取群众，等待时机成熟，再谈全部实行协议的问题"。[①] 西藏民主改革的实质问题是分配土地问题。1952 年 10 月 8 日，毛泽东在接见西藏致敬团代表时指出，目前西藏还谈不上分地，将来分不分，由西藏地方自己决定，并由西藏地方自己去分，中央人民政府是不能代替西藏地方分的。

毛泽东在西藏民主改革问题上主张条件不具备就不要进行。1956 年 2 月，临近西藏的四川藏区发生武装叛乱，影响并波及西藏。西藏自治区筹备委员会成立前后，中共西藏工作委员会内部和西藏地方一些爱国人士业已开始讨论西藏民主改革的可能性问题。毛泽东 8 月 18 日复信十四世达赖，对于西藏民主改革问题已经谈开的情况，指出现在还不是实行改革的时候，先作充分的精神上的准备，各方面都安排好了，然后再做。根据当时西藏可能发生暴乱的情势，毛泽东强调，西藏"现在无论上层和人民条件都不成熟，所以目前几年都不能实行改革"。在此基础上，他提出了西藏在六年内不实行改革的方针（即西藏"六年不改"方针）。这就是，从 1956 年起，第二个五年计划期间不进行改革，第三个五年计划时期内是否进行改革，要到那时看情况才能决定。这一方针的确立和执行，对于稳住西藏地方上层人士，保持西藏社会稳定，发挥了重要作用。

毛泽东在提出西藏"六年不改"方针的同时，分析了西藏局势变化

---

① 《毛泽东文集》第 6 卷，人民出版社 1999 年版，第 228 页。

的另一种可能性，即西藏上层亲帝势力“不通过协商而一定要通过反叛和战争破坏十七条协议，把西藏情况打烂，那就有可能激起劳动人民起来推翻封建制度，建立人民民主的西藏”。这种可能性因西藏在 1959 年 3 月发生全面武装叛乱而变成现实，“六年不改”方针也就没有再继续实行的必要，西藏民主改革被迫提前进行，至 1961 年基本完成。从此，西藏百万农奴翻身解放，真正成为西藏的主人，西藏社会发生广泛而深刻的历史性变革，并在稳定发展的基础上，经社会主义改造而走上社会主义发展道路。

四、帮助西藏发展人口、经济和文化，改善人民生活

与西藏民主改革问题互为条件的是西藏经济社会发展问题。《十七条协议》第九、十条规定，依据西藏的实际情况，逐步发展西藏民族的语言、文字和学校教育，逐步发展西藏的农牧工商业，改善人民生活。1952 年 8 月 18 日，毛泽东复信十四世达赖，指出西藏地方政府和僧俗人民希望建设西藏工商业，发展西藏经济，是很好的；表示中央人民政府一定会帮助西藏“经济逐渐繁荣，人民的生活逐渐改善”。[①] 西藏经济、文化落后，中央人民政府在建设和发展西藏上具有扶持与帮助之责。

发展西藏人口、经济和文化，是帮助的重心与宗旨。毛泽东认为，帮助西藏发展人口、经济和文化，是实现民族平等的基础，是中国共产党的重要责任。1952 年 10 月 8 日，他在接见西藏致敬团代表时说，封建统治和帝国主义侵略势力压迫、剥削西藏，导致西藏“人口不得发展，经济削弱了，文化也没有发展”。他指出，中国共产党实行民族平等，不要压迫和剥削西藏，而是要帮助西藏发展，特别是发展西藏的人口、经济和文化。他说：“西藏地方大、人口少，人口需要发展”；“经济和文化也需要发展”，其中文化包括学校、报纸、电影等，宗教也在内。这种帮助是不断增加和发展的，人民解放军进入西藏就是要执行帮助西藏的政策，“开始进去的时候不会有帮助，三四年之内也不可能有多的帮助，但

① 《毛泽东民族工作文选》，中央文献出版社、民族出版社 2014 年版，第 161 页。

以后就能帮助”。他强调，如果中国共产党不能帮助西藏发展人口、发展经济和文化，那么，“共产党就没有什么用处”。1954 年 10 月 9 日，毛泽东同十四世达赖谈话，进一步阐述了这种帮助的内在含义，指出所谓帮助，就要在多少年后使西藏人民在物质生活、文化生活和人口发展上有改进，否则就称不上是帮助。必须使西藏在经济上、文化上和人口方面发展强大起来，才是对西藏的真正帮助。他还在 1956 年 2 月 12 日同藏族人士的谈话中分析了西藏发展人口、经济和文化的关系，指出经济不发展，人口也不能发展，文化发展了，可以帮助经济发展。[①]

帮助少数民族发展和进步，是国家利益所在。毛泽东把帮助少数民族发展和进步放在整个国家的利益之中，指出帮助各少数民族，让各少数民族得到发展和进步，是整个国家的利益。各少数民族的发展和进步都是有希望的。1953 年 3 月 10 日，他在给十四世达赖的复信中指出，建设新西藏所需要的帮助，凡属能够办到的，中央当尽可能地办到。10 月 18 日，他还在接见西藏国庆观礼团、参观团代表时表示：“中央有什么东西可以帮助你们的一定会帮助你们。”毛泽东在西藏和平解放伊始，指派张经武为中央人民政府驻西藏代表。他多次向十四世达赖和十世班禅阐明张经武的作用，指出张经武不只是中央人民政府的代表，而且是中国共产党的代表，是为西藏僧俗人民谋福利的，希望十四世达赖和十世班禅遇到任何问题都可以和张经武商议，如有需要直接告诉他的事情，则可由张经武转达。1955 年 2 月 23 日，毛泽东同十四世达赖和十世班禅一起谈话指出，我国许多地方还很落后，西藏也是落后的。承认落后，可以向先进的民族和国家学习，在中国各民族之间相互学习，共同建设，那么中国各民族都有希望，全国都有希望。对于这一谈话精神，他在 1956 年 2 月 12 日同藏族人士谈话时做了进一步说明，阐释了西藏的发展对于新中国建设的意义。他说，西藏是个了不起的地方，占全国面积的八分之一。不要以为西藏落后，地方小，西藏地方可不小。西藏如果不参加祖国的大家庭，这个家庭的事便不好办了，西藏在祖国大家庭里

---

① 《毛泽东民族工作文选》，中央文献出版社、民族出版社 2014 年版，第 169—170、202、238 页。

占有很重要的地位。

民族之间的帮助是相互的。毛泽东认为，西藏的发展主要靠西藏地方和人民商量去做，中央只是帮助，并根据西藏地方和人民的志愿逐步地做。而且，这种帮助现阶段是中央和内地帮助西藏，将来西藏发展、进步了，也可以帮助汉族和其他少数民族。1955 年 3 月 9 日，他在同十世班禅谈话时指出，西藏地方蕴藏有很多物资，就从经济上来说，也不单是汉族帮助西藏的，而是相互帮助的。

五、民族区域自治是建设新西藏的基本政治制度

我国是一个统一的多民族国家。少数民族聚居区实行民族区域自治，是在《共同纲领》中所规定了的。尽管新中国成立时，西藏还没有解放，但民族区域自治同样是适用的。《十七条协议》第三条规定，根据《共同纲领》的民族政策，在中央人民政府统一领导下，西藏人民有实行民族区域自治的权利；同时，第十五条规定，为保证《协议》的执行，中央人民政府在西藏设立军政委员会。然而，至 1954 年十四世达赖和十世班禅联袂出席一届全国人大一次会议时，西藏军政委员会还没有成立。这时，全国各地基本取消了军政委员会。为此，毛泽东向西藏地方政府、班禅堪布会议厅和昌都地区人民解放委员会提议，成立西藏自治区筹备委员会，而不再成立西藏军政委员会。1954 年 10 月 9 日，毛泽东在同十四世达赖谈话时指出："现在可以把前藏、后藏、昌都各方面代表人物团结起来，组成西藏自治区筹备委员会。"他商量地说："究竟好不好，你们研究一下。"[①] 经西藏各方讨论研究，一致同意成立西藏自治区筹备委员会，以筹备在西藏尽快实行民族区域自治。

西藏自治机关的具体形式由西藏大多数人民的意愿决定。毛泽东认为，民族区域自治问题，牵涉很广，疆域划分，人员配备，政策指导，问题很多，须加统筹。为了照顾少数民族特别是西藏的情况，1954 年宪法草案第 61 条规定了第三款，即"各民族自治地方的自治机关的具体形

---

① 《毛泽东民族工作文选》，中央文献出版社、民族出版社 2014 年版，第 202 页。

式，按照实行区域自治的民族大多数人民的意愿规定”。1954 年 3 月 23 日，毛泽东在宪法起草委员会第一次会议讨论这一宪法草案时说，如果在西藏开人民代表大会，选举人民政府，这样办，十四世达赖恐怕不同意。搞人民政府不行，可以搞别的具体形式。究竟搞个什么形式，由那里大多数人民的意愿决定。他强调："不能干人家反对干的事情，要等待人民的觉悟。我们相信人民一定会觉悟。”随着西藏自治区筹备委员会的成立和筹备工作的开展，经民主改革，西藏成立自治区的条件日趋成熟。1961 年 1 月 23 日，毛泽东同十世班禅谈到什么时候成立自治区问题时指出，主要是选举问题。他说：“现在先搞个选举法，搞个条例。现在积极筹备选举，准备明年，最迟后年，开全藏人民代表大会。”他说，这个会的任务是决定自治区工作的方针、政策，包括政治、经济、文化教育等各方面的政策，选举自治区政府，通过自治区自治条例。[①]这就是说，西藏自治区的成立，要在普选的基础上召开人民代表大会，选举成立自治区人民委员会。

实行民族区域自治，主要是依靠西藏地方民族干部。民族干部在民族工作中，特别是在民族区域自治中具有不可替代的重要地位与作用。1949 年 11 月 14 日，他致电彭德怀和西北局，指出要彻底解决民族问题，没有大批从少数民族出身的共产主义干部，是不可能的。1950 年 6 月 6 日，毛泽东在党的七届三中全会上指出：“我们一定要帮助少数民族训练他们自己的干部，团结少数民族的广大群众。”对于西藏来说，一方面，毛泽东强调，在西藏工作的汉族干部是去帮忙的，不是代替的。汉族干部要全心全意地去帮忙，为了帮忙，性命也可以放弃，要把忙帮好，不准帮坏；另一方面，他把民族干部的培养和使用作为一项战略工作予以高度重视。在西藏和平解放和贯彻《十七条协议》的过程中，除进藏人民解放军和地方工作人员外，西藏各族干部通过实际工作的锻炼和学习培训等，逐渐成长壮大起来。1954 年 4 月，毛泽东复信十世班禅，提出西藏每年可以选送一些青年到内地学习，长期学习和短期学习都好，因为这样可以更多地培养一些建设西藏的民族干部。1955 年 3 月 9 日，

---

① 《毛泽东民族工作文选》，中央文献出版社、民族出版社 2014 年版，第 191—192、325 页。

国务院全体会议第七次会议通过《关于帮助西藏地方进行建设事项的决定》，其中将西藏军区干部学校改为西藏地方干部学校，并予以扩建，以加强培养训练藏族及其他民族干部的工作。1956 年 2 月 12 日，毛泽东在同藏族人士谈话时指出，民族区域自治地区要搞建设，便要有自己民族的干部，自己的科学家。培养人才要慢慢来，要有计划地培养科学干部。至西藏民主改革基本完成时，西藏已经有几千名青年干部，平均年龄只有 20 岁左右。毛泽东称赞说，这是好事，是很好的事。同时，他指出，西藏民族干部中，不仅要有行政干部，还要有文教、医疗、宗教等各方面的干部，而且还要有科学技术干部。①

自西藏自治区筹备委员会成立，西藏自治区经近十年的筹备，于 1965 年 9 月正式成立。从此，民族区域自治制度在西藏确立并实行开来，一个人民民主的新西藏屹立于雪域高原、世界屋脊之巅。

毛泽东的建藏思想是丰富而发展的。尽管党的西藏工作在历史上曾发生过一些失误和挫折，但在建设和发展西藏这一日益广泛而深刻的社会实践中形成和发展起来的毛泽东建藏思想，成为毛泽东思想关于解决中国民族问题的理论与政策的重要组成部分，开创性地探索和回答了社会主义新西藏的基本内涵与实质，并在改革开放新的历史条件下，为中国特色社会主义关于党的西藏工作提供了科学理论基础和宝贵精神财富。

［原载《中国民族报》2013 年 9 月 6 日］

① 《毛泽东民族工作文选》，中央文献出版社、民族出版社 2014 年版，第 238—239 页。

周恩来与1957年全国民族工作座谈会

新中国成立以来，以贯彻《共同纲领》和《中华人民共和国宪法》所规定的民族政策为核心内容的民族工作，随着社会主义改造和第一个五年计划的基本完成，进入一个新的历史发展阶段。然而，尽管中国已由半殖民地半封建社会变革为新民主主义并过渡到社会主义社会，但民族问题上的大汉族主义和地方民族主义仍旧在一定范围内存在；尽管新中国成立伊始民族区域自治政策就已确立并在少数民族地区逐步实施，但那种要求仿效苏联建立自治共和国，实行联邦制的主张并没有完全消失。因此，为总结新中国成立以来的民族工作经验，进一步统一关于民族区域自治的思想认识，全国人民代表大会民族委员会和中央民族事务委员会于1957年7月20日至8月6日在青岛召开了全国民族工作座谈会。

周恩来在8月4日下午召开的座谈会全体会议上，就处理民族问题的几个根本原则向代表们作了《关于我国民族政策的几个问题》[①]的报告，主要阐述了在努力于社会主义祖国的建设和加强民族大家庭的团结的共同事业的基础上反对两种民族主义——大汉族主义和地方民族主义，民族区域自治，民族繁荣和社会改革，民族自治权利和民族化等问题，比较全面、系统和有针对性地阐述了党的民族平等团结互助、民族区域自治政策和民族发展繁荣思想，总结了新中国成立以来民族工作的历史经

① 《周恩来选集》下卷，人民出版社1984年版，第247—271页。

验，澄清了当时民族工作中的一些错误认识，并在会上对地方代表提出的问题当场给予了答复，解决了地方上的一些实际问题。同时在座谈会期间，他还具体指导了西藏工作。

一、关于反对民族主义和为何实行民族区域自治的论述

（一）努力在社会主义祖国的建设和加强民族大团结的共同事业的基础上反对两种民族主义——大汉族主义和地方民族主义

反对两种民族主义，就是既反对大汉族主义，也反对地方民族主义。在座谈会的讲话中，周恩来把这两种民族主义称之为“两种错误、两种倾向”[①]。他在分析它们的危害性时指出：大汉族主义发展下去就会产生民族歧视的错误；地方民族主义发展下去就会产生民族分裂的倾向。如果任它们发展下去，不仅不利于民族间的团结，而且会造成各民族间的对立，甚至于分裂。[②]

对于反对两种民族主义问题，周恩来在座谈会上的讲话表现出如下思想认识：

(1)抓住矛盾的主要方面，强调“特别要注意反对大汉族主义”[③]，而非把大汉族主义和地方民族主义并列。把反对大汉族主义作为重点，是毛泽东在《论十大关系》和《关于正确处理人民内部矛盾的问题》中关于“汉族和少数民族的关系”“少数民族问题”的基本点。毛泽东指出：“我们着重反对大汉族主义。地方民族主义也要反对，但是那一般地不是重点。”[④]“汉族和少数民族的关系一定要搞好。这个问题的关键是克服大汉族主义。”[⑤]周恩来坚持这一立场和观点，在座谈会召开之前的1957年3月25日全国政协第二届委员会关于建立自治区问题座谈会上指出：“历

---

① 《周恩来选集》下卷，人民出版社1984年版，第247—271页。

② 《周恩来选集》下卷，人民出版社1984年版，第247—271页。

③ 《周恩来选集》下卷，人民出版社1984年版，第247—271页。

④ 《建国以来重要文献选编》第8册，中央文献出版社1994年版，第254页。

⑤ 《建国以来重要文献选编》第10册，中央文献出版社1994年版，第86页。

史上有大汉族主义思想，现在也还有自觉的或不自觉的大汉族主义思想，当然，不自觉的多，自觉的少。”“要少数民族克服地方民族主义，汉族首先就要克服大汉族主义。汉族是老大哥，应该作表率，这样才能促使他们自觉地克服地方民族主义。”[①] 在民族工作座谈会上，他再次对这一点作了强调。

（2）根据矛盾的性质，强调应运用处理人民内部矛盾的原则来解决两种民族主义的问题。周恩来在座谈会上的讲话中认为，除了极少数人的问题以外，在民族问题上的这两种错误态度、两种倾向问题，是人民内部矛盾的问题，应当用处理人民内部矛盾的原则来解决。[②] 从历史背景来说，他的这一思想的认识基础主要是《关于正确处理人民内部矛盾的问题》中关于少数民族问题的论述。毛泽东在文中指出：“无论是大汉族主义或者地方民族主义，都不利于各族人民的团结，这是应当克服的一种人民内部的矛盾。”[③] 周恩来在座谈会上强调：“运用毛主席提出的公式，从民族团结的愿望出发，经过批评或斗争，在新的基础上达到我们各民族间进一步的团结。”[④]

（3）从矛盾的本质出发，强调民族团结的基础与反对两种民族主义的共同目的是建设社会主义的现代化国家。周恩来在座谈会上说：“建设这样的祖国，就是我们各族人民团结的共同基础。我们反对两种民族主义——大汉族主义和地方民族主义的共同目的，就是建设社会主义的祖国大家庭，建设一个具有现代工业、现代农业的社会主义国家。这个社会主义国家，不是哪一个民族所专有，而是我们五十多个民族所共有，是中华人民共和国全体人民所共有。”[⑤] 他指出：“我们反对两种民族主义，必须从建设强大的社会主义祖国这个共同目标出发。如果没有这个共同目标，就反对不了这两种民族主义。”[⑥]

---

① 《人民日报》1957年4月20日。

② 《周恩来选集》下卷，人民出版社1984年版，第247—271页。

③ 《建国以来重要文献选编》第10册，中央文献出版社1994年版，第86页。

④ 《周恩来选集》下卷，人民出版社1984年版，第247—271页。

⑤ 《周恩来选集》下卷，人民出版社1984年版，第247—271页。

⑥ 《周恩来选集》下卷，人民出版社1984年版，第247—271页。

（4）从矛盾的特点出发，提出要具体问题具体分析地反对两种民族主义的策略，并坚持长期努力。除了从共同目标出发，把我国各民族经济、文化事实上不平等的现状逐步加以改变，为共同建设社会主义祖国而努力之外，周恩来还指出，反对两种民族主义，一要具体问题具体分析。他说："汉族同志中如果确实有大汉族主义倾向和民族歧视的错误，就批评具体的人和具体的事，而不要简单地、不加分析地指责，不要对汉族的整体产生怀疑、不信任。不然就会助长民族分裂的倾向，不能达到民族间的团结。"① 二要长期努力。他认为，要去掉产生这些倾向的历史的、社会的、经济的根源，不是一天就能做到的。要在建设社会主义祖国的共同目标下，经过长期努力，发展全国各民族的经济、文化。这就需要时间，需要工作。②

（二）历史发展给我国各民族只提供了在统一的国家内实行民族区域自治的经济和政治基础，而没有提供任何建立联邦的条件

对于民族区域自治问题，直到民族工作座谈会召开之时，一些人的思想认识仍没有得到彻底解决，实行联邦制的主张还在一定范围内存在着。对于我国为什么实行民族区域自治而不实行苏联的民族自治共和国的问题，周恩来在新中国成立以后是反复阐述和强调的。在民族工作座谈会上的讲话中，周恩来一方面比较苏联与中国的历史和民族状况，指出这"是从两国的历史发展的不同而来的，部分地也是由于中国和当年十月革命时代的形势不同而来的"③；另一方面从经济基础与上层建筑的关系，他举例阐述了中国各民族相互合作而非孤立地讲发展的重要性。

其一，比较中国与苏联的历史和民族状况。他说，俄罗斯在 19 世纪已经发展成为资本主义国家，沙皇统治着俄罗斯周围的一些民族。俄国的各民族多数都是一个一个地各自聚居。但是，中国的民族发展在地区上是互相交叉的，这样就形成各民族杂居的现象，而一个民族完全聚居

---

① 《周恩来选集》下卷，人民出版社 1984 年版，第 247—271 页。

② 《周恩来选集》下卷，人民出版社 1984 年版，第 247—271 页。

③ 《周恩来选集》下卷，人民出版社 1984 年版，第 247—271 页。

在一个地方的比较少，甚至极少。历史的发展使我国的民族大家庭形成许多民族杂居的状态。由于我国各民族交叉的时代很多，互相影响就很多。[①]对此，他还举例具体分析了满族、蒙古族、回族、藏族和壮族等少数民族的分布状况。通过这些分析，他指出，中国民族多，而又互相杂居，这样的民族分布情况，就不可能设想采取如同苏联那样的民族共和国办法。因为要构成一个民族共和国，需要构成一个独立的经济单位，绝大多数的民族人口要聚居。[②]历史发展给我国造成了各民族杂居的条件，这种条件适宜于民族合作，适宜于实行民族区域自治。

其二，比较中国与苏联的革命道路。周恩来指出，十月革命时，俄国无产阶级首先是在城市中起义取得了政权，然后才普及到农村和少数民族地区。为了把各民族反对沙皇帝国主义压迫的斗争同无产阶级、农民反对资产阶级、地主的斗争联合起来，列宁强调民族自决权，并且承认各民族有分立的权利。当时要使第一个社会主义国家在政治上站住脚，就必须强调民族自决权这个口号，允许民族分立，这样才能把过去那种帝国主义政治关系摆脱，而使无产阶级专政的新社会主义国家站住脚，当时的具体情况要求俄国无产阶级这样做。[③]但是，旧中国整个地被帝国主义侵略，成为半殖民地，部分地区成为殖民地。革命不是首先在大城市起义或者在工业发达的地方起义取得政权，而是主要在农村中建立革命根据地。因此，我国各民族的密切联系，在革命战争中就建立了起来。这种内部、外部的关系，使我国不需要采取十月革命时俄国所强调的实行民族自决而允许民族分立的政策。他认为，历史发展给了我国各民族合作的条件，革命的发展也给了这一合作的基础。[④]

其三，强调我国各民族的发展是不平衡的。周恩来指出，要想趋向平衡，就要各民族合作互助，不能孤立地讲发展。以新疆为例，他说，新疆有石油资源，有各种有色金属资源，有可以开垦的农田，适宜种植棉花，这只是好的条件。但是，新疆水利不够，要大大地改善水利系统，

---

① 《周恩来选集》下卷，人民出版社 1984 年版，第 247—271 页。
② 《周恩来选集》下卷，人民出版社 1984 年版，第 247—271 页。
③ 《周恩来选集》下卷，人民出版社 1984 年版，第 247—271 页。
④ 《周恩来选集》下卷，人民出版社 1984 年版，第 247—271 页。

才能够开发。交通也很困难，不仅要修通从兰州到新疆的铁路，而且要修通北疆到南疆的铁路，才能开发。要开矿、垦田，可以用机械，但最根本的有两个问题：一是要资金，一是要有人力。即使有了机械，也还要有人力、财力才能得到发展。仅仅依靠新疆一个自治区，不可能积累多少资金，而且人力也不够。必须要靠全国的力量，国家的力量，中央的力量。把计划经济中能够积累的资金拿出一部分投资到新疆增加财力，从内地动员一部分人力到新疆增加劳动力，这样才能使新疆大发展。这就必须民族合作。不能孤立地设想，新疆只靠现有的人力、物力，就可以解决问题。[①]

基于以上方面，周恩来说，这些都说明，根据中国民族历史的发展、经济的发展和革命的发展，我国采取了最适当的民族区域自治政策，而不采取民族共和国的制度。因此，中华人民共和国是单一体的多民族的国家，而不是联邦国家，也无法采取联邦制度。他指出："历史的发展使我们的民族大家庭需要采取与苏联不同的另一种形式。""在中国适宜于实行民族区域自治，而不宜于建立也无法建立民族共和国。"[②]

二、关于各民族繁荣和如何发展民族区域自治的论述

（一）各民族繁荣是社会主义在民族政策上的根本立场。克服历史遗留的对民族繁荣的不利条件，关键在于改革，最根本的是经济改革

在中国这样一个多民族国家，必须在民族繁荣的基础上才能建设强大的社会主义国家。周恩来在民族工作座谈会上强调："我们对各民族既要平等，又要使大家繁荣。各民族繁荣是社会主义在民族政策上的根本立场。""我们社会主义的民族政策，就是要使所有的民族得到发展，得到繁荣。所以，我们国家的民族政策，是繁荣各民族的政策。在这个问题上，各民族是完全平等的，不能有任何歧视。我们的根本政策是要达

① 《周恩来选集》下卷，人民出版社 1984 年版，第 247—271 页。

② 《周恩来选集》下卷，人民出版社 1984 年版，第 247—271 页。

到各民族的繁荣。”[①]

在民族工作座谈会上，周恩来剖析了历史上民族衰亡和落后的根本原因，主要是封建主义的民族歧视、削弱和消灭政策及其统治，以及帝国主义的殖民政策及其统治。他指出：“在社会主义制度下能够有民族繁荣，所以社会主义比资本主义优越，比封建主义更优越。”“在民族政策上，我们社会主义国家跟封建主义、资本主义、帝国主义根本不同。我们要帮助各兄弟民族的繁荣，必要的时候对社会主义国家以外的民族也给予帮助。”[②]

从历史遗留的对民族繁荣不利条件的实际出发，周恩来阐述了社会改革对于民族繁荣的历史作用。他指出：“历史遗留给我们的，是对民族繁荣的很多不利的条件。我们必须把这些不利的条件逐步地去掉。要去掉这些不利于民族繁荣的条件，关键在于社会改革。”“社会改革是我们中国各民族的共同性的问题。”他所说的社会改革，“最根本的是经济改革”。[③]对于为什么要进行改革，他主要从实现工业化的角度作出了回答。一是工业化的重要历史地位，他指出：“一个民族没有工业不可能富裕起来。因此，我们中国要工业化，没有工业化，就不可能使生产发展。”二是农业与工业的基本关系。他说：“要工业化，就得首先在农业上实行改革，把农业上的封建制度、奴隶制度废除。农民得到了解放，才能够使农业经济得到发展，才有工业发展的基础。农业能够大量增产，才可能积累资金，才可能供给工业原料，才可能解放劳动力参加工业生产。”他强调：“只有建立起工业基地来，这个民族才有发展的基础。所以每个民族都不可避免地要经过经济改革。”当时，各少数民族中绝大多数实行了土地改革，有不少民族进一步实现了农业上的社会主义改造，组织了农业合作社，解放了农村社会生产力。对于经济改革没有开始或者还没有完成的少数民族如何进行经济改革问题，周恩来指出，经济改革分两步，第一步是民主改革，即土地改革，第二步是实行社会主义改造。他说：“如果不进行经济改革，维持奴隶制度、封建制度，多数的人民还是

① 《周恩来选集》下卷，人民出版社1984年版，第247—271页。

② 《周恩来选集》下卷，人民出版社1984年版，第247—271页。

③ 《周恩来选集》下卷，人民出版社1984年版，第247—271页。

奴隶、农奴和封建制农民，生产力就不能够解放。生产的东西大部分被剥削去了，劳动者本身还是穷困的，他们就不可能有增产的积极性。”在少数民族实行改革的条件与时机问题上，他进一步阐明了改革的基本原则与立场。他说：“我们主张，各个兄弟民族的人民，包括他们的上层分子，觉悟到需要改革的时候，再去改革。某些地方推迟改革，是为了将来更好地改革，更和平地改革，更有准备地改革，但总是要改革。一定要把奴隶制度、封建制度和个体经济制度，改革成为社会主义的经济制度。所以改革只是一个先后问题，缓急问题，而不是改革不改革的问题。不改革，民族就要贫穷。我们中国这个民族大家庭是要大家幸福，包括兄弟民族上层分子也要得到真正的幸福。改革就是使大家都幸福，不是少数人幸福。”①

此外，周恩来还谈到经济改革对于其他方面的影响问题。他认为，“这种改革，不仅是经济制度的改革，也会影响到别的方面。因为经济基础变动了，上层建筑也要受影响，就是说，政治上、思想上也要受影响。政治上的制度要适合社会主义的经济基础，也要改革，要改革成为民主集中制。”对于宗教界关于经济基础的改革影响到宗教信仰的担心，他说，经济基础的改革对思想方面有影响，是必然的。但是，思想方面的变化，不会像政治制度的改革那样发展。思想变化的过程是最慢的。只把宗教信仰肯定为人民的思想信仰问题，而不涉及政治问题。不管是无神论者，还是有神论者，不管是唯物论者，还是唯心论者，一样地能够拥护社会主义制度。“只要人们还有一些不能从思想上解释和解决的问题，就难以避免会有宗教信仰现象。有的信仰具有宗教形式，有的信仰没有宗教形式。宗教界的朋友们不必担心宗教能不能存在。按照唯物论的观点，当社会还没有发展到使宗教赖以存在的条件完全消失的时候，宗教就会存在的。现在应该担心的不是宗教能不能存在，而是民族能不能繁荣。”②

周恩来在民族工作座谈会上阐述少数民族的改革问题时，特别强调中国的现代化是要全面发展的，民族繁荣是中国各民族共同的事业。他

---

① 《周恩来选集》下卷，人民出版社1984年版，第247—271页。

② 《周恩来选集》下卷，人民出版社1984年版，第247—271页。

指出："建设社会主义工业化的国家，是任何民族都不能例外的。我们不能设想，只有汉族地区工业高度发展，让西藏长期落后下去，让维吾尔自治区长期落后下去，让内蒙牧区长期落后下去，这样就不是社会主义国家了。我们社会主义国家，是要所有的兄弟民族地方、区域自治的地方，都现代化。全中国的现代化一定要全面地发展起来。"与之相联系，他强调："民族繁荣是我们各民族的共同事业，对此不能有任何轻视。只有改革才能使民族繁荣。经济改革是各民族必须走的路。走这条路才能工业化、现代化。工业化、现代化了，经济生活才能富裕，民族才能繁荣，各族人民才能幸福。"①

（二）必须尊重民族自治权利、民族文字、风俗习惯和宗教信仰，重视民族化问题，有步骤地、有计划地培养民族干部

国家的统一和民族区域自治是相辅相成的。尊重和保障各民族自治地方的自治权利，才能充分发挥各少数民族人民的社会主义积极性。周恩来在民族工作座谈会上说："在这方面，从中央政府一直到地方政府，有的时候是注意不够的。我们应该多检查，多批评。同时，在这方面，因为汉族人数多，容易忽视少数民族的自治权利，大汉族主义的缺点也是比较容易发生的。忽视民族自治权利的倾向，多半是从大汉族主义来的，应该批判。"为此，他指出："民族自治权利必须受到尊重。凡是宪法上规定的民族自治权利，以及根据宪法制定的有关民族自治权利的各种法规、法令，统统应该受到尊重。"②

自治机关的民族化是实现各民族自治地方自治权利的根本问题。周恩来说，既然承认各民族的存在，而我国又是多民族的国家，民族化问题就必须重视。因为经过民族化，民族自治权利才会被尊重。民族化的主要内容是运用民族形式，使用民族语文，任用民族干部，其中最重要的是任用当地民族干部。周恩来在民族工作座谈会上主要就如下四个方面，对"民族化"的基本内涵进行了阐述。

① 《周恩来选集》下卷，人民出版社1984年版，第247—271页。

② 《周恩来选集》下卷，人民出版社1984年版，第247—271页。

一是尊重民族语言文字。他在民族工作座谈会上说："在民族自治地方，主要民族的文字应该成为第一种文字"，"没有文字的，要按照本民族的意愿帮助他们创造文字"。[①]此前，他在1956年5月30日同巴基斯坦伊斯兰教代表团和印度尼西亚伊斯兰教代表团谈话时也说："要尊重少数民族的语言文字。对于没有文字的少数民族要帮助他们创制文字。"[②]

二是培养民族干部。党历来十分重视培养少数民族干部。1949年11月14日，毛泽东在致彭德怀并西北局的电报中指出："要彻底解决民族问题，完全孤立民族反动派，没有大批从少数民族出身的共产主义干部，是不可能的。"[③]周恩来1950年9月29日在欢迎各民族代表宴会上致词时说："我们应该帮助各民族人民训练和培养成千上万的干部。"[④]在这次民族工作座谈会上，他指出："要培养民族干部"，"民族干部方面的民族化，就是民族干部应当有一定比例。在汉族人多的地方，容易忽略少数民族干部的一定比例。即使少数民族人口少，也必须照顾这一点"。由于在每个民族自治地方，民族干部应该做负责工作，"总要负更多的责任"。因此，他指出，"应当有步骤地、有计划地培养民族干部"。各民族自治机关干部民族化的速度，主要取决于当地民族干部成长的情况，需要有一个逐步实现的过程。根据当时已有经验，自治机关的干部民族化，必须从各民族自治地方的实际情况出发，实事求是地加以解决。应当以既能保证实行区域自治的民族充分行使自治权利，又能保证境内其他民族的平等权利，便于联系群众，推行当地各项工作为原则。他在座谈会上强调民族干部的学习与使用问题时说："派好的干部到中央、省来学习，也要多把好的干部派回去。"除了实行区域自治的民族干部以外，应当配备适当数量的汉族和其他民族的干部。在汉族干部及其与民族干部的关系问题上，他说：在每个民族自治地方，当然不是所有的负责人都不能由汉族干部担任，"也应当派汉族干部去帮助自治区、自治州、自治县的工作"。他还举例说，有些地方汉族多，更不能不要汉族干部。像内蒙古，

① 《周恩来选集》下卷，人民出版社1984年版，第247—271页。

② 西藏自治区党史办公室编：《周恩来与西藏》，中国藏学出版社1998年版，第134页。

③ 《毛泽东书信选集》，中央文献出版社2003年版，第322页。

④ 《周恩来在欢迎各民族代表宴会上的致词》，《人民日报》1950年9月30日。

汉族那样多，在人民代表大会、政府机关、企业机构，当然要有汉族干部。广西也是这样。将来宁夏回族自治区也是这样。就是少数民族占多数的地方，像新疆、西藏，也不可能没有汉族干部。派汉族干部到民族占多数的自治区、自治州、自治县工作，要“少而精”，而不能“多而滥”，“就是要派好的、得力的干部”。①

三是尊重民族的宗教信仰。新中国实行宗教信仰自由政策。周恩来在民族工作座谈会上着重阐述了不信仰宗教的人与信仰宗教的人彼此尊重和合作问题，他指出，“信仰各种宗教的人，本来是可以合作的”。在中国有宗教信仰的人和没有宗教信仰的人，“应该彼此相处得很好”。他在分析我国宗教信仰状况的基础上进一步指出：“我国信仰各种宗教的人，向来就是合作的。不信仰宗教的人应当尊重信仰宗教的人，信仰宗教的人也应当尊重不信仰宗教的人。不信仰宗教的人和信仰宗教的人都可以合作。信仰各种宗教的人也可以合作。这对我们民族大家庭的团结互助合作是有利的。”②

四是尊重民族风俗习惯。周恩来说：“既然承认民族，各民族的风俗习惯就要受到尊重。”与民族的宗教信仰相比较，他指出：“民族的风俗习惯比宗教信仰要广泛，因为一个民族不一定都信仰一种宗教。有很多民族是信仰多种宗教的，也有几个民族是信仰同一种宗教的，如回族和新疆几个民族是信仰同一种宗教的，蒙古族和藏族也是信仰同一种宗教的。”风俗习惯常常是一个民族一种，因此，他指出：“风俗习惯也同样应该受到尊重。如果不尊重，就很容易刺激感情。”与之同时，对于反映在文化方面的风俗习惯，不要随便加以修改。他强调，各民族的风俗习惯是建立在自己的生活条件的基础上的。风俗习惯的改革，要依靠民族经济基础本身的发展，不要乱改。③

由于民族自治权利和民族化问题容易被忽视，周恩来强调，国家、行政机关、汉族应当负更多的责任，“政府机关要多注意”。作为民族自治权利和民族化的实现形式，自治区、自治州、自治县面临行政机构如

① 《周恩来选集》下卷，人民出版社1984年版，第247—271页。

② 《周恩来选集》下卷，人民出版社1984年版，第247—271页。

③ 《周恩来选集》下卷，人民出版社1984年版，第247—271页。

何建立的问题。他指出：过去，自治区、自治州、自治县的行政机构与省、专区、县“太求同”，“不那么妥当”。各省之间都不应当完全一样，自治区与省，自治州与专区，自治县与县，就更不应当一样，应当因地制宜。[①]

周恩来在民族工作座谈会上的讲话进一步统一了全党在民族问题和民族工作上的思想认识。这是对中国共产党将马克思主义的民族理论与中国民族问题实际相结合的正确实践的一次总结，标志着党的民族政策的成熟和完善。经过我国民族工作实践的检验，周恩来在座谈会上的讲话精神是正确的，并具有现实指导意义。这篇题为《关于我国民族政策的几个问题》的讲话，于1979年12月31日由《人民日报》发表。1980年，人民出版社出版了这个讲话的单行本，并由民族出版社同时出版汉、蒙古、藏、维吾尔、哈萨克、朝鲜六种文字的单行本。[②]《红旗》杂志从1980年起由月刊改为半月刊后，将这个讲话刊登在了第一期上。[③]由此，民族工作领域掀起了一次学习民族政策的高潮，对于“文化大革命”结束之后正确处理民族问题，开展民族政策和民族工作中的拨乱反正发挥了民族理论与政策指导作用。

三、在座谈会期间对西藏工作的指导

西藏地方在自治区筹备委员会1956年4月成立之后，尽管正式进入了筹备成立自治区的历史发展阶段，但与当时的广西和宁夏相比较，尚不具备在很短时间内建成自治区的条件。鉴于西藏实现民族区域自治的特殊性和复杂性，周恩来在民族工作座谈会上对西藏问题极为重视。他在讲话中不仅阐述了民族工作的普遍性，而且具体分析了西藏区情和西藏工作的特殊性。如讲话中关于民族区域自治问题这一部分，就民族分布情况，他举例说：“西藏比较单一一些，但指的是现在的西藏自治区筹

---

① 《周恩来选集》下卷，人民出版社1984年版，第247—271页。

② 《周恩来同志〈关于我国民族政策的几个问题〉出版单行本》，《人民日报》1980年1月21日。

③ 《〈红旗〉杂志从明年起改为半月刊》，《人民日报》1979年12月29日。

委会管辖地区，而在其他地区，藏族也是和其他民族杂居的。我国历史的发展，使我们的民族大家庭形成许多民族杂居的状态。”为说明“实行民族区域自治，不仅可以在这个地方有这个民族的自治区，在另一个地方还可以有这个民族的自治州、自治县、民族乡”的情况，他说：“西藏自治区筹备委员会所管辖的地区，藏族只有一百多万，可是在青海、甘肃、四川、云南的藏族自治州、自治县还有一百多万藏族人口，这些地方和所在省的经济关系更密切，便于合作。”也就是说，实行民族区域自治，藏族在西藏建立了自治区，也可以在青海、甘肃、四川、云南等聚居区建立自治州、自治县。关于自治区的名称问题，他还指出，“西藏、内蒙的名称是双关的，又是地名、又是族名。名称问题好象是次要的，但在中国民族区域自治问题上却是很重要的，这里有一个民族合作的意思在里面。”讲话中关于民族繁荣和社会改革问题这一部分，周恩来在谈到封建统治者的民族政策时说：“如蒙古和藏这两个民族，在清朝的时候人口是减少了的。”“藏民族在唐朝时是很强大的，有很大的发展，曾到过陕西的关中北部、长安附近，到过甘肃的南部，还到过四川、云南，人口据说有四、五百万。现在藏族人口合起来不到三百万。”“这两个民族，显然是在清代削弱了。”这说明，“封建主义的民族政策是要削弱别的民族的。”对于新中国建设社会主义工业化国家，他指出，在中国，建设社会主义工业化的国家，是任何民族都不能例外的。只有汉族地区工业高度发展，让西藏、新疆维吾尔自治区等长期落后下去，“就不是社会主义国家”。讲话中关于民族自治权利和民族化问题这一部分，周恩来谈到少数民族实行民族区域自治与汉族干部的关系时指出：“少数民族占多数的地方，像新疆、西藏，也不可能没有汉族干部。”[①]这些论述，融入于周恩来关于我国民族政策的基本问题的思想认识中，显现了民族工作中的一般性和特殊性。

阿沛·阿旺晋美参加了这次民族工作座谈会。周恩来在到达青岛的第二天、座谈会上发表讲话的前一天，即1957年8月3日，与阿沛·阿旺晋美就西藏工作进行了谈话。据《周恩来年谱（1949—1976）》载：他

① 《周恩来选集》下卷，人民出版社1984年版，第247—271页。

对阿沛·阿旺晋美谈了如下内容：一是西藏工作前进的条件。他说：中央、毛主席和国务院对你是信任的，你在工作上有困难，我们会支持你，希望你积极地把工作搞好。西藏工作的逐步前进，需要两个条件：一是要提高人民的觉悟，一是上层分子的觉悟也要一天天地提高。对上层的工作很重要。一方面要尽可能地为人民办点好事，一方面要在上层团结多数。关键问题是正确地对待达赖，要尊重他，对他的家属进行分析，做达赖家属工作的目的，在于保护达赖，要使他看清大局。二是对达赖1956年去印度参加释迦牟尼涅槃2500周年纪念活动的基本估计。他指出："达赖这次去印度还是对的，毛主席是主张他们去的，出去看一看，增加了见识，知道了帝国主义的阴谋活动，希望他能从这一次取得经验，更好地领导西藏今后的工作。必须请达赖认清帝国主义的阴谋还会不断地搞，印度一些人和西藏逃亡出去的反动分子也不会死心。希望有了这一次事件的经验，达赖能提高警惕，不要上他们的当。请转告达赖，说这段话是爱护他的。"三是关于西藏外事工作。他说："总起来说，中印关系是友好的，可以和平共处，但究竟是两个国家，所以无论在政治、经济和宗教上，西藏和印度的来往都应当经过中央，经过外交部，要划个界限。"四是关于达赖和班禅之间的关系问题。他说："中央的方针是帮助他们团结和好，希望在西藏自治区筹委会的工作中，两方面能够互相尊重，合作共事，改善关系。"五是关于西藏进行社会改革问题，他说：中央决定西藏在"二五"期间不进行，目的是使西藏地区的改革搞得更好些，要使上层分子有所准备，使他们知道改革后他们的生活水平不会降低，最主要的是要使他们懂得不改革就不能发展经济，就不能使民族繁荣起来，要在上层分子中进行些教育。①

关于西藏自治区筹备委员会的工作，据阿沛·阿旺晋美回忆说：在民族工作会议期间，周总理同他谈话时指出：成立西藏自治区筹备委员会，目的是在西藏人民心中树立一个希望中心。已经做起来的工作应当好好审查一下，可能做的，一定要做好。藏族人民看到筹委会做了好事，就会产生希望，使筹委会成为希望的中心，为成立自治区创造条件。关

---

① 《周恩来年谱（1949—1976）》中卷，中央文献出版社1998年版，第65—66页。

于自治区的区域范围，前后藏再加昌都地区，这个范围很合适。[①] 由于阿沛·阿旺晋美只是说在会议期间进行的，而周恩来自1957年8月2日抵达青岛至8月6日回到北京。因此，这段谈话的内容是否是在8月3日的谈话中讲的，还是在会议期间的其他场合讲的，有待进一步考证。但就当时的西藏形势和工作情况而言，在8月3日的谈话中，周恩来极有可能谈到西藏自治区筹备委员会的工作，如此，阿沛·阿旺晋美回忆的这段谈话内容可以作为《周恩来年谱（1949—1976）》所载周恩来同阿沛谈话内容的一个补充。

如前所述，据时任座谈会西藏小组秘书的任仁回忆，座谈会上，有些小组曾出现“要求像前苏联一样实行民族自治共和国，也就是联邦制”的呼声。当时，西藏已经建立了自治区筹备委员会，在小组会议上，西藏的代表对此问题“没有表态”。阿沛·阿旺晋美在纪念李维汉的一段回忆中也证明了这一情况。他说：“会议期间，李维汉同志告诉我，有人提出在中国实行联邦制，不应实行区域自治，已经建立的自治区也应改成加盟共和国。他说，有这种思想的人情况不完全一样，有的人是不懂得中国民族关系的历史特点，生搬硬套苏联的经验，属于认识问题；有的人提出这个问题的实质是要搞所谓民族独立，分裂祖国统一，是政治问题，要警惕。他还给我讲了在中国为什么不能实行联邦制，只能实行民族区域自治的道理，使我增长了许多知识。我联想到，那几年在西藏也有人在上层人士中讲过加盟共和国和联邦制之类的问题，当时我不懂得什么是加盟共和国或联邦制，没有把它当成一回事，经李维汉同志这样一讲，我感到在西藏谈论这类事，很容易被那些有西藏独立思想的人利用，确实需要保持高度警惕。”[②]

正是由于周恩来在民族工作座谈会上的讲话回答了这一问题，从而进一步统一了民族区域自治问题上的思想认识。阿沛·阿旺晋美在上述回忆中说：“后来，周恩来总理在会上发表了重要讲话，从历史和现实的结合上，阐述了在我国只宜实行民族区域自治而不能实行联邦制。这件事

---

① 阿沛·阿旺晋美：《功垂青史风范永存——深切缅怀周恩来总理》，载西藏自治区党史办公室编：《周恩来与西藏》，中国藏学出版社1998年版，第274页。

② 阿沛·阿旺晋美：《良师诤友——缅怀李维汉同志》，《人民日报》1986年6月22日。

给我很深的教育，认识到李维汉同志在这样一些重大问题上及时提醒我，是在政治上、思想上对我的最好的关心和爱护，是真正的诤友。”[①] 任仁也回忆说：“周总理的讲话得到了与会代表的赞成，西藏小组表示，坚决把西藏自治区筹备各项工作办好，尽快建立西藏自治区。”[②] 可以说，周恩来在民族工作座谈会上的讲话进一步坚定了西藏实行民族区域自治的历史发展方向。

历史发展表明，1957 年全国民族工作座谈会以周恩来对我国民族理论和政策的论述，以及对民族工作的指导作为标志，成为我国民族工作发展史上的一个重要里程碑。

［原载《党史研究与教学》2008 年第 4 期］

① 阿沛·阿旺晋美：《良师诤友——缅怀李维汉同志》，《人民日报》1986 年 6 月 22 日。
② 任仁：《民族区域自治是解决国内民族问题的金钥匙》，《中国民族报》2007 年 7 月 24 日。

邓小平谈学习中国历史和中共党史

邓小平光辉而伟大的一生，是与中国革命、建设和改革开放的壮丽事业紧密地联系在一起的。他在理论与实践中书写历史的同时，继承和发展中国共产党关于学习的理论与方法，从总结历史、开辟未来出发，在新时期大力倡导学习中国历史和中共党史，用以教育青少年、干部和人民，从中汲取推动中国不断发展的宝贵历史财富和精神动力。

一、在学习重要性上，“要懂得些中国历史，这是中国发展的一个精神动力”

振兴中华，是中国近现代以来历史发展的主旋律和时代最强音。在救亡图存的历史感召下，邓小平从青少年时期起就走上了寻找救国救民真理的人生道路，不仅见证，而且参与了中国人民在中国共产党的领导下，通过新民主主义革命胜利，建立新中国的辉煌历史；社会主义在中国由科学变成活生生现实，以及中国逐步找到一条适合本国国情、实现中华民族伟大复兴道路的波澜壮阔历史。1990 年 4 月 7 日，邓小平会见泰国正大集团董事长谢国民等，其谈话内容既包含有当时中国社会的稳定与发展情况，又有对历史的认识及其启示，“振兴中华民族”的理念贯彻始终。其中，他就 1989 年 7 月的巴黎西方七国首脑会议决定制裁中国问题时说：“我是一个中国人，懂得外国侵略中国的历史。当我听到西方七国首脑会议决定要制裁中国，马上就联想到一九〇〇年八国联军侵略中国的历史。”他同时以新中国建立和发展的历史事实，来说明西方一些国家对中国的制裁是不管用的，表示：“中国是垮不了的，而且还要更加发展起来。这是民族的要求，人民的要求，时代的要求。”由此，他精辟地指出：“要懂得些中国历史，这是中国发展的一个精神动力。”①

邓小平这里所指的中国历史，当然是中国通史，但重点则在于鸦片战争以来的中国近现代历史，特别是中共党史和新中国的历史。他主持起草了《关于建国以来党的若干历史问题的决议》，从 1980 年 3 月到 1981 年 6 月党的十一届六中全会通过该决议，曾向起草小组多次谈过对决议稿的起草和修改意见。其中，他在 1981 年 3 月 26 日的那次谈话中，强调学习马克思主义哲学，也要学点历史。他指出：“青年人不知道我们的历史，特别是中国革命、中国共产党的历史。”② 对于用中国历史教育青年工作，他非常重视。1987 年 2 月 18 日，他在会见加蓬总统邦戈时，回顾了鸦片战争以来中国人民救亡图存的抗争史。他说：“中国从鸦片战争起沦为半殖民地半封建社会，中国人成了世界著名的‘东亚病夫’。从那时起的近一个世纪，我国有识之士包括孙中山都在寻求中国的出路。孙中山开始就想学习西方，所谓西方即资本主义。后来，孙中山觉得资本主义西方不行了，提出‘以俄为师’，学习十月革命后的俄国，开始了国共合作，导致北伐战争的胜利。孙中山逝世以后，国民党的统治使中国继续处在半殖民地半封建社会的悲惨地位，在日本侵华期间大片国土沦为殖民地。在帝国主义、封建主义和后来发展起来的官僚资本主义压迫下，中国继续贫穷下去。”透过这一历史，他指出，中国走资本主义道路不行，中国除了走社会主义道路没有别的道路可走。一旦中国抛弃社会主义，就要回到半殖民地半封建社会，不要说实现“小康”，就连温饱也没有保证。因此，他强调了解国家和民族的历史是很重要的，并指出：“青年人不了解这些历史，我们要用历史教育青年，教育人民。”③ 由此可以看出，邓小平主张学习中国历史特别是中国近现代史的一个核心思想，是要用这些历史教育和引导人民群众特别是青年一代，让他们认识到中

① 《邓小平文选》第 3 卷，人民出版社 1993 年版，第 689—690 页。

② 《邓小平文选》第 2 卷，人民出版社 1994 年版，第 304 页。

③ 《邓小平文选》第 3 卷，人民出版社 1993 年版，第 205—206 页。

国走社会主义道路的历史必然性，从而坚定社会主义的理想与信念。

科学社会主义由理想变成现实，并不断实践，始终是在与各种非马克思主义思想相比较而存在、相斗争而发展的，新中国改革开放时期也莫不如此。20 世纪 80 年代中后期，资产阶级自由化思潮曾一度泛滥，一些地方在 1986 年 12 月中下旬发生了学生上街游行事件。第二年 1 月 13 日，邓小平会见日本客人谈及此事。他在分析这一事件发生的原因时指出："问题在于我们思想战线上出现了一些混乱，对青年学生引导不力。这是一个重大失误。我们要改变这种引导不力的软弱状态，要用我们自己的历史来教育青年，也要揭露那些别有用心的人，因为他们这次的口号是反对共产党的领导，反对社会主义道路。"后来，他在上述会见泰国正大集团董事长谢国民等的谈话中，以史为镜鉴，洞察中国与世界，进一步指出了来自历史的精神动力的基本内涵。一是学习历史，坚定社会主义信念。他强调："党的十一届三中全会以后，我们集中力量搞四个现代化，着眼于振兴中华民族。没有四个现代化，中国在世界上就没有应有的地位。我们搞的四个现代化，是社会主义的四个现代化。只有社会主义，才能有凝聚力，才能解决大家的困难，才能避免两极分化，逐步实现共同富裕。"二是学习历史，坚定共产党的领导。他说："只有稳定，才能有发展。只有共产党的领导，才能有一个稳定的社会主义中国。"他呼吁"中国人要振作起来"，"利用机遇，把中国发展起来"。只有这样，21 世纪中国是"很有希望的"。[①] 推动中国发展、振兴中华的精神动力，来自近现代以来中国人民的救亡图存、奋发图强，来自这一历史所昭示的社会主义和中国共产党领导的正确方向，从而激发中国人民对社会主义的不懈追求和对中国共产党领导的坚定信念。

二、在学习方法论上，"学习必须联系中国革命的历史"

对毛泽东的历史评价和对毛泽东思想的阐述，是同中国共产党和新中国的整个历史分不开的。在改革开放新时期，以邓小平同志为核心的党的第二

① 《邓小平文选》第 3 卷，人民出版社 1993 年版，第 198、357—358 页。

代中央领导集体，领导全党总结新中国成立以来的历史经验，纠正“文化大革命”的错误，坚持科学地认识和评价毛泽东的历史地位和毛泽东思想的科学体系。这一历史成就和理论成果集中体现在《关于建国以来党的若干历史问题的决议》中，并成为决议起草工作的指导思想和决议内容的核心。

早在 1977 年 4 月 10 日，邓小平在致华国锋、叶剑英、党中央的信中就指出，要用准确的完整的毛泽东思想来指导全党、全军和全国人民，把党的事业、社会主义的事业和国际共产主义运动的事业推向前进。随后，他在当年 7 月 21 日党的十届三中全会上的讲话中进一步指出，要对毛泽东思想有一个完整的准确的认识，要善于学习、掌握和运用毛泽东思想的体系来指导各项工作。1978 年召开的党的十一届三中全会重新确立了马克思主义主义的思想、政治和组织路线。

还在《关于建国以来党的若干历史问题的决议》起草修改期间，1981 年 3 月 24 日，邓小平去看望陈云。当时，陈云向他谈了关于修改决议稿的两条意见。一是专门加一篇话，讲讲解放前党的历史，写党的 60 年。二是建议中央提倡学习，主要是学习马克思主义哲学，重点是学习毛泽东的哲学著作。第三天，邓小平同《历史决议》起草小组负责同志谈话中表示赞成这些意见。关于第一条，他说，60 年一写，毛泽东的功绩、贡献就会概括得更全面，确立毛泽东的历史地位，坚持和发展毛泽东思想，也就有了全面的根据。关于第二条，他指出：“现在我们的干部中很多人不懂哲学，很需要从思想方法、工作方法上提高一步”，“很需要学习马克思主义哲学”。他并请起草小组负责同志把这些意见报告胡耀邦，强调说：“历史决议中关于毛泽东同志对马克思主义哲学的贡献，要写得更丰富，更充实。结束语中也要加上提倡学习的意思。”接着，他在 1981 年 3 月 27 日同中国人民解放军总政治部负责同志谈话中，再次谈到陈云关于学习的意见，认为“这个意见很好”，“应当搞学习运动，认真学习马克思、列宁和毛泽东同志的著作”。他指出：“这个学习必须联系中国革命的历史，这样就能了解党是怎样领导革命的，了解毛泽东同志有哪些功绩，使大家知道中国革命是怎样成功的。”[①] 邓小平关于学习

① 《邓小平文选》第 2 卷，人民出版社 1994 年版，第 381 页。

必须联系中国革命的历史的论述，既提出了学习的方法论，又强调了学习的一项基本内容。

联系中国革命的历史，就会深刻认识到，决议稿中阐述毛泽东思想，不只是理论问题，尤其是政治问题。否定毛泽东就是否定中国革命大部分的历史。1980年8月21和23日，邓小平同意大利记者法拉奇进行了两次谈话。他在回答记者的提问时说："没有毛主席，至少我们中国人民还要在黑暗中摸索更长的时间。毛主席最伟大的功绩是把马列主义的原理同中国革命的实际结合起来，指出了中国夺取革命胜利的道路。"[①] 此后不久，中央警卫局的同志告诉邓小平说，把他同记者的谈话向战士们宣读了，还组织了讨论，干部、战士都觉得这样讲好，能接受。邓小平指出："毛泽东思想这个旗帜丢不得。丢掉了这个旗帜，实际上就否定了我们党的光辉历史。总的来说，我们党的历史还是光辉的历史。虽然我们党在历史上，包括建国以后的三十年中，犯过一些大错误，甚至犯过搞'文化大革命'这样的大错误，但是我们党终究把革命搞成功了。中国在世界上的地位，是在中华人民共和国成立以后才大大提高的。只有中华人民共和国的成立，才使我们这个人口占世界总人口近四分之一的大国，在世界上站起来，而且站住了。"他强调："没有中国共产党，不进行新民主主义革命和社会主义革命，不建立社会主义制度，今天我们的国家还会是旧中国的样子。我们能够取得现在这样的成就，都是同中国共产党的领导、同毛泽东同志的领导分不开的。"他还说："恰恰在这个问题上，我们的许多青年缺乏了解。"[②] 这些论述表明，学习党的历史，既能够懂得毛泽东的历史地位和毛泽东思想的科学体系，又能够培养和教育下一代，不断在总结历史经验的基础上开辟中国未来。

三、在历史学习观上，公正地、科学地对待历史

邓小平的一生，经历了整个新民主主义革命、新中国头30年和改革

① 《邓小平文选》第2卷，人民出版社1994年版，第345页。

② 《邓小平文选》第2卷，人民出版社1994年版，第299页。

开放20年。改革开放以来，他在总结历史经验时，反复强调要实事求是地对待新中国头30年的历史。2009年是新中国成立60年。学术理论界在纪念这一光辉节日中，正确认识新中国成立60年的历史和处理新中国以党的十一届三中全会为界的前后两个30年的关系，成为理论主旋律。但以改革开放30年否定新中国头30年的错误倾向一时甚嚣尘上。为此，学习邓小平关于新中国头30年历史的论述，具有很强的现实意义。

学习历史，对待历史，都离不开一定的历史条件。邓小平在1979年党的理论工作务虚会上指出：在分析历史人物的缺点和错误时，“更重要的是要分析历史的复杂的背景。只有这样，我们才是公正地、科学地、也就是马克思主义地对待历史，对待历史人物”。1979年，新中国成立30周年。时任全国人大常委会委员长的叶剑英代表党中央于9月30日发表了庆祝中华人民共和国成立30周年的讲话。他在讲话中指出新中国的30年是光荣伟大的30年，30年来我们取得的成就是伟大的，看不到这个伟大成就是完全错误的。当然，我们走过的道路并不平坦，既有过比较顺利的发展，也有过严重的挫折。1980年1月16日，邓小平在党中央召集的干部会议上指出，叶剑英的讲话，“不单是带有总结文化大革命的意义，实际上总结了、或者说基本上总结了建国以来三十年的经验教训。大概我们的党史就要根据这个调子来写了，太细恐怕也不妥当。我们不是说解决过去的问题要粗一点，不要太细吗？今后也还是要掌握这个分寸。评价人物和历史，都要提倡全面的科学的观点，防止片面性和感情用事，这才符合马克思主义，也才符合全国人民的利益和愿望”。[①] 在主持起草历史决议时，他进一步强调，对新中国头30年来历史上的大事，哪些是正确的，哪些是错误的，要进行实事求是的分析，包括一些负责同志的功过是非，要作出公正的评价。

在新中国头30年的历史评价问题上，邓小平从总结历史的经验教训出发，实事求是地给予了充分肯定和辩证分析。1979年3月30日，他在党的理论工作务虚会上阐述必须坚持社会主义道路时指出：“我们尽管犯过一些错误，但我们还是在三十年间取得了旧中国几百年、几千年所

---

① 《邓小平文选》第2卷，人民出版社1994年版，第299页。

没有取得过的进步。我们的经济建设曾经有过较快的发展速度。”当年11月26日，他会见美国和加拿大客人，并在谈话中说，30年来，“我们毕竟在工农业和科学技术方面打下了一个初步的基础，也就是说，有了一个向四个现代化前进的阵地”，“建立了实现四个现代化的物质基础”。第二年4月12日，他会见赞比亚总统卡翁达时指出：“中国建国三十年来，不论农业方面、工业方面，还是其他方面，都建立了社会主义的初步基础。”同时，他认为：“一个根本的问题是，我们耽误了时间，生产力的发展太慢。”[①]12月25日，他还在中央工作会议上强调：“建国三十一年来，我们确实犯过不少错误，包括严重的错误，其间几经折腾，使人民受到了不少损失，也延缓了社会主义建设的进程。但是，经过三十一年的努力，我们的全部工交企业单位已经发展到近四十万个，国营企业固定资产比解放初期增长近二十倍，培养了大批熟练工人和上千万专业人才，建立了比较完整的工业体系和国民经济体系。”谈到加强思想政治工作，他指出：“关于建国以来党的工作的评价，一定要充分肯定三十一年来的巨大成绩；缺点、错误要进行严肃的批评，但决不能说得一团漆黑。”“必须毫不动摇地坚持这种实事求是的立场。”[②]

邓小平熟悉中国共产党的历史，对党史和新中国历史上的许多重大事件的历史过程都比较了解。他站在历史的战略高度指出：“每个党、每个国家都有自己的历史，只有采取客观的实事求是的态度来分析和总结，才有好处。”他强调：“总结历史，不要着眼于个人功过，而是为了开辟未来。”这些论述鲜明地提出了学习历史、总结历史经验的根本宗旨。以党的十一届三中全会为界，在新中国头30年与改革开放时期的关系问题上，邓小平辩证地指出：“过去的成功是我们的财富，过去的错误也是我们的财富。我们根本否定‘文化大革命’，但应该说‘文化大革命’也有一‘功’，它提供了反面教训。没有‘文化大革命’的教训，就不可能制定十一届三中全会以来的思想、政治、组织路线和一系列政策。”[③]这里，他运用唯物史观，从新中国历史中的转折环节和改革开放新时期的起点

① 《邓小平文选》第2卷，人民出版社1994年版，第167、232、311—312页。

② 《三中全会以来重要文献选编》（上），人民出版社1982年版，第630页。

③ 《邓小平文选》第3卷，人民出版社1993年版，第272页。

上，阐述了新中国前后阶段历史发展的内在关系，为我们学习和研究新中国的历史和中共党史，奠定了历史的认识论基础，指明了历史理论的正确发展方向。

［原载《百年潮》2010 年第 1 期］

陈云的马克思主义观研究

关于什么是马克思主义、怎样对待马克思主义，中国共产党自诞生以来，在接受、传播、应用和发展马克思主义过程中，在中国革命、建设和改革的伟大实践中，从理论与实践上不断探索和回答，奠定了马克思主义中国化的思想认识基础与前提，开辟了新民主主义革命道路和中国特色社会主义道路。陈云作为党的第一代和第二代中央领导集体的重要成员，终其一生，追求真理，学习、信仰马克思主义，直接参与了马克思主义中国化的第一次和第二次历史性的飞跃，为共产主义事业不懈奋斗，并形成“不唯上、不唯书、只唯实，交换、比较、反复”的思想方法、工作方法和领导原则，充满唯物辩证法，贯穿实事求是的思想路线。陈云是学习马克思主义、坚持马克思主义的典范，其对于马克思主义的正确态度、科学认识和实践经验，是马克思主义中国化的宝贵精神财富。

一、学习马克思主义，特别是学习哲学，掌握唯物辩证法

在近代中国探索救国救民真理的社会大潮中，正值青少年的陈云由相信“三民主义”转变为信仰马克思主义，并由加入国民党转而加入中国共产党，其发生“人生观改革”和走上革命道路的思想基础，是由学习和接受马克思主义开始形成的。

中国共产党是马克思主义与中国工人运动相结合的产物。陈云1925年入党。他在自传中谈到入党动机问题时说："罢工斗争和看了两本书就加入了党。"这里所说的罢工斗争是指他在商务印书馆工作期间发生的五卅运动和商务印书馆发行所职工会、印刷所工会、总务处同人会的联合罢工活动。罢工斗争是当时中国工人阶级的一种重要斗争形式。参与罢工斗争，成为陈云入党的重要实践基础。他所指的两本书是《马克思主义浅说》和《资本制度浅说》，而且他在看了之后认为"这些书看来它的道理比三民主义更好"。从当时的思想实际来说，陈云对马克思主义的了解和认识只是初步的，还看不懂《共产主义ABC》，但这并没有影响他选择加入中国共产党。入党以后，不可避免地要面临个人利益与党的利益冲突时而产生的思想矛盾问题。陈云说："这种矛盾的克服，必须赖于革命理论与思想，去克服个人利益的思想。"从入党时起，陈云逐步树立了"今后不是做成家立业的一套，而是要干革命"的人生观和价值观，并把"必须要改造社会，才能解放人类"作为人生信条和不懈追求。①这时的陈云既学习和接受了马克思主义，又找到了"改造社会"的人生目标，促使他终其一生不断学习马克思主义，提高马克思主义理论素养，并用以指导社会实践。

陈云在长期的中国革命和建设实践中，十分重视学习马克思主义，特别是学习哲学。这是陈云学习观的核心内涵。在这一问题上，现有陈云研究已做了多方面的史料整理与挖掘，并进行了一定阐释，充分表明陈云把学习马克思主义放在了十分重要的位置，并影响和引导他人。陈云终生学习并倡导学习马克思主义，典型时期主要是延安整风时期、"文化大革命"中在江西蹲点时期和20世纪80年代。他无论是处于顺境还是逆境，学习马克思主义始终不渝。

延安整风时期，陈云在毛泽东的指导下，有计划、有组织地学习马克思主义、学习哲学。马克思主义不是教条，而是行动的指南。社会实践特别是解决中国问题的需要，是推动中国共产党人学习马克思主义的动力与源泉。对于马克思主义，毛泽东曾在1938年党的六届六中全会上

① 《陈云年谱（1905—1995）》上卷，中央文献出版社2000年版，第25页。

指出："在担负主要领导责任的观点上说，如果我们党有一百个至二百个系统地而不是零碎地、实际地而不是空洞地学会了马克思列宁主义的同志，就会大大地提高我们党的战斗力量，并加速我们战胜日本帝国主义的工作。"[①] 整风期间，毛泽东提倡学习马克思主义，特别是学习哲学，推动全党大兴学习马克思主义之风，促进了全党的思想提高和认识统一。据陈云回忆："毛主席先后三次当面同我谈过，要学哲学，还派教员来帮助我们学习。"在毛泽东的影响下，陈云在其任部长的中央组织部成立了由李富春、陶铸、王鹤寿、陈正人、王德组成的六人学习小组，"还有几位旁听的'后排议员'"。这一学习小组从 1938 年开始到 1942 年，坚持了五年，还被评为中央机关的模范学习小组。陈云回忆当时的学习情形时说："先学哲学，再学《共产党宣言》，然后再学哲学和政治经济学等，那时我们读的书，除马克思、恩格斯、列宁、斯大林的有关著作外，还有毛主席的《中国革命战争的战略问题》《实践论》《矛盾论》《论持久战》等，也读点别人的著作。"[②] 据《陈云年谱（1905—1995）》记载，1940 年间，陈云多次听和培元、艾思奇、王学文、王思华讲解唯物论与唯心论问题、费尔巴哈唯物论和马克思主义哲学的形成问题、剩余价值法则、资本主义经济危机问题等，并做了笔记。从 1941 年 3 月 14 日起，陈云读马克思、恩格斯的《共产党宣言》，从 4 月 4 日起读恩格斯的《社会主义从空想到科学的发展》，并做读书笔记。他总结这一段学习时说：那几年的学习，受益匪浅。在延安学习前，讲话、文章缺少辩证法；学习后，讲话写文章就不一样了，就有辩证法了。通过延安整风学习，特别是学习哲学，陈云在思想方法上有了很大进步。

中国共产党之所以能够发展壮大、保持先进性，其中一个重要方面就在于学习，理论联系实践。陈云把学习马克思主义作为共产党员的一个重要标准，把学习作为共产党员的责任。1939 年 5 月 30 日，陈云在《怎样做一个共产党员》中指出："我党是马克思列宁主义的战斗的党，首先，我们要学习马克思、恩格斯、列宁、斯大林的理论，才能培养自

① 《毛泽东选集》第 2 卷，人民出版社 1991 年版，第 533 页。

② 《陈云文选》第 3 卷，人民出版社 1995 年版，第 360、361 页。

己成为一个真正有能力的有坚强党性的共产党员。我们的学习是学习马克思列宁主义的精神，学习他们观察问题的立场、观点和方法，而不是背诵教条。”[①]1939 年底，他撰写《学习是共产党员的责任》一文，认为对于学习的意义认识得够不够，是决定我们能否下决心学习的关键。学习是做好工作的一个条件，而且是一个必不可少的条件。掌握了马列主义的原理和思想方法，就会自然地同自己的实践经验结合起来，把具体经验提高到一般理论，再拿这种一般理论去指导实际工作。这一时期，陈云通过学习马克思主义，并在毛泽东的影响下，掌握了唯物辩证法。

新中国成立以来，逐步确立马克思主义在我国意识形态领域的指导地位，并促进了社会主义先进文化的发展。然而，探索和形成我国社会主义建设道路是在曲折中进行的。在“文化大革命”中，陈云被“战略疏散”到江西“蹲点”。当时，他携带了三箱马列和毛泽东的著作。陈云的子女回忆说：“在他下放江西的日子里，我们去看他，他给我们讲得最多的就是要我们认真读马列的书，读毛主席著作，学好哲学。”[②]据 1970 年 12 月 14 日陈云复陈伟华的信记载，他关于学习问题向女儿提出建议，认为“哲学是马列主义根本中的根本。这门科学是观察问题的观点（唯物论）和观察解决问题的办法（辩证法），随时随处都用得到。四卷毛选的文章，都贯彻着唯物论辩证法。”具体到学习内容，他认为“《共产党宣言》是必须看的”，然后是《社会主义从空想到科学的发展》和《资本论》，以及《马克思传》《恩格斯传》和《列宁传》等。[③]1971 年 4 月，陈云又对到南昌看望他的陈伟华说，学好理论是政治上进步的基础，学好哲学尤其重要。掌握了唯物辩证法，就有了观察问题的立场、观点和解决问题的办法。陈云不仅谈了学习马克思主义、学习哲学的重要性，而且根据自身学习心得，谈到了学习什么和怎么学的问题。这既是陈云对马克思主义的基本态度和认识，也是其学习马克思主义的重要经验。

“文化大革命”结束后，新中国的历史发生转折，逐步进入改革开放

① 《陈云文选》第 1 卷，人民出版社 1995 年版，第 143 页。

② 陈伟力等：《永远像您那样学习和生活——怀念我们的父亲陈云》，《人民日报》1997 年 4 月 22 日。

③ 《陈云传》下卷，中央文献出版社 2005 年版，第 1387—1389 页。

新时期。陈云反对“两个凡是”，支持关于真理标准问题讨论，为马克思主义思想路线的重新确立做出了积极贡献。同时，改革开放是史无前例的新生事物，新情况、新问题不断出现，学习的重要性在党内外更加突出地显现出来。陈云十分重视并要求领导干部学习马克思主义。1987 年 7 月 17 日，他同中央负责同志谈话，专门谈到身负重任和要学习哲学的问题，并把这两个问题紧密地联系起来谈，认为“要把我们的党和国家领导好，最要紧的，是要使领导干部的思想方法搞对头，这就要学习马克思主义哲学”。他指出：“现在我们在新的形势下，全党仍然面临着学会运用马列主义、毛泽东思想的立场、观点、方法分析和解决问题这项最迫切的任务。”[①] 据时任陈云秘书的朱佳木回忆，1983 年 7 月的一天，陈云与他谈学哲学时说：哲学是最核心的东西。马克思之所以由青年黑格尔派转变为马克思主义者，主要就是因为他把黑格尔的辩证法和费尔巴哈的唯物主义，经过改造，结合到了一起。有了这个东西，才有了唯物史观和剩余价值学说。他把学习马克思主义基本原理作为培养和教育干部的基本内容，不仅要改造思想方法，更为根本的是要改造世界观。又据朱佳木回忆，1983 年下半年，中央决定整党，为此有关部门拟了一份整党学习文件目录。陈云看后说，这个目录应当把《共产党宣言》《社会主义从空想到科学的发展》《在马克思墓前的讲话》《帝国主义是资本主义的最高阶段》等选进去，还有毛主席的《中国革命战争的战略问题》《论持久战》。整党，既要整顿党的组织和作风，又要端正党的思想路线，加强马克思主义思想理论建设和武装。陈云把学习马克思主义作为思想武装和精神动力，越是中国革命和建设处于重要阶段和转折关头，越发重视和加强学习马克思主义。

陈云倡导学习马克思主义，强调学习的目的在于提高马克思主义理论修养，在于提高思想方法和工作方法。他关于学习的思想认识不仅由于马克思主义是科学，而且来源于对历史经验教训的深刻认识。《关于建国以来党的若干历史问题的决议》是党对自身历史的科学总结。陈云参与指导了这一决议的起草工作。其中，关于学习哲学，他曾向决议起

---

① 《陈云文选》第 3 卷，人民出版社 1995 年版，第 362 页。

草组讲到，新中国成立以后，我们一些工作发生失误，原因还是离开了实事求是的原则。在党内，在干部中，在青年中，提倡学哲学，有根本的意义。他针对当时干部中很多人不懂哲学的情况，认为很需要从思想方法、工作方法上提高一步。实事求是是马克思主义的思想路线。在陈云看来，学习马克思主义哲学是遵循实事求是的一条重要途径。综观陈云一生的思想与实践，鲜明地贯穿了实事求是的原则与精神，并形成以“不唯上、不唯书、只唯实，交换、比较、反复”为基本内涵的“唯实论”哲学思想和以学习马克思主义、学习哲学为核心的学习观。

二、信仰马克思主义，坚定共产主义理想，并为之奋斗到底

马克思主义揭示了人类社会发展规律，将社会主义由空想变成科学。中国共产党以马克思主义为指导，把最终实现共产主义作为最高纲领，同时为各个历史时期的具体任务而奋斗，始终代表中国最广大人民的根本利益，代表中国先进生产力的发展要求，代表中国先进文化的前进方向。陈云在中国工人运动中接受了马克思主义，并由此树立了为共产主义事业而奋斗的远大理想，实现了从“人生观改造”到树立“革命的人生观”的思想发展。

陈云把终身为共产主义奋斗作为共产党员的首要标准，并以此要求自己和教育党员，保持党在思想上的纯洁性。他的这一思想认识集中表现在他写于 1939 年 5 月 30 日的《怎样做一个共产党员》一文中。当时，中国正处于抗日战争的战略相持阶段。陈云在文中指出：“共产党员不仅要积极参加抗日，而且要为共产主义奋斗。”这是在抗日战争的历史条件下把党的最高纲领与最低纲领相统一的具体化。他在阐述党的性质和宗旨时进一步指出：“一个愿意献身共产主义事业的共产党员，不仅应该为党在各个时期的具体任务而奋斗，而且应该确定自己为共产主义的实现而奋斗到底的革命的人生观。”对于如何确定这样的人生观，他认为，一个共产党员应该从其阶级觉悟、实际革命锻炼和马克思主义修养中，深切了解到无产阶级在社会上的历史地位和作用，懂得无产阶级的利益及

其解放全人类的伟大事业，洞悉共产党及其党员的当前任务和根本目标，从而认识到人类社会历史发展的规律和坚信共产主义社会必然实现的前途。他指出了一个共产党员确立“革命的人生观”的首要条件和坚定这样的人生观的思想理论基础。不仅如此，陈云强调，每个共产党员必须对于工人阶级和中国人民、中华民族的解放事业，有不怕牺牲、不怕困难和奋斗到底的决心。这是检验一个共产党员“革命的人生观”是否坚定的实践标准，是知行合一的。这一标准是由中国革命的艰巨性和彻底性所决定的。陈云指出：“中国革命是一个长期的艰苦的斗争过程，在弯曲险峻的革命道路上，革命者必须经历长期的艰苦和波折；在与敌人经常的斗争中，在每一事变的紧急关头，还有牺牲的可能。”①因此，他把“革命的利益高于一切”作为共产党员的第二个标准，指出共产党员是在党的领导下为共产主义事业奋斗的战士，党员的利益同民族的、人民的和党的利益是一致的。每个党员必须对于民族、革命、本阶级和党，表示无限忠诚，把个人利益服从于民族的、革命的、本阶级的和党的利益。当在革命工作、党的工作中发生党员个人的利益与党的利益的不一致时，每个共产党员都要把革命的和党的利益放在第一位，以革命的和党的利益高于一切的原则来处理一切个人问题，而不能把个人利益超过革命的和党的利益。他还指出，革命的和党的利益高于一切，不仅要求每个党员懂得这一条，特别是要求每个党员能在实际行动和日常生活的每个具体问题上，坚决地、毫不动摇地执行这一条。《怎样做一个共产党员》原发表在党中央机关刊物《解放》第72期上，后在延安整风运动中被党中央列为学习文件，成为指导党的建设的重要历史文献。陈云在文中从共产党员的标准问题阐述了党的思想、政治、组织和作风的纯洁性，既集中体现了他对党的性质与宗旨的认识，又表达了他对共产主义的坚定信念。

新中国成立以来，陈云担负党和国家的重要领导责任，特别是社会主义经济建设和党的建设工作，建立了不朽历史功绩。无论是我国社会主义现代化建设出现失误、遭遇挫折，还是陈云身处逆境，变化的是社

① 《陈云文选》第1卷，人民出版社1995年版，第138页。

会历史条件和工作方式，不变的则是他对马克思主义的信仰。在党的十二届二中全会上，陈云在发言中指出："资本主义必然要被共产主义所代替，这是无可改变的法则。现在世界上共产党领导的社会主义国家的存在，这就是社会主义、共产主义必然要代替资本主义的铁证。我们可以充满信心，高呼：社会主义万岁！共产主义万岁！"同时，他还针对当时一些人中存在的"中国不如外国""社会主义不如资本主义"和"马克思主义不灵了"的种种言论，指出对于这些人要进行批评教育，"对其中做意识形态工作的同志，经过教育不改的，要调动他们的工作"。[①] 陈云在非马克思主义和反马克思主义的社会思潮面前，毫不动摇地坚定马克思主义信仰，对社会主义和共产主义充满必胜信心。

党的十一届三中全会开启改革开放新时期，陈云对这一历史转折的实现做出了重要贡献。改革开放是历史发展的必然，但不是一改革开放，就一切矛盾都解决了。改革开放始终存在坚持什么方向、走什么道路的根本性问题。改革开放初期，一方面精神文明建设曾一度被忽视，另一方面西方一些不良的和错误的思想观念渗透进来，中国社会中残留的一些腐朽的传统观念也有所泛起，如"人不为己、天诛地灭"的资本主义哲学，不顾国格人格的奴才思想等。这些不仅与社会主义文化和中华民族的传统美德不相容，而且严重影响社会主义方向，侵蚀人们的思想灵魂，败坏社会风气，如果不予以抵制，最终误导的将是改革开放。陈云对改革开放不可避免带来的消极腐朽现象，保持着清醒认识和高度警惕。1985 年 9 月 24 日，他在党的纪律检查委员会第六次全体会议上的书面讲话中，指出了忽视精神文明建设对党风、社会风气的危害性，强调必须纠正忽视精神文明建设的现象。他说："忽视社会主义精神文明建设，我们的整个事业就可能偏离马克思主义，偏离社会主义道路。"同时，他从正反两方面辩证地分析改革开放面临的复杂形势，指出对外开放，引进国外先进技术和经营管理经验，为我国社会主义建设所用，是完全正确的，要坚持。但同时要看到，对外开放，不可避免地会有资本主义腐朽思想和作风的侵入。这对我们社会主义事业，是直接的危害。他指出

---

① 《陈云文选》第 3 卷，人民出版社 1995 年版，第 332 页。

要严重注意资本主义腐朽思想和作风的渗入，有针对性地进行以共产主义思想为核心的教育。他坚信马克思主义、共产主义的真理，一定会战胜资本主义腐朽思想和作风的侵蚀。建设社会主义，既要建设物质文明，又要建设精神文明，二者相辅相成，是不能分离的。陈云强调改革开放和现代化建设必须坚持社会主义方向，指出社会主义物质文明和精神文明要一起抓。信仰马克思主义，才能自觉地坚持以马克思主义为指导，遵循人类社会发展规律和社会主义建设规律，坚定共产主义理想和社会发展方向，经受社会历史变革的考验，始终保持思想信念的坚定。

在 20 世纪 80 年代中期，邓小平将当代世界全球性的战略问题概括为和平与发展。中国对外政策的目标是争取世界和平，在这个前提下，一心一意搞现代化建设，发展自己的国家，建设中国特色社会主义。中国改革开放以来，尽管世界和平的力量在发展，但战争的危险还存在，其根源于世界上的霸权主义和强权政治。这就是邓小平所说的和平问题。发展问题则是指发达国家越来越富，相对的是发展中国家越来越穷，也即是贫富差距问题。邓小平从中国的对外政策阐述了当代世界的和平与发展问题。随着和平与发展越来越成为当代世界的时代主题，社会上关于列宁的帝国主义论已经过时的言论也甚嚣尘上。在这一问题上，陈云思考 1989 年北京发生的政治风波，在 1989 年 9 月 8 日同中央负责同志的谈话中指出："列宁论帝国主义的五大特点和侵略别国、互相争霸的本质，是不是过时了？我看，没有过时。"他说：从历史事实看，帝国主义的侵略、渗透，过去主要是"武"的，后来"文""武"并用，现在"文"的（包括政治的、经济的和文化的）突出起来，特别是对社会主义国家搞所谓的"和平演变"。那种认为列宁的帝国主义论已经过时的观点，是完全错误的，非常有害的。这个问题，到了大呼特呼的时候了。"和平演变"与反"和平演变"是当代世界社会主义与资本主义之间矛盾斗争的重要方式与特征。陈云透过"和平演变"认识到帝国主义侵略、渗透方式发生改变，而且更具隐蔽性和欺骗性，这暴露的正是帝国主义的本性。当代世界的和平与发展问题一个都没有解决，而且在一定条件下还有进一步加剧的危险。列宁的帝国主义论经受第一次世界大战以来世界历史的检验，依然是认识和判断当代世界的科学理论指导。

在人类社会历史发展中，实现共产主义需要社会生产力的高度发达和社会财富的极大丰富，因此必将是一个漫长的历史发展进程。但这并不意味着共产主义“遥遥无期”。据时任陈云秘书的朱佳木回忆，针对“共产主义遥遥无期”的观点，陈云说：“这个观点是不对的，应当说，共产主义遥遥有期，社会主义就是共产主义的第一阶段嘛。”[①]然而，实现共产主义，需要一代又一代共产党人为之不懈奋斗。这就需要不断加强干部队伍建设，保证共产主义事业的代代相传、后继有人。思想路线、政治路线的实现要靠组织路线来保证，培养接班人问题始终是一个历史性的课题。面对改革开放之初严重存在的干部青黄不接的情况，陈云在1981年7月2日的省、自治区、直辖市党委书记座谈会上提出，必须成千上万地提拔中青年干部。1982年9月6日，他在党的十二大上的发言中指出，不解决或解决不好我们党的干部队伍的老化问题、青黄不接的问题，共产主义事业在中国就有可能出现曲折。解决好干部队伍的交接班问题，是摆在全党面前的一个重要任务。他认为，一方面要大胆提拔，加快提拔中青年干部，一方面又要严格把好政治标准这一关。只要把干部队伍的交接班问题解决好，我们党的事业就一定会后继有人。

信仰马克思主义，是陈云坚定共产主义远大理想的科学依据。为共产主义的实现而奋斗到底，是他终生不渝的人生追求。

三、坚持把马克思主义与中国的具体实际相结合，推进中国特色社会主义事业

陈云作为党的第一代中央领导集体和党的第二代中央领导集体的重要成员，直接参与和推动了马克思主义中国化的伟大历史进程。

陈云坚持贯彻党的实事求是的思想路线，重视理论联系实际。他说：“学习理论一定要联系实际。”[②]他在长期的革命、建设和改革的实践中，完整提出了“不唯上、不唯书、只唯实，交换、比较、反复”这一唯物

① 朱佳木：《论陈云》，中央文献出版社2010年版，第6页。

② 《陈云文选》第1卷，人民出版社1995年版，第189页。

辩证法的思想方法、工作方法和领导原则。这是陈云对怎样才能做到实事求是的体会。他说：不唯上，并不是上面的话不要听。不唯书，也不是说文件、书都不要读。只唯实，就是只有从实际出发，实事求是地研究处理问题。“不唯上、不唯书、只唯实”，是唯物论。他指出，交换，就是互相交换意见。过去犯过不少错误，究其原因，最重要的一点就是看问题有片面性，把片面的实际当成了全面的实际。作为一个领导干部，经常注意同别人交换意见，尤其是多倾听反面的意见，只有好处，没有坏处。比较，就是上下、左右进行比较。所有正确的结论，都是经过比较的。反复，就是决定问题不要太匆忙，要留一个反复考虑的时间。如果没有不同的意见，也要假设一个对立面。吸收正确的，驳倒错误的，使自己的意见更加完整，并且在实践过程中还要继续修正。“交换、比较、反复”是辩证法。“不唯上、不唯书、只唯实，交换、比较、反复”总起来就是唯物辩证法。这是陈云对马克思主义的辩证唯物主义和历史唯物主义世界观和方法论的具体应用，形成陈云哲学思想的鲜明内涵与特征。

毛泽东思想是马克思主义中国化第一次飞跃的理论成果，不仅指导中国新民主主义革命胜利，而且指导新中国的成立、建设和发展，确立了社会主义基本制度，为当代中国的一切发展进步奠定了根本政治前提和制度基础。陈云是毛泽东思想形成和发展的重要参与者，并在工作实践中坚持贯彻和创造性地运用。他长期主持全国财政经济工作，为新中国成立初期迅速恢复国民经济，为国家社会主义工业化和社会主义经济建设的开创和奠基，做出了重要贡献。在生产资料私有制的社会主义改造中，陈云主要负责资本主义工商业改造。他比较系统地阐述了资本主义工商业的社会主义改造，而且推动了“和平赎买”政策的实施。实现对资本主义工商业的“和平赎买”，把马克思和列宁的赎买设想变成了现实。他在社会主义改造完成的基础上，提出了“三个主体，三个补充”的思想，成为后来社会主义市场经济建设的一个思想认识来源。有计划按比例，综合平衡，是陈云经济思想的核心内容，“来之于马克思”。“文化大革命”中，党的实事求是的思想路线被破坏。改革开放之初，1979年3月8日，陈云写出了《计划与市场问题》的提纲。他说：“整个社会主义时期必须有两种经济：（1）计划经济部分（有计划按比例的部分）；（2）市场调节部分（即不作计划，只根据市场供应的变化进行生产，即带有盲目性调节的部分）。第一部分是基本的主要的；第二部分是从属的次要的，但又是必需的。”[①] 计划经济是主要，市场调节是必要，二者相互结合，这是陈云关于社会主义经济体制问题的思想发展，在推动建立社会主义市场经济体制中起到了思想先导作用。没有对马克思主义所揭示的人类社会发展规律的认识和掌握，不以马克思主义为指导探索社会主义建设规律和共产党执政规律，是不可能做出这样的理论贡献的。

彻底否定“文化大革命”是历史的必然，这就涉及如何评价毛泽东的历史地位、如何对待毛泽东思想的问题。是否坚持毛泽东思想，不仅关系毛泽东的历史地位，而且关系马克思主义中国化的历史命运。1977年9月28日，为纪念毛泽东逝世一周年，陈云在《人民日报》发表了《坚持实事求是的革命作风》一文，阐明实事求是是马克思主义的思想精髓。他说：实事求是，不是一个普通的作风问题，而是马克思主义唯物主义的根本思想路线问题。要坚持马克思列宁主义，坚持毛泽东思想，就必须坚持实事求是。如果离开了实事求是，就离开了马克思列宁主义、毛泽东思想，而成为脱离实际的唯心主义者。是否坚持实事求是，实际上是区别真假马克思列宁主义、真假毛泽东思想的根本标志之一。陈云将坚持实事求是贯彻到对党的历史的总结。他在《关于建国以来党的若干历史问题的决议》的起草过程中，强调关于新中国成立以来32年中党的工作的错误，一定要写得很准确，论断要合乎实际，反复推敲，反复斟酌，使它能够站得住，经得起历史的检验。对于成绩与错误，他指出：“是成绩就写成绩，是错误就写错误；是大错误就写大错误，是小错误就写小错误。”为使决议达到确立毛泽东同志的历史地位，坚持和发展毛泽东思想的目的，陈云认为，需要写上党成立以来60年中间毛泽东的贡献和毛泽东思想的贡献。因此，建议增加回顾新中国成立以前28年历史的段落。有了党的整个历史，解放前解放后的历史，把毛泽东在60年中间重要关头的作用写清楚，毛泽东的功绩、贡献就会概括得更全面，确立

---

① 《陈云文选》第3卷，人民出版社1995年版，第245页。

毛泽东的历史地位，坚持和发展毛泽东思想，也就有了全面的根据。说毛泽东功绩是第一位的，错误是第二位的，说毛泽东思想指引我们取得了胜利，就更能说服人了。全面而准确地认识毛泽东思想，体现了党对待马克思主义中国化的科学态度，也为推进马克思主义中国化的发展奠定了思想理论基础。

改革开放新时期，陈云参与制定并执行社会主义初级阶段的基本路线，拥护和支持改革开放，始终坚持四项基本原则。然而，在坚持改革开放与坚持四项基本原则的关系问题上，往往容易强调前者而忽视甚至否定后者，而把两者对立起来。坚持四项基本原则是邓小平在1979年3月党的理论工作务虚会上完整地提出来的。邓小平指出，坚持四项基本原则是实现“四个现代化”的根本前提。陈云不仅辩证地对待改革开放，而且坚定地贯彻四项基本原则。1985年6月29日，陈云在全国端正党风工作经验交流会上的书面讲话中指出：“我们干的是社会主义事业，最终目的是实现共产主义。这一点，非常重要。在党中央领导下，我们国家现在进行的经济建设，是社会主义的经济建设，经济体制改革也是社会主义的经济体制改革。任何一个共产党员，每时每刻都必须牢记，我们是搞社会主义的四个现代化，不是搞别的现代化；我们进行的事业，是社会主义事业。”[①] 他从党的最高纲领和经济建设、经济体制改革这一现阶段具体工作，都强调必须坚持社会主义道路，坚持改革的社会主义方向。1985年9月23日，他在党的全国代表会议上讲话中，针对一些人包括一些共产党员忘记社会主义和共产主义的理想，丢掉为人民服务的宗旨的情况，指出应当把共产主义思想的教育、四项基本原则的宣传，作为思想政治工作的中心内容。这种宣传教育不能有丝毫减弱，还要大大加强。

在坚持四项基本原则问题上，邓小平还从1989年北京政治风波发生的历史经验教训中指出：“这次事件的性质，就是资产阶级自由化和四个坚持的对立。”“四个坚持本身没有错，如果说有错误的话，就是坚持四项基本原则还不够一贯，没有把它作为基本思想来教育人民，教育学生，

① 《陈云文选》第3卷，人民出版社1995年版，第347页。

教育全体干部和共产党员。”他强调说：“不是错在四个坚持本身，而是错在坚持得不够一贯。”[①] 陈云对四项基本原则的坚定性也在鲜明地反对1989年政治风波中体现出来。1989年5月26日，他在中顾委常委会会议上指出：“关键时刻，不能后退。如果后退，两千万革命先烈用人头换来的社会主义的中华人民共和国，就会变成资本主义的共和国。”[②] 历史发展表明，坚持以经济建设为中心，改革开放越深入，坚持四项基本原则就越要加强。否则，中国特色社会主义就有失败的危险。

中国共产党开辟中国特色社会主义道路，是科学社会主义基本原理与中国具体实际的结合，来自马克思主义中国化理论与实践的发展。陈云学习、信仰和坚持马克思主义，他留给我们的宝贵精神财富，是推动中国特色社会主义事业精神文化的重要组成部分，将之与不断变化的党情、国情和世情相结合，必将推进马克思主义中国化、时代化和大众化，不断拓展中国特色社会主义道路。

［原载《北京党史》2013年第5期］

① 《邓小平文选》第3卷，人民出版社1994年版，第305页。
② 《陈云文选》第3卷，人民出版社1995年版，第368页。

陈云对起草《关于建国以来党的若干历史问题的决议》指导性意见的思想基础与来源

《关于建国以来党的若干历史问题的决议》(即“第二个历史决议”),标志党在指导思想上完成拨乱反正,科学解决了如何正确评价毛泽东的历史地位和毛泽东思想的科学体系这一重大历史课题,实现了全党在坚持和发展毛泽东思想基础上的意志的统一。这是党在新的历史条件下恢复和贯彻马克思主义思想路线的一种必然。第二个历史决议起草前后,陈云的思想认识与工作实践,不仅为确立这一历史决议起草的政治前提与思想基础做出历史贡献,而且提出若干指导性意见,直接影响了决议内涵与形式的形成。

一、第二个历史决议确立毛泽东的历史地位、坚持和发展毛泽东思想,需要通过写党的60年历史,全面概括毛泽东的历史贡献

毛泽东对中国革命和建设的最主要的理论贡献,就是以他为代表,创立和发展了毛泽东思想。毛泽东思想是马克思主义中国化的第一次飞跃和第一个科学理论成果。然而,在改革开放前后的中国思想领域,一方面,开展关于真理标准问题大讨论,抵制“两个凡是”,推动了解放思想、实事求是的马克思主义思想路线的恢复和发展;另一方面,主要由于毛泽东晚年错误特别是“文化大革命”,而否定毛泽东的历史地

位和毛泽东思想，并形成“非毛化”等错误思潮，妨碍对新中国历史及其经验教训的科学总结，干扰对党的十一届三中全会基本路线的坚持和贯彻。

如何正确评价毛泽东的历史地位和毛泽东思想的科学体系，历史地摆在中国共产党人面前。邓小平在“文化大革命”之后即将复出时致信党中央，明确提出“用准确的完整的毛泽东思想”作指导，指出“两个凡是”不符合马克思主义。[①]在党的十届三中全会上，他进一步指出：“要用准确的完整的毛泽东思想作指导的意思是，要对毛泽东思想有一个完整的准确的认识，要善于学习、掌握和运用毛泽东思想的体系来指导我们各项工作。只有这样，才不至于割裂、歪曲毛泽东思想，损害毛泽东思想。”[②]在这一问题上，陈云为纪念毛泽东逝世一周年发表了《坚持实事求是的革命作风》的文章，强调毛泽东在中国历史和马克思主义发展史上建立了丰功伟绩。[③]这时，尽管是在改革开放前的“两年徘徊”时期，思想领域纷繁复杂，但在毛泽东的历史地位和毛泽东思想的科学体系这一关乎中国向何处去、走什么路的问题上，陈云和邓小平的思想认识是高度一致的。

陈云与邓小平一样，充分肯定和支持关于真理标准问题大讨论，并一起推动党的十一届三中全会重新恢复了马克思主义的思想路线、政治路线和组织路线。邓小平在党的十一届三中全会前的中共中央工作会议闭幕会上发表《解放思想，实事求是，团结一致向前看》的讲话，指导了十一届三中全会的召开。陈云则在党的十一届三中全会闭幕会上的讲话中高度评价三中全会和此前的中央工作会议。[④]随后，陈云主持中央纪律检查委员会工作。1979 年 1 月 4 日，他在中央纪律检查委员会第一次全体会议上，引述邓小平对毛泽东功绩的评价来阐述毛泽东的历史地位。这就是邓小平在上述讲话中所说的基本精神：“没有毛主席，就没有新中

---

① 《邓小平文选》第 2 卷，人民出版社 1994 年版，第 39 页。

② 《邓小平文选》第 2 卷，人民出版社 1994 年版，第 42 页。

③ 陈云：《坚持实事求是的革命作风——纪念伟大的领袖和导师毛主席逝世一周年》，《人民日报》1977 年 9 月 28 日。

④ 《陈云年谱（1905—1995）》下卷，中央文献出版社 2000 年版，第 231 页。

国；没有毛主席，我们党很可能还在黑暗中苦斗。”[①] 陈云与邓小平关于毛泽东的历史地位和毛泽东思想的认识，贯穿的一条主线就是，实事求是地评价毛泽东的历史地位，以准确的完整的毛泽东思想作指导。这些思想认识成果及其发展，成为后来起草第二个历史决议的指导思想的重要基础与来源。

第二个历史决议起草工作在庆祝新中国成立 30 周年之后被正式提上重要日程。邓小平主持起草这一历史决议，并在起草之初就确立了起草工作的指导思想。在这一指导思想中，确立毛泽东的历史地位、坚持和发展毛泽东思想具有根本性，处于核心地位。[②] 陈云虽然没有像邓小平那样直接主持第二个历史决议起草工作，却是一直很关心和重视的，并通过参加有关中央会议、同起草小组成员谈话，以及参加征求意见工作等，对这一历史决议的起草工作给予了指导性意见。他比较集中地提出对第二个历史决议起草的指导性意见，存在于两个历史时段或场景，首先是 1980 年 11 月上旬两次同起草小组负责人胡乔木谈这一历史决议的起草问题[③]，这是在党内对决议草稿进行“四千人大讨论”过程中；其次是 1981 年 3 月，这时决议修改稿在向老同志征求意见。其中，在后一个时段，有两个场景，一是陈云在 3 月 24 日邓小平来探望他时提出两条意见[④]；二是在 3 月间，陈云同起草小组主要成员邓力群作了《陈云文选》所记载的四次谈话[⑤]。在陈云分别与邓小平和邓力群的谈话中，有一项共同内容，这就是建议第二个历史决议“写党的六十年”历史，也即在党的“建国以来”历史的基础上“增加回顾建国以前二十八年历史的段落”。这一建议最终解决了第二个历史决议如何写好毛泽东思想这一重大历史问题与理论问题。

从思想发展史来看，陈云建议第二个历史决议“写党的六十年”的历史，源自并依据邓小平为这一历史决议起草工作确立的指导思想。陈

---

① 《陈云文选》第 3 卷，人民出版社 1995 年版，第 242 页。

② 《邓小平文选》第 2 卷，人民出版社 1994 年版，第 291—292 页。

③ 《胡乔木谈中共党史》，人民出版社 1999 年版，第 138 页。

④ 《邓小平文选》第 2 卷，人民出版社 1994 年版，第 303—304 页。

⑤ 《陈云文选》第 3 卷，人民出版社 1995 年版，第 283—286 页。

云在同邓力群的谈话中说："确立毛泽东同志的历史地位，坚持和发展毛泽东思想。要达到这个目的，使大家通过阅读《决议》很清楚地认识这个问题，就需要写上党成立以来六十年中间毛泽东同志的贡献，毛泽东思想的贡献。"① 陈云的一个总的认识是，党的整个历史是概括毛泽东的功绩和贡献，进而确立毛泽东的历史地位、坚持和发展毛泽东思想的全部基础和全面根据。②

在第二个历史决议起草过程中，关于这一历史决议起于何时写史的问题，起初明确的是从新中国"建国以来"，以回顾和总结党在新中国成立以来30年的历史进程及其经验。然而，新中国的历史与党领导的新民主主义革命时期的历史是接续在一起和辩证统一的，毛泽东思想的确立与发展贯穿其中，并形成一条马克思主义中国化的历史发展主线。因此，邓小平在确立第二个历史决议起草工作的指导思想时，明确提出要写毛泽东思想形成的历史过程。而且，由于党的第一个历史决议"没有专门讲毛泽东思想的全部内容"③，他认为第二个历史决议要概括毛泽东思想的主要内容特别是今后仍然要继续贯彻执行的内容。④ 毛泽东思想是与党和国家的历史内在地联系在一起的。在第二个历史决议草稿的党内"四千人大讨论"中，意见比较集中的是写不写、怎么写对毛泽东的评价和毛泽东思想。对此，邓小平鲜明地指出，这是一个重大问题，丢掉毛泽东思想，实际上就否定了中国共产党的光辉历史。⑤ 陈云在与邓小平的谈话中提出"写党的六十年"的历史，邓小平认为"这个意见很好"，并通过邓力群转告给了起草小组⑥，最终解决了怎么写好毛泽东思想的问题。如此，第二个历史决议尽管是关于新中国成立以来党的若干历史问题的，但为了写好毛泽东思想，上溯到中国共产党建党以来，即在新中国"建国以来"的基础上增加了新民主主义革命28年的历史。这是陈云对第二

① 《陈云文选》第3卷，人民出版社1995年版，第283—284页。
② 《陈云文选》第3卷，人民出版社1995年版，第283—284页。
③ 《邓小平文选》第2卷，人民出版社1994年版，第292页。
④ 《邓小平文选》第2卷，人民出版社1994年版，第292页。
⑤ 《邓小平文选》第2卷，人民出版社1994年版，第298、299页。
⑥ 《邓小平文选》第2卷，人民出版社1994年版，第303页。

个历史决议起草的重要理论贡献，在党史认识问题上蕴含着辩证唯物主义和历史唯物主义的方法论。

二、建议在第二个历史决议中提倡学习，主要是学习马克思主义哲学和党的历史

第二个历史决议起草期间，陈云在分别与邓小平和邓力群的谈话中，还有一项比较重要的共同内容，就是建议中央在这一历史决议中提倡学习，其中主要是学习马克思主义哲学，并把毛泽东的哲学著作为学习的重点，也要学习历史，特别是中国革命、中国共产党的历史。陈云的这一建议是与“写党的六十年”的意见相互联系的，“写党的六十年”解决了怎么写好毛泽东思想这一历史认识与编撰的问题；提倡学习，则回答了通过什么途径坚持和发展毛泽东思想这一理论与实践相结合的问题。

陈云建议在第二个历史决议中提倡学习，是与学习在党的建设中的重要性分不开的。从历史发展的动力来说，中国革命、建设和改革，是学习与实践相结合并不断推进的过程。在新民主主义革命时期，党由“以俄为师”发展到马克思主义中国化，形成毛泽东思想，并指导新民主主义革命胜利；新中国成立以来，党深入推进马克思主义中国化，探索适合中国国情的社会主义革命和建设道路，在中国确立了社会主义基本制度，建立起独立的和比较完整的工业体系和国民经济体系。学习马克思主义基本理论，深入了解国情，提高了党的马克思主义理论水平和马克思主义中国化的能力。

在党史上，关于学习问题，毛泽东在中共扩大的六届六中全会的政治报告《论新阶段》中曾作了专门论述。根据这一论述，马克思主义必须和中国的具体特点相结合并通过一定的民族的、科学的和大众的形式才能实现。对于中国共产党说来，就是要使马克思主义在中国具体化，使之与中国的具体实际相结合，并根据中国国情应用和发展。[①] 党的六届

① 《毛泽东选集》第2卷，人民出版社1991年版，第534页。

六中全会在政治决议案中要求通过学习，把马克思列宁主义及国际经验应用到中国每一个实际斗争中来。[①] 会后，陈云在中共中央组织部部务会议上传达了全会精神，并在组织部内组织了一个由其任组长的领导干部学习小组。陈云还先后在 1939 年 5 月 30 日发表了《怎样做一个共产党员》一文，并在是年 12 月写了一篇题为《学习是共产党员的责任》的文稿，将学习列为共产党员的重要标准之一，阐述了革命理论对革命事业的指导意义，并从正反两方面论述了革命理论对共产党员从事革命工作的重要性，批评了过去不把学习理论作为党员对党应尽的责任的思想观念，指出学习是做好工作的一个必不可少的条件。[②] 在学习问题上，重视、倡导和实践，是陈云一生思想与工作中具有鲜明特征的重要组成部分。

陈云建议在第二个历史决议中提倡学习，特别是学习哲学，是从其学习经验中直接获得的。在延安时期，毛泽东倡导全党学马列著作、学哲学，并曾亲自给陈云讲过三次要学哲学的问题，其所讲的中心内容是犯错误的原因不是经验少，而在于思想方法是否正确，思想方法问题需要通过学哲学来解决。[③] 这一时期，陈云在通读毛泽东主要著作的基础上，更加认识到实事求是对做好工作的极端重要性。[④] 陈云在第二个历史决议起草期间分别与邓小平和邓力群的谈话中，都以此为例，阐述了学习特别是学习马克思主义哲学的重要性和必要性。新中国成立以后，陈云仍然十分重视学习理论特别是学习哲学的工作，并深刻总结出学哲学的体会。1957 年 1 月 9 日，陈云在中共商业部党组会议上谈到要把学习作为指导工作不可缺少的一部分，指出学习的内容除了总结经验、时事和政治问题外，要学习若干重要的理论问题，从中学习正确观察问题的思想方法。[⑤] 他后来把学习哲学的体会概括为如下两句话，一是“学习哲学，

---

① 《建党以来重要文献选编（1921—1949）》第 15 册，中央文献出版社 2011 年版，第 763 页。

② 《陈云文选》第 1 卷，人民出版社 1995 年版，第 187、188 页。

③ 《陈云文选》第 1 卷，人民出版社 1995 年版，第 342 页。

④ 《陈云文选》第 3 卷，人民出版社 1995 年版，第 285 页。

⑤ 《陈云文选》第 3 卷，人民出版社 1995 年版，第 45—46 页。

可以使人开窍”；二是“学好哲学，终身受用”。[①] 在第二个历史决议起草过程中，陈云建议在这一历史决议中提倡学习哲学，这一方面来自历史经验的总结，特别是对新中国成立以来一些工作发生失误的思想根源在于离开了实事求是原则这一思想认识。对此，第二个历史决议采纳了陈云的这一建议，规定必须继续坚持毛泽东思想，学习和运用毛泽东思想的立场、观点和方法研究实践中出现的新情况，解决新问题，倡导要把学习毛泽东的科学著作同学习马克思主义经典作家的科学著作结合起来，加强对马克思主义理论的研究。[②] 这些内容反映了陈云关于学习马克思主义理论特别是学习哲学的思想对第二个历史决议起草所发挥的积极推动作用。

陈云建议在第二个历史决议中提倡学习，还强调要学习历史。这是其关于学习什么的认识的重要组成部分。学习什么，应该是很广泛的，并且在不同时期，因应形势与任务，学习的重点也会有所不同。他在《怎样做一个共产党员》中谈到应该学习什么的问题时指出：“要研究中国的历史和时事政治的情况，不然也就不能规定当前的革命工作的任务和方法。”[③] 他还在《学习是共产党员的责任》中强调：“为了把握伟大而又变化多端的中国革命运动，必须增加一点革命的理论，增加一点历史的知识。”[④] 在第二个历史决议起草过程中，陈云建议要学习历史。学习历史、总结历史经验，是党的一项历史传统，也是党推动革命和建设的理论与实践发展的重要内容与方法。党在改革开放之初之所以决定要起草第二个历史决议，主要起因于此；历史决议的起草过程，实际上就是全党学习和研究建党以来特别是新中国成立以来历史的具体过程；历史决议的通过，则推动了党史、国史学习及其普及教育。第二个历史决议规定加强对中外历史的研究，无不凝结着陈云关于学习历史的思想对这一历史决议起草工作的影响。

---

① 《陈云文选》第 3 卷，人民出版社 1995 年版，第 362 页。

② 《关于建国以来党的若干历史问题的决议》，《人民日报》1981 年 7 月 1 日。

③ 《陈云文选》第 1 卷，人民出版社 1995 年版，第 143 页。

④ 《陈云文选》第 1 卷，人民出版社 1995 年版，第 188 页。

三、第二个历史决议要准确评价毛泽东的功过和新中国成立以来党的工作中的错误，论断要合乎实际，经得起历史的检验

评价毛泽东的功过和新中国成立以来党的工作中的错误，关系到如何确立毛泽东的历史地位，关系到对党史、国史的主题与主线、主流与本质的认识。对于这一问题，邓小平在确立第二个历史决议起草工作的指导思想中就指出要实事求是。他说："'文化大革命'的十年，毛泽东同志是犯了错误的。在讲到毛泽东同志、毛泽东思想的时候，要对这一时期的错误进行实事求是的分析。"[①] 不仅如此，他还强调要对新中国成立30年来历史上的大事进行实事求是的分析，包括一些负责同志的功过是非，要做出公正的评价。[②]1980年7月3日，第二个历史决议起草小组负责人胡乔木在中央书记处会议讨论起草工作时的发言中，谈到陈云的基本态度。这就是一定要把毛泽东的功过敲定，讲清楚，讲透彻。[③] 在党内开展对这一历史决议草稿进行的"四千人大讨论"中，陈云同胡乔木进行了两次谈话，提出三条意见，也集中表现为关于毛泽东的错误问题和发生错误的责任问题。他还就第二个历史决议起草问题同邓力群进行的四次谈话中，第一次便集中讲了决议要把新中国成立以来党的工作中的错误"一定要写得很准确，论断要合乎实际，要把它'敲定'下来"。[④] 陈云认为，对于正确与错误，不混淆不掩盖，不夸大也不缩小，这就是实事求是。

陈云关于毛泽东功过和新中国成立以来党的工作中的错误的认识和处理，是党的十一届三中全会重新恢复党的解放思想、实事求是的思想路线的遵循和应用，是这一问题对于全党意志统一的重要性所要求的。陈云指出，"敲定"毛泽东的功过，党的思想才会统一，人民的思想才会

---

① 《邓小平文选》第2卷，人民出版社1994年版，第292页。
② 《邓小平文选》第2卷，人民出版社1994年版，第292页。
③ 《胡乔木谈中共党史》，人民出版社1999年版，第75页。
④ 《陈云文选》第3卷，人民出版社1995年版，第283页。

统一。如果不这样做，将来就可能出赫鲁晓夫，把毛泽东真正打倒。[①]同时，这也是陈云的哲学思想及其对于错误问题的基本立场、观点和方法的具体体现。

陈云哲学思想的实质就是实事求是，其特点表现为唯物辩证法的“交换、比较、反复”的认识方法，并将之与怎样才能少犯错误和怎样使认识更正确联系起来。“交换、比较、反复”的认识方法，是陈云在延安时期研究毛泽东的著述所领悟到并逐步概括出来的，并不断深化。解放战争时期，他在1947年2月7日的中央辽东分局会议上指出，实事求是既容易做到，也难以做到。要做到实事求是，就要从具体分析实际情况中找出对策，所谓难就难在误把了解到的片面情况当成了全面，而片面的情况不是真正的实际，并不合乎实际。为避免认识片面性，就要“交换、比较、反复”。[②]1962年2月8日，陈云在中央工作会议的陕西省全体干部会议上，就采取什么方法才能使认识更正确些的问题，指出要“交换、比较、反复”，并对此作了具体阐释。他说，“交换”是要和别人多交换意见，要全面地而非片面地看问题。为什么犯错误，就是因为不根据客观事实办事。但犯错误的人，并不都是没有一点事实根据的，而是把片面当成了全面。所谓“比较”和“反复”，就是要比较、权衡各种方案及其利弊，把握情况，使认识更准确，并要进行反复考虑，不要匆忙和急于下结论、作决策。[③]对于“交换、比较、反复”这一认识方法，陈云在1978年12月10日中央工作会议东北组的发言中再次提出，并加以强调。[④]这一方法的实质在于实事求是。陈云理解的实事求是，就是全面地弄清楚实际情况，找出解决问题的办法，制定正确的政策。其中，弄清事实是关键。因此，他特别重视调查研究。[⑤]

改革开放以来，陈云为党重新恢复解放思想、实事求是的思想路线做出重要贡献，同时在对待历史问题上贯彻实事求是原则。他在粉碎“四人

---

① 《胡乔木谈中共党史》，人民出版社1999年版，第75页。

② 《陈云文选》第1卷，人民出版社1995年版，第343—346页。

③ 《陈云文选》第3卷，人民出版社1995年版，第188—189页。

④ 《陈云文选》第3卷，人民出版社1995年版，第235页。

⑤ 《陈云文选》第3卷，人民出版社1995年版，第189页。

帮”后拥护邓小平重新恢复中央领导工作，并在解决历史遗留问题上，提出应把问题放到当时的历史情况中去考察，作出实事求是的结论。[①]

评价历史的一个关键在于如何对待发生的错误。正确对待，能够从中吸取教训，否则就有可能犯同样的错误。中国革命、建设和改革是前无古人的事业，是在马克思主义中国化的历史进程中的探索与创造。陈云在这一历史发展中面对党的工作中的错误和自身所犯的错误，形成关于错误问题的基本立场、观点与方法，并成为第二个历史决议起草中“敲定”毛泽东的功过和新中国成立以来党的工作中错误的重要思想基础。他总结说，毛泽东为中国革命和建设“培养了一代人”，指导了中国革命胜利和社会主义建设，新中国成立以来一些工作发生失误，原因在于离开了实事求是的原则。[②]

陈云关于错误问题的基本立场、观点和方法，概括地讲，主要表现在如下方面:（1）错误的发生有其思想认识根源。（2）错误是难以避免的，但也不必怕，正确的东西常常是从错误中得来。要求革命领袖没有缺点、错误是不可能的，是空想。这不符合辩证唯物论。[③]在一定意义上说，一个人不犯错误就不会进步。一个人犯了一次错误，吸取教训，方能改进自己。[④]（3）要客观地估计错误。不抹杀成绩，同时也不掩盖缺点、错误。不应该机械地去看事情，一定要分出是不是错误，错误的大小轻重。[⑤]（4）批评与自我批评，纠正错误。开展批评与自我批评，要从维护党的利益出发，要实事求是，采取客观的态度，看问题要全面，要看本质，不要只看局部和现象。[⑥]作为执政党，犯了错误会更直接更严重地损害群众利益。[⑦]有了错误，发现了缺点，就要纠正。批评别人的错误，要指出其错误的根源以及纠正错误的方法。[⑧]进行自我批评，会使一个人更

---

① 《陈云文选》第 3 卷，人民出版社 1995 年版，第 234 页。
② 《陈云文选》第 3 卷，人民出版社 1995 年版，第 285 页。
③ 《陈云文选》第 3 卷，人民出版社 1995 年版，第 242 页。
④ 《陈云文选》第 1 卷，人民出版社 1995 年版，第 118 页。
⑤ 《陈云文选》第 1 卷，人民出版社 1995 年版，第 116 页。
⑥ 《陈云文选》第 1 卷，人民出版社 1995 年版，第 183 页。
⑦ 《陈云文选》第 1 卷，人民出版社 1995 年版，第 183 页。
⑧ 《陈云文选》第 1 卷，人民出版社 1995 年版，第 116—117 页。

虚心、更客观，克服了工作中的缺点、错误，只会使工作做得更好。[①]（5）避免认识上的片面性，少犯错误。其方法就是交换、比较、反复。在认识问题上，交换是为了更全面地认识事物，比较是为了更好地判断事物的性质，反复则既是认识的过程，也是实践的过程，凡是正确的，就坚持和发展，如果发现错误就立即改正。[②]

陈云自觉地以这种对于错误问题的基本立场、观点和方法，既认识和处理自己工作中的失误，又用来观察和分析党史、国史中的错误。改革开放以来，陈云总结新中国成立以来的历史，特别强调社会主义革命和建设中的缺点和错误是因为没有自己的经验而产生的。[③]他之所以认为在第二个历史决议中要“敲定”毛泽东的历史功过和新中国成立以来党的工作中的错误，赞成毛泽东的功绩是第一位的，错误是第二位的，则是其对于错误问题的基本立场、观点和方法合乎逻辑的运用与发展。

总之，第二个历史决议对待历史问题的基本精神与原则符合历史实际，是科学的，又是不断丰富和发展的。从根本意义上，其思想理论基础源自马克思主义唯物历史观和马克思主义中国化。陈云对起草这一历史决议的指导性意见，内涵丰富，思想深刻。他坚持贯彻党的解放思想、实事求是的思想路线，科学认识和对待毛泽东的历史地位，坚持和发展毛泽东思想，倡导学习马克思主义理论，客观对待历史功过与是非，坚持有错必纠。这些对待历史问题的基本立场、观点与方法，反映在第二个历史决议对于新中国成立以来党史问题的正确认识与处理上，为推进马克思主义中国化和党的思想理论建设做出重要历史贡献。

［原载《当代中国史研究》2014 年第 6 期］

---

① 《陈云文选》第 1 卷，人民出版社 1995 年版，第 270 页。

② 《陈云文选》第 1 卷，人民出版社 1995 年版，第 343、345、346 页。

③ 《陈云文选》第 3 卷，人民出版社 1995 年版，第 242 页。

陈云与新中国成立初期的民族工作

新中国成立初期百业待兴，全国民族聚居区逐步推行民族区域自治。陈云作为党的第一代中央领导集体的重要成员，在参与主持全国财经工作的同时，也主要从这一领域直接参与指导了全国民族工作，特别是领导了民族自治地方的财经体制建设。他在民族工作上的思想与实践，具体表现为新中国统一大业的推进与民族地方解放的结合、国家建设与民族工作的结合，以及党的民族政策的实施与财经工作的结合。然而，在陈云研究中，关于陈云与新中国民族工作的关系及其在民族工作中的独特地位与作用问题，因历史文献资料十分有限而长期被忽视。本文试在作者关于陈云与西藏财经工作和人民币在西藏确立等问题研究的基础上，主要从新中国民族工作奠基的角度，就陈云所作历史贡献做进一步探讨，以求教于方家指正。

一、重视并参与和平解放西藏谈判的有关工作

新中国成立之时，帝国主义侵略势力尚未驱逐出西藏地方。为解放西藏，中央人民政府确立了和平解放的方针，希望西藏地方政府派代表到北京谈判西藏和平解放问题。[①]因此，对于当时的新中国来说，推进并完成国家的统一大业，除台湾之外，就是要实现和平解放西藏。

---

① 《外交部发言人就西藏问题发表谈话》,《人民日报》1950 年 1 月 21 日。

陈云时任政务院副总理，协助周恩来总理主管全国财经工作，并从全国大局关注西藏和平解放工作。1950年9月25日，他在全国战斗英雄代表会议和全国工农兵劳动模范代表会议上致开幕词，就全国时局与任务指出，除西藏、台湾外，全国已全部解放，国家的财政经济初步好转，正在为解放全部国土，争取财政经济的根本好转而努力。其中，他指出召开全国战斗英雄代表会的目的之一，就是为了激励全军，加强练兵，提高文化程度和掌握现代战争的艺术，把解放军建设成完全现代化的国防军，解放西藏和台湾。[①]尽管陈云主要参与主持全国财经工作，但他所处的领导地位，以及解放西藏地方的历史必然性和重要性，决定了他必然要关注西藏解放，并将之放在全国工作大局中加以考虑和认识。

为向毛泽东主席致敬和协商和平解放西藏事宜，1951年4月27日，暂住青海的班禅额尔德尼和班禅堪布会议厅负责官员一行45人，由西安乘专车抵达北京，陈云与朱德、周恩来和李济深一起前往车站迎接。此前，以阿沛·阿旺晋美为首席全权代表的西藏地方政府和谈代表团于1951年4月22日到达北京。[②]4月28日，周恩来总理宴请西藏地方政府和谈全权代表，陈云应邀作陪，开始参与中央人民政府和西藏地方政府谈判关于和平解放西藏办法的有关工作。

在中央人民政府与西藏地方政府和谈期间，陈云曾于5月4日与班禅谈话，并于5月20日接受阿沛·阿旺晋美献哈达。

陈云与西藏上层人士工作上的交往，是中央关于西藏统战工作的组成部分，也是和平解放西藏谈判的外围工作。1951年5月23日，中央人民政府和西藏地方政府在北京勤政殿举行《关于和平解放西藏办法的协议》（简称《十七条协议》）签字仪式。（见表1和表2[③]）由于周恩来总理当时身体不适，陈云代周恩来与朱德副主席、李济深副主席一起主持了这一历史性的仪式。

① 《陈云副总理致开幕词》，《人民日报》1950年9月26日。

② 《班禅额尔德尼昨日抵京 朱副主席李副主席周总理等赴站欢迎 周总理设宴为班禅及其随行官员洗尘》，《人民日报》1951年4月28日。

③ 这两个表格是在收入本论文集时新增补的。

表 1:《关于和平解放西藏办法的协议》签字仪式及班禅与西藏代表献礼、宴会、晚会的时间表

日期	二十三	二十四	二十四	二十四	二十四
星期	三	四	四	四	四
时间	下午四时	下午四时	下午四时半	下午六时	下午八时
节目	签字仪式	班禅献礼	西藏代表献礼	宴会	晚会
附注	观礼人先到一小时看文件		以上节目均在勤政殿		以上节目在怀仁堂

资料来源：国务院新闻办公室、中共中央统战部和国家民委等联合主办的“西藏民主改革50年大型展览”复制品。

表 2:《关于和平解放西藏办法的协议》签字仪式程序

	事项
仪式程序	1. 参加人员就位
	2. 主席就位
	3. 两方代表就位
	4. 中央人民政府和平解放西藏谈判代表签字盖章
	5. 西藏地方政府和平解放西藏谈判代表签字盖章
	6. 李维汉首席代表致词
	7. 阿沛首席代表致词
	8. 朱德副主席讲话
	9. 摄影
	10. 礼成（礼成后全体到勤政殿东大厅进酒点）

资料来源：国务院新闻办公室、中共中央统战部和国家民委等联合主办的“西藏民主改革50年大型展览”复制品。

根据国务院新闻办公室、中共中央统战部和国家民委等联合主办的“西藏民主改革50年大型展览”展出的“《和平解放西藏办法的协议》签字仪式位置图”，陈云站立于主席台，面向协议签字台，居朱德之右、阿沛·阿旺晋美之左。在主席台就位的还有中央人民政府全权首席代表李维汉和代表张经武、张国华、孙志远，西藏地方政府全权代表除首席代表阿沛·阿旺晋美外，还有代表凯墨·索安旺堆、土丹旦达、土登列门和桑颇·登增顿珠，以及翻译彭措和司仪余心清。中央人民政府全权代表和西藏地方政府全权代表分别在《协议》上签字盖章。班禅代表拉敏·益西楚臣、詹东·计晋美也参加了《协议》签字仪式。

《十七条协议》的签订，标志西藏获得和平解放。在一定意义上说，陈云履行政务院副总理的职责，亲历、主持并见证了西藏和平解放谈判的成功实现和完成。

《十七条协议》签订的第二天即 5 月 24 日的下午，班禅额尔德尼率班禅堪布会议厅主要负责官员，向毛泽东主席致敬。随后，西藏地方政府谈判代表团代表达赖喇嘛和西藏地方政府，向毛泽东主席和朱德副主席致敬，献赠哈达和礼品。这两次礼仪性活动均在中南海勤政殿举行，陈云均参加了。[①]当晚，陈云还出席了毛泽东在中南海怀仁堂举行的庆祝《协议》签订和西藏和平解放的宴会。毛泽东在致词中说，几百年来，中国各民族之间是不团结的，特别是汉民族与西藏民族之间是不团结的，西藏民族内部也不团结。这是反动的清朝政府和蒋介石政府统治的结果，也是帝国主义挑拨离间的结果。现在，达赖喇嘛所领导的力量与班禅额尔德尼所领导的力量与中央人民政府之间，都团结起来了。这是中国人民打倒了帝国主义及国内反动统治之后才达到的。这种团结是兄弟般的团结，不是一方面压迫另一方面。这种团结是各方面共同努力的结果。他并强调了这种团结的意义，指出在这一团结基础之上，我们各民族之间，将在各方面，将在政治、经济、文化等一切方面，得到发展和进步。[②]

随着西藏和平解放的实现，遵循和贯彻《十七条协议》成为中央人民政府、西藏地方政府和班禅额尔德尼等各方面共同的历史责任。《协议》签订的第二天，毛泽东就选派中央人民政府全权和谈代表之一的张经武作为赴西藏代表，携带其给达赖喇嘛的亲笔信，去完成劝返移居在西藏亚东的达赖喇嘛回拉萨的任务。[③]当时，班禅一行将赴天津、上海等地参观后返回青海省塔尔寺。阿沛一行也将经重庆转昌都返回西藏。在他们启程前，人民政协全国委员会于 1951 年 5 月 31 日设宴欢送，陈云

① 《班禅和达赖代表向毛主席致敬》，《人民日报》1951 年 5 月 28 日。

② 《毛泽东西藏工作文选》，中央文献出版社、中国藏学出版社 2008 年版，第 43 页。

③ 《毛泽东西藏工作文选》，中央文献出版社、中国藏学出版社 2008 年版，第 45 页。

应邀作陪。[①]6月2日，班禅额尔德尼及随员和阿沛·阿旺晋美一行先后乘车离京，陈云前往车站一一欢送。[②]6月13日，张经武与西藏地方政府全权代表凯墨·索安旺堆、土丹旦达和桑颇·登增顿珠等一行20余人离京，并将经香港、印度等地到西藏亚东。陈云也前赴车站参加了欢送活动。[③]

在和平解放西藏工作中，陈云尽管参加的多是礼节性活动，但从政治意义上讲，这些活动是为和平解放西藏和贯彻执行《十七条协议》创造条件的，不是可有可无，而是不可或缺的，体现了中央对西藏工作的高度重视、关心和支持。

二、筹划和指导民族贸易工作

民族贸易是发展少数民族经济、改善少数民族生活不可或缺的重要环节。新中国成立初期的民族贸易由历史上对少数民族的压迫与剥削逐步变革为民族平等基础上的公平合理交易，但又面临着帝国主义的经济封锁。陈云在主持中央财政经济委员会期间，直接参与指导了这一时期的民族贸易工作。其民族贸易思想产生于当时全国和民族地区政治的与经济的社会历史条件，集中表现为关于建立和发展民族贸易机构，正确认识和处理国营商业与私营商业的关系，保护生产者的利益和促进物资流通相结合，以及正确认识民族贸易干部的性质与地位等方面的论述和主张。这些思想认识成果贯彻了党的民族政策，是党的民族平等、团结和互助政策在民族贸易工作中的具体运用和发展。

（一）倡导根据民族地区的特点进行民族贸易工作

在新中国成立之初民族贸易工作的基础上，中央贸易部根据政务院的决定，于1951年8月17日至31日召开了第一次全国民族贸易会议。各大行政区、内蒙古自治区、中央直辖华北各省市及中央有关部门代表

① 《人民政协全国委员会设宴欢送班禅和阿沛等》，《人民日报》1951年6月1日。

② 《班禅、阿沛等相继离京，朱德副主席等五百余人赴车站欢送》，《人民日报》1951年6月3日。

③ 《中央人民政府赴西藏代表张经武偕西藏三代表离京赴藏》，《人民日报》1951年6月15日。

149人，其中少数民族代表42人。[①]在会议的闭幕会上，陈云发表讲话指出："少数民族地区的贸易工作是有成绩的，兄弟民族对贸易工作的反映很好。"[②]接着，他在说明国家经济工作中重点建设的方针中，阐述了新中国成立初期开展民族贸易工作所处的社会历史条件。从积极方面来说，新中国成立初期民族贸易工作的社会历史条件主要是国家在团结基础上的基本统一。从消极方面来说，新中国成立之初，国家建设资金不足，人才也不足，而且恢复和建设任务十分繁重，要办的事很多，因而形成国家建设中的一种现实矛盾。对于国家建设，陈云一方面指出要经过全国各族人民长期的共同努力，另一方面强调要有重点地进行，指出："要进行建设，就必须有重点地进行，不可能百废俱兴，样样都要搞是错误的。"[③]这就是说，新中国成立初期的经济社会条件，要求在国家建设中必须树立长期的共同努力的思想，同时实行重点建设的方针。根据这一社会历史条件，陈云指出新中国成立初期的民族贸易问题要有步骤有重点地处理，在中央能解决的即在中央解决，要靠地方办的就由地方去办，也有留到将来才能办的，就等将来条件许可时再办。

在这次会议召开之前，全国大多数少数民族地区已设置国营贸易公司门市部、采购站、代销店、加工厂等750个企业机构和大批流动贸易小组。[④]尽管如此，民族贸易机构的设置仍然不够普遍深入，资金不足，缺乏专门的研究指导。[⑤]对此，陈云在这次会议上指出，国营零售店是调剂市场、稳定物价的工具，必须存在，以便领导市场，稳定价格。国营贸易在价格上是公私兼顾，公平合理。[⑥]为了适应少数民族广大群众的需要，进一步帮助其生产发展与生活改善，第一次全国民族贸易工作会议决定，应当在少数民族地区，根据不同情况有计划地积极地建立与发展国营贸易企业机构，并采取一揽子公司、专业公司、流动小组、代销店

① 《中央人民政府贸易部关于全国民族贸易会议的报告》，《人民日报》1951年12月22日。
② 《陈云文集》第2卷，中央文献出版社2005年版，第304页。
③ 《陈云文集》第2卷，中央文献出版社2005年版，第308页。
④ 《中央人民政府贸易部关于全国民族贸易会议的报告》，《人民日报》1951年12月22日。
⑤ 《中央人民政府贸易部关于全国民族贸易会议的报告》，《人民日报》1951年12月22日。
⑥ 《陈云文集》第2卷，中央文献出版社2005年版，第309—310页。

等各种形式，扩大少数民族地区的商业网，帮助他们推销土产特产，供给合乎他们需要的生活资料与生产资料，在有条件组织合作社的地区，积极扶助合作社的发展，同时要进行经济调查，以便于计划建设与物资交流。在各少数民族地区恢复与建立的定期集市（初级市场）上，建立国营贸易机构或流动小组，加强市场管理，以保证公私厂商进行公平合理的交易，并逐渐改进交易制度。少数民族地区国营贸易机构的组织形式，应当根据各地区、各民族的不同情况来决定，因地制宜，选择适合于当时当地的情况的组织形式。①

1955 年 12 月 15 日，陈云在为中央起草的批转中共商业部、民族事务委员会党组《关于几年来民族贸易工作的基本情况和对今后工作意见的报告》的电文中指出，把民族地区大体上划分为几种类型，规定各种不同的工作方针和方法是适宜的。各地应根据当地实际情况加强领导，具体布置。② 在他看来，民族贸易工作应适合于当时当地的具体情况和各族人民的需要，根据民族地区的特点进行。

（二）主张民族贸易工作要把保护生产者的利益和促进物资流通结合起来

新中国成立之初，新旧社会制度急剧变革，民族平等取代民族压迫与剥削。然而，民族间事实上平等的实现则需要一个历史的发展过程。在民族贸易领域，过去的剥削与欺诈现象不仅残留，而且严重影响着公平合理民族贸易的实现。陈云指出，旧中国的统治者对少数民族的生产采取打击和剥削的政策，在民族贸易上，“压低羊毛价格，提高工业品价格，尽量掠夺榨取兄弟民族”。而随着半殖民地半封建社会制度的推翻，人民当家作主，民族贸易的平等有了制度基础。他强调，必须坚决反对和制止非法剥削、欺诈行为。他并指出，反对和制止非法剥削、欺诈行为的一个重要方面是教育私商，要商人老老实实地做生意，完全去掉其欺诈、剥削的行为。

---

① 《中央人民政府贸易部关于全国民族贸易会议的报告》，《人民日报》1951 年 12 月 22 日。

② 《陈云年谱（1905—1995）》中卷，中央文献出版社 2000 年版，第 280—281 页。

同时，陈云主张保护有利于国计民生的私营商业。他在第一次全国贸易会议上指出，国营零售店的设立，并不是排挤代替私商。国营贸易机构起着教育和改造私商的作用。[①]一定要保留正当的私人商业。之所以如此，因为这对少数民族物资交流是有利的和必要的。一方面，由于国营贸易机构还不能普遍设立，资金和干部还很缺乏，如果不要私营商业，国营又包办不了，则买卖不能普遍做成，兄弟民族的东西销不出，需要的东西得不到供应。[②]另一方面，私商是可以被改造的。他说："因为天下已经变了，不改变不行了。"具体到民族贸易，他举例说，过去西北的马家贸易，完全是私人的，与国营贸易毫无相同之处。国营贸易机构在兄弟民族地区建立后，就使私商不敢也不能够贱价收购，私商如果妄想压价收购，就做不成买卖了。人民政府的领导和国营贸易机构的设立，就使私商知道只有改正其不正当行为，老老实实做生意，还可以赚合法的钱，因此改造私商是完全可能的，办得到的。[③]此前，1951 年 3 月 30 日，政务院转发各大区、各省、市人民政府参考的《对少数民族地区贸易工作的意见》指出："应有步骤、有计划的和大胆的争取团结商人，结合商人进行少数民族区的贸易工作。"它提出了之所以在民族贸易工作中团结商人的另一个原因，即："他们长久在民族区经商，熟悉民族风俗，一般能通语言并能适应少数民族以货易货的习惯。""争取过来，进行教育，掌握利用之，这样作是有利于我们，有利于民族的。"[④]因此，对于有利于国计民生的私营商业，采取保护态度是必要的、有利于民族贸易发展的。

（三）重视民族贸易干部培养工作

民族贸易工作离不开对民族贸易干部的培养。1951 年 3 月 30 日，政务院转发各大区、各省、市人民政府参考的《对少数民族地区贸易工作

① 《陈云文集》第 2 卷，中央文献出版社 2005 年版，第 309—310 页。

② 《陈云文集》第 2 卷，中央文献出版社 2005 年版，第 309 页。

③ 《陈云文集》第 2 卷，中央文献出版社 2005 年版，第 309—310 页。

④ 中国社会科学院、中央档案馆编：《中华人民共和国经济档案资料选编·商业卷（1949—1952）》，中国物资出版社 1995 年版，第 928 页。

的意见》，提出“有计划的有重点的培养少数民族的贸易干部（吸收积极分子参加工作，广泛开短期训练班，特别是已经建立或将建立区域自治，或联合政府之地区），他们既要求参加工作，又熟悉民族的供求情况，民族情感和风俗语言，造就这样一批干部是利于民族区贸易开展的”。[①]然而，当时个别地区不够重视贸易工作，民族贸易干部也不够稳定。

在第一次全国民族贸易会议上，陈云在讲话中十分重视正确认识民族贸易干部的性质与地位。他指出，在兄弟民族地区国营贸易机构工作的各族干部，要坚守工作岗位，不要老想调动工作，不要把贸易工作看成单纯的做买卖。为此，他强调指出民族贸易干部的工作是民族政策的具体表现，民族贸易干部是民族政策的具体贯彻和执行者。[②]

民族贸易事关民族团结。中央贸易部在1951年7月的全国民族贸易工作综合材料中指出，少数民族“由于所住地方荒凉贫瘠，面积辽阔，交通困难，其出产的生活必需资料不能自给，但都有土特产可供输出，以与汉族人民交换生活必需品，构成了少数民族与汉族人民密切往还的贸易关系”。[③]陈云在第一次全国民族贸易会议上指出，民族贸易工作究竟是不是真正做到民族团结，如果羊毛卖不出去，或者价格太低了，就影响团结。所以说，兄弟民族地区的贸易工作者，就是民族政策的执行者。贸易工作做不好，民族政策就不能很好贯彻。贸易工作在现阶段是民族工作重要的一环。民族地区的贸易工作者，同时也是民族事务委员会的工作者；是国营贸易的干部，也是民族事务委员会的干部；是经济工作干部，也是政治工作干部。必须在经济工作上担负起团结兄弟民族、巩固国防的政治任务。[④]

基于对民族贸易干部性质与地位的认识，陈云十分重视民族贸易干部的培养工作。他在第一次全国贸易会议上指出，汉族干部到兄弟民族

---

① 中国社会科学院、中央档案馆编：《中华人民共和国经济档案资料选编·商业卷（1949—1952）》，中国物资出版社1995年版，第927页。

② 《陈云文集》第2卷，中央文献出版社2005年版，第310页。

③ 中国社会科学院、中央档案馆编：《中华人民共和国经济档案资料选编·商业卷（1949—1952）》，中国物资出版社1995年版，第892页。

④ 《陈云文集》第2卷，中央文献出版社2005年版，第310—311页。

地区的工作任务，是要帮助兄弟民族培养训练贸易工作人才。[①] 第一次全国民族贸易会议决定，积极训练与培养少数民族贸易干部，各大行政区人民政府贸易部干部学校应开办少数民族干部训练班，在少数民族地区的国营贸易机构应大量任用少数民族干部，采取边做、边学、边教的培养方法，逐渐提高其政治、业务与文化水平。[②] 据 1954 年不完全材料统计，全国民族地区拥有 44000 多名贸易干部，其中少数民族干部 10000 多人。[③] 在对农业、手工业和资本主义工商业进行社会主义改造的过程中，1955 年 12 月 15 日，陈云就批转中共商业部、民族事务委员会党组《关于几年来民族贸易工作的基本情况和对今后工作意见的报告》，为中央起草的致商业部、民委党组，并内蒙古、新疆、西藏、甘肃、青海、云南、贵州、四川、广东、广西、湖南、吉林各省委、自治区党委的电文中再次指出：积极地、认真地培养民族贸易干部。[④]

民族贸易干部是民族贸易管理的主体力量，重视培养民族贸易干部，是党的培养民族干部政策在民族贸易工作中的具体体现。陈云关于培养民族贸易干部的思想，立足于民族贸易工作的性质与特点，是其对民族贸易工作和对民族干部工作认识的有机结合。

三、参与民族自治地方财政体制建设

新中国成立之初，统一国家财经，实行统收统支的财政体制。1950 年 3 月 3 日，政务院颁布由陈云起草的《关于统一国家财政经济工作的决定》。陈云在为 1950 年 3 月 10 日《人民日报》写的社论《为什么要统一财政经济工作》中指出，统一国家财经工作，有利于克服当时的财政困难，为今后不失时机地进行经济建设创造必要的前提，因此是必要的，但对于“边疆交通十分不便的省份，如新疆和西藏，仍应另作处理”。[⑤] 国

---

① 《陈云文集》第 2 卷，中央文献出版社 2005 年版，第 311 页。

② 《中央人民政府贸易部关于全国民族贸易会议的报告》，《人民日报》1951 年 12 月 22 日。

③ 《全国民族贸易会议在北京举行》，《人民日报》1955 年 8 月 3 日。

④ 《陈云年谱（1905—1995）》中卷，中央文献出版社 2000 年版，第 281 页。

⑤ 《陈云文选》第 2 卷，人民出版社 1995 年版，第 72 页。

家对少数民族聚居区实行民族区域自治政策，尊重民族自治地方的财政管理权。1952 年 7 月 8 日，刘少奇将“民族区域自治实施纲要草案”等文件批转毛泽东主席并周恩来、朱德和陈云等。[①]《中华人民共和国民族区域自治实施纲要》由政务院第 125 次政务会议于 1952 年 2 月 22 日通过、中央人民政府委员会第 18 次会议于 8 月 8 日批准。其规定，在国家统一的财政制度下，各民族自治区自治机关得依据中央人民政府和上级人民政府对民族自治区财政权限的划分，管理本自治区的财政。在大规模经济建设中，国家财政逐步实行中央、省、县三级管理，分类分成。对于民族自治地方，国家在编制预算中规定了其一定范围的自主权。1953 年 11 月 10 日，政务院在《关于编造 1954 年预算草案的指示》中规定，民族自治区“财政管理在中央统一领导分级管理的原则下，暂采取各该自治区统收统支办法。除关税、盐税各国营企业外，所有在该自治区之一切收入（不论固定比例分成收入与中央调剂收入）均归其统收，而该自治区的一切支出，亦由其统支。统收统支有余者，上缴中央；不足者，由中央补助”。[②]民族自治区 1955 年财政预算仍按 1954 年的收支划分办法，继续实行统收统支。[③]国家加大对民族自治地方财政支持力度，从 1955 年起还设立了“民族地区补助费”。这一财政体制促进了民族自治地方经济社会发展和人民生活的改善和提高。

随着民族区域自治政策的推行，继内蒙古自治区在新中国成立之前创建，新疆维吾尔自治区、西藏自治区筹备委员会、广西壮族自治区和宁夏回族自治区先后于 1955 年、1956 年、1958 年和 1958 年建立起来，西藏自治区经筹备于 1965 年正式成立，从而形成了民族自治地方建制的基本格局。但在地方财政上，中央财政同地方财政的职责范围和权限划分还不明确，一般地方财政制度和民族自治地方财政制度都还没有认真建立，中央财政对于地方财政管得过多过细，在一定程度上影响了地方

① 《建国以来刘少奇文稿》第 4 册，中央文献出版社 2005 年版，第 304 页。

② 中国社会科学院、中央档案馆编：《中华人民共和国经济档案资料选编·财政卷（1953—1957）》，中国物价出版社 2000 年版，第 331 页。

③ 中国社会科学院、中央档案馆编：《中华人民共和国经济档案资料选编·财政卷（1953—1957）》，中国物价出版社 2000 年版，第 335 页。

财政工作的主动性和积极性。1956 年 6 月 15 日，李先念在第一届全国人民代表大会第三次会议上做《关于 1955 年国家决算和 1956 年国家预算的报告》指出，正确的办法，是使中央的统一领导、统一计划的原则，同地方的分级负责、因地制宜的原则结合起来。[①] 陈云为国务院起草了《关于改进财政管理体制的规定》。这一规定经国务院全体会议第六十一次会议通过，1957 年 11 月 14 日，第一届全国人民代表大会常务委员会第八十四次会议原则批准。该规定设专条对民族自治区财政做了改进。其中，关于民族自治区的支出，为了适应民族自治区的财政经济发展情况，在计算民族自治区正常年度支出的时候，只扣除重大灾荒的救济、堵口、复堤和国家计划的大规模移民垦荒等特殊性支出，不扣除地方基本建设支出。关于民族自治区的收入，国家划给民族自治区的收入，除了地方固定收入仍然全部划给自治区，企业分成收入同样按照全国百分之二十的分成比例分给自治区以外，在自治区的各项调剂收入，也全部划给自治区，作为自治区收入。这样划分以后，根据支出基数计算，收入多于支出的部分，按一定的比例上缴中央；收入少于支出的部分，由中央拨款补助。该规定还指出，民族自治区财政管理制度的其他有关事项和民族自治州、自治县财政管理权限的划分，统按国务院即将颁布的“民族自治地方财政管理暂行办法”办理。在这些规定的基础上，1958 年 3 月 7 日，国务院第 72 次全体会议讨论通过了“民族自治地方财政管理暂行办法（草案）”，并决定提请全国人民代表大会常务委员会审议批准。[②] 该办法由全国人民代表大会常务委员会第九十七次会议于 1958 年 6 月 5 日原则批准，由国务院于 1958 年 6 月 13 日命令发布，自 1958 年起开始实行。

与一般地方相比较，这一办法规定的民族自治地方的财政收支范围和管理职权更广泛一些。其中，民族自治区的财政收入包括原有地方企业的收入，地方事业收入，印花税、利息所得税、屠宰税、牲畜交易税、城市房地产税、文化娱乐税、车船使用牌照税等七种地方税收，中央指

---

① 李先念：《关于 1955 年国家决算和 1956 年国家预算的报告》，《人民日报》1956 年 6 月 16 日。

② 《国务院举行全体会议》，《人民日报》1958 年 3 月 8 日。

定与地方实行分成的中央企业的收入和地方各种零星收入。除了这些收入以外，在一般省市作为中央对地方的调剂分成收入的商品流通税、货物税、营业税、所得税、农业税、牧业税、盐税等收入，也全部划给了自治区，并作为自治区的收入。对自治州、自治县，也比一般专区和县划给较多的收入项目，作为地方收入。民族自治地方的财政支出包括民族自治地方的全部经济建设支出、社会文教支出，以及民族自治地方的行政管理支出。而一般省市的基本建设投资由中央专案拨款，民族自治地方财政支出的范围比一般省市要大一些。在此基础上，民族自治地方的财政，收多于支的部分，采取定额上缴的办法，五年固定不变，五年以内，经济发展收入增多的部分全部归地方；收少于支的，由上级拨款补助。上级补助的数额，按照民族自治地方建设事业发展和扩大的需要，每年予以变动。这样保证了民族自治地方在生产发展的基础上，多收多支，有利于扩大本地方的收入来源，统筹安排本地方经济建设和文化建设事业的发展。民族自治地方的预算，在执行过程中，如果遇到重大灾荒，可以由上级机关拨款救济。此外，凡由上级指定新办的事业或者由地方提出经过上级批准的建设项目，也由上级拨款补助。为了适应自治州、自治县的经济和文化的发展，中央对辖有自治州、自治县的省，在计算支出基数的时候，在全省的支出总额以外，对自治州的支出总数增加7%至8%，对自治县的支出总数增加4%至5%。这样，就有利于省对自治州和自治县的某些特殊需要作必要的照顾。在税收管理上，也给予民族自治地方较多的灵活处理的权限。民族自治地方的自治机关，在执行国家税法的时候，对于某些在税收上需要加以照顾或者奖励的，可以减税或者免税，并且在必要的时候，还可以根据税法的基本原则，结合本地方的具体情况和民族特点，制定本地方的税收办法。[①] 这一暂行办法的实施，有利于民族自治地方的财政管理工作因地制宜，充分发挥各民族自治地方的自治机关管理本地方财政的主动性和积极性。[②] 这是我国民族自治地方财政管理制度上的一项重大改进，完善了民族自治地方的

① 《国务院命令公布民族自治地方财政管理暂行办法》,《人民日报》1958年6月16日。

② 《人大常委会举行第九十七次会议》,《人民日报》1958年6月6日。

财政体制。

在这一时期的财政体制建设中，陈云作为“平衡收支”的倡导者、民族自治地方财政体制的决策者及民族自治地方行政法规制定的参与者，推动了民族自治地方财政体制的确立和发展。

［原载《安徽史学》2010 年第 1 期］

陈云谈台湾问题的一则史料

《从国家民族的大局出发实现祖国统一》是陈云 1983 年 12 月 25 日与一位香港商人的谈话节录，是陈云关于祖国统一问题具有代表性的历史文献，集中反映了他在祖国统一和解决台湾问题上的基本立场和观点。

一、陈云谈话的历史背景

新中国成立后，国民党盘踞台湾，但这改变不了两岸同属一个中国的事实。自此，完成祖国统一大业，始终是全国各族人民的共同心愿。1978 年 12 月 26 日，第五届全国人大常委会第五次会议讨论通过了《告台湾同胞书》，并于 1979 年元旦发表。《告台湾同胞书》阐明了对台工作和祖国统一的大政方针、基本立场和态度，指出台湾自古就是中国不可分割的一部分。“每一个中国人，不论是生活在台湾的还是生活在大陆上的，都对中华民族的生存、发展和繁荣负有不容推诿的责任。统一祖国这样一个关系全民族前途的重大任务，谁也不能回避，谁也不应回避。”“实现中国的统一，是人心所向，大势所趋。”《告台湾同胞书》还强调：“我们寄希望于一千七百万台湾人民，也寄希望于台湾当局。台湾当局一贯坚持一个中国的立场，反对台湾独立。这就是我们共同的立场，合作的基础。我们一贯主张爱国一家。统一祖国，人人有责。希望台湾当局以民族利益为重，对实现祖国统一的事业作出宝贵的贡献。”[①]《告台湾同胞书》的发表，标志着实现两岸统一的大业，在新的历史条件下被更加紧迫地提到了具体日程上来。

1981年9月30日，全国人大常委会委员长叶剑英提出了关于实现和平统一的九条方针政策，史称“叶九条”。这九条方针政策的主要内容是：建议举行中国共产党和中国国民党两党对等谈判，实行第三次合作，共同完成祖国统一大业，双方可先派人接触，充分交换意见；建议双方共同为通邮、通商、通航、探亲、旅游以及开展学术、文化、体育交流提供方便，达成有关协议；国家实现统一后，台湾可作为特别行政区，享有高度的自治权，并可保留军队，中央政府不干预台湾地方事务；台湾现行社会、经济制度不变，生活方式不变，同外国的经济、文化关系不变，私人财产、房屋、土地、企业所有权、合法继承权和外国投资不受侵犯；台湾当局和各界代表人士，可担任全国性政治机构的领导职务，参与国家管理；台湾地方财政遇有困难时，可由中央政府酌情补助；台湾各族人民、各界人士愿回祖国大陆定居者，保证妥善安排，不受歧视，来去自由；欢迎台湾工商界人士回祖国大陆投资，兴办各种经济事业，保证其合法权益和利润；欢迎台湾各族人民、各界人士、民众团体通过各种渠道、采取各种方式提供建议，共商国是。[②]“叶九条”回应并阐述了两岸同胞共同关注的一系列问题，体现了我们党实现祖国统一的态度和诚意。

实现祖国统一大业，也为海外中华儿女所期盼。时任美国新泽西州西东大学教授的杨力宇，于1983年3月在美国旧金山举办了“中国统一之展望”讨论会。1983年6月26日，应中国社会科学院的邀请，杨力宇来到北京，邓小平会见了他，并同他进行了谈话。1983年7月30日《人民日报》以《邓小平谈中国大陆和台湾和平统一设想》为题，对邓小平同杨力宇的谈话内容作了报道。邓小平指出，问题的核心是祖国统一。祖国统一后，台湾特别行政区可以有自己的独立性，可以实行同大陆不同的制度。台湾的党、政、军等系统，都由台湾自己来管。但在国际上

① 《中华人民共和国全国人民代表大会常务委员会告台湾同胞书》，《人民日报》1979年1月1日。

② 参见《叶剑英选集》，人民出版社1996年版，第563—564页。

代表中国的，只能是中华人民共和国。要实现统一，就要有个适当方式，所以建议举行两党平等会谈，实行第三次合作。希望国共两党共同完成民族统一，对中华民族做出贡献。

"叶九条"和邓小平同杨力宇的谈话，系统地对党在改革开放历史新时期做好对台工作、实现祖国统一大业的大政方针进行了说明。因此，陈云在《从国家民族的大局出发实现祖国统一》一开始就说："关于祖国统一、两党谈判，我们方面的意见，过去叶剑英同志提的九条，最近邓小平同志同杨力宇教授的谈话，都已经说清楚了。"这表明，陈云谈话正是在上述背景和基础之上进行阐述的。

二、陈云谈话的对象

中央文献研究室 2000 年编辑出版的《陈云年谱（1905—1995）》记载，陈云发表这次谈话是"接见一位香港商人"。至于这位商人是谁，并未作出进一步说明。2005 年，为纪念陈云诞辰 100 周年，中央文献研究室编辑出版了《陈云传》，披露了这次谈话的一些工作细节和情景。

这位香港商人与中国国民党高层有着密切联系。据《陈云传》记载，当时，陈云还请他向在台湾的国民党老朋友捎话说：人老了容易怀旧。他们都是从大陆出去的，出去 30 多年，总会想念大陆，想念家乡，想念亲人，这也是人之常情。我们诚心诚意地欢迎他们回来看看，来时愿意和我们谈谈就谈谈，不愿意也可以；来一次可以，常来常往也可以，总之，随他们方便，我们这方面没有问题。[①] 当陈云谈到"用一个国名、一个首都来'统'"时说："首都设在台北总不好！"[②] 这些内容没有收入《从国家民族的大局出发实现祖国统一》，但对于还原谈话场景很有意义。

2015 年是陈云诞辰 110 周年，中央文献研究室修订再版了《陈云年谱（1905—1995）》，其补充记述："由中共中央台湾工作办公室安排，在住所接见一位受陈立夫、陶希圣之托前来看望的香港商人。"原来，这

---

① 参见《陈云传》，中央文献出版社 2005 年版，第 1680 页。

②《陈云传》，中央文献出版社 2005 年版，第 1681 页。

位香港商人是陈立夫、陶希圣的请托人。陈云发表这次谈话时，朱佳木任其秘书。他在2016年5月8日第十届陈云与当代中国学术研讨会论文评审会上做了一段口述，笔者做了记录。朱佳木回忆说：陈云指出，用三民主义统一中国不行，这怎么能行呢！关于“统一”事项，起初谈话草稿中有“统一国名、统一国籍、统一首都”等内容，如后来《从国家民族的大局出发实现祖国统一》所说的，陈云保留了统一国名、首都。当时，陈云还让给客人准备了礼品，包括西湖龙井茶叶、湖州毛笔（陈立夫是湖州人）、评弹录音等。这位香港客人化名“蚁民”，不知其真实姓名，看上去40多岁。谈话之后，双方就没有再联系和接触。

陈云发表这次谈话时，已经78岁高龄，迫切希望祖国统一能够早日实现。这是当时以邓小平、陈云为代表的老一辈革命家的共同心愿。在陈云谈话以前，邓小平在会见外籍专家时就曾表示：“我们岁数不小了，都是炎黄子孙，来它个真正的统一，前人没完成的，我们完成，后人会怀念我们，感谢我们的。不做这件事，后人写历史总要责备我们。”①

三、陈云谈话的主要内容

《从国家民族的大局出发实现祖国统一》的内涵与精神，概括起来主要有三个方面：

（1）坚持一个中国立场。这是实现祖国和平统一的政治基础。陈云指出，党的对台工作方针和政策是从国家、民族的大局出发的，同时也兼顾了台湾的利益。中国共产党和中国国民党、大陆和台湾，都坚持只有一个中国、反对台湾独立的立场。同时，他对“老一辈人不在”后台湾能否坚持一个中国表示担忧，并根据两岸政治状况和未来发展变化，对祖国统一大业未雨绸缪，提出“先把国家统一起来”，“这样即使他们身后有人要搞台湾独立，也就不那么容易了”。这是陈云谈话的基本主题。

（2）坚持“一国两制”方针。陈云在谈到祖国统一用什么“统”的

---

① 《邓小平思想年编（1975—1997）》，中央文献出版社2011年版，第465页。

问题时说，从实际出发，“既不要用大陆的社会主义制度去‘统’，也不要用台湾的现行制度来‘统”。同时，他对比新旧中国、社会主义与三民主义，以及改革开放初期大陆与台湾的经济社会状况，指出国家统一以后，大陆还是要搞社会主义，台湾的现行制度也可继续搞下去。从思想史的角度看，在陈云这次谈话前，邓小平在1983年6月26日同杨力宇的谈话中，就提到了有关中国大陆和台湾和平统一设想。比较邓小平与陈云的谈话内容，在具体的话语表达上有一处几乎完全相同。邓小平说，和平统一不是大陆把台湾吃掉，当然也不能是台湾把大陆吃掉。所谓“三民主义统一中国”，这不现实。陈云则说，用三民主义统一中国，我看不现实。在同杨力宇的谈话中，邓小平说，制度可以不同，但在国际上代表中国的，只能是中华人民共和国。在陈云谈话之后，1984年2月24日，邓小平会见美国乔治城大学战略与国际问题研究中心代表团，在谈到稳定世界局势的新办法时说：“我们提出的大陆与台湾统一的方式是合情合理的。统一后，台湾仍搞它的资本主义，大陆搞社会主义，但是是一个统一的中国。一个中国，两种制度。”[①] 从这几次谈话的过程和内容的对比可以看出，陈云谈话中关于祖国统一的思想内涵，符合邓小平提出的“一国两制”战略构想，是我们党提出和平统一思想的重要组成部分。

（3）警惕和防范世界上某些国家对中国统一的阻挠和破坏。这是陈云对解决台湾问题的国际环境的判断。他说：世界上并不是所有国家的人都愿意看到中国的统一，有人死抓住台湾不放，把台湾看成是自己不沉的航空母舰，他们是一定要千方百计从中阻挠和破坏的，到时候是什么手段都使得出来的。因此，要提高警惕，尽可能采取一些防范措施。这对我们当前开展祖国和平统一工作仍具有现实指导意义。

陈云的这个谈话，最初公开发表在由中共中央统一战线工作部、中共中央文献研究室编辑，中共中央党校出版社1985年11月出版的《新时期统一战线文献选编》中。1995年5月，《陈云文选（1956—1985）》改版为《陈云文选》第3卷，由人民出版社再版，将收入著作的时间下

① 《邓小平文选》第3卷，人民出版社1993年版，第49页。

限从 1985 年 9 月延至 1994 年 2 月，增补著作 27 篇，将陈云的这次谈话以《从国家民族的大局出发实现祖国统一》为题列入其中。

陈云是推进祖国和平统一大业历史进程的重要参与者和推动者。然而，关于陈云与祖国统一大业的理论与实践的史料却相对较少。《从国家民族的大局出发实现祖国统一》记载了陈云在实现祖国和平统一问题上的主要思想，是他留给我们的宝贵思想遗产。

[原载《党的文献》2017 年第 1 期]

张闻天1952年三封来信与中国工业化决策关系考述

我国“一五”计划是在苏联的帮助、支持下制定和实施的。张闻天从1951年至1955年间担任中国驻苏大使，见证并参与了这一时期中苏同盟互助合作的历程，不仅为中苏外交关系的发展做出了历史性贡献，而且根据新中国成立初期的形势与任务，把外交工作与国内经济的恢复和建设有机结合起来，对中国工业化发展问题进行了富有建设性的探索。其中最具代表性的就是他1952年1月接连从苏联发出的关于中国工业化问题的三封来信。张闻天来信与国内复信，从一个侧面反映了党和政府对我国工业化的认知及决策，因而成为研究中国工业化思想和历史进程的重要文献。

一、来信及其基本内容

1951年4月15日，张闻天接替王稼祥就任驻苏大使。此前不久，中共中央政治局2月18日召开的扩大会议作出决议：“‘三年准备、十年计划经济建设’的思想，要使省市级以上干部都明白。准备时间，现在起，还有二十二个月，必须从各方面加紧进行工作。”[①] 而这时的苏联，已

① 中国社会科学院、中央档案馆编：《中华人民共和国经济档案资料选编·基本建设投资和建筑业卷（1949—1952）》，中国城市经济社会出版社1989年版，第31页。

于1937年基本实现了社会主义工业化。驻苏伊始，张闻天就怀着对我国实现工业化的紧迫感，积极研究苏联社会主义经济建设的经验，以为国内经济建设的借鉴。驻苏九个月后，他分别于1952年1月16日、24日和25日，相继致信党中央、毛泽东和周恩来等，提出自己关于中国工业化及相关问题的认识、意见和建议。

张闻天1月16日的来信是给周恩来并报毛泽东和中央的，中心内容是关于我国工业化的方针问题。自党的七届二中全会提出“在革命胜利以后，迅速地恢复和发展生产，对付国外的帝国主义，使中国稳步地由农业国转变为工业国”[①]以来，尤其是新中国成立后，实现我国工业化的任务就现实地、突出地摆在了中国共产党人的面前。要实现我国工业化，首先必须确立工业化的基本方针。张闻天在来信中认为，我国工业化的方针，就是“必须把自力更生同充分依靠与信任苏联的援助密切结合起来”。他在阐述这一方针时说：一方面，“对于我国今后工业化有决定意义的大工厂，如钢铁工厂、机器工厂、汽车工厂、主要矿等的建设，必须完全依靠与信赖苏联的援助；从初步设计、技术设计、施工详图直到成套设备订货及安装，都应全部的、彻底的采用苏联的计划、装备与专家”。另一方面，“凡是次要的工厂，尤其是轻工业工厂的建设，一切比较简单的设计与比较简单的装备，以及各种各样的日用的机器与工具，我们应该尽量自力更生，自己设计，自己生产，力求在中国现有的技术生产基础上，吸收苏联的经验，提高一步”。他强调说，实行这种结合，“完全不是主张一切要依靠苏联，而不要自力更生。我只是主张自力更生要同苏联的外援正确结合起来”。[②]

张闻天在论述上述方针的重要性和必要性时，提出了一系列关于我国今后工业化问题的重要思想。

首先，现代化的重工业是我国工业化最主要的基础。在新中国成立前，张闻天就认识到了重工业在未来国民经济和国营经济中的重要地位，但是把重工业放在工业化的优先战略地位，主要还是受斯大林在扩

① 《毛泽东选集》第4卷，人民出版社1991年版，第1437页。

② 中国社会科学院、中央档案馆编：《中华人民共和国经济档案资料选编·基本建设投资和建筑业卷（1949—1952）》，中国城市经济社会出版社1989年版，第363、364页。

大再生产理论的基础上提出的关于苏联社会主义工业化思想的影响。斯大林在实现苏联社会主义工业化问题上，非常重视生产资料生产对社会主义扩大再生产的作用，认为“迅速发展整个工业特别是生产资料的生产，是国家工业化的主要基础和关键”。[①]“生产资料生产的增长之所以必须占优先地位，不仅是因为这种生产应当保证自己的企业以及国民经济其他一切部门的企业所需要的装备，而且是因为没有这种生产就根本不可能实现扩大再生产。”[②]这些无疑对当时正在苏联的张闻天产生了很大影响。同时，他结合我国实现工业化的历史基础和未来发展要求，在来信中认为，我们要“一开始就真正建立起最新式的、最进步的、最现代化的工业之工厂。只有这样的工厂，我们才能大量生产出质量最好数量最多的钢铁与最新式的机器及其他工业设备，把我国工业化的基础放在现代重工业之最新的科学技术成绩的水准之上。这样工厂的建设，自然需要较长的时间及较多的资本，但是在它们一经建立起来之后，由于它们具有最高的生产率，所以它们就会无可比拟地加速我们工业化的速度，节约我们的人力、物力与财力。建设这样的工厂，是中国工业化的真正捷径”。[③]他还指出：“我们必须以最先进的工业技术与科学成就，来武装我们的工业，来武装我们的工程技术干部与工人。只有这样，我们才能经过一个相当时期之后，打下今后工业化自力更生的稳固的与健全的基础。”[④]

其次，我国工业化要根据新中国所有的各种条件，稳步前进。稳步实现工业化，是党的七届二中全会明确提出的，这就是“使中国稳步地由农业国转变为工业国”。1951 年 5 月，中央批转李富春在全国工业会议上的结论，指出：“今年的基本建设，必须是从全国布局着眼（整体观点），从发展国民经济与巩固国防的需要出发，有计划、有重点地采取分

① 《斯大林全集》第 11 卷，人民出版社 1955 年版，第 213 页。

② 斯大林：《苏联社会主义经济问题》，人民出版社 1961 年版，第 50—51 页。

③ 中国社会科学院、中央档案馆编：《中华人民共和国经济档案资料选编·基本建设投资和建筑业卷（1949—1952）》，中国城市经济社会出版社 1989 年版，第 363 页。

④ 中国社会科学院、中央档案馆编：《中华人民共和国经济档案资料选编·基本建设投资和建筑业卷（1949—1952）》，中国城市经济社会出版社 1989 年版，第 364 页。

工合作、稳步前进的方针，首先集中力量搞好几件国防和民生最需要的基本建设工程，积累经验，并为今后的长期建设准备必要的条件。”[①]张闻天在来信中指出：“稳步前进的这种主张，是正确的。”他说：“离开了中国现有的各种条件，而要加速工业化，显然是一种急性病。”但是，当时在中国所有的条件中，有一个非常重要的条件，“这就是我们邻近有一个高度工业化的社会主义的苏联，它可以而且愿意诚心诚意地给予我们以科学技术的、各种专家与各种设备的援助”。[②]这一认识的主要依据是 1950 年 2 月签订的《中苏友好同盟互助条约》。张闻天还指出：“依靠与信任这一援助，我们就可以把我们工业化的速度，提高许多倍，使我们真正能做到不是‘跟上’先进的资本主义国家，而是‘迎头赶上’。”[③]

第三，要集中使用有限的资金到重工业中心与全国性的具有决定性的工厂的建设上去。工业化所需资金的短缺是中国工业化发展初期的一个瓶颈。张闻天来信认为，集中使用有限的资金，用之于重工业中心与全国性的具有决定性的工厂的建设，这是新中国的迅速工业化所需要的。他说：“这类‘工业中心’与重要工厂的建设，从设计到开工，需要较长的时间，其建设过程是比较缓慢的，但是当它们一旦开工之后，工业化的真正速度就会开始鲜明的表现出来。”他从我国与苏联的商务谈判中，深深感觉到我们当时要搞的花样太多，“外汇用的不集中”。有些真正可以用自力更生的方法解决的一些次要的设备或可以不要的东西，我们却要在苏联定货，而一些带有决定性的东西，却又要节省。他说：“中国是一个大国，各方面提出的要求确实是多得很，为了多少满足每一个单位的要求（叫做‘照顾’吧），我们有限的一点外汇，实在不够分配。这样，我们当然可以从苏联买得很多名堂的东西，但最主要的大工厂的成套设计与成套设备却并没有买到，或买的很少，或买了这样没有买那样。

---

① 中国社会科学院、中央档案馆编：《中华人民共和国经济档案资料选编·基本建设投资和建筑业卷（1949—1952）》，中国城市经济社会出版社 1989 年版，第 18 页。

② 中国社会科学院、中央档案馆编：《中华人民共和国经济档案资料选编·基本建设投资和建筑业卷（1949—1952）》，中国城市经济社会出版社 1989 年版，第 364 页。

③ 中国社会科学院、中央档案馆编：《中华人民共和国经济档案资料选编·基本建设投资和建筑业卷（1949—1952）》，中国城市经济社会出版社 1989 年版，第 364 页。

我希望中央在这方面，还要抓得更紧些。我觉得为了我国的工业化，我们应该忍受一切其他方面的困难与缺乏，以保证最主要的一面的充分供给。”他指出，“这是苏联工业化的一个重要经验”，“中央再进一步地加强在这方面的集中领导，十分必要”。①

第四，要立即开始钢铁中心的扩建，否则我国的工业化根本就谈不上，国防建设也就没有可靠的基础。中共中央在 1951 年 12 月 22 日发出的《关于编制 1953 年计划及长期计划纲要若干问题的指示》中指出：“要求在五年内基本上完成鞍钢等大工业基地的建设，并开始新的工业基地的建设。”② 张闻天在来信中认为，除改造与扩大在东北的“鞍钢”之外，“必须立即在西北开始建立第二个钢铁中心，并准备在西南或中原方面建设第三个钢铁中心，而且必须严格的规定每年建设的计划程度及完成的时间，不得以任何借口，推迟拖延”。“建立一个钢铁中心，需要很多时间，每一年的推迟，都会很大的影响到我国工业化的速度。因此，我们不能等到有了充分的一切条件之后再来开始。我们要现在立即开始，我们要在坚决与顽强的斗争中，克服一切困难，创造一切必要的条件。”具体到建设钢铁中心的资金问题，他认为：“只要我们到处去挤，一定会挤出来的。而且在开始时期，如聘请专家勘测设计，定制成套设备，建立工人宿舍，办公室，厂房等等，并不需要很多的资金，但却需要时间，故必须现在立即动手，即使需要较多的资金吧，我想在充分动员群众的基础上，甚至以募捐或发公债的方法，也是可以解决困难的，依靠中国人力物力的丰富，建设几个钢铁中心，不会是不可克服的困难。”他还强调说：“固然，朝鲜的战争消耗着我们国家的很大的财力、物力，但无论如何，我们除东北外，立即着手建立西北与准备建立西南（或中原）的钢铁中心，决不会是过高的要求，没有这类钢铁中心，真正国防工业的

① 中国社会科学院、中央档案馆编：《中华人民共和国经济档案资料选编·基本建设投资和建筑业卷（1949—1952）》，中国城市经济社会出版社 1989 年版，第 364—365 页。

② 《中华人民共和国国民经济和社会发展计划大事辑要（1949—1985）》，红旗出版社 1987 年版，第 32 页。

建设，就没有可靠的基础。”[①]

张闻天在处理自力更生与苏联援助的关系问题上，其基本思想是辩证的，主张要“紧密结合”和“正确结合”。而在如何实施问题上，基于我国工业化尤其是重工业的羸弱和苏联工业化的先进水平，他突出强调了苏联援助对我国工业化的重要意义。他说，我国今后工业化有决定意义的大工厂，“只要充分依靠与信任苏联的帮助，即可最迅速的建立起来，用不着走什么弯路，用不着摸索又摸索，而且也不会发生什么乱子。因为苏联同志们有着充分建设这样工厂的经验，有着建设这样工厂的一切设备，并且有着最可靠的政治保证，在中国革命胜利之后，今后苏联对中国革命的最大的、最有效的援助，就在这一方面”。[②]后来的历史事实表明，我国工业化决策参考了苏联工业化的经验，但主要还是从中国实际出发的。张闻天强调苏联援助的重要性，主要是相对于我国初步工业化中重工业建设而言的，而不是主张要将之覆盖我国工业化的所有领域。因此，在我国当时“一边倒”的外交局势下，他的这种认识带有一定的普遍性，而且符合我国重工业的基本实际，并有着可行的外部环境条件，与其所主张的我国工业化的方针的基本精神也是相一致的。

在当时的历史条件下，实行自力更生同苏联援助的紧密结合的工业化方针，就应当安排好苏联对我国的援助工作以及处理好同苏联的工商贸易与合作关系。张闻天根据我国在请苏联专家、同苏联和东欧国家商务谈判、工业订货工作中存在的问题，1952 年 1 月 24 日和 25 日又接连致信周恩来并毛泽东，在反映问题的同时，提出了相应的具体建议。

在张闻天从赴任驻苏大使至 1 月来信期间，我国曾先后两次派商务代表团赴苏进行中苏贸易谈判，一次是贸易部副部长姚依林于 1951 年 2 月至 6 月率领代表团，就 1951 年中苏贸易进行谈判；[③]另一次是贸易部副

---

① 中国社会科学院、中央档案馆编：《中华人民共和国经济档案资料选编·基本建设投资和建筑业卷（1949—1952）》，中国城市经济社会出版社 1989 年版，第 365—366 页。

② 中国社会科学院、中央档案馆编：《中华人民共和国经济档案资料选编·基本建设投资和建筑业卷（1949—1952）》，中国城市经济社会出版社 1989 年版，第 363—364 页。

③《我商务代表团姚依林等离苏返国 苏各报发表中苏订贸易议定书消息》，《人民日报》1951 年 6 月 22 日。

部长沙千里于1951年11月率领代表团，就1952年中苏贸易进行谈判。[①]张闻天在来信中认为，订购成套设备有利于我国工业化建设，订货单一经双方签订议定书后，不应多变和随意变更等。尤其在1月24日的来信中，他指出，在商务谈判中，国内对驻外商务机构请示的电报答复太迟，建议把请示报告制度同答复指示制度结合起来。[②]从时任中财委主任的陈云后来对张闻天来信的回复中，可以看出，张闻天在信中也反映了苏联方面的一些要求和建议，如我国应派被援助项目的负责人常驻苏联，或亲自去苏联接洽，加强双方的密切联系，等等。从思想逻辑上看，这两封信的内容是建立在1月16日来信基础之上的，也就是说具体反映了张闻天关于我国工业化问题的总体思想；同时，张闻天来信中的具体建议直接涉及中苏经贸、商务合作等实际问题，其着力点在于改善中苏商务互助合作的工作机制，以便更好地争取外援，降低和节约成本，提高效率。

二、来信对中国工业化决策的影响

我国工业化问题，是新中国成立初期党中央正在集中思考和研究的关系经济社会发展全局的一个中心问题。就在张闻天写第一封信的20多天前，中共中央于1951年12月22日发出了《关于编制1953年计划及长期计划纲要若干问题的指示》，指出："必须以发展重工业为建设的重点，集中有限的资金和建设力量（特别是地质勘探、设计和施工力量）首先保证重工业和国防工业的基本建设，特别是确保那些对国家起决定作用的、能迅速增强国家工业基础与国防力量的主要工程的完成。要求在五年内基本上完成鞍钢等大工业基础的建设，并开始新的工业基地的

① 《谈判明年中苏贸易问题我商务代表团抵苏》，《人民日报》1951年11月21日。

② 中国社会科学院、中央档案馆编：《中华人民共和国经济档案资料选编·基本建设投资和建筑业卷（1949—1952）》，中国城市经济社会出版社1989年版，第366页；程中原：《张闻天传》，当代中国出版社1993年版，第599页。

建设，使1957年工业生产比1952年提高1—1.5倍。”[①]张闻天关于我国工业化问题的来信，因其内容的重要而引起中央的高度重视。

周恩来接到张闻天1月16日来信后，立即送给了毛泽东和中央其他负责同志传阅。他在2月8日复张闻天的信中说，1月16日来信“已送主席及中央各同志传阅”。[②]

周恩来的复信，从时间上看，是在收到张闻天的三封来信之后；从信件的处理看，是在陈云就张闻天给周恩来的信中反映的问题致信毛泽东、周恩来并中共中央，并在张闻天的来信交由陈云详细函复的情况下做出的。据《陈云年谱（1905—1995）》载，1952年2月8日，陈云就张闻天给周恩来的来信中反映的问题致信毛泽东、周恩来并中共中央，指出：“闻天信中提出的道理是对的，国内在要求苏联援助方面的一些毛病过去也发生过。但近两年来，国内的主要倾向不是不愿向苏联订货，而是许多不必要的粗货也向苏联订，怕自己造的货不好。”

周恩来在这封复信中说：“所提的实现中国工业化的方针及许多具体意见都是很好的，我们正在为此方向努力。”[③]这表明，张闻天对我国工业化问题的认识与中央的思考是一致的，得到了中央的充分肯定。周恩来还说：“毛主席现在所号召和督促的‘三反’运动及精兵简政、增产节约的方针，正是在三大运动之后为中国工业化进一步奠定基础。”[④]这指的是中共中央于1951年12月1日作出《关于实行精兵简政、增产节约，反对浪费和反对官僚主义的决定》一事。“三反”和随后的“五反”相配合，巩固了工人阶级和国营经济的领导地位。然而，对于增产节约，当时有许多人不了解它的意义，有的把增产节约看成单纯的增加物质财富的工作，认为工业增产首先要解决原料和销路问题；也有的把增产节约看成单纯的财政任务，认为只要清理仓库，处理呆滞器材，就是增产了；也有的甚至把增产节约理解为要工人加班加点，省吃俭用，降低生活水准。

---

① 《中华人民共和国国民经济和社会发展计划大事辑要（1949—1985）》，红旗出版社1987年版，第32页。

② 《周恩来书信选集》，中央文献出版社1988年版，第462页。

③ 《周恩来书信选集》，中央文献出版社1988年版，第462页。

④ 《周恩来书信选集》，中央文献出版社1988年版，第462页。

其实，增产节约，不仅要为国家积累巨大的财富，使国家能把省下的钱用在经济建设和国防建设上；同时，要通过增产节约运动使企业的经营管理工作提高一步，全面改善生产。这是新中国要实行工业化所必须努力的长期性的方向。毛泽东指出，为了完成国家工业化，“首先重要并能带动轻工业和农业向前发展的是建设重工业和国防工业。为了建设重工业和国防工业，就要付出很多的资金，而资金的来源只有增产节约一条康庄大道”。[①]张闻天在来信中之所以强调建设现代重工业，是因为“这样工厂的建设，自然需要较长的时间及较多的资本，但是在它们一经建立起来之后，由于它们具有最高的生产率，所以它们就会无可比拟地加速我们工业化的速度，节约我们的人力、物力与财力”。“而且可以真正培养出优秀的新式的中国工程师及大批熟练的工程技术人员，他们是我们工厂之工厂，又是我们技术干部的学校。”[②]他的这些思想认识，不仅体现了增产节约对我国工业化的重大意义，而且进一步论证了建立现代重工业在我国工业化中的战略地位。

需要指出的是，周恩来在这封复信中尽管只提到张闻天的 1 月 16 日来信，因此复信主要是针对张闻天的第一封信的，但张闻天的三封来信从时间上是相接的，内容上是关联的，而复信离张闻天三封信的最后一封信的时间几近半个月之久。而且，从对张闻天来信的处理来看，周恩来在 1 月 28 日就曾对张闻天 1 月 24 日、25 日的来信进行了回复，并表示“电中基本意见都是对的”，“已请陈云同志邀请有关部门同志研究后给你具体答复”。[③]周恩来也在 2 月 8 日这封复信中说：“将由陈云同志详细函复。”因此，这一复信显然兼顾了对张闻天后两封信的处理交代。而且，周恩来在对张闻天三封来信的复信中都说交由陈云答复，这说明张闻天的三封来信应该都转给了陈云。陈云后来的回复内容也印证了这一点。

在周恩来 2 月 8 日复信的同一天，毛泽东作出批示：“关于工业问题，

---

① 《毛泽东文集》第 6 卷，人民出版社 1999 年版，第 207 页。

② 中国社会科学院、中央档案馆编：《中华人民共和国经济档案资料选编·基本建设投资和建筑业卷（1949—1952）》，中国城市经济社会出版社 1989 年版，第 363—364 页。

③ 程中原：《张闻天传》，当代中国出版社 1993 年版，第 599 页。

请陈（云）、李（富春）注意随时提到中央会议加以讨论。”[①] 为此，中财委党组干事会于2月18日讨论了张闻天的1月来信。会议同意张闻天关于工业化问题的基本精神，并规定了12项具体办法，以改正工作上的缺点。[②]

关于处理苏联援助与自制关系。会议决定：（1）凡属举办性质重要，其产品在我国尚未生产过的新工厂，或在旧的大工厂中改建重要装备，我无改进把握者，均应聘请苏联设计组（初步设计、技术设计、施工图），而且对于接收订货，保管装备，施工安装，试车运转，均需聘请苏联专家或专家组加以协助指导。“若干新工厂在开工之前还需派出由政治人员率领的技师、技工的实习组到苏联工厂中去学习。”（2）初步设计批准后，关于装备器材的定货或自制问题，凡我不能自制的装备，必须依靠苏联供应；苏方要我自制者，只有在成品的质量相符，又能如期制成的条件下，才能自制，并不能推脱自制的责任。

关于工业订购。会议决定：（1）根据“中国技术人员对于苏、新国家的装备器材的规格不熟，中贸部的进口公司在业务知识与业务分工上完全不能适应需要”的情况，会议决定，一切工业部门必须抽出一批熟悉器材的干部和可靠的技术人员给进口公司，组成该公司的各个部（或组）。“必须打破工业系统中不肯抽人的保守主义，必须认识不早抽人把购买装备器材工作做好，新厂的建设和旧厂生产的维持，都是不可能的。”今后中贸部进口公司的主要业务是向苏、新国家购买工业装备和器材。（2）凡属向苏订购成套设备或订购大量器材的厂矿，必须派出该厂矿的第二负责人带领必要人员常驻苏联接洽订货、催货。不派重要负责人者，不予订货。（3）对于重要工厂的设计和订购装备工作，中央财经

---

① 中国社会科学院、中央档案馆编：《中华人民共和国经济档案资料选编·》基本建设投资和建筑业卷（1949—1952），中国城市经济社会出版社1989年版，第366页；程中原著《张闻天传》载：“刘少奇在周恩来写的复电稿上批示：‘关于工业化问题，请陈李注意随时提到中央会议。’”

② 中国社会科学院、中央档案馆编：《中华人民共和国经济档案资料选编·基本建设投资和建筑业卷（1949—1952）》，中国城市经济社会出版社1989年版，第366—368页；中国社会科学院、中央档案馆编：《中华人民共和国经济档案资料选编·工业卷（1949—1952）》，中国物资出版社1996年版，第781、782页；《陈云年谱（1905—1995）》中卷，中央文献出版社2000年版，第129页。

各部的负责人必须十分重视，必要时，必须亲自去苏联接洽，不能将责任委之于不能胜任的人员。

关于商务谈判和商贸合作。会议决定：（1）在中苏商务谈判中，中央各部及各厂矿所开定单，事前必须慎重确定，一经我方商务代表团与苏方签订了议定书之后，就不能变更。（2）各部门各厂矿经中贸部向苏联提出的定货单的金额及订单中的主要装备，必须仍由中财委批准。一般情况下，驻外商务机构请示的电报，在电报到之日起十天内，中贸部必须答复。同时各订货厂矿对中贸部查询的电报，必须于五日内答复。（3）由中贸部召集有关部门，共同讨论，定出满洲里口岸接收分发国外商业订货的有效办法，克服现在的紊乱现象。

关于赴苏人员来往。会议决定：（1）征得外交部同意加派四个来往于我国与苏联的外交信使，专送财经信件。（2）在赴苏随从人员中，“政治上反苏者一定不派”，“只在技术上崇拜资本主义但平素工作肯负责，政治上倾向我们，而在‘三反’中又证明确系愿意进步者，在必须随赴苏联接洽或备咨询时可以派出，但他们也必须在可靠干部及商务参赞处的领导之下工作”。（3）因为今后常驻和临时去苏的人员将大大增加，请求外交部转令驻苏大使馆向苏方请求多租一些房子（比旅馆便宜）。（4）由中贸部负责开办一个出租出国衣装的公司，减少出国者的制装费。

根据中财委党组干事会就张闻天 1 月来信的讨论意见，陈云、薄一波和李富春于 3 月 5 日向周恩来并中共中央作出了上述情况报告。3 月 7 日，中央致电张闻天和各中央局，表示同意报告中提出的意见，并转发了这个报告。①

由此可以看出，张闻天关于我国工业化问题的来信，引起中央重视后，又经中财委党组干事会讨论提出了一系列带指导性的意见和办法，为中央所采纳，用以指导工作。这些意见和办法，不仅在基本精神上体现了张闻天来信的内容，而且这些改进意见和办法的颁布，无疑有力地促进了相关具体工作的进一步开展。以关于建立钢铁中心问题为例。据《陈云年谱（1905—1995）》载，1952 年 3 月 19 日，中财委党组在向毛

① 《陈云年谱（1905—1995）》中卷，中央文献出版社 2000 年版，第 129 页。

泽东并中央提交的关于全国钢铁工业的发展方针、速度与地区分布问题的报告中指出："鉴于钢铁工业在国家工业化中的重要性，在第一个五年计划期间，必须把鞍钢的建设作为首要任务，集中全国力量如期完成，以奠定全国钢铁工业进一步发展的基础。除此以外，为了改变我国钢铁工业的落后状态，于八年之内达到年产五百万至六百万吨钢，于十二三年之后达到一千二百万吨钢，有必要进行第二个大钢铁厂的建设。从经济上、国防上考虑，第二个钢厂以放在大冶为宜。"[①] 这显然与张闻天来信的基本精神是一致的。

张闻天在苏联来信中所主张的工业化方针及其重要论述，反映了其对苏联社会主义经济建设研究的阶段性成果，是他关于我国工业化思想的一次集中体现。历史发展表明，我国实现工业化，借鉴苏联社会主义工业化的经验，走上了一条优先发展重工业的道路。张闻天对于党中央选择这一道路，以驻苏大使的独特优势起到了积极推动作用，其关于苏联援助对我国工业化地位的思想认识，增进了中央关于争取苏联援助的信心，对随后全党学习苏联社会主义经济建设理论起到了一定的先导作用。

［原载《党的文献》2006年第1期］

① 《陈云年谱（1905—1995）》中卷，中央文献出版社2000年版，第131—132页。

编纂探析

论国史通史研究和编纂的学理基础与方法

中华人民共和国史（简称“国史”），是1949年新中国成立以来的国家历史，是把新中国的昨天、今天和明天联系起来并与现实和未来紧密结合在一起的国家历史。它在对中华民族5000多年悠久文明的传承中、对近代以来170多年中华民族发展历程的变革中延续下来，在中国共产党领导全国各族人民进行28年新民主主义革命并取得彻底胜利的基础上缔造起来。中华人民共和国成立以来，它在中国共产党将马克思主义基本原理与中国革命、建设和改革的具体实际相结合的历史进程中奠基、开创和发展，如今进入了中国特色社会主义新时代。它不仅深刻改变了中国，而且深刻改变了世界，是世界社会主义发展史、人类社会发展史中不可或缺的重要组成部分，中华民族为人类社会发展进步事业不断做出新的更大贡献。

新中国的国史，是正在发展着的活的历史，波澜壮阔，丰富多彩，不断进步。研究和编纂国史，不仅需要国史的阶段史、时期史、专门史和专题史，而且更需要国史的全部历史、整体历史，特别是反映和揭示国史的主题与主线、主流与本质的历史，具体则集中表现为国史通史。从严格意义上说，国史主要是指国史通史。国史通史研究和编纂具有基础性、战略性和根本意义，其学理基础蕴含着深远的历史思维、哲学思维及其思想理论体系，研究和编纂方法也具有总体性、多重性和综合性。在马克思主义国家观和历史观的指导下，国史研究和编纂围绕关于新中国的国家理论，构建并形成国史观、国史理论和国史研究理论。

一、关于国家观与历史观、国史观与国史理论

“究天人之际，通古今之变。”[①] 新中国的国史相对于古代和近代历史，虽为时不长，却每时每刻都在发展和进步，所以研究国史的意义无比深远。探求新中国从哪里来、到哪里去，贯通新中国历史与现实之发展变化，既需要吸收、借鉴修史的传统学理，如史料学、编纂学的理论与方法等，更需要继承、发展治史的现代学理，如史观、历史哲学等。国史通史研究和编纂的学理基础是马克思主义国家观、历史观与历史理论在国史研究与编纂中的应用及发展，主要涵盖关于新中国的国家理论、国史观、国史理论和国史研究理论。

（一）国家观与历史观辩证统一为思想认识基础与前提

国家观是关于国家的总的看法和根本观点，历史观则是关于历史的世界观和方法论。国家观在人类社会历史发展中形成、丰富和发展，以历史观为思想来源和认识先导，欲有一个正确的国家观、人生观和世界观，必先有一个正确的历史观。同时，国家观蕴含历史观，既关乎国家的历史又关乎国家的现实和未来。认识和研究国家历史，须以国家观相统筹，把历史与现实、理论与实践结合起来。

历史是一个国家形成和发展的真实记录，同时也给国家的盛衰成败及其前途命运提供借鉴与启示。历史时空的昨天、今天和明天是相连相通的。世界上每个国家都有其国家历史，因而国家与其国家历史天然地联系在一起。国家的社会形态、社会性质和社会矛盾，必定有与其相应的国家治理和国家观念、理论或学说。国家及其各个方面从历史中延续或变化而来，形成相互联系的整体。对于国家的认识，既有表现在经济、政治、文化和社会方面的国家观，也有孕育和显现在历史思维中的国家观，推动或制约国家历史的发展变化。

历史观在人类社会思想史中林林总总、表现各异，迄今从总体上形

① 司马迁：《史记》，中华书局 1982 年版。

成了唯物史观和唯心史观的根本对立。1845 年，马克思、恩格斯合作撰写《德意志意识形态》，首次较为系统地阐述了历史唯物主义基本原理。[①]马克思主义关于人民是历史的创造者、生产力和生产关系、人民民主、人与自然、世界历史等的思想，创造性地揭示了人类社会历史发展规律。人们的历史观不同，也就是认识和研究历史的立场、观点及方法有所不同，即使是对于同一个历史或事实都会形成不同的甚至是截然相反的结论。历史是有规律可循的，认识和研究历史是历史观与历史事实相结合的，没有历史观或历史观有偏差甚或错误，必然会导致对历史模糊、混沌或不可知论，不能准确地把握历史事实，也就难以得出历史规律性的认识。一切历史需要以历史观为认识前提，通史更是如此。在形成历史观的过程中，离不开专门史、专题史，更离不开通史。历史研究有了通史，相应的历史观才是成熟和完善的，也才能广泛而深入地开展专门史、专题史研究，并从整体上形成历史认识论和方法论。

（二）关于新中国的国家理论，是关于什么是新中国、如何建设和发展新中国的政治理论与历史理论的有机统一

“共产主义者的目的是要按照共产主义者的理想，创造一个新的社会。”[②]新中国是在人类社会历史发展和本国历史发展中走来的，从一开始就是要在中国共产党的领导下建设一个新的中国社会，并从新民主主义革命理论、新民主主义向社会主义过渡理论、社会主义建设理论以及中国特色社会主义理论体系的继承、发展、与时俱进中逐步建设成为富强、民主、文明、和谐、美丽的社会主义现代化国家。新中国国家根本制度是社会主义制度，中国共产党的领导是中国特色社会主义最本质的特征，国家的一切权力属于人民。人民依照国家宪法和法律规定，通过各种途径和形式管理国家事务，管理经济和文化事业，管理社会事务。新中国是单一制的统一的多民族国家，中华各民族一律平等，国家保障各民族的合法权利和利益，维护和发展各民族的平等、团结、互助、和谐关系。国家实行依

---

① 习近平：《在纪念马克思诞辰 200 周年大会上的讲话（2018 年 5 月 4 日）》，《人民日报》2018 年 5 月 5 日。

② 《建党以来重要文献选编（1921—1949）》第 1 册，中央文献出版社 2011 年版，第 486 页。

法治国，建设社会主义法治国家。国家在社会主义初级阶段，坚持公有制为主体、多种所有制经济共同发展的基本经济制度，坚持按劳分配为主体、多种分配方式并存的分配制度。新中国有其立国之源之本，诸如新中国的国家性质、国体、政体和国家结构形式，以及经济基础与上层建筑之间的关系。关于新中国的国家理论，是马克思主义国家观、历史观与新中国具体实际相结合的产物，是马克思主义中国化的重要组成部分。

在“新中国”和“国史”的历史与逻辑关系中，“新中国”是“国史”的主人，“国史”是“新中国”的国家历史。研究和编纂国史特别是国史通史，其出发点和落脚点在于科学认识、研究及阐释“新中国”，即要为国家写史、为人民立传。不知何为新中国、新中国是怎样的，则不知国史的主体是谁、国史又属于谁，也难以认清新中国是从哪里来的，又是怎样建设和发展起来的。“新中国”是研究和编纂国史特别是通史的物质、政治及实践基础。

国史研究以认识和反映国史为基点及着力点，其出发点和落脚点则在于通过国史、依据国史来研究及反映国家。在这个意义上说，国史研究，一方面是关于新中国历史发展的研究，以史为基本内涵；另一方面则是关于历史发展进程中的新中国的研究，以国家为研究对象。历史离不开现实，现实也离不开历史，特别是由于新中国的历史与新中国的现实和未来最直接、最紧密，因而国史也可以说是历史基础之上的国家与社会的现实及未来。国史研究最鲜明的特征是历史研究，但从内涵上说则是新中国的国家与社会的历史和现实的综合性研究，也就是要把国家历史与现实结合起来进行研究，既从历史观察现实，又从现实观照历史，通过借鉴历史，从历史发展的长度、广度和深度上总结历史、探索历史经验与规律，并从历史深处把握现实和未来，从国家历史进程中研究新中国。

（三）国史观是关于国史的基本立场、观点和方法，属于历史哲学范畴；国史理论则是历史哲学基础上关于国史的理论形态，并指导国史研究理论发展

在马克思主义国家观、历史观指导下，以关于新中国的国家理论为

基本认识基础与前提，形成、丰富和发展关于新中国的国史观及国史理论。国史观是认识和研究国史的思想认识、哲学及价值基础。国史理论则是主观见诸于国史这一客观存在的认识论和反映论，主要指马克思主义中国化理论关于国史与国史问题，以及在历史基础之上的当代中国理论与实践问题的基本认识和论述。它是关于政治和经济社会的，如关于新中国成立、新民主主义向社会主义过渡、社会主义初级阶段及其基本路线、改革开放前后两个历史时期的关系、中国特色社会主义进入新时代等等。确立“国史观”和“国史理论”的概念，需要把其从历史学研究中既相互联系又区分开来。

在一定意义上说，哲学社会科学的每门学科都是直接或间接、或多或少地认识和反映国史、国史观及国史理论的，只是研究层面各有偏重，研究方法各有侧重。一方面，国史不仅是历史学研究而且是其他一切哲学社会科学的研究对象，历史学研究及其理论与方法只是其中认识和研究国史、国史观及国史理论的一种学科理论与方法，不能代替或涵盖其他哲学社会科学反映和揭示国史、国史观及国史理论。如关于新中国政治发展特别是中国共产党的领导和执政，不仅要从历史学研究中国共产党党史、党建，而且要从政治学研究中国共产党领导的多党合作和政治协商，研究中国共产党的领导与人民当家作主和依法治国的有机统一。再如，关于新中国经济建设，蕴含丰富的经济发展规律和经济理论，不仅要从历史学研究新中国经济建设的历史进程，而且要从政治经济学理论进行经济建设经验与规律的探索。国史观和国史理论以历史学理论为基本方法，但仅仅依靠历史学理论与方法对国史观和国史理论进行认识及揭示则是单向度的。马克思主义中国化，是国史研究的鲜明主题与主线。但仅仅从历史学研究则不足以广泛而深入地反映和揭示这一主题与主线。另一方面，国史研究以历史学研究为基础，同时属于马克思主义理论学科和政治学学科，而且国史各个方面的研究不仅是历史学，而且分属于相应学科门类。

不仅如此，国史作为综合性研究对象，在研究学科、方法和手段上具有多学科、跨学科及交叉学科的理论与方法。国史研究理论是关于国史研究的认识和方法，其既有综合性，又分门别类，如马克思主义国史研究理论和历史学的国史研究理论、政治学的国史研究理论等，因而不能将国史理论、国史研究理论受制于或垄断于历史学。不断推进历史学与其他学科融合发展，也是不断丰富和发展国史理论、国史研究理论的学科建设与发展之路。

总之，国家观与历史观、新中国的国家理论与国史观、国史理论和国史研究理论，构成国史特别是国史通史研究和编纂的学理基础。这一学理基础具有相应的学科体系、学术体系和话语体系。研究和编纂国史通史，首先要正确认识及科学把握国家观、历史观和关于新中国的国家理论，其次还要正确认识及科学把握国史观、国史理论和国史研究理论及其相互关系。

二、关于国史通史的基本内涵及特色

国史是新中国历史发展中活的社会有机体，应主要从新中国的社会形态、社会性质、社会主要矛盾以及新中国的国体与政体、道路与制度、理论与实践的结合中加以认识和研究。其一，即使是国史的政治史、经济史、文化史、社会史和外交史等，如果不从国家建设和发展的整体性出发，不把各专门史、专题史融合起来，特别是不以国史的主题、主线、主流与本质加以贯通，那也仅仅只能说是国史的构成。其二，在内涵与结构上，国史主要是指中央以及中央与地方之间关系的历史，也包括地方史中具有典型代表性、国家意义的历史，如反“藏独”“疆独”史等。它与地方史相互联系而不可分割，但绝非地方史、部门史的单一性、机械性的集合。其三，国史时刻向前发展，前后贯通，只有进行时而没有完成时。而且，国史的专门史可能会在某些时段中断或终结，但国史则始终是在变化、发展和进行之中的。其四，一般地说，通史的种类有多种，如专门史等也可以有“通史”，但这样的通史终究还是纵通性或时间段性的专门史，而非整体性、一体化的通史。因此，对于国史而言，既不能认为国史通史是不存在的，也不能认为一次性就能完成对国史通史的研究和编纂。

国史是历史与现实最为紧密地结合在一起的，国史问题是历史问题，更是政治问题。研究和编纂国史通史，是国史自身不断发展所决定的，是国史所蕴含的中国共产党执政规律、社会主义建设规律和人类社会发展规律所规定的。由此而言，国史通史在历史内涵与历史进程上既是“全面”的、又是“贯通”的，研究和编纂国史须以“体”和“用”观之，国是“体”，史是“用”，旨在通过国家历史，由史迄今乃至未来，以国为本、以史为鉴，全面、完整、客观、科学、准确地认识和研究国家是什么、当今怎么样以及未来怎么办。不仅如此，在历史研究和编纂中，一方面，分期问题既是历史问题，又是认识问题。古代史和近代史的分期一般称为“断代”“断限”，而当代史的分期则主要是指同一个时代的“时期”“阶段”等，因为当代史的阶段性与连续性、继承性与发展性的统一更加鲜明，更富有时代特色。

中华人民共和国成立以来，国史与中共党史同向融合、与时俱进。所以说，国史通史的研究和编纂随着中共党史研究的发展而趋向成熟。其中，代表性成果主要有如下几种：一是胡乔木撰写的《中国共产党的三十年》[①]。该著记述了中国共产党 30 年历史，其中涵盖了新中国成立初期三年的国史，并融入到 30 年党史、国史的基本总结之中，由此也开创了国史通史研究和编纂与中共党史研究的有机结合。二是中共十一届六中全会通过的《关于建国以来党的若干历史问题的决议》。这一决议将中华人民共和国成立以来 32 年历史追溯至中华人民共和国成立以前的 28 年党史，把中华人民共和国成立前和成立后的党史、国史内在地结合和统一起来，同时概括性地总结了中共十一届三中全会开启改革开放最初三年的历史经验，也把改革开放前和后的党史国史联系、拓展与深化开来，并指向未来发展。三是编纂和出版《当代中国》大型丛书。该丛书以新中国省制史、行业史、领域史和部门史为基础，上溯古代和近代，下至 20 世纪 80 年代改革开放，系统性地研究与编纂了党和国家事业的历史渊源、创立与发展，各卷集合起来就成了首部比较严格意义上的国史通史。四是当代中国研究所《中华人民共和国史稿》（五卷本，当代中国出版社 2012 年版）。该著概述了 1949 年 10 月 1 日中华人民共和国成立到 1984 年 10 月 20 日中共十二届三中全会通过《中共中央关于经济体

① 参见《人民日报》1951 年 6 月 22 日。

制改革的决定》[①]，即从中华人民共和国成立到加快以城市为重点的经济体制改革间35年的国史。上述成果为国史通史的研究和编纂奠定了重要基础及基本条件。但是，正式的国史通史仍未完整地确立起来。而且，国史是正在动态发展的，因而国史发展到哪里，国史通史不仅应从内涵上、时段上贯通到哪里，而且还应在学科上既融通于又相对独立于中共党史研究，构建起研究和编纂国史通史的学理及学术规范，并不断成熟和完善其理论体系及方法论体系。

国史以中国共产党、中国人民和中华民族为历史发展主体。研究和编纂国史通史，既需要从整体、全局和深远意义上，又需要从基础和根本意义上，完整描述国史的总体面貌和历史进程，具体地、历史地、辩证地、客观地认识和把握国史发展及其历史与逻辑关系，把国史同中共党史统一于中华民族发展史乃至人类社会发展史之中，揭示国史发展的主题与主线、主流与本质，探寻国史发展的经验与规律，展望国家发展前景和总趋势。

（1）中国共产党的领导和执政，是国史通史的本质内涵与特征。历史证明，没有中国共产党就没有新中国。新中国成立以来，党从领导中国人民为夺取全国政权而奋斗的党，成为领导中国人民掌握全国政权并长期执政的执政党，又从受到外部世界封锁和实行计划经济条件下领导国家建设的党，成为对外开放和发展社会主义市场经济条件下领导国家建设的党。归结起来“中国特色社会主义最本质的特征是党的领导，最大的优势也是党的领导”[②]。也就是说，中国共产党的领导和执政是新中国建设和发展的根本历史逻辑、政治逻辑、理论逻辑与实践逻辑。从这个意义而言，党的领导和执政、党的建设和发展、新中国的建设和发展是“三位一体”的，这无疑既是党史又是国史的总主题。

（2）“人民是历史的创造者”[③]，马克思主义唯物史观指导下的人民史观是国史通史的根本政治立场和哲学基础。新中国以人民民主专政为国

① 《十一届三中全会以来重要文献选编》下卷，人民出版社1987年版，第766—795页。

② 《〈关于新形势下党内政治生活的若干准则〉〈中国共产党党内监督条例〉辅导读本》，人民出版社2016年版，第192页。

③ 《习近平谈治国理政》，外文出版社2014年版，第5页。

体，以人民代表大会制度为政体，国家的一切权力属于人民，“人民民主是社会主义的生命”[①]。在这个意义上说，国史就是中国人民掌握自己命运、建设自己国家的历史进程。研究和编纂国史，可以是某一历史事件的纪事本末，也可以是某一历史人物的生平思想业绩，但这些事件和人物无不产生于人民群众的广泛社会实践与生产、生活之中，无不来自人民群众的意志和利益，或与之相联系。研究和编纂国史特别是其通史，必须尊重人民的历史主体地位和首创精神，须将人民史观贯穿始终，深刻认识和科学揭示中国共产党与人民群众、与中华民族的关系。

（3）适合中国国情的社会主义发展道路、基本制度、理论与实践，是国史通史的基本要义与内核。历史证明，只有社会主义才能救中国，只有中国特色社会主义才能发展中国。在世界现代化发展历史上，中国共产党以国家、人民、民族的利益和盛衰兴亡为己任，探求救国救民的真理与道路，创造性地领导与推动建设和发展社会主义新中国，相继开辟了“符合中国实际的新民主主义革命道路、社会主义改造和社会主义建设道路、中国特色社会主义道路”[②]，不断把中国社会主义现代化建设事业推向前进。新中国的社会形态、社会性质和社会主要矛盾，蕴含着社会主义发展道路、基本制度、理论与实践的历史必然性和规律性。这些虽然可以通过局部的、阶段性的历史加以反映，但唯有以新中国全部的和整体的历史，以及正在发展着的历史，才能完整体现、充分展示，并不断揭示其历史价值和深远意义。

（4）世界是相互联系的整体，中国与世界的关系是国史通史的重要成因、内涵与构成。马克思、恩格斯说：“各民族的原始封闭状态由于日益完善的生产方式、交往以及因交往而自然形成的不同民族之间的分工消灭得越是彻底，历史也就越是成为世界历史。”[③]新中国独立自主、自力更生，推动自己和世界和平发展、交流互鉴，反对霸权主义和强权政治，不仅深刻改变着自己国家和人民的前途及命运，而且深刻影响着世界历

---

① 《习近平总书记系列重要讲话读本》，学习出版社、人民出版社 2014 年版，第 76 页。

② 《习近平关于实现中华民族伟大复兴的中国梦论述摘编》，中央文献出版社 2013 年版，第 25 页。

③ 《马克思恩格斯选集》第 1 卷，人民出版社 1995 年版，第 88 页。

史发展进程，推进中华民族伟大复兴和世界社会主义、人类社会发展进步。所以，研究和编纂国史通史，不仅要把国史与世界史相互联系和比较，而且要把国史置于世界历史发生、发展的时代大背景和国际环境发展、变化的条件下。人类文明历史滚滚向前，时代潮流浩浩荡荡，只有将一个国家和民族的历史与人类社会文明发展史相联系，才能透视出人类社会文明历史发展的本质和时代发展的方向。

国史通史既具有一般通史的基础性、普遍性和规律性，又具有自身特殊性、时代性和前沿性。国史通史是历史的、又是现实的，也是在继承与发展中与时俱进、通向未来发展的。国史通史是国史的阶段性与连续性、局部性与整体性、地方性与国家性的辩证统一，进而具体地、历史地揭示马克思主义中国化和社会主义现代化建设事业，以及新中国的物质文明、政治文明、精神文明、社会文明和生态文明建设及其相互关系。

三、关于国史通史的“八重”研究和编纂法

在历史研究和编纂中，中国古代史学有史德、史才、史学、史识之说，近代则在考古学和考据学上倡导“二重证据法”或“三重证据法”，将“纸上之材料”与“地下之新材料”相互印证，或曰“取地下之实物与纸上之遗文互相释证”，“取异族之故书与吾国之旧籍互相补正”，“取外来之观念，以固有之材料互相参证”。[①] 现当代以来，马克思主义历史科学在中国传播和发展，推动中国史学研究以唯物史观为指导，在建设和发展历史哲学、历史理论的基础上，不断丰富和发展治史观念及方法。

国史、国史研究的综合性也决定了国史通史研究和编纂的多重性。概括起来，国史通史具有如下相互联系、交叉融合的“八重”研究和编纂法。

（1）中华民族史总体法。在中国共产党的领导下，中国人民、中华民族共同缔造了新中国，开辟并不断推进中华民族伟大复兴的新纪元和

① 陈寅恪：《王静安先生遗书序》，《金明馆丛稿二编》，上海古籍出版社 1980 年版，第 12 页。

新进程，实现中华民族从站起来、富起来到强起来的伟大飞跃。一部新中国国史就是一部中国人民、中华民族的创业史、奋斗史和发展史，是中国人民、中华民族对人类社会发展进步做出新的更大贡献的历史。新中国的国史蕴含于中华文明、中华民族精神之中，而中华文明是中国各族人民共同创造、奠基的，中华民族精神是中国各族人民共同培育、滋养的。研究和编纂中华民族发展史，实质上也就是研究和编纂中华文明史、中国人民发展史。新中国是一个统一的多民族国家，各民族平等团结互助和谐、共同团结进步和繁荣发展。立足于中华民族史来研究和编纂国史通史，有利于将中华民族自古以来的发展史、中华各民族的发展史统一于国史，巩固和增强中华民族共同体意识，为中华民族伟大复兴提供深厚的历史根基和精神动力。国史是中华民族共同缔造的，中华民族是国史的主体力量，同样国史也需要由中华民族共同研究和编纂。特别是在祖国尚未完全统一的历史条件下，从中华民族史研究和编纂国史，有利于从历史上、从国家主权和领土完整上、从中华民族整体性上充分阐明“台湾自古以来是中国不可分割的一部分，两岸同属一个中国”“台湾人是台湾人、也是中国人”，坚决反对和抵制“台独”，为推进祖国和平统一大业提供历史、政治、理论和实践基础。

（2）新旧中国对比法。国史的历史与逻辑起点在于，新中国之“新”从何而来、“新”在哪里？历史地看，一是近代以来的旧中国处于半殖民地半封建社会，二是为创建新中国而奋斗的新民主主义革命。新中国的成立，彻底结束了旧中国腐朽、落后的社会形态，由新民主主义社会过渡到社会主义社会，并将新中国建设成为社会主义社会。对比新旧中国，根据历史由旧到新的变革，深刻揭示新中国坚持中国共产党的领导、走社会主义道路的历史必然性和规律性。新中国之“新”，关键在于社会形态的变革、社会生产力的解放和发展、社会制度的先进性。新中国之“新”，又是在不断发展和与时俱进的，而不是停滞不前的。新旧中国对比，有利于透过新中国成立以来建设和发展的历史进程及成就，总结历史经验和发展规律，揭示新中国历史发展的主流与本质，展望新中国社会主义现代化建设的前景，把新中国之昨天、今天和明天联系贯通起来。

（3）改革开放前后历史时期统一法。改革开放是新中国成立以来党和国家历史上具有深远意义的伟大转折，改革开放以来的历史亦可谓是开创和发展中国特色社会主义的历史。改革开放前和改革开放后两个历史时期，既相互联系，又有重大区别，但本质上都是中国共产党领导人民进行社会主义建设的实践探索。在研究和编纂国史中，须坚持和贯彻唯物辩证法，把改革开放前后两个历史时期乃至国史的阶段性与连续性辩证统一起来，同时彰显改革开放是当代中国发展和进步的关键一环，进而阐明只有改革开放才能发展中国、发展社会主义、发展马克思主义，坚持和发展中国特色社会主义是当代中国发展和进步的根本方向。把改革开放前后两个历史时期统一起来，国史就在根本和实质意义上实现了贯通与融通。否则，所谓的国史通史也只能是对历史的“组装”和“拼凑”，失去其应有的历史真实面貌、内涵与精神实质。中国特色社会主义在改革开放中产生，也必将在改革开放中发展和壮大。[①] 坚持将改革开放前后两个历史时期相统一的原则，其实质就是奠基、开创和发展社会主义的国史通史，是坚持和发展中国特色社会主义的国史通史。

（4）“五位一体”统筹法。新中国从20世纪50年代生产资料私有制的社会主义改造基本完成到社会主义现代化的基本实现，处于并将长期处于社会主义初级阶段。这是当代中国的基本国情和最大实际，也是建设中国特色社会主义的总依据，总体布局则是“五位一体”，即经济建设、政治建设、文化建设、社会建设和生态文明建设。它遵循社会主义初级阶段基本路线，蕴含中国特色社会主义道路、理论体系、制度和文化。“五位一体”这一结构体系中，“五位”可涵盖国史的基本构成，“一体”则反映了国史的基本逻辑关系。如果只有“五位”而没有“一体”，国史则成为“条条块块”的分布，造成彼此不相“通”。统筹“五位一体”研究和编纂国史，有利于将历史的点与面、纲与目、时与空、人与物结合起来，鲜明地反映和揭示其主体与脉络、内在机理与逻辑。

（5）思想、制度和实践融合法。历史是人类社会的思想认识、社会制度和生产生活实践的过程，主要表现为思想史、制度史和实践史。思想史、制度史和实践史是相互联系的。其中，思想史来自人类生产、生

---

① 《习近平关于全面深化改革论述摘编》，中央文献出版社2014年版，第1页。

活，但历史上产生的思想超前或滞后，都不能转化为社会实践而成为真正意义上的历史；制度史也产生于思想和社会活动，但制度既有实然的，又有应然的，不一定全部存在或作用于社会实践。历史归根结底是人类生产、生活史。因而，只有思想史或制度史，这样的历史难免是单一、片面或残缺的。研究和编纂国史通史，当然包括思想史、制度史和实践史，特别是应达至三者的融合，才是生产、生活鲜活的历史，也才可称之为真实意义上的国史。研究和编纂国史通史，须把马克思主义中国化、优秀传统文化在新中国历史条件下的创造性转化和创新性发展，以及中华文明在当代中国对人类一切先进文明的吸收与借鉴，与新中国的社会制度、体制机制和中国共产党领导全国各族人民进行的中国革命、建设和改革开放伟大实践，融为一体，贯通于新中国的社会形态、社会性质和社会主要矛盾之中，并统一于全国各族人民不断广泛而深入的生产、生活。

（6）中央与地方关系互动法。新中国的国家机构实行民主集中制原则，在中央的统一领导下，充分发挥地方的主动性、积极性。国史中所讲的央地关系，主要是指中央国家机构与省、自治区、直辖市和特别行政区的关系。中央与地方关系史，是中国传统史学研究的一个重要领域，也应是国史研究和编纂的一条基本主线。新中国实行单一制的国家结构形式，中央与地方关系史中既有普遍性，是国史研究的重要内容，同时又有地方特殊性，其中具有国史性和国史意义的历史则属于国史或与国史相联系。除中央国家机构的理论与实践外，如成立新中国时全国各地的解放和政权建立，地方工作和行业发展中的经验在全国的试行及推行，改革开放历史进程中在地方的试点及其在全国的推广，实现祖国统一大业中的香港、澳门回归，以及反分裂国家的理论、政策与实践等，在一定意义上共同构成了国史的基本脉络。在国史研究和编纂中，注重将中央与地方关系互动起来，有利于推进国家行政建制史、祖国统一大业史、社会生活史和历史地理等的研究，进一步丰富、完善和发展国史的内涵与特点。

（7）中国与世界比较法。根据马克思关于世界历史的思想，立足中国，面向世界，把中国的历史、现实和前途命运置于人类社会历史发展、人类命运共同体和世界社会主义发展之中。在国史研究中，须注重把中华文明与人类文明充分相互结合起来，探寻中华文明与世界文明的相互交流及互鉴，特别是社会主义先进文明发展的历史必然性和根本动因。为此，既要描述新中国的外交史、对外国际关系史，又要讲述国际经济和政治秩序以及新中国在世界治理体系中的地位与作用。同时，在经济全球化及其比较中，探讨新中国在世界历史和现实中的经济社会发展阶段与水平，从历史大视野中分析新中国发展道路和制度的优势与特点，彰显新中国的独立自主与和平发展。同时，发展海外中国学，讲好中国故事，传播好中国声音，推动人类命运共同体建设。

（8）党史、国史一体法。中共党史与国史的历史逻辑、理论逻辑是辩证统一的。在近现代中国历史发展中，国史是这一历史的基核，中共党史则是这一历史的内核。党史、国史的融合和贯通，不仅构成国史通史的基本内涵，而且彰显了国史通史的本质特征。在国史通史研究和编纂中，须把党史、国史有机结合起来。一方面，以党史研究引领和推动国史研究，推动哲学社会科学一体化、系统化地构建党史、国史的价值体系、理论体系和学科体系；另一方面，遵循国史研究的自身规律与特点，推动国史研究科学化、规范化。也就是说，要恰当处理好二者的比例和主次地位之变化，即党史占突出地位的突出党史研究，以国史为重点的则着重国史研究，推动国史研究与党史研究既相互联系又区别开来，双线并行，交叉递进。

总之，在国史通史研究和编纂的学科结构与布局中，应从社会基本矛盾入手，把整个国史内涵分为经济基础与上层建筑两大部类，同时加强国史理论研究、党史党建研究、制度史研究和改革开放史研究，着力构建中国特色和时代意义的国史编纂学，不断形成和发展国史特别是国史通史研究和编纂体系。

［原载《河北学刊》2019 年第 4 期］

改革开放全面展开的历史进程与改革开放史编修

中共十一届三中全会开启改革开放，在党史、国史上具有重要转折意义。由此，改革开放从农村到城市逐步展开和深入推进。在改革开放历史发展进程中，1984 年中共十二届三中全会通过《中共中央关于经济体制改革的决定》，标志改革开放的重点由农村转向城市；1991 年年底治理经济环境、整顿经济秩序的完成，则为进一步深化改革开放奠定更加坚实的经济社会基础和条件。由前者发端的改革开放全面展开的进程，是改革开放史上具有重要地位和深远意义的历史阶段。在这一历史阶段，国际上发生东欧剧变，世界社会主义运动转入低谷。然而，在当代中国，以邓小平同志为核心的党的第二代中央领导集体，带领全党全国各族人民深刻总结我国社会主义建设正反两方面经验，借鉴世界社会主义历史经验，深刻揭示社会主义本质，确立社会主义初级阶段基本路线，初步回答了建设中国特色社会主义的一系列理论和实践问题，成功开创了中国特色社会主义。

一、历史发展进程与主要内容

改革开放是中国共产党在新的历史条件下领导人民进行的新的伟大革命。党是中国特色社会主义事业的坚强领导核心，在改革开放历史新时期治国理政的鲜明主题就是不断推进改革开放和中国特色社会主义现代化建设。

从中共十二届三中全会通过《中共中央关于经济体制改革的决定》至 1991 年年底治理经济环境、整顿经济秩序的完成，其间召开中共十三大，创立社会主义初级阶段理论，确立党在社会主义初级阶段的基本路线，推动改革开放进入一个新的发展阶段，具有中国特色的社会主义建设的理论与实践发展到一个新高度新境界。然而，历史发展总不是笔直、一帆风顺的。因在当时国际大气候和国内小气候的背景下发生 1989 年政治风波，改革开放遭遇严重干扰、面临严峻考验。经过平息政治风波、打破西方国家制裁、治理整顿，改革开放迎来新局面。因此，根据中共十三大的历史地位和平息政治风波的历史意义，可以将这段历史大致分为三个阶段：（1）1984 年 10 月中共十二届三中全会召开至中共十三大召开前；（2）中共十三大召开至 1989 年政治风波发生前；（3）1989 年政治风波发生、平息至治理整顿完成。

中共十二届三中全会后至中共十三大召开前，以《中共中央关于经济体制改革的决定》通过为发端，经济体制改革从农村到城市推进。然而，随着改革开放的发展，社会上和党内出现了新情况新问题，特别是新的不正之风严重影响着社会风气以及党对改革开放的领导。党领导改革开放，首先应该把党建设好，深入开展全面整党工作。全面整党是改革开放历史发展的一种必然，而整党又加强和改善了党对改革开放工作的领导，促进和保证改革开放事业的发展。在政治建设上，社会主义民主法制建设深入发展，以转变政府职能为主的机构改革试点推进，农村基层政权体制改革全部完成，国家行政监察体制恢复重建；在经济建设上，超额完成“六五”计划，稳步实施“七五”计划，推动经济社会加快发展；确立社会主义精神文明建设指导方针，开展反对资产阶级自由化正面教育；对外开放进一步扩大，沿海开放格局初步形成，国际经济技术合作积极推进。

这一阶段的主要历史特点是：改革开放开始全面展开，经济体制改革突破性推进，政治体制改革提上日程，科技体制、教育体制改革配套进行；经济社会建设与党的建设相结合，物质文明与精神文明建设一起抓，坚持四项基本原则同资产阶级自由化的斗争尖锐复杂，事关改革开放的社会主义方向。

从中共十三大召开至1989年政治风波发生前，中心任务是加快和深化改革。十三大作出我国仍处于并将长期处于社会主义初级阶段的科学论断，形成党在社会主义初级阶段的基本路线，确立“建设有中国特色的社会主义理论的轮廓”。[①]社会主义现代化建设确立“三步走”战略：第一步，实现国民生产总值比1980年翻一番，解决人民的温饱问题；第二步，到20世纪末，使国民生产总值再增长1倍，人民生活达到小康水平；第三步，到21世纪中叶，人均国民生产总值达到中等发达国家水平，人民生活比较富裕，基本实现现代化。不仅如此，祖国和平统一大业、民族团结进步事业、独立自主的和平外交工作取得新的进展。然而，实行价格“双轨制”，在搞活经济的同时，也给“官倒”等腐败行为的发生提供了空间，但价格改革又遭遇挫折，使得经济发展进入治理整顿状态。这一阶段的鲜明特征是：以社会主义初级阶段理论和党的基本路线的确立为标志，党对“什么是社会主义、怎样建设社会主义”的探索达到新境界。这是马克思主义中国化的新的理论成果，奠定了中国特色社会主义建设和发展的社会发展阶段理论及其政治路线。

从政治风波发生、平息至治理整顿完成，改革开放经受住严峻考验。平息政治风波、打破西方国家制裁、保持政治稳定和继续推进改革开放，成为这一时期党和政府的主要工作。在政治建设上，党召开十三届四中全会，进一步稳定全国局势，继续搞好治理整顿，加强思想政治工作，切实反对资产阶级自由化，加强党的建设、民主和法制建设，实现中央领导集体的政治交接；在经济建设上，完成“七五”计划，制定实施“八五”计划；外交工作则积极应对急剧变化的国际格局，全面开展睦邻外交。这一阶段的历史发展表明，正确处理改革发展稳定的关系，是改革开放的一条重要历史经验；治理整顿与改革开放互为基础与条件，即在治理整顿中坚持改革开放，通过改革开放深入推进治理整顿。

---

① 《十三大以来重要文献选编》（上），人民出版社1991年版，第57页。

二、历史发展的主题和主线、主流和本质

改革开放是前无古人的伟大事业，党领导和推进改革开放的历史，既是党关于改革开放的理论与实践相结合的双重探索史，又是党在改革开放中加强自身建设和治国理政的发展史。当代中国历史发展的主题和主线、主流和本质，深深蕴含在新中国成立特别是改革开放以来的全部历史中，也具体地、历史地体现在中共十二届三中全会通过《中共中央关于经济体制改革的决定》至1991年底治理整顿完成这一历史阶段中。

（一）在改革开放历史新时期推进马克思主义中国化，既是改革开放的思想理论来源和精神动力，又是改革开放理论发展的根本主题和历史发展的一条主线

在推进马克思主义中国化上，这段历史确立“建设有中国特色的社会主义理论的轮廓”，其主要内容包括：解放思想，实事求是，把实践作为检验真理的唯一标准；建设社会主义必须根据本国国情，走自己的路；在经济文化落后的条件下，建设社会主义必须有一个很长的初级阶段；社会主义社会的根本任务是发展生产力，集中力量实现现代化；社会主义经济是有计划商品经济；改革是社会主义社会发展的重要动力，对外开放是实现社会主义现代化的必要条件；社会主义民主政治和社会主义精神文明是社会主义重要特征；坚持四项基本原则同坚持改革开放的总方针这两个基本点相互结合、缺一不可；用“一个国家，两种制度”来实现国家统一；执政党的党风关系到党的生死存亡；按照独立自主、完全平等、互相尊重、互不干涉内部事务的原则，发展同国外共产党和其他政党的关系；和平与发展是当代世界的主题。其中核心问题是，必须破除离开生产力来抽象谈论社会主义的历史唯心主义观念，从根本上划清科学社会主义同种种空想的界限。上述12个方面的思想理论成果，成为随后召开的中共十四大确立建设有中国特色社会主义理论和十五大确立邓小平理论的基本内容。历史主要是指人类社会的活动史，包括认识世界和改造世界。改革开放史同样是改革开放理论与实践的双重探索进

程，也就是马克思主义中国化及其指导下的改革开放伟大实践进程。它历史地表明，改革开放是社会主义的改革开放，改革开放史的实质是适合中国国情、具有中国特色的社会主义建设和发展史。那种否定改革开放的社会主义性质的谬论，在历史事实和历史发展面前都已宣告破产。

（二）改革开放是坚持和发展中国特色社会主义的推动力，也成为十一届三中全会以来党史、国史的鲜明主题

这一时期，改革开放从农村到城市、从东部到中西部全面展开，政治体制改革也从酝酿、探索到正式提上日程，并与经济体制改革协同推进。改革开放主要是指经济体制改革和政治体制改革，以及其他体制机制的配套改革。在改革开放思想史上，邓小平在 1980 年 8 月中央政治局扩大会议上所作的《党和国家领导制度的改革》讲话中，就已提出政治体制改革。1986 年 6 月 10 日，他在听取经济情况汇报时发表谈话指出："不搞政治体制改革不能适应形势。改革，应该包括政治体制的改革，而且应该把它作为改革向前推进的一个标志。"[①] 不久，他在中央政治局常委会上强调，"政治体制改革同经济体制改革应该相互依赖，相互配合。只搞经济体制改革，不搞政治体制改革，经济体制改革也搞不通"。在筹备召开中共十三大时，党中央认为把政治体制改革提上全党工作日程的时机已经成熟。十三大提出"关于政治体制改革"的整体方案，并指导了其后的简政放权、政府机构改革、公务员制度建立，以及民主法制建设等。尽管发生了政治风波，但推进政治体制改革并没有因此而动摇。1989 年 5 月 31 日，邓小平在同两位中央负责同志谈话时说："改革开放政策不变，几十年不变，一直要讲到底。……要继续贯彻执行十一届三中全会以来的路线、方针、政策，连语言都不变。十三大政治报告是经过党的代表大会通过的，一个字都不能动。"[②] 关于政治体制改革的思想史和实践史都表明，那种关于改革开放只有经济体制改革而没有政治体制改革的评论，是不符合改革开放历史发展实际的，因

---

① 《邓小平文选》第 3 卷，人民出版社 1993 年版，第 160 页。

② 《邓小平文选》第 3 卷，人民出版社 1993 年版，第 164、296 页。

此也站不住脚。

三、编修改革开放史的若干思考

关于中共十二届三中全会通过《中共中央关于经济体制改革的决定》至1991年底治理整顿完成这段历史的研究和编纂，在20世纪80年代中期逐步展开。以庆祝中华人民共和国成立40周年为契机，一批综合性的国史著作出版问世，并且相当一部分著述以中共党史、中国当代史的面貌出现，其中具有代表性的著作是胡绳主编的《中国共产党的七十年》[①]。20世纪90年代以来，国史研究深入发展，对这段历史的研究也不断拓展和深化，如何沁的《中华人民共和国史》[②]、陈明显的《中华人民共和国史教程》[③]、有林主编的《中华人民共和国国史通鉴》[④]等,《当代中国丛书》各卷对这段历史也以专题史或地方史的形式作了阐述。同时，关于这段历史的文献整理与研究，特别是《十二大以来重要文献选编》[⑤]《十三大以来重要文献选编》[⑥]，以及《邓小平文选》《陈云文选》《江泽民文选》等，不仅奠定第一手的史料基础，而且蕴含着党的创新理论成果，对于研究和编纂这段历史具有重要指导意义。

这一历史阶段，改革开放任务尖锐复杂、艰巨繁重，改革开放实践艰辛探索、砥砺前行，改革开放历史进程波澜壮阔、成就巨大。然而，已有研究成果大多是把这段历史作为其中的一部分进行表述，而且反映的也只是这段历史的基本脉络与主干。当代中国研究所在多卷本《中华人民共和国史稿》[⑦]的基础上接续研究和编纂改革开放史，并将中共十二届三中全会以来至1992年10月中共十四大之前的历史设为一卷，就是要把这段历史相对独立出来，并作为专门史或阶段史进行全面而深入的

① 中共党史出版社1991年版。
② 高等教育出版社1999年版。
③ 中国人民大学出版社1993年、2009年版。
④ 红旗出版社1993年版。
⑤ 人民出版社1986年版。
⑥ 人民出版社1993年版。
⑦ 人民出版社、当代中国出版社2012年版。

研究和编纂。

编修这段历史，应注重从本体论上认识和把握其发展进程、主要成就和历史经验，并在此基础上比较全面地反映改革开放的面貌，以及在改革开放中中国人民的面貌、社会主义中国的面貌和中国共产党的面貌所发生的历史性变化。通过这一时期的改革发展，人民温饱问题基本解决，向着小康迈进。国家经济建设、人民生活和综合国力都迈上一个大台阶，安定团结的政治局面不断巩固，中国特色社会主义制度显示出强大生命力。

这段历史尽管很短，但由于改革开放全面展开，需要处理和解决的基本矛盾问题已经暴露出来。在这种情况下，改革开放经受住了严峻挑战和考验，积累了重要的历史经验。

第一，坚持改革开放的社会主义方向，推动物质文明和精神文明协调发展。社会主义是改革开放的社会主义，改革开放是社会主义的改革开放。改革开放不是要改变社会主义制度的性质，而是要实现社会主义制度的自我完善和发展。改革开放是解放和发展社会生产力，不仅要大力发展社会主义物质文明，而且要加强社会主义精神文明建设，坚持“两手抓，两手都要硬”。

第二，不断推进党的建设新的伟大工程，在改革开放中加强党的建设，同时加强党对改革开放的领导。党之所以是中国特色社会主义的坚强领导核心，根本在于党的先进性。办好中国的事情，关键在党，一定要把党建设好，对于改革开放也是如此。但党的先进性不是一劳永逸的，这就需要不断推进党的建设新的伟大工程，全面加强党的建设，从严管党治党。党永葆先进性，才能坚持改革开放的正确方向，并领导改革开放不断深入发展。

第三，坚持全面改革和扩大对外开放。协调推进政治体制改革与经济体制改革，以及文化体制、社会体制、科技体制和教育体制等配套改革。不进行政治体制改革，经济体制改革不可能最终取得成功。但改革开放初期，“摸着石头过河”是一突出特点，需要正确处理好改革发展稳定的关系。改革是动力，发展是目的，稳定是改革和发展的前提和基础。改革是包括开放的，开放也是改革。中国要发展起来，需要和平的国际环境，需要发展对外经济技术交流和合作。对外开放是对世界所有国家开放，对各种类型的国家开放。

编修这段历史，应着力围绕党在改革开放历史进程中如何创造性地探索和回答什么是马克思主义、怎样对待马克思主义，什么是社会主义、怎样建设社会主义，建设什么样的党、怎样建设党，实现什么样的发展、怎样发展等重大理论和实践问题，记述中国特色社会主义理论体系的确立和发展，深刻揭示马克思主义中国化、时代化和大众化；同时，围绕党和国家领导制度、体制机制的改革，记述我国根本政治制度、基本政治制度、法律体系、基本经济制度，以及建立在这些制度基础上的经济体制、政治体制、文化体制、社会体制等各项具体制度的建设和发展，深刻揭示中国特色社会主义制度的完善和发展。

遵循历史发展与认识逻辑的统一。将历史发展的阶段性与连续性统一起来，将思想理论的形成与发展放在一定的社会历史条件下和历史发展之中去考察，并以各个阶段的形势、主要任务和重点工作为主题，将经济、政治、文化、社会、生态、国防和军队、外交建设，以及党的建设，从整体上统筹研究，融会贯通，深刻反映各领域之间的内在关系和发展逻辑。

融入“大历史”观念。把这段历史放在新中国成立特别是改革开放以来党史、国史中认识和把握，放在中国革命、建设和改革的整个历史进程中正确认识改革开放前和后两个历史时期的辩证统一关系。同时，把党史、国史与世界史相联系，注重从世界史角度反映改革开放历史新时期党史、国史发展的时代背景、国际因素和世界意义；把党史、国史与地方史结合起来，注重从地方史的角度深化和拓展改革开放历史的内涵。

［原载《北京党史》2017 年第 2 期］

改革开放历史经验研究应注意的几个问题

2018 年是改革开放 40 周年，改革开放历史经验研究已成为当前理论界的一个热点课题，在舆论界也成为一个热点话题。总结好改革开放历史经验，对于人们更好理解这一基本国策的历史地位，对于在新时代在更高的历史阶段上进一步推进改革开放，具有重大意义。总体来看，当前做好改革开放历史经验研究应着重注意如下几个问题。

一、把改革开放历史经验研究和做好意识形态工作结合起来

在改革开放研究上，历史虚无主义等错误思潮通过歪曲、否定改革开放而质疑、否定社会主义制度和党的领导，对当前意识形态工作构成严重挑战和考验。当前做好意识形态工作的一个重要方面就是要旗帜鲜明反对历史虚无主义，通过正确总结改革开放历史经验，深刻揭示改革开放规律、中国特色社会主义建设和发展规律。因此，必须注意把改革开放历史经验研究与做好意识形态工作结合起来。

意识形态对社会实践具有能动的反作用，这是人类社会基本矛盾运动规律的具体体现。东欧剧变就是一个典型例证。我们党历来高度重视意识形态工作，因为它直接关系社会主义事业的成败。在意识形态领域，西方长期推行“西化”“分化”中国战略，是对我国社会主义制度和党的领导的严重挑战与威胁。从一定意义上说，有什么样的意识形态，就会

有什么样的社会实践，意识形态或引导或反制人类社会生产生活，掌握了一定社会的意识形态领导权，既能巩固相应的上层建筑，也能破坏、摧毁与之相逆的上层建筑。改革开放研究的政治性很强，必须注意其意识形态特性，及时反对各种错误思潮对研究方向的扰乱和误导。

历史经验是意识形态建设的一个基本立足点。党的十八大以来，习近平总书记系统总结改革开放的历史经验，准确把握全面深化改革的内在规律，坚定不移推进全面深化改革，深入探索实现中华民族伟大复兴中国梦的现实途径，作出了许多重要论述。习近平总书记指出“改革开放是当代中国最鲜明的特色，也是我们党最鲜明的旗帜”。在意识形态领域，我们也必须高扬改革开放旗帜，坚决反对在改革开放上搞虚无主义那一套。

党管意识形态是做好意识形态工作的一条基本经验与根本原则，这也是改革开放以来党的意识形态工作的根本遵循。党管意识形态是坚持党的领导的重要内容。为此，要牢固树立“四个意识”，坚决维护以习近平同志为核心的党中央权威和集中统一领导。加强理论武装，推动习近平新时代中国特色社会主义思想深入人心。坚定“四个自信”，用党的理论创新成果指导意识形态工作，坚持以人民为中心，把握正确政治方向、价值取向、舆论导向。落实意识形态工作责任制，加强阵地建设和管理，守土有责、守土负责、守土尽责。加强党的建设，加强对宣传思想领域重大问题的分析研判和重大战略性任务的统筹指导，注意区分政治原则问题、思想认识问题、学术观点问题，旗帜鲜明反对和抵制各种错误观点，管好导向、管好阵地、管好队伍，提升主流意识形态传播力、引导力、影响力、公信力，不断增强意识形态领域的领导权、主导权和话语权。这些都是在改革开放历史经验研究中应该切实遵循的基本原则。

二、在改革开放历史经验研究中始终围绕鲜明主题

改革开放的历史经验是十分丰富并不断发展的。总结改革开放 40 年历史经验，需要把着力点放在科学揭示改革开放历史发展的主题上，深刻揭示实行改革开放的历史必然性和规律性、坚持和发展中国特色社会

主义的历史必然性和规律性、中国特色社会主义进入新时代的历史必然性和规律性。把改革开放和中国特色社会主义事业发展史，同中国历史、中华民族发展史结合起来，同世界社会主义运动史、人类社会发展史结合起来，深入探索党领导改革开放的规律、改革开放规律和中国特色社会主义建设规律。

中国特色社会主义是改革开放以来党的全部理论和实践的主题。围绕这一主题，可以从三个方面来把握改革开放历史经验。

（1）从改革开放坚持什么样的发展道路看，改革开放必须始终从我国仍处于并将长期处于社会主义初级阶段这一基本国情出发，与坚持以经济建设为中心和坚持四项基本原则有机结合起来，统一于社会主义现代化建设实践。

正确认识我国社会所处的历史阶段，是建设中国特色社会主义的首要问题，是我们党制定和执行正确的路线和政策的根本依据。在改革开放的历史进程中，党作出我国仍处于并将长期处于社会主义初级阶段的科学论断，形成了党在社会主义初级阶段的基本路线。这一基本路线蕴含着改革开放的两条基本规律，一是坚持以经济建设为中心。这是党和国家兴旺发达、长治久安的根本要求。能否坚持以经济建设为中心，关系到中国特色社会主义现代化建设事业的前途和命运。如果经济建设这个中心发生动摇，整个基本路线就会失去压舱石。坚持以经济建设为中心，各项工作都要服从和服务于这个中心。二是坚持四项基本原则。能否正确认识和处理坚持四项基本原则与坚持改革开放的关系，事关改革开放的成败。坚持四项基本原则是立国之本，是坚持改革开放的根本政治前提，核心在于坚持党的领导、坚持社会主义制度。面向新时代新征程，习近平总书记强调，要牢牢把握社会主义初级阶段这个基本国情，牢牢立足社会主义初级阶段这个最大实际，牢牢坚持党的基本路线这个党和国家的生命线、人民的幸福线。这是改革开放的一条基本经验。

（2）从改革开放的领导力量和政治基础看，改革开放必须始终坚持党的领导，加强党的先进性、纯洁性和执政能力建设，确保党始终走在时代前列。

办好中国的事情，关键在党，核心在坚持党的领导。改革开放是党领导人民开辟的社会主义建设道路，是党领导人民创造并贡献于人类社会的伟大事业。改革开放前无古人，前进中的每一步，无不面临各种矛盾问题，历经艰辛探索；改革开放越深入，形势越严峻，风险越大，步履也就越艰难。在改革开放历史进程中，党把推进中国特色社会主义伟大事业同推进党的建设新的伟大工程结合起来，不断加强党的先进性、纯洁性和执政能力建设，改革和完善党的领导方式和执政方式，确保党在世界形势深刻变化的历史进程中始终走在时代前列，在应对国内外各种风险考验的历史进程中始终成为全国各族人民的主心骨，始终发挥党的领导核心作用，为改革开放和社会主义现代化建设提供了根本政治保证。

（3）从改革开放的依靠力量和群众基础、社会基础看，改革开放必须始终尊重人民的主体地位，把维护和发展人民的利益作为改革开放的根本出发点和落脚点，实现共同富裕。

人民在改革开放中始终处于主体地位。改革开放是人民的事业，是为人民所推动的。改革开放始终坚持尊重社会发展规律与尊重人民历史主体地位的一致性，紧紧依靠人民，最广泛地调动人民群众的积极性、主动性、创造性。改革开放着眼于我国社会主要矛盾，并闹绕这一社会主要矛盾而展开，其根本目的就是要解放和发展社会生产力，实现社会主义现代化，让中国人民富裕起来，实现中华民族伟大复兴。改革开放必须以满足人民对美好生活的向往和实现共同富裕为价值取向和目标追求，把人民群众的愿望和要求作为决策的根本依据，使改革开放的每一步骤、每一项政策措施，都以人民群众拥护不拥护、赞成不赞成、高兴不高兴、答应不答应作为衡量和判断其正确与否、适当与否的基本准则，把实现好、维护好、发展好最广大人民的根本利益作为一切工作的出发点和落脚点，做到改革发展为了人民、改革发展依靠人民、改革发展成果由人民共享。

三、把改革开放历史经验研究和推进新时代改革开放伟大实践结合起来

改革开放史是中国特色社会主义产生并不断发展壮大的光辉历史，

是当前党史、国史研究的重要前沿领域。改革开放好、社会主义好，是改革开放史研究的主旋律和主流意识形态，是巩固并进一步增强全面深化改革的思想政治基础。庆祝改革开放 40 周年，需要根据改革开放 40 周年的理论与实践，加强理论研究、经验总结，探索和揭示改革开放历史发展的基本规律；同时，面对纷繁复杂的社会意识和思想状况，加强社会舆论引导，凝聚人心和社会共识，不断增强改革开放的政治定力和将改革开放进行到底的坚定意志。

当前，改革开放史研究还不能适应改革开放事业发展的需要，如关于党对改革开放领导的研究不够深入，关于社会主义初级阶段基本路线的整体性研究不足，关于改革开放前后两个历史时期关系的研究尚不充分，个别研究者依然有用改革开放前否定改革开放后或用改革开放后否定改革开放前的错误倾向。改革开放史研究中存在的这些问题，属于政治问题的，必须加以批驳和抵制；属于认识问题的，则需要加以引导和纠正。认识和解决这些问题，都需要通过深入地认识和把握改革开放史，将历史与现实、理论与实践结合起来，进一步加强改革开放理论研究和建设，深入开展关于改革开放史的宣传教育、关于开创和发展中国特色社会主义的历史进程与成就的宣传教育，从中汲取改革开放的丰富历史经验和全面深化改革的强大精神动力。

（1）全面研究阐释改革开放在中华人民共和国历史上的伟大意义，国家建设和发展在改革开放中取得的历史性变革和成就，中国改革开放对世界的意义和贡献。聚焦中国特色社会主义道路、理论、制度和文化，充分展现中国特色社会主义道路的历史必然性、理论体系的科学真理性、制度的优越性、文化的优良传统及其时代内涵，充分展现中国道路、中国精神、中国价值和中国智慧。从大历史观和世界文明发展史的视角，加强中国改革开放与苏联东欧国家的改革、中国特色社会主义与当代资本主义的比较研究，深入把握中国改革开放的社会主义性质、方向、原则和道路，科学阐释中国特色社会主义道路、理论、制度和文化的丰富内涵与精神实质。

（2）深入总结改革开放历史经验，深刻把握改革开放的历史方位和发展前景。历史和现实表明，改革开放在认识和实践上的每一次突破和发展，改革开放中每一个新生事物的产生和发展，改革开放每一个方面经验的创造和积累，都给党和国家的发展进步注入了生机与活力。坚持和深化改革开放，贯穿于中国特色社会主义现代化建设的整个历史进程。改革开放中的矛盾只能用改革开放的办法来解决。为此，需要深入研究改革开放的历史经验，继承和发展改革开放的历史经验，并结合现实情况，回答和解决改革开放事业发展中所面临的各种矛盾问题，为协调推进“四个全面”战略布局提供历史依据和智力支持。

（3）开展生动活泼的改革开放40年主题宣传教育活动，使庆祝改革开放40年更好地贴近群众、贴近基层、贴近生活，巩固和厚植全社会自觉拥护改革开放、积极参与改革开放的广泛社会基础和群众基础。把改革开放历史经验研究同进一步推进改革开放结合起来，从解决人民群众关心的事情和问题入手，促进改革开放的“红利”不断释放，普惠社会和民众。既要阐释、宣传好改革开放好、社会主义好的主流意识形态，又要着力推进发展成果由人民共享、逐步走向共同富裕的改革开放新的伟大实践，为新时代全面深化改革提供强大精神动力，营造昂扬向上、奋发有为的舆论氛围，把庆祝改革开放40年塑造成新时代改革开放再出发的新的历史起点。

［原载《红旗文稿》2018年第16期］

在国史中编纂新中国对世界的贡献

中国人口众多，占世界总人口的1/5，而且农业、农村人口比重较大。正是这样一个国家，却又是在半殖民地半封建社会的废墟上，在一穷二白的基础上建立和发展起来的。新中国的成立为实现和发展人民民主奠定了政治前提，特别是改革开放以来，逐步探索出一条适合中国国情的社会主义民主政治发展和经济社会建设的成功之路，惠及13亿人口，既保障了人民当家作主，又引导全社会从温饱走上小康。这一历史性成就属于新中国，也属于人类社会，因此是国史编纂中极为重要的内容。

一、控制人口数量，不断提高人口素质，从人口大国向人力资源强国转变

在人类社会历史发展中，只有当具备一定素质的人口同生产资料和劳动对象结合起来，才能形成社会生产力。人口问题是制约经济社会发展的首要问题，也是实现可持续发展的关键因素。中国的国情决定了控制人口是关系经济和社会发展全局的重要问题。能否解决好人口问题，直接关系到人民生活改善、全民素质提高和中华民族兴衰，也关系到世界和平与发展。

新中国成立以来，人口获得较快增长。1970年中国育龄妇女的总和生育率为5.81，人口出生率、自然增长率分别为33.43‰和25.83‰。20

世纪70年代以来特别是改革开放以来，随着对人口问题认识的不断深化和科学化，中国确立了控制人口增长、提高人口素质的人口政策。1982年，计划生育政策被写入宪法，成为新中国的基本国策。国家全面推行计划生育基本国策，鼓励晚婚晚育，提倡一对夫妻生育一个子女，并依照法律法规合理安排生育第二个子女。对少数民族，国家也实行计划生育。各省、自治区、直辖市结合当地实际制定了具体政策规定。通过实施这一基本国策，1998年中国人口自然增长率首次下降到了10%以下。1999年中国人口出生率、自然增长率分别下降到15.23%和8.77%，总和生育率下降到更替水平以下，进入世界低生育水平国家行列。而这一成就使“世界60亿人口日”的到来推迟了4年。

据测算，如果中国人口生育率保持在20世纪70年代初的水平，全国现有总人口将超过17亿。事实上，到2008年末，全国总人口为13.28亿，累计少生近4亿人。中国人口再生产类型实现了由“高出生、低死亡、高增长”向“低出生、低死亡、低增长”的历史性转变，妇女总和生育率下降到现在的1.8左右。在第三世界人口大国中，中国是唯一实现这一目标的国家。

在控制人口数量的同时，中国统筹人口数量、素质、结构、分布的关系，统筹人口与经济、社会、资源、环境的关系，实现全面协调可持续发展。中国政府将人口规划纳入国民经济和社会发展总体规划，加强人口与发展战略研究，把国家指导与群众自愿相结合，制定出综合解决人口问题的政策措施。制定有利于人口和计划生育的奖励、优惠、扶助政策和保障措施，实施节育补偿、家庭福利、奖励优惠等形式的利益倾斜。如，对独生子女家庭给予一定数量的奖励费，城市和有条件的地区独生子女父母退休时，可根据实际情况给予必要的补助。再如，对实行计划生育家庭在分配集体经济收入、享受集体福利、划分宅基地、承包土地、就业、就医、住房及子女入托、入学等方面给予优待。2008年，农村计划生育家庭奖励扶助制度向全国205万人发放了12.3亿元奖励扶助金，计划生育家庭特别扶助制度惠及35万人，发放扶助金3亿元；“少生快富”工程惠及30多万户家庭。同时，转变人口产业结构，促进人口有序迁移和流动。建立统一、开放、竞争、有序的劳动力市场，改革城镇户籍管理制度，逐步调整大中城市户口迁移政策，保障公民正常迁移和择业权利，促进人口在城乡、区域间合理流动和分布，合理配置人力资源。大力发展教育、卫生等各项社会事业。到2000年底，全国基本实现普及九年义务教育和基本扫除青壮年文盲的目标。15岁以上人口平均受教育水平从改革开放前的4.5年提高到8.5年，高于发展中国家平均水平。中国人均期望寿命从1949年的35岁提高到目前的73岁，达到中等发达国家水平。中国走出了一条人口与经济、社会、资源、环境相互协调的可持续发展道路。

根据《中国21世纪人口与发展》规定的中国人口与发展的目标，2010年全国人口总数控制在14亿以内，人民生活更加宽裕。人口素质明显提高，全国人口受教育年限达到发展中国家先进水平，群众享有基本的医疗保健和生殖健康服务，普遍实行避孕措施的知情选择，出生性别比趋于正常。努力解决人口老龄化带来的问题，初步建立覆盖全社会的社会保障制度。到21世纪中叶，全国人口总量在达到峰值（接近16亿）后缓慢下降。人口素质和健康水平全面提高，高中阶段教育和高等教育大众化。建立起完整高效的社会保障制度。人口分布和就业结构比较合理，人口城市化水平大幅度提高。人民生活富裕，人均收入达到中等发达国家水平，社会文明程度显著提高，基本实现人口与经济、社会、资源、环境协调发展和国家现代化。随着这些目标的实现，中国在稳定世界人口和促进人类社会进步上的积极而重要的作用将更加明显。

二、中国实现从几千年的封建专制向人民民主的历史性跨越

新中国成立以来，以人民民主专政为国体和以人民代表大会制度为政体，在艰难曲折中成功走出一条适合中国国情的社会主义民主政治发展道路，人民民主不断发展。

（1）人民当家作主，中国人民的政治地位发生最广泛最深刻的历史变革。

人民民主专政是新中国立国之政治根本。毛泽东在《论人民民主专

政》中指出："总结我们的经验，集中到一点，就是工人阶级（经过共产党）领导的以工农联盟为基础的人民民主专政。……这就是我们的公式，这就是我们的主要经验，这就是我们的主要纲领。"[①] 在半殖民地半封建的近代中国，中国人民一直面临着光明与黑暗两种前途、两种命运的较量。中国共产党领导全国各族人民，通过新民主主义革命，彻底推翻了帝国主义、封建主义、官僚资本主义三座大山的统治与压迫，战胜了独裁和专制，建立了人民民主专政的中华人民共和国。从此，中国人民站立起来，成为国家、社会和掌握自己命运的真正主人。

在建立新中国的基础上，中国共产党领导全国各族人民在国民经济和社会发展第一个五年计划期间完成了对农业、手工业和资本主义工商业的社会主义改造，中华人民共和国实现了由新民主主义向社会主义的过渡，建成社会主义社会并进入社会主义社会初级阶段，以坚持中国共产党的领导为前提，以人民当家作主为本质的人民民主专政，成为社会主义性质的国家制度。后来，国家虽然经历了"文化大革命"的严重挫折，但国家的社会主义社会性质没有改变，党的领导和执政地位没有动摇。

党内民主是党的生命，是人民民主的"发动机"，推动着人民民主的发展。随着中共十一届三中全会开启改革开放新时期，中国社会主义政治制度得到全面恢复，并在政治体制改革中不断完善和发展。国家领导制度、立法制度、行政管理制度、决策制度、司法制度、人事制度和监督制约制度等方面的改革稳步推进。人民民主保障和推动社会主义现代化建设不断向前发展，人民当家作主是中国不断发展进步的力量之源。

（2）以人民代表大会制度为根本、中国共产党领导的多党合作和政治协商制度、民族区域自治制度为基本的社会主义政治制度体系的建立、完善和发展，奠定了当代中国一切发展进步的根本政治制度基础。

新中国实行人民代表大会制度。1954 年 9 月第一届全国人民代表大会第一次会议在北京隆重召开，标志了人民代表大会制度在全国范围内的正式确立。人民代表大会制度符合中国国情，是中国人民当家作主的

---

① 《毛泽东选集》第 4 卷，人民出版社 1991 年版，第 1480 页。

根本政治制度。全国人民代表大会是最高国家权力机关，人民通过全国人民代表大会和地方各级人民代表大会，行使国家权力。全国人民代表大会和地方各级人民代表大会都由民主选举产生，对人民负责，受人民监督。1979 年 7 月 1 日，第五届全国人大第二次会议通过宪法修正案，将人民代表大会代表的直接选举由乡一级扩大到县一级，并在选举法中将过去一直实行的等额选举改为差额选举。

中国共产党领导的多党合作和政治协商制度是我国的一项基本政治制度。中国共产党和各民主党派在争取民主自由、人民解放斗争和建设新中国的实践中，以人民政协为统一战线的重要组织形式，逐步形成“长期共存、互相监督、肝胆相照、荣辱与共”的社会主义政党关系，确立并发展了中国共产党领导的多党合作和政治协商制度。新中国成立后，参加中国人民政治协商会议第一次全体会议的 11 个民主党派，经改组、合并，形成现在的 8 个民主党派。中国共产党领导的多党合作和政治协商制度适合我国国情，有利于维护国家政局的稳定、增进人民的团结，有利于促进经济和社会的发展。

民族区域自治制度是我国的另一项基本政治制度。我国是一个统一的多民族国家。为实现民族平等、团结和共同发展，在中国共产党的领导下，内蒙古自治区于 1947 年 5 月成立。新中国成立后，在各少数民族聚居区普遍推行民族区域自治制度。在国家的统一领导下，新疆维吾尔自治区、广西壮族自治区、宁夏回族自治区和西藏自治区先后于 1955 年、1958 年、1958 年和 1965 年建立起来。各民族自治地方都是中华人民共和国不可分割的部分。截至 2003 年底，我国民族自治地方共 155 个，其中包括 5 个自治区、30 个自治州、120 个自治县（旗），占全国国土面积的 64%。民族区域自治是民族自治与区域自治、经济因素与政治因素的有机结合，实现了我国社会主义多民族国家在民主基础上的高度统一，保证了各民族相互支持、相互帮助、共同团结奋斗、共同繁荣发展的和谐民族关系。

（3）城乡基层民主不断扩大，素有“草根民主”之称的基层群众自治从城市到乡村依法推进，成为当代中国最直接、最广泛的民主实践。

基层群众自治制度是我国的一项重要政治制度。新中国成立之初，依据第一届全国人大常委会第四次会议 1954 年 12 月 31 日通过的《城市居民委员会组织条例》，城市居民自治在全国实现了对基层组织的规范和统一。职工代表会议制度在新中国成立后即在公有制企业中实行，自 1957 年在全国普遍推行。以居民委员会和职工代表大会为组织形式的城市基层群众自治在大规模经济建设时期建立起来。然而，这一自治形式并没有推广到农村。随着家庭联产承包经营责任制的实行和人民公社的解体，1980 年 2 月，广西壮族自治区宜山县（现为宜州市）三岔公社合寨大队（现为屏南乡合寨村委会）的果作等 6 个生产队 85 户农民，以户为代表，经无记名投票，选举产生了第一届果作村民委员会。它的诞生开启了村民自治在全国农村的悄然兴起。1982 年 12 月 4 日，第五届全国人大第五次会议将村民委员会与居民委员会一起载入《中华人民共和国宪法》第 111 条，村民自治由此依法有序、广泛而深入开展。以城市居民委员会、职工代表大会和村民委员会为组织形式的基层群众自治制度基本形成。

在城乡基层群众性自治组织中，广大基层群众依法直接行使民主选举、民主决策、民主管理和民主监督“四大民主”权利，对所在基层组织的公共事务和公益事业实行民主自治，实行自我管理、教育和服务。基层群众自治，成为完善和发展中国特色社会主义民主政治的重要基础。

（4）依法治国，建设社会主义法治国家，人民民主实现从实体民主到程序民主、从人权到物权的全方位发展，中国人民今天依法享有着过去从未有过的全面、真实和充分的民主权利。

依法治国是中国共产党领导人民治理国家的基本方略。在新中国民主政治发展中，中国共产党逐步确立起以依法治国为核心内容的社会主义法治理念，将民主与法制有机结合起来。

中共十一届三中全会指出，为了保障人民民主，必须加强社会主义法制，使民主制度化、法律化。1982 年 12 月 4 日，第五届全国人大第五次会议继承和发展 1954 年宪法的基本原则，在全民讨论的基础上，通过了现行宪法。这是一部有中国特色的、适应社会主义现代化建设需要的国家根本大法。在总结新中国民主政治建设基本历史经验的基础上，党的十五大指出，健全社会主义法制，依法治国，建设社会主义法治国家。随着依法治国基本方略的实施，以宪法为核心，以法律为主干，由法律、行政法规、地方性法规等三个层次法律规范构成的中国特色社会主义法律体系基本形成。截至2009年3月第十一届全国人大第二次会议召开，现行有效法律共计231件，行政法规近600件、地方性法规7000多件。中国特色社会主义法律体系基本保证了国家经济、政治、文化、社会生活各个方面的有法可依，从而有力地保障和推动了中国特色社会主义事业的发展。如今，这一法律体系正朝着党中央提出的到2010年形成中国特色社会主义法律体系的目标而不断完善和发展。

人民民主是社会主义的生命。发展社会主义民主政治，最根本的是要把坚持中国共产党的领导、人民当家作主和依法治国有机统一起来。坚持以人民民主专政为实质，不断推进社会主义政治制度的自我完善和发展，发展社会主义政治文明。

三、依靠自己的力量稳定解决了13亿人口的吃饭问题，全面建设小康社会

新中国早已改变了旧中国一穷二白的落后面貌，建立起了门类比较齐全的现代工业体系，工业、农业、国防和科学技术领域的许多方面进入了世界先进行列，从一个落后的农业国发展成为工业化中期国家。改革开放以来，建立并不断完善以家庭承包经营为基础、统分结合的农村双层经营体制，形成了公有制为主体、多种所有制经济共同发展的基本经济制度和以按劳分配为主体、多种分配方式并存的分配制度。把社会主义市场经济体制确立为我国经济体制改革的目标模式，正确解决了关系整个社会主义现代化建设全局的一个重大问题，并在此基础之上，通过不断深化经济体制改革，成功实现了从高度集中的计划经济体制到充满活力的社会主义市场经济体制的伟大历史转折，基本建立起社会主义市场经济体制，形成在国家宏观调控下市场对资源配置发挥基础性作用的经济管理制度。

中国人均耕地、草原、林地、淡水资源和各种矿产资源等，都大大低于世界按人口平均的水平。据《中国统计年鉴》提供的资料，1997年

9540万公顷耕地占世界耕地面积的7.1%，人均耕地面积仅相当于世界平均水平的1/3，人均森林面积不足1/6，人均草原面积不足1/2，人均矿产资源也只有1/2。人均资源贫乏是造成人口贫困的重要原因。1978年，按中国政府确定的贫困标准统计，贫困人口为2.5亿，占农村总人口的30.7%。中共十一届三中全会实现了全党工作重心向经济建设的转移。通过扶贫，国家重点扶持贫困县农民人均纯收入从1986年的206元增加到1993年的483.7元；农村贫困人口由1986年的1.25亿减少到1993年的8000万，平均每年减少640万，年均递减6.2%；贫困人口占农村总人口的比重从14.8%下降到8.7%。为基本解决贫困人口的温饱问题，全面保障民生，缩小东西部地区差距，实现共同富裕的目标，国务院决定：从1994年到2000年，集中人力、物力、财力，动员社会各界力量，力争用7年左右的时间，基本解决全国农村8000万贫困人口的温饱问题，在我国消灭绝对贫困。为此，国务院制定了《国家八七扶贫攻坚计划（1994—2000）》。该计划主要包括三个方面：一是到20世纪末，绝大多数贫困户年人均纯收入有较大增长，按1990年价格计算，达到500元以上；扶持贫困户创造稳定解决温饱的基础条件；巩固和发展现有扶贫成果，减少返贫人口。二是加强基础设施建设。基本解决人畜饮水困难。绝大多数贫困乡镇和有集贸市场、商品产地的地方通公路。消灭无电县，绝大多数贫困乡用上电。三是改变教育文化卫生的落后状况。基本普及初等教育，积极扫除青壮年文盲。开展成人职业技术教育和技术培训，使大多数青壮年劳力掌握一到两门实用技术。改善医疗卫生条件，防治和减少地方病，预防残疾。严格实行计划生育，将人口自然增长率控制在国家规定的范围内。经过7年的扶贫攻坚，全国农村没有解决温饱的贫困人口减少到3000万，占农村人口的比重下降到3%左右。除了少数社会保障对象和生活在自然条件恶劣地区的特困人口以及部分残疾人以外，全国农村贫困人口的温饱问题已经基本解决，中央确定的扶贫攻坚目标基本实现。

新中国的粮食生产是在人均耕地不到一亩的条件下发展的。60年来，在实现工业化的进程中，新中国主要农产品，如谷物、肉类、棉花、花生、油菜籽、水果等产品产量已稳居世界第一位。1949年，时任美国国务卿的艾奇逊预言，共产党能够打天下，但是解决不了中国人的吃饭问题。1949 年这一年，中国的粮食产量只有 1.13 亿吨。2008 年中国粮食产量达到 5.29 亿吨，粮食自给率高达 95%。新中国尽管人均耕地少，但依靠自己的力量稳定解决了 13 亿人口的吃饭问题，养活了占世界 22% 的人口。

从人民生活水平上看，从 1949 年到 2008 年，新中国人均 GDP 从 35 美元增加到 3266 美元，城镇和农村居民家庭恩格尔系数由 80% 和 90% 分别下降到 37.9% 和 43.7%，城镇居民年人均可支配收入从不足 100 元增加到 15781 元，农民年人均纯收入从不足 50 元增加到 4761 元，人均预期寿命从 35 岁提高到 73 岁。人民生活水平大幅提高，从贫困到温饱再到总体上达到小康。

四、新中国现代化发展道路与前景

从新中国成立到生产资料私有制的社会主义改造基本完成，中国由新民主主义过渡到社会主义社会，同时提前完成了第一个五年计划的建设任务，奠定了中国工业化的初步基础。社会主义基本制度的建立，为当代中国一切发展进步奠定了制度基础。

1956 年 9 月召开的中共八大提出了全面开展社会主义建设的任务，新中国开始了对符合中国国情的社会主义建设道路的艰辛探索，并逐步确立了实现“四个现代化”的国家发展目标。

1982 年 9 月，中共十二大确定了为全面开创社会主义现代化建设新局面而奋斗的纲领，提出要逐步实现工业、农业、国防和科学技术现代化，把中国建设成为高度文明、高度民主的社会主义国家。中共十一届三中全会以来，中国现代化建设的战略部署大体分三步走。第一步是实现国民生产总值比 1980 年翻一番，解决人民的温饱问题。到党的十三大时，这一步已经基本完成。第二步是到 20 世纪末，使国民生产总值再增长一倍，人民生活达到小康水平。第三步是到 21 世纪中叶，人均国民生产总值达到中等发达国家水平，人民生活比较富裕，基本实现现代化。

即将进入 21 世纪时，中共十五大提出，这世纪第一个 10 年实现国民生产总值比2000年翻一番，使人民的小康生活更加宽裕，形成比较完善的社会主义市场经济体制；再经过10年的努力，到建党100年时，使国民经济更加发展，各项制度更加完善；到21世纪中叶新中国成立100年时，基本实现现代化，建成富强民主文明的社会主义国家。历史跨入21世纪，中共十六大综观全局，指出本世纪头20年，对我国来说，是一个必须紧紧抓住并且可以大有作为的重要战略机遇期。要集中力量，全面建设惠及十几亿人口的更高水平的小康社会，使经济更加发展、民主更加健全、科教更加进步、文化更加繁荣、社会更加和谐、人民生活更加殷实。这是实现现代化建设第三步战略目标必经的承上启下的发展阶段，也是完善社会主义市场经济体制和扩大对外开放的关键阶段。经过这个阶段的建设，再继续奋斗几十年，到21世纪中叶基本实现现代化，把中国建成富强民主文明的社会主义国家。尽管任重而道远，但中国人民有智慧、有能力和有条件达到。

中国的发展进步越来越离不开世界，中国的发展进步也越来越贡献于世界，必将谱写出人类社会史上越来越壮丽的篇章。

［原载《人权》2010年第1期］

国史学科

论国史研究的学科属性与国史理论学科建设

习近平总书记在哲学社会科学工作座谈会上的讲话中指出，哲学社会科学是人们认识世界、改造世界的重要工具，是推动历史发展和社会进步的重要力量。[①] 这一重要论述科学概括哲学社会科学的性质与意义、地位与作用，深刻阐明哲学社会科学的根本属性。之所以要加快构建中国特色哲学社会科学，其中一个重要原因就在于这是哲学社会科学富有特色的价值与属性所规定和要求的。

哲学社会科学中的每门学科，诸如文史哲、政经法等，因其学科属性而专业化、体系化、系统化地存在和发展，并根据自身各自的理论与方法、角度与手段认识其研究对象，为人们相应的社会实践提供学理基础与支撑。但是，每门学科从产生、确立到发展，又都是与其他学科直接或间接地联系在一起的，或派生或交叉、跨学科，兼具其他相应学科的内涵与意义，或彰显、隐喻或互通互鉴，其学科属性则呈现为综合性和多重性。学科的属性可以分为本质与非本质、主体性与非主体性。认清学科本质的和主体性的属性，有利于规范和深化学科研究和建设，而认清学科非本质的和非主体性的属性，则有利于丰富和拓展学科研究和建设。

---

① 习近平：《在哲学社会科学工作座谈会上的讲话》，《人民日报》2016 年 5 月 19 日。

一、国史研究的学科属性

在中国特色哲学社会科学体系中，国史研究因其研究对象的独特性，而在学科属性问题上的综合性和多重性表现得十分明显。然而，长期以来，人们对国史研究的学科属性问题的认识还不尽一致，使其不仅在历史学与政治学之间，而且在马克思主义理论学科与历史学之间“游离”。党史与国史虽有区别，却紧密地联系、融合在一起，将党史、国史作为研究对象的学科本应具有一致的学科属性。然而，党史研究一般地归属于政治学，国史研究则一般地归属于历史学，致使党史研究、国史研究的学科属性发生重大差异。国史研究的学科属性问题，是构建和发展国史研究学科体系和话语体系的一个基本问题，有必要对此作进一步的探讨。

国史是历史，但与古代史、近代史不同，是正在发展着的历史，而且是把当代中国社会的昨天、今天和明天连接得最为直接和紧密的历史。首先从纵向看，国史研究既要研究历史、又要研究现实，同时又要关照未来发展，因此不仅是通史性研究，而且是联系现实、与时俱进性的研究；其次，从横向看，国史研究既要研究经济、政治、文化、社会和生态“五位一体”，又要总结历史经验、探索历史规律，因此不仅是人类社会实践各个方面的实证性研究，而且是宏观性、整体性的思辨性研究。可以这样说，国史是新中国的“百科全书”，国史研究是内涵特别丰富、门类比较齐全的学科，几乎达到了应有尽有、无所不包的程度，其学科属性的综合性和多重性显而易见。

历史本身就是十分复杂的，是人类社会的全部认识与实践、物质世界与精神世界的变化发展过程，以及自然界和人类思维的变迁。而且，国史又是从历史中走来，在现实生活中展开，并不断向未来发展的。在这个意义上说，国史研究当然是一门综合性的学科，而且是不断被赋予新的时代内涵的学科。繁荣发展国史研究，就需要大力发展基础学科和支撑学科，积极培育新兴学科，扶持冷门学科，进行综合性研究和交叉学科研究。

然而，国史研究学科属性的综合性和多重性不仅不掩盖，而且彰显其学科的基本属性。这就是国史研究既属于马克思主义理论学科，又属于历史学和政治学，主要是这三种学科的集成和融合。

首先，国史研究属于马克思主义理论学科。因为国史问题是历史问题，但又不是一般性的历史问题，而是关于马克思主义中国化、中国特色社会主义理论体系的理论认识问题，更是坚持和发展中国特色社会主义、我们党治国理政的政治实践问题。习近平总书记指出，学习党史、国史，是坚持和发展中国特色社会主义，把党和国家各项事业继续推向前进的必修课。从历史发展的主题与主线、主流与本质来说，国史是中国人民、中华民族在党的领导下团结奋斗、实现中华民族伟大复兴的历史，是探索和推进中国特色社会主义现代化建设事业的历史，是马克思主义中国化的历史，是维护国家领土完整和主权统一、不断推进祖国和平统一大业的历史。研究国史问题，主要是根据新中国的历史实际，研究揭示新中国的建设和发展的历史进程和经验，中国特色社会主义道路、理论体系和制度，探索人类社会发展规律、社会主义建设规律和共产党执政规律。国史的本体论决定国史的认识论和方法论。从学科的内涵和意义上说，国史研究属于马克思主义理论学科，坚持以马克思主义为指导，研究揭示新中国历史发展所蕴含的辩证唯物主义和历史唯物主义的世界观和方法论、马克思主义中国化发展规律、科学社会主义理论逻辑与中国社会发展历史逻辑的有机统一，并通过历史研究推动发展中国特色社会主义政治经济学。因此，在一定意义上说，国史就是马克思主义理论应用和发展的实践产物，是研究阐释马克思主义理论的活化石、活教材。国史研究的马克思主义理论学科属性引领国史研究的其他学科属性，具有核心意义和地位。

其次，从国史研究的出发点、着眼点和基本方法来说，国史研究又属于历史学。国史研究遵循历史学的基本理论与方法，特别是坚持以马克思主义史学理论为指导，构建和发展国史研究的学科体系、学术体系、话语体系和创新体系。

再次，从新中国作为国史的主体性来说，国史研究还属于政治学。国史研究是从历史的角度研究新中国的学科。如果国史中的“国”是

“体”，那么国史中的“史”则是“用”。国史研究以马克思主义国家学说、国家理论为认识基础与前提，结合中国国情，通过研究历史探讨新中国是一个什么样的国家、新中国是怎样创建和发展起来的，并以中国特色社会主义的理论与实践丰富和发展马克思主义国家学说和国家理论。

习近平总书记指出，要按照立足中国、借鉴国外，挖掘历史、把握当代，关怀人类、面向未来的思路，着力构建中国特色哲学社会科学。无论是上述哪个领域、哪个方面，都离不开国史。国史是新中国的历史国情，又是现实国情，并蕴含新中国发展的前景、命运与趋势。国史研究在构建中国特色哲学社会科学中具有特别重要的意义和基础性地位。繁荣发展国史研究，需要始终坚持马克思主义的指导地位，进一步增强国史研究学科属性的综合性和多重性，特别是充分发挥国史研究的马克思主义理论学科属性，加强国史研究的历史学和政治学基础，融入“大历史”观念，为国家写史、为人民立传，资政育人护国。

二、以新时代为立足点推动国史研究发展

中国特色社会主义进入了新时代。这是我国发展新的历史方位，是中华人民共和国发展史上具有重大意义的里程碑。中国特色社会主义进入了新时代这一重大政治判断，赋予国史研究新的时代内涵，确立了以新时代为立足点的历史逻辑和认识逻辑，推动国史研究本体论和认识论的丰富与发展。

（一）以坚持和发展中国特色社会主义为发展主题

中国特色社会主义进入了新时代，内涵广泛而深邃，意义重大而深远。党的十九大报告对什么是中国特色社会主义新时代、怎样建设和发展中国特色社会主义新时代作出了全面、系统的阐述和战略安排，其以“三个意味着”“五个时代”和“四个重大意义”为内容，在社会主义初级阶段理论的基础上，确立起中国特色社会主义新时代的基本理论轮廓。

中国特色社会主义进入了新时代，深刻表明中国特色社会主义充满生机活力、日益发展壮大，科学社会主义在中国的理论与实践发展到了

前所未有的历史高度和境界。这个新时代是当代中国社会发展的历史逻辑与科学社会主义的理论逻辑相统一的必然结果和总趋势，是中国特色社会主义道路、理论、制度和文化不断发展的必然结果和总趋势。这个新时代是中国特色社会主义新时代，而不是别的什么新时代。这个新时代是“在新的历史条件下继续夺取中国特色社会主义伟大胜利的时代”。中国特色社会主义进入了新时代，从理论与实践的结合上深刻昭示，坚持和发展中国特色社会主义是当代中国发展进步的根本方向和必由之路。

中国特色社会主义进入了新时代，深刻表明党的面貌、国家的面貌、人民的面貌和中华民族的面貌发生了前所未有的历史性变化，国史也发展到了中国特色社会主义新时代。这个新时代，社会生产力水平总体上显著提高，人民生活总体上实现小康，中国共产党治国理政、国家治理体系和治理能力现代化建设和发展水平提高到新阶段，中华民族伟大复兴展现出日益光明的前景。同时，社会主要矛盾已经转化为人民日益增长的美好生活需要和不平衡不充分的发展之间的矛盾。中华人民共和国的历史是在其社会主要矛盾运动中不断孕育、展开和发展起来的，是党领导人民不断认识、处理和解决这一社会主要矛盾问题而创造出来的。这一社会主要矛盾的转化，是其螺旋式的上升发展，是在更高起点和更高质量上推动社会生产力的解放和发展、社会生产关系的完善和发展。中国特色社会主义进入了新时代，国家发展、社会进步实现了历史性的飞跃，也必将在处理和解决转化了的社会主要矛盾中全面建成小康社会和实现中华民族伟大复兴，并越来越多地贡献于人类社会发展进步事业。

中国特色社会主义进入了新时代，赋予国史研究以坚持和发展中国特色社会主义为历史发展主题的理论、实践和时代内涵。

（二）新时代的重大政治判断对国史研究具有认识论意义

中国特色社会主义进入了新时代，充分彰显了马克思主义中国化发展的思想内涵和科学体系，深刻揭示了社会主义革命、建设和改革的主题与实质，历史地昭示了中国走社会主义道路是人民的选择和历史发展的必然。由此，根据中国特色社会主义进入新时代的历史经验和发展规律，可以将国史进一步概括为：党领导人民当家作主，以马克思主义中国化为思想指导，以探索回答什么是社会主义、怎样建设社会主义为基本理论与实践问题，以坚持和发展中国特色社会主义为主题和主线，并以中国特色社会主义新时代为新的历史发展起点的治国理政史，建设富强民主文明和谐美丽的社会主义现代化强国的探索史、奋斗史和发展史。

从历史进程意义上，中国特色社会主义进入了新时代，是“经过长期努力”而进入的，是“承前启后、继往开来”向前发展的。历史与逻辑相统一，认识这个新时代，就要把其放在新中国成立特别是改革开放以来整个历史进程中去考察，并置于在中国建成社会主义社会和建设社会主义现代化强国的全部理论与实践中进行认识和把握。新时代的重大政治判断，坚持历史和现实相贯通，理论和实际相结合，深刻阐明新时代的性质、内涵与意义。如关于新时代是“中华民族从站起来、富起来到强起来的伟大飞跃”“中国特色社会主义道路、理论、制度、文化不断发展”等的论述，从政治到经济再到综合国力和社会形态，鲜明概括了实现中华民族伟大复兴和中国特色社会主义发展壮大的历史进程，丰富和深化了国史发展中的历史性与时代性、阶段性与连续性辩证统一的认识。国史研究既要坚持新中国的成立和社会主义基本制度的确立是当代中国一切发展进步的根本政治前提和制度基础，又要坚持改革开放前后两个历史时期统一于社会主义伟大建设实践，同时还要融通国史发展的各个历史时期或阶段，探索和深化对共产党执政规律、社会主义建设规律和人类社会发展规律的认识。

新时代坚持和发展中国特色社会主义，是党领导人民进行的伟大社会革命。习近平总书记指出，一场社会革命要取得最终胜利，往往需要一个漫长的历史过程。只有回看走过的路、比较别人的路、远眺前行的路，弄清楚我们从哪儿来、往哪儿去，很多问题才能看得深、把得准。因此，认识这个新时代，国史研究既要以新时代这一历史发展的新高度认识中国特色社会主义发展史，从历史的高度探究历史的深度，又要将历史、现实与未来相结合来认识新时代及其历史地位与意义，从唯物辩证的大历史观、新时代的发展观，正确把握历史发展的动力、趋势与未来。

（三）要坚持实践的观点和社会矛盾运动的观点

时代是思想之母，实践是理论之源。党的十八大以来，以习近平同志为核心的党中央，从理论和实践的结合上系统回答了新时代坚持和发展什么样的中国特色社会主义、怎样坚持和发展中国特色社会主义这一重大时代课题，形成习近平新时代中国特色社会主义思想。这一新思想是马克思主义中国化最新成果，是新时代坚持和发展中国特色社会主义的政治宣言和行动纲领，深刻蕴含着辩证唯物主义和历史唯物主义的世界观和方法论，必须长期坚持并不断发展。

习近平新时代中国特色社会主义思想坚持以人民为中心。人民是历史的创造者，是决定党和国家前途命运的根本力量。研究国史就要尊重和坚持人民的历史主体地位，深刻揭示党是怎样领导人民当家作主的、党治国理政是如何坚持以人民为中心的，以及党是如何把人民对美好生活的向往作为奋斗目标，又是如何贯彻党的群众观点和群众路线的。党的领导是人民的选择、历史的选择，是中国特色社会主义最本质的特征和中国特色社会主义制度的最大优势。坚持人民的历史主体地位，坚持党的领导，是国史研究的基本立场和科学理论方向。

习近平新时代中国特色社会主义思想是党和人民实践经验与集体智慧的结晶。党和人民的实践是国史的基本内涵，也即国史研究的基本对象。国史研究坚持以习近平新时代中国特色社会主义思想为指导，同时研究习近平新时代中国特色社会主义思想的形成与发展、习近平新时代中国特色社会主义思想的精神实质和丰富内涵，就要坚持实践的观点，研究党和人民的实践这一历史本源及其进程、实践的出发点和落脚点、实践的成果与经验等，揭示党和人民的实践逻辑和实践规律。

同时，社会实践的过程也是各种矛盾运动的过程，研究国史及其新时代的发展，还需要围绕社会主要矛盾及其转化和发展，广泛而深入地研究党和人民的实践、新时代的新实践和社会矛盾运动。坚持党和人民实践的观点、社会矛盾运动的观点，是国史研究的基本观点和根本方法。

三、把握中国特色哲学社会科学三方面资源

习近平总书记在哲学社会科学工作座谈会上的重要讲话，是党在新时期指导中国特色哲学社会科学建设和发展的纲领性文献。讲话就中国特色哲学社会科学体现继承性和民族性问题，深刻阐述了要把握好马克思主义的资源、中华优秀传统文化的资源和国外哲学社会科学的资源，深刻揭示了这三方面资源对于中国特色哲学社会科学的地位与作用。这一重要论述对于构建中国特色哲学社会科学具有重要指导意义。

一般来说，一种事物作为另一种事物的资源，具有三个方面的含义：其一，在思想意义上是认识基础或思想来源，包括直接或间接的、主或次的、多或少的；其二，在实践意义上是可资应用，并在应用中既发展后者，又丰富前者；其三，在方法意义上是资源配置，需要处理好各方面资源之间的关系。习近平总书记从上述三方面资源阐述了中国特色哲学社会科学的来源、基础、构成和特点，概括起来就是，马克思主义处于指导地位，马克思主义的资源是中国特色哲学社会科学的主体内容和最大增量；中华优秀传统文化的资源是中国特色哲学社会科学的深厚基础和独特优势，是中国特色哲学社会科学发展十分宝贵、不可多得的资源；国外哲学社会科学的资源是中国特色哲学社会科学的有益滋养。讲话既强调了必须坚持以马克思主义为指导，又进一步阐明了马克思主义对待中华优秀传统文化和国外哲学社会科学的基本态度和实践要求。把握好这三方面资源，就要把握好每方面资源的性质、内容与特点，又要从整体上处理好这三方面资源之间的关系。

把握好三方面资源，必须坚持马克思主义的指导地位。这三方面资源都具有自己的世界观和方法论，都为人类社会提供了思想认识养料，但人类文明发展迄今，唯有马克思主义为人类社会确立了唯物史观这一“唯一科学的历史观”，科学揭示了世界的物质性及其发展规律、人类社会及其发展规律、认识的本质及其发展规律，其辩证唯物主义、历史唯物主义的世界观和方法论是马克思主义立场、观点和方法的根本点。从世界观和方法论意义上说，马克思主义的资源是指导思想上的资源、哲

学基础上的资源、是指导和推进马克思主义中国化发展和创新的资源，也是把握好中华优秀传统文化和国外哲学社会科学资源的基础与前提。中国特色哲学社会科学“特”就特在坚持以马克思主义为指导。习近平总书记指出，坚持以马克思主义为指导，是当代中国哲学社会科学区别于其他哲学社会科学的根本标志，必须旗帜鲜明地坚持。坚持以马克思主义为指导，要求哲学社会科学研究坚持以马克思主义的立场、观点和方法认识世界和改造世界、认识问题和解决问题。在我国，不坚持以马克思主义为指导，哲学社会科学就会失去灵魂、迷失方向。坚持以马克思主义为指导，核心要解决好为什么人的问题，要求哲学社会科学研究者尊重人民主体地位，聚焦人民实践创造，树立为人民做学问的理想，自觉把个人学术追求同国家和民族发展紧紧联系在一起。

把握好三方面资源，必须从我国实际出发，坚持与人类社会实践相结合。人类社会在各个历史发展阶段都产生了一定文明成果，也在不同社会历史条件下、社会制度下产生了各种文明成果。三方面资源都与一定的社会实践需要相联系。马克思主义经典作家在创立马克思主义的过程中大量吸收借鉴了前人创造的成果特别是三大来源，科学揭示了人类社会发展规律，为人类社会发展进步指明了方向。同时，马克思主义又是随着时代、实践、科学发展而不断发展的开放的科学理论体系，开辟了人类社会通向真理的道路。中华优秀传统文化虽然主要产生和形成于中国古代社会，但它承载着中华民族、中华文明的精神血脉，也成为马克思主义传入中国并与中国具体实践相结合而中国化的社会文化基础。国外哲学社会科学则对于说明相应国家和民族的发展历程，在一定地域和历史文化中具有合理性，但主要由于国情、社会制度不同，对于说明我国的实际有适用的，但更多的是不适用的。基于马克思主义的普遍性、中华优秀传统文化的历史发展阶段性和国外哲学社会科学的国别性，把握好三方面资源，要不断推进马克思主义中国化、时代化和大众化；对待马克思主义，不能采取教条主义和实用主义的态度。坚持古为今用、洋为中用，继承和弘扬中华优秀传统文化精华，加强对中华优秀传统文化的挖掘和阐发，推动中华文明与当代文化相适应、与现代社会相协调。加强与国外文化交流，对国外的理论、概念、话语、方法，要批判地吸收借鉴。

把握好三方面资源，必须坚持融通和创新。把坚持马克思主义和发展马克思主义统一起来，发展 21 世纪马克思主义、当代中国马克思主义。坚持文化自信和中国人的世界观、方法论，融通古今，推动中华文明创造性转化、创新性发展。融通中外，坚持民族性与世界性的辩证统一，放眼世界，开放研究，推动中国特色哲学社会科学“走出去”，积极吸收借鉴人类创造的有益的理论观点和学术成果、知识体系和研究方法。

总之，把握好中国特色哲学社会科学三方面资源，要始终坚持以马克思主义为指导，坚持实践的观点、历史的观点、辩证的观点和发展的观点，从我国实际出发，不忘本来，吸收外来、面向未来，研究中国的问题和人类的问题，研究中国特色社会主义和探索人类前途命运，体现继承性与民族性、原创性与时代性、系统性与专业性，努力构建中国特色哲学社会科学。

四、构建、发展国史理论学科

习近平总书记在哲学社会科学工作座谈会上的重要讲话中明确指出，加快构建中国特色哲学社会科学。他还在致第二十二届国际历史科学大会的贺信中强调，历史研究是一切社会科学的基础。这些重要论述对于我国哲学社会科学事业的发展具有重要指导意义。在中国特色哲学社会科学中，中华人民共和国史研究既是一门历史学科，又是一门理论学科。繁荣发展国史研究，需要在国史研究学科体系中构建、发展国史理论学科。

国史是以“什么是社会主义、怎样建设社会主义”为总主题的理论和实践发展史，蕴含、凝结着共产党执政规律、社会主义建设规律和人类社会发展规律。探索、发现并运用这些规律，需要以国史的发展进程、根本动力、基本经验和总趋势为依据，以正确的立场、观点和方法研究国史，回答国史是怎样形成和发展的，以及如何认识和研究国史，实现关于国史的认识逻辑与国史发展逻辑的有机统一。为此，国史研究需要增强通史性、整体性研究，既从具体到抽象、又从抽象到具体，推进国史的本体论、认识论和方法论的研究和建设，构建、发展国史理论学科。

国史理论学科以国史发展的理论问题、国史研究的理论与方法论问题为研究对象，包括历史本体论意义上的国史理论和历史认识论与方法论意义上的国史研究理论，具有政治性与学术性相统一的鲜明特点。首先，从历史的属性来看，国史是新中国国家的历史，国史研究应以新中国是一个什么样的国家为认识前提，包括主权、领土、人口、政权和社会制度，以及社会发展阶段等，进而探讨这样一个国家是怎么建设和发展的。新中国是以马克思主义国家理论为指导建立和发展起来的，国史理论学科必须坚持以马克思主义国家理论为指导，同时以新中国的建设和发展的理论与实践，将“中国特色”和时代内涵相结合，为丰富和发展马克思主义国家理论提供思想认识材料。其次，从历史发展的动力来看，国史是党把马克思主义基本原理与中国的具体实际相结合的探索史和奋斗史，马克思主义中国化是国史研究的重要认识对象，马克思主义中国化的理论成果是国史研究的思想理论基础和来源，赋予国史理论学科根据国史的发展实际研究阐释马克思主义中国化。再次，从历史发展的内涵来看，国史是中国特色社会主义建设和发展史，国史研究就是要研究中国特色社会主义的探索、开创和发展，那么国史理论学科则着重研究科学社会主义的基本原理，以及中国特色社会主义道路和制度的理论基础。由上也可以看出，国史理论学科又具有研究内容的广泛性、研究逻辑的思辨性和研究功能的应用性。

加强国史通史性研究。国史通史，即新中国成立以来的整个历史和正在发展着的历史。它既有经济建设、政治建设、文化建设、社会建设、外交工作和生态文明建设之间领域上的“通”，又有党史与国史内在统一上的“通”；既有国史发展阶段性与连续性的统一，又有中国历史各个时期变革或转折意义上的“通”，还有国史与当代世界历史彼此联系上的“通”。国史理论学科建立在国史研究整体发展的基础上，国史通史性研究是国史理论学科建设和发展的主要研究基础和依据，否则国史理论学科的建设和发展就成为“无源之水、无本之木”。

研究揭示以主题与主线、主流与本质为基本内容的国史发展的辩证法。研究揭示国史发展的主题与主线、主流与本质，是国史研究的学科意义和理论意义所在，国史理论学科则承担着从整体上和宏观上概括提炼，并上升到理论高度的研究职责。国史发展的主题与主线是关于国史发展的基本内涵与脉络的，是判断国史发展的主流与本质的根本依据。历史的发展是充满着矛盾的运动，是螺旋式地进行的。国史是新中国社会矛盾运动的过程和产物，也是复杂和曲折的。这既有社会基本矛盾和主要矛盾，又有特殊矛盾和具体矛盾。为此，国史理论学科需要把辩证唯物主义基本原理应用到国史研究中，围绕中国革命、建设和改革，用全面、联系和发展的观点，研究揭示国史发展中人民群众的主体地位与历史人物历史作用的统一、因果关系、阶段性与连续性的统一、偶然性与必然性的统一、形式与内容的统一、现象与本质的统一，以及地方历史的多样性与国家历史发展的统一性。在此基础上，构建、发展国史研究的辩证法逻辑体系。

推进国史认识论和方法论研究。根据历史学科和理论学科的发展规律，正确处理历史观、史料与史学研究之间的关系，加强基础领域研究，构建具体的学科体系和学术体系。发展国史研究史（即“史学史”），总结学科发展的基本经验，把握学科发展的趋势与方向；建设国史史料学、编纂学，为国史研究提供史料基础和工具；构建专门史、专题史研究的理论与方法，发展国史地理学等新兴学科领域，丰富和发展国史研究的理论与方法。

构建、发展国史理论学科，运用国史研究阐释中国特色社会主义道路、理论体系和制度，有利于推动国史宣传教育，并向世界讲好中国道路、中国制度和中国精神。国史理论学科是以国史研究为基础的马克思主义理论学科和史学学科，一个成熟的国史理论学科必将推动国史研究不断繁荣发展。

［原载《中国社会科学报·院专刊》2017 年 7 月 14 日、2018 年 3 月 9 日、2017 年 5 月 5 日、2017 年 4 月 1 日］

构建中华人民共和国史研究学科体系初探

中华人民共和国史研究是我国哲学社会科学的重要组成部分。它以马克思主义理论研究为学科本质，以历史研究为学术基础，集历史与现实研究、理论与实践研究、基础与应用研究于一体。深入推进国史研究繁荣发展，需要构建成熟、完善的学科体系，并促进学术体系和话语体系的建设和发展。国史研究学科体系是由国史的内涵、性质与特征，特别是国史发展的主题与主线、主流与本质所规定的，是国史本体论、认识论和方法论的统一。

一、构建国史研究学科体系的思想理论基础与认识来源

马克思主义中国化是国史发展的指导思想和精神动力，也是国史发展的一条主线。马克思主义中国化的理论成果是国史的重要内容，指导并推动当代中国走上社会主义道路、开创和发展中国特色社会主义。国史研究作为研究新中国革命、建设和改革历史进程的学科，应遵循马克思主义中国化发展的理论逻辑与新中国发展历史逻辑的有机统一。

（一）坚持以马克思主义为指导

马克思主义是关于人类社会矛盾运动及其规律的科学，唯物史观和剩余价值学说是其两大理论基石，指导社会主义由空想到科学、由理论到实践。马克思主义一经创立，就与人类社会的具体实践相结合，并在

人类社会历史发展中不断丰富和发展。马克思主义在五四新文化运动时期传播到中国，与中国工人运动相结合，诞生了中国共产党。从此，中国革命开辟新道路，中国历史发生深刻的政治和社会变革。中国共产党将马克思主义基本原理与中国革命、建设和改革的具体实际相结合，推进马克思主义中国化，领导全国各族人民缔造新中国，建成社会主义社会，开创和发展中国特色社会主义，指导并推进中国特色社会主义现代化建设事业向前发展。这就是新中国的历史。它是中国共产党领导人民创造的，是人民的历史。

人类社会历史发展到20世纪八九十年代，发生东欧剧变、苏联解体、苏共垮台，世界社会主义运动由此转入低潮，“历史终结论”也甚嚣尘上。然而，中国共产党深刻总结我国社会主义革命、建设和改革的历史经验，深刻回答什么是社会主义、怎样建设社会主义，科学揭示社会主义本质，确立社会主义初级阶段基本路线，不断推进改革开放伟大实践，同时也宣告了“历史终结论”的破产。邓小平说：“世界上赞成马克思主义的人会多起来的，因为马克思主义是科学。”① 马克思主义中国化的理论成果——毛泽东思想和中国特色社会主义理论体系，形成于中国革命、建设和改革的不同历史时期，但都贯穿了辩证唯物主义和历史唯物主义的世界观和方法论。这是新中国历史发展的思想理论基础和精神动力。

唯物史观，包括辩证唯物主义和历史唯物主义，是人类社会文明发展迄今为止“唯一科学的历史观”。② 近代以来，在马克思主义的影响和推动下，中国史学发生了由唯心史观转向唯物史观的历史观变革，并在此基础上确立了唯物史观的指导地位，形成和发展马克思主义史学。国史是在马克思主义中国化的理论成果的指导下发展的，国史研究只有坚持以唯物史观为指导，才能深刻揭示新中国历史发展的必然性和规律性。

---

① 《邓小平文选》第3卷，人民出版社1993年版，第382页。

② 《列宁选集》第1卷，人民出版社1995年版，第10页。

（二）全面系统地掌握中国共产党关于国史的论述

党向来高度重视总结历史经验，对党和国家的各个历史时期，对国史上的重大决策、重要会议、重要事件、重要人物都作出了科学的评价和论断。党关于国史的论述，主要表现在如下方面：一是关于什么是国史、怎样认识和研究国史的总体性和宏观性论述；二是专题性论述，如关于新中国的成立，关于国民经济恢复时期，关于社会主义改造，关于开始全面建设社会主义时期，关于党的十一届三中全会，关于毛泽东的历史地位和毛泽东思想，关于改革开放及其前后两个历史时期的关系，关于中国特色社会主义道路、理论体系和制度，关于学习研究国史，等等。这些论述是坚持和发展中国特色社会主义的重要认识基础，也是加强和深化国史研究的重要理论基础。

党关于国史的论述，既是国史研究的重要对象与内容，蕴含着国史研究的理论与方法论。研究这些论述，有利于国史研究坚持正确的政治方向和学术导向，推动国史研究特别是理论与方法论建设和学科体系建设，逐步提高国史研究的规范化、系统化和科学化水平。

深入研究党关于国史的论述，需要从历史文献与历史实际出发，深刻把握党情、国情和世情的深刻变化，以及党关于国史论述的丰富和发展，在历史与现实、理论与实践的结合上进一步阐释党关于国史论述形成的社会背景、基本内涵，揭示毛泽东思想和中国特色社会主义理论体系的形成与发展，科学认识马克思主义中国化与时俱进的历史经验，深刻总结党关于国史上的成功与曲折、正确与失误，以及发生曲折和错误的主观因素与社会原因。深入把握党关于国史论述的价值与意义，正确认识和回答什么是国史的主题与主线、主流与本质，以及如何正确认识和处理国史的经验与教训，为构建国史研究的理论与方法论提供历史理论基础。

（三）学习贯彻习近平总书记在哲学社会科学工作座谈会上的重要讲话精神

习近平总书记在《在哲学社会科学工作座谈会上的讲话》[①]（以下简称《讲话》）中深刻阐述哲学社会科学的重要地位与作用，指出它是人们认识世界、改造世界的重要工具，是推动历史发展和社会进步的重要力量。《讲话》围绕“坚持和发展中国特色社会主义必须高度重视哲学社会科学”“坚持马克思主义在我国哲学社会科学领域的指导地位”“加快构建中国特色哲学社会科学”“加强和改善党对哲学社会科学工作的领导”等重大理论和实践问题，进一步深刻阐明了对待马克思主义的基本立场、观点和方法，为哲学社会科学的建设和发展指明指导思想、政治方向和学术导向；深刻阐述了中国特色哲学社会科学应该具有体现继承性、民族性，体现原创性、时代性，体现系统性、专业性等基本特点，提出了加快构建中国特色哲学社会科学这一历史性课题和任务。《讲话》是在新的历史起点上指导我国哲学社会科学建设和发展的历史性文献和科学指南。国史研究是中国特色哲学社会科学体系的重要基础性学科，与其他哲学社会科学学科一样需要学习贯彻习近平总书记关于哲学社会科学工作的重要讲话精神，为自身学科建设和发展提供强大精神动力和科学理论指导。

国史研究是坚持和发展中国特色社会主义的重要认识来源和工具。在哲学社会科学的重要地位上，习近平总书记指出：“坚持和发展中国特色社会主义，需要不断在实践和理论上进行探索、用发展着的理论指导发展着的实践。在这个过程中，哲学社会科学具有不可替代的重要地位，哲学社会科学工作者具有不可替代的重要作用。”[②]在历史发展的主题与主线、主流与本质意义上说，国史就是一部奠基、开创和发展中国特色社会主义的历史，是科学社会主义理论逻辑和中国社会发展历史逻辑辩证统一的历史。2013 年 6 月 25 日，习近平总书记在主持中共中央政治

---

① 习近平：《在哲学社会科学工作座谈会上的讲话》，《人民日报》2016 年 5 月 19 日。

② 习近平：《在哲学社会科学工作座谈会上的讲话》，《人民日报》2016 年 5 月 19 日。

局就中国特色社会主义理论和实践进行第七次集体学习时强调，坚持和发展中国特色社会主义，学习党史、国史是必修课，不仅必修，而且必须修好。[①]不断加强和深化国史研究，是学习党史、国史的必然要求，相应地则需要加快构建国史研究学科体系。这是因为国史研究学科体系是国史研究发展的学科产物、成熟标志，并引导国史研究繁荣发展；也因为国史认识和国史教育的教材体系需要国史研究学科体系提供研究支撑、奠定学理基础。

国史研究是一门政治性与学术性高度统一的学科。在我国哲学社会科学的指导思想上，习近平总书记指出："坚持以马克思主义为指导，是当代中国哲学社会科学区别于其他哲学社会科学的根本标志，必须旗帜鲜明加以坚持"；"我国哲学社会科学的一项重要任务就是继续推进马克思主义中国化、时代化、大众化，继续发展21世纪马克思主义、当代中国马克思主义"。[②]马克思主义中国化、时代化和大众化，既是国史形成和发展的思想理论根源，并决定了国史之所以是这种性质和面貌而非其他历史形态，同时又是国史研究的思想理论指导和认识论与方法论基础。

国史研究及其学科体系来源于国史的基本内涵与特点。在构建哲学社会科学的马克思主义资源上，习近平总书记强调："马克思主义的资源，包括马克思主义基本原理，马克思主义中国化形成的成果及其文化形态，如党的理论和路线方针政策，中国特色社会主义道路、理论体系、制度，我国经济、政治、法律、文化、社会、生态、外交、国防、党建等领域形成的哲学社会科学思想和成果。这是中国特色哲学社会科学的主体内容，也是中国特色哲学社会科学发展的最大增量。"[③]国史研究正是以这些资源及其理论与实践为主要研究对象和内容的，也以这些资源及其理论与实践为主要依据，初步确立了相应的学科领域，并不断丰富和拓展研究范畴和空间。

国史研究以总结历史经验为主旨，是一门理论研究与应用研究相结

---

① 《在对历史的深入思考中更好走向未来，交出发展中国特色社会主义合格答卷》，《人民日报》2013年6月26日。

② 习近平：《在哲学社会科学工作座谈会上的讲话》，《人民日报》2016年5月19日。

③ 习近平：《在哲学社会科学工作座谈会上的讲话》，《人民日报》2016年5月19日。

合的综合性学科，历史与现实的结合是国史研究的基本思路和研究方式。在哲学社会科学的特点上，习近平总书记明确指出了我国哲学社会科学形成优势与特点的根本途径，这就是“以我国实际为研究起点，提出具有主体性、原创性的理论观点，构建具有自身特质的学科体系、学术体系、话语体系”；强调了构建中国特色哲学社会科学的着力点和着重点，即“以我们正在做的事情为中心，从我国改革发展的实践中挖掘新材料、发现新问题、提出新观点、构建新理论，加强对改革开放和社会主义现代化建设实践经验的系统总结，加强对发展社会主义市场经济、民主政治、先进文化、和谐社会、生态文明以及党的执政能力建设等领域的分析研究，加强对党中央治国理政新理念新思想新战略的研究阐释，提炼出有学理性的新理论，概括出有规律性的新实践”；阐述了中国特色哲学社会科学的基本框架与结构，指出它“应该涵盖历史、经济、政治、文化、社会、生态、军事、党建等各领域，囊括传统学科、新兴学科、前沿学科、交叉学科、冷门学科等诸多学科”。为此，他强调要加强马克思主义学科建设；加快完善对哲学社会科学具有支撑作用的学科，如哲学、历史学、经济学、政治学、法学、社会学、民族学、新闻学、人口学、宗教学、心理学等，打造具有中国特色和普遍意义的学科体系；注重发展优势重点学科；加快发展具有重要现实意义的新兴学科和交叉学科，使这些学科研究成为我国哲学社会科学的重要突破点。① 国史研究涉及面、涵盖面比较广，不仅与上述学科相互联系、相互借鉴，而且是其他哲学社会科学学科建设和发展的重要基础与来源。

二、构建国史研究学科体系的研究基础建设

构建学科体系，需要从研究基础做起。对于国史研究来说，主要是史料基础、理论基础，包括对国史研究形成严重干扰和挑战的历史虚无主义思潮的批驳。没有史料，历史研究就无从谈起；没有正确历史观和思想理论的指导，历史研究同样不能科学开展、深入推进。当然，构建

① 习近平：《在哲学社会科学工作座谈会上的讲话》，《人民日报》2016 年 5 月 19 日。

学科体系就会缺少根基、失去方向。

（一）加强国史史料的整理和研究

国史史料是编纂和研究国史的重要基础与立论依据，丰富、发展和创新国史史料整理与研究的方法和手段则是繁荣发展国史研究的重要途径。推进国史研究，加强国史研究学科建设，不仅需要加强国史研究学科理论建设与研究，还需要加强对国史史料的整理和研究，这也是构建国史史料学首要的基础性工作。

国史史料整理和研究，是推动国史研究发挥“修史资政育人护国”社会功能的需要。国史研究具有“修史资政育人护国”的社会功能，而这些功能的实现，需要丰富的、翔实的史料奠定扎实的基础。占有丰富、翔实和可靠的国史史料，有利于深刻论证和阐释中国特色社会主义道路、理论和制度，为不断巩固和增强中国特色社会主义的共同思想基础、维护和促进祖国统一、增强中华民族凝聚力，提供历史依据；同时，占有丰富、翔实和可靠的国史史料，是加强国史教育、教学和研究的需要，是回答国史问题、回应不良学术观点乃至社会思潮的需要。随着当代社会条件的变化和科学技术的发展，特别是电子化的数据处理、互联网的广泛利用和档案工作的现代化，国史史料整理和研究的方法与手段需要不断丰富和创新，藉此不仅能够推动国史史料整理和研究的发展，而且能够促进国史研究特别是研究方法和手段的发展与创新，培育国史研究新的学术增长点。

重视史料是我国史学的一种优良传统。在一定意义上说，国史史料的整理和研究，先于国史研究的兴起与发展，但长期以来则处于不全面、不系统状态，并没有形成相对独立的学科领域。随着改革开放以来国史研究的正式兴起和发展，国史史料的整理和研究引起学术界越来越多的关注，重视程度也越来越高，并出现一些研究成果。这些研究成果主要表现为对国史和中共党史史料的挖掘、整理和编纂，以及一些带有史料学性质的研究成果，如张注洪的《当代中国史研究中的文献史料问题》、[①]

---

① 张注洪：《当代中国史研究中的文献史料问题》，《当代中国史研究》2006年第5期。

《毛泽东生平、思想文献史料学研究初探》[①] 和《中华人民共和国史文献史籍举要》，[②] 周一平的《中共党史文献学》[③] 等。这些研究成果对国史史料作了大体整理和初步分类，但都没有形成对国史史料的系统整理与研究。同时，在国史史料的应用方面，也有鱼龙混杂现象，甚或伪造历史资料以混淆视听，对此需要正本清源，辨伪存真。到目前为止，国内外还没有一部关于国史史料整理和研究的著作，这不能满足国史研究繁荣发展的迫切需要，亟待将国史史料整理和研究提上重要日程。

国史史料十分丰富，类型多样。国史史料存在于新中国成立以来编辑出版的关于中国革命、建设和改革开放的历史文献和公开的档案资料中，如党和国家领导人的文选、文集、文稿、年谱、传记、回忆录等；包括关于党和国家各方面工作的专题性和综合性文献、档案资料；也存在于《人民日报》《光明日报》等报刊的报道与记载中。国史中的地方史史料则主要表现为地方史志记载、地方文献档案和口述性资料等。随着国史越来越受到国内外的关注和重视，挖掘、整理的史料越来越丰富，史料的形式也越来越多样化。

在国史史料的整理和研究中，需要将史料放在一定的历史条件下，去粗取精，去伪存真，以鲜活而翔实的史料真实反映和揭示历史的形态和面貌。国史史料的整理和研究，不仅要注重通史性史料，而且要更加注重历史发展时期性、阶段性的史料。根据历史发展时期或阶段及其特征，对每个历史时期或阶段性的史料进行综合性整理和研究，并选择每个历史阶段中具有典型性、代表性的历史问题，进行专题性的整理和研究，形成每个阶段的史料概述和专题述评性研究成果。在选择专题性史料上，应突出国史中的重要历史节点，如与新中国成立相应的党的建国思想，与社会主义改造有关的“新民主主义社会论”，在开始全面建设社会主义中具有重要历史意义的党的八大，与改革开放紧密联系在一起的党的十一届三中全会、社会主义市场经济体制的建立与完善等。通过这些专题性史料的整理和研究，旨在从史料学的角度反映新中国历史发展

---

① 张注洪：《毛泽东生平、思想文献史料学研究初探》，《党的文献》2004 年第 3 期。

② 张注洪：《中华人民共和国史文献史籍举要》，《历史教学》1990 年第 1 期。

③ 周一平：《中共党史文献学》，华东师范大学出版社 2000 年版。

的主题与主线，并贯通改革开放前后两个历史时期的辩证统一关系。在选择专题性史料中，还应着重于整理和研究具有典型性、代表性的历史人物与事件的史料。如在历史人物方面，以有一定特点的历史问题为切入点，如重点研究党和国家领导人的历史地位、影响与作用；在历史事件方面，如重点研究抗美援朝、和平解放西藏、党的八大、整风与反右、人民公社化、中苏论战、中美关系正常化，以及《关于建国以来党的若干历史问题的决议》的起草等。专题性史料不仅应包含政治史、经济史、文化史和社会史的内容，而且涵盖国防史、外交史，既注重国史中重大历史事件、历史现象和历史人物研究所不可缺少的对史料的评介与辨析，又注重发掘和运用新史料深入探讨有关历史问题，特别是追根溯源、辨正和考释史料，廓清有关史实。

国史史料整理和研究的方法，以类型学、文献学和考据学为主，结合编纂学、目录学、版本学等，同时借鉴统计学和比较史学等方法，史论结合，综合性评述与专题性研究相结合。从学科意义上说，加强国史史料的整理与研究，具体而深刻地揭示国史史料的性质与特点，以及史料在国史研究中的地位与作用，形成比较系统的、具有史料学性质的国史史料的认识体系和方法，为构建具有国史研究学科体系提供相应的史料学基础。

（二）加强国史理论研究和建设

历史理论与史学理论是相互联系的，但彼此在历史认识中的地位与作用是有差别的，历史理论是关于历史的本体论，是揭示历史是什么、历史向何处去和历史昭示什么的规律性认识；史学理论则是立足历史，如何对待和把握历史的立场、观点、方法和手段的认识。应该说，历史理论是史学理论的认识基础，史学理论是历史理论的认识工具。二者相辅相成、相得益彰，但史学理论是服从和服务于历史理论的，这是历史研究中理论研究和建设的辩证法。因此，推动历史研究特别是国史研究，需要把历史理论特别是国史理论研究和建设，放在更加突出的重要地位。历史理论研究，是研究历史发展的方向、道路的，是总结历史发展的经验教训的，是探索历史发展的规律的。加强国史理论研究和建设，有利于国史研究服务于党的思想理论建设、巩固和增强马克思主义在我国意识形态领域的指导地位。

加强历史理论特别是国史理论研究和建设，要始终坚持把马克思主义唯物史观与我国历史、中华民族历史、国史的具体实际相结合，并丰富和发展唯物史观。要把党的思想理论成果与历史研究相结合，也即把党的基本理论、基本路线、基本纲领、基本经验和基本要求与历史理论相结合，促进国史研究的政治性与科学性的高度统一。要把历史理论特别是国史理论研究放在历史研究中的优先战略地位，在马克思主义研究和建设工程的推动下，加强历史通史性研究和宏观叙事研究，着力于深刻揭示国史的主题与主线、主流与本质，深刻揭示坚持党的领导、坚持社会主义制度的历史必然性、先进性和规律性。

（三）反对历史虚无主义思潮

在国史研究中，马克思主义史学理论总是与各种错误思潮相斗争而发展的。一方面，坚持以唯物史观为指导，推动国史研究繁荣发展，修史资政育人护国；另一方面，针对历史虚无主义等错误思潮对国史研究的消极影响和干扰破坏，深刻剖析这些错误思潮产生的社会环境条件与认识根源，以及在国史问题上的主要表现、实质与危害，并根据历史事实和科学的历史认识论与方法论，批驳这些错误思潮在国史问题上的种种谬误，还历史本原，澄清历史是非。

国史研究中的历史虚无主义问题，是历史虚无主义的一般性内涵与特征在国史研究中的具体表现。这既存在于如何对待国史的主题与主线、主流与本质问题上，比如诋毁新中国的成立、中国共产党的领导和社会主义制度，歪曲中国革命、建设和改革的历史进程与成就，有所“虚”有所不“虚”地夸大或捏造历史上的失误、挫折与错误，进而否定中国特色社会主义道路、理论体系和制度，丑化中国共产党、中国人民和中华民族，又存在于如何对待具体的历史事件与人物、决策与政策问题上，从否定历史事件或人物的某个方面、某个细节，以偏概全、一叶障目地来否定这一事件或人物本身及其所代表的一段历史，从撇开历史环境条件或从抽象的概念出发，任意剪裁、肢解和臆造历史。反对历史虚无主义，需要深入剖析历史虚无主义在国史研究中的主要表现、基本诉求与严重危害；同时，通过点面结合，全面掌握国史研究中的历史虚无主义问题的整体面目，深刻认识历史虚无主义的根源、目的与实质。这方面的研究工作主要是：批驳历史虚无主义歪曲、夸大国史上的曲折、失误与错误问题，丑化毛泽东、否定毛泽东的历史地位问题，在改革开放前后两个历史时期关系问题上、在《关于建国以来党的若干历史问题的决议》起草问题上的谬误，以及历史虚无主义在四项基本原则问题上的谬误等，认清历史虚无主义通过历史问题危害我国意识形态安全的主要表现、方式与途径。

“虚无”历史之所以形成一种所谓“主义”和思潮，是因为其具有一套以唯心史观为指导、建立在“虚无”历史基础之上的认识论和方法论，具有掩盖和否定历史规律、颠倒历史是非曲直、扰乱人们思想和价值观的政治图谋，而且最为集中地表现在否定国史的规律性和必然性，歪曲国史的主题与主线、主流与本质，因此反对历史虚无主义，必须把它作为一种理论形态和政治社会思潮给予高度重视和警惕，进行理论的批判。历史虚无主义问题在国史研究中将是长期存在的，而且随着社会历史条件的变化，也将不断出现新情况、新动向和新变种。这就需要以马克思主义为指导的国史研究，从维护社会主义制度、中国特色社会主义事业发展的高度，与之进行长期的思想斗争，为坚持和发展中国特色社会主义提供深厚的历史基础与依据。

三、国史研究学科体系的基本构成

根据学科属性和研究对象，以及学科发展趋势与特点，国史研究学科体系应具有如下四个方面的基本构成。它们之间是相互联系、相辅相成的。

国史史源与史料学。历史研究离不开史源与史料，史源越多元多样，史料越翔实可靠，历史研究就越具体而深入。国史研究也是如此。一般来说，国史史料主要来源于历史文献、档案、口述和实物，也来源于国史研究著述。而且，由于国史是当代史，离现实最近，并正在发展着，因此，国史史料也广泛存在于现实生产生活之中，需要国情国史调查。国史史源与史料学包括历史文献学、历史档案学、口述史学、文物学和国情国史调查等。相应地，挖掘史源，整理文献、档案，考证口述史料和实物，则需要目录学、版本学、校勘学、辑佚学、辨伪学、考据学等辅助学科的运用，为国史研究建立起必要而充分的史源与史料基础。在这方面，需要加强研究如下问题:（1）国史史料整理和研究的现状与前沿；（2）国史史料的来源、类型、性质、特点、价值和功能；（3）国史史料整理和研究的基本方法、手段与途径;（4）国史史料的认识和研究框架等。

理论研究类学科。国史研究作为历史学科，在理论领域，研究的内容主要是唯物史观的基本立场观点和方法，国史研究的指导思想，国史本体论、认识论和方法论，在学科上表现为国史哲学、国史理论、国史研究的理论和方法等。它主要从历史角度、历史学方法研究马克思主义基本原理，研究马克思主义中国化理论成果，并以此为指导，研究国史中的理论问题，阐述历史进程，总结历史经验，揭示历史规律，并从国史中探索和把握人类社会发展规律、共产党执政规律和社会主义建设规律。与其他历史研究一样，国史研究不能仅仅停留在对史源与史料的挖掘和整理，而应当在此基础上进行“是什么”“为什么”和“将会怎么样”的研究，做到“究天人之际，通古今之变”。对于国史研究来说，缺乏理论研究的国史研究，是没有思想性和“灵魂”的，也是没有科学力量的。

国史本体研究类学科。这是国史的具体实际在认识上的反映和表现。由于国史的复杂性和国史内涵的综合性，根据不同的分类方法对国史进行划分，国史研究学科则可以分为多种类型及其结构。从历史时长上，根据国史发展的连续性与阶段性的统一，可以将国史研究分为国史通史性、时期性或阶段性历史研究，如作为总称的“中华人民共和国史研究”，或是专指某一时期或阶段的“新中国初期历史研究”“开始全面建设社会主义时期研究”“开创和发展中国特色社会主义时间段历史研究”等。根据国史的内涵与结构，可以将国史研究分为“政治史研究”“经济史研究”“文化史研究”“社会史研究”“国防史研究”“外交史研究”和“生态文明建设史研究”，以及“党的建设史研究”等，而且这些方面还可以继续细分为更为具体的专门史、专题史，如“行业史研究”“行政区划史研究”“党政机构史研究”“教育史研究”“科技史研究”“卫生史研究”“体育史研究”，以及“人口史研究”“民族史研究”“宗教史研究”和“边疆史地研究”等。从中央与地方的关系上，国史研究还可以派生出“地方史研究”，特别是“当代西藏史研究”“当代新疆史研究”“当代港澳台史研究”，以及沿海、内地、边疆和海疆等区域史研究。从研究内容的属性上，国史研究也可以分为“当代中国思想史研究”“当代中国政策史研究”“当代中国制度史研究”和“当代中国历史人物研究”等。从历史编纂上，国史研究既表现为总称上的“国史编纂学”，又具体地表现为叙事体、编年体、纪传体、纪事本末体、章节体、纲目体、典章体等编纂体裁体例和编纂方式研究。国史本体研究类学科是一种学科集合，是国史本体论、认识论和方法论的一种统一。

国史研究交叉类学科。这类学科是以国史研究为主，与其他相近、相关学科相互渗透和交融而生成，或吸收借鉴其他学科的理论与方法而逐渐兴起。前者如党史、国史研究，后者如以研究国家学说、国体、政体和国家结构形式为主要内容、具有“历史政治学”特征的研究，以研究社会关系、社会结构、社会生活为逻辑起点、具有“历史社会学”特征的研究，以研究历史活动空间和社会活动地理分布为基本线索、具有“历史地理学”特征的研究，以及比较史学研究等。目前，这些研究学科还比较薄弱，有的也只是初露端倪，但根据历史研究学科发展的一般规律和国史研究发展的实际需要，这些学科是必要的，也将会在一定条件下兴起和发展起来。

在国史研究的基础上，国史研究学科体系已初步确立，但是不成熟、不完备的，有些还相当薄弱或有所缺失，需要通过巩固基础学科、发展重点学科，扶持交叉学科和培育新兴学科，还需要坚持问题导向，深化和拓展研究领域，创新发展研究理论、方法和手段，并加强与现实研究相结合的智库研究，从而不断丰富和发展国史研究学科体系，为繁荣发展国史研究构建起一个成熟、完善的国史研究学科体系。

［原载《当代中国史研究》2016 年第 6 期］

论学习实践科学发展观与国史研究

科学发展观是马克思主义关于发展的世界观和方法论的集中体现，是发展中国特色社会主义必须坚持和贯彻的重大战略思想。国史研究作为中国特色社会主义哲学社会科学的重要组成部分，科学发展观为其建设和发展指明了前进的方向。编纂和研究国史，为国家建设和发展“存史资政育人”，为维护和保障国家主权与领土完整提供历史依据，为实现中华民族伟大复兴和中华文明薪火相传而高扬民族精神，这些都需要深入学习实践科学发展观，不断促进国史研究事业的科学发展。

一

对历史发展的认识和总结，是科学发展观形成和发展的重要认识基础。科学发展观是立足我国社会主义初级阶段基本国情，总结我国发展实践，特别是改革开放和社会主义现代化建设的成功经验，借鉴国外发展经验，适应新的发展要求提出来的，揭示了经济社会发展的客观规律，反映了我们党对发展问题的新认识。国史研究以国家历史发展及其规律与特点为研究对象，是认识马克思主义基本原理与中国具体实际相结合的理论与实践，以及社会主义在中国实现和发展的历史进程的一条重要途径。因此，这一学术实践不仅能够论证科学发展观形成与发展的历史必然性，阐述其基本内容和精神实质，而且具有为学习实践科学发展观，并为科学发展观的丰富与发展提供思想认识资料的基础性作用。从认识论意义上说，国史研究是树立和坚持什么样的发展观的重要认识来源。学习实践科学发展观离不开国史研究，以科学发展观指导国史研究，就是要促进国史研究科学发展。

唯物史观是科学发展观的哲学基础。在国史研究中学习实践科学发展观，就要始终坚持以唯物史观为指导，研究国史，认识国情、世情和党情，不断探索人类社会发展规律、社会主义建设规律和共产党执政规律，并遵循这些规律推动经济发展、社会全面进步和人的全面发展。

在关于发展的规律问题上，唯物史观认为，发展不是抽象的，而是具体的、历史的。一定社会的历史发展决定于一定的社会生产方式，是社会基本矛盾运动，即生产力与生产关系、经济基础与上层建筑相互作用的结果。社会生产方式的性质与特点不同，社会历史发展的性质和方向也是不同的，社会生产方式的发展与变革推动着人类社会进步，也决定着一定社会历史发展的根本道路。因此，从根本意义上讲，要科学发展，就必须遵循人类社会基本矛盾运动的规律，推进生产力与生产关系、经济基础与上层建筑相协调。其中，生产力中最活跃的、起决定作用的是人，人民群众是历史的真正创造者。科学发展观来源于对人类社会基本矛盾运动规律的认识，主张坚持以人为本，发展为了人民，发展依靠人民，发展成果由人民共享，尊重和发挥人民群众的历史主体地位和首创精神。

在关于发展的动因问题上，唯物史观认为，发展首先是事物内部必然矛盾运动，发展的根本原因不是在事物的外部，而是在事物的内部，在于事物内部的矛盾性，内因起着决定性作用。同时，任何事物都不是孤立存在的，而是相互联系的，每一事物的发展都和它周围的其他事物相互联系和影响着的。它们相辅相成或相反相成。不仅如此，事物发展的这种内在性和相互联系性，又是相对的，在一定条件下是可以相互转化的。科学发展观以唯物辩证法为思想认识基础，认为经济社会发展是一个相互联系的有机整体。其中，经济建设为社会的全面进步和人的全面发展奠定物质基础，同时，经济发展又同政治发展、文化发展紧密联系。政治发展、文化发展对经济发展产生反作用，在一定条件下还可以产生决定性的作用。科学发展观的基本要求是全面、协调和可持续，其精神实质是以经济建设为中心，全面推进经济、政治、文化和社会建设，统筹兼顾。

二

发展观来自实践，并对这一实践具有先导性作用。胡锦涛指出，一个国家坚持什么样的发展观，对这个国家的发展会产生重大影响，不同的发展观往往会导致不同的发展结果。史观作为发展观的历史哲学基础，欲得正确的发展观，必先有正确的史观。在国史研究中，国史研究者、史观和史实及其相互关系构成一个完整的主观与客观相结合的认知体系。其中，国史研究者是这一认知的主体，史观是认知主体从事相应认知活动所坚持的基本立场、观点和方法，史实则是这一认知主体的行为作用的客观对象。国史研究者坚持什么样的史观，直接影响着其对史实的基本态度和处理方式，全面还是片面，系统还是零碎，去伪存真还是“有用即真”，由表及里还是浅尝辄止，等等，进而影响是否能够科学总结历史的经验教训，并影响对历史发展问题的基本认知和对未来发展趋势的预测与判断。而且史观不同，即使根据同样的历史事实，也往往会得出不同甚至截然相反的认识。

由唯物史观在科学发展观中的哲学地位所决定，坚持以科学发展观指导国史研究，发展马克思主义的国史研究，就需要从思想上正确认识唯物史观在国史研究中的指导地位，将国史研究的学术性和政治性统一于唯物史观的基础之上，将唯物史观和国史研究的科学理论与国史研究这一认识实践活动相结合，不断探索国史研究的规律性。从研究方向上，需要把新中国成立以来社会主要矛盾运动的规律、经济社会发展的规律和党的执政规律作为研究的基础与核心。从研究领域上，需要把经济史、政治史、文化史和社会史的研究相结合，把国家意义上的历史与地方史的研究相结合，把国史与世界史的研究相结合。从研究手段与方法上，需要把口述史与文献档案研究相结合，把人物、事件、行为史学与思想史、制度史学相结合，把编纂学、方志学与理论史学相结合，把史学争鸣与史学评论相结合，把史学传统与史学发展相结合。以上这些，无不要求在国史研究不断发展的基础上，建立健全国史研究的学科体系，从而为国史研究的科学发展提供学科理论和方法上的支撑。

建立健全国史研究的学科体系，是国史研究科学发展具有基础性的重要组成部分。根据历史学科的一般性和国史研究的特殊性，国史研究应包括如下分支学科：

（1）国史史料学，以记载国史史实的文献、档案和口述资料为主要研究对象，在国史研究中处于奠基性的地位。没有对国史史料的整理、甄别与运用，国史研究将成为无源之水、无本之木；没有对国史史料的系统而翔实的掌握，国史研究将是片面的和难以深入的。

（2）国史编纂学，以国史编纂及其方法为研究对象，探索国史编纂的规律与特点，在国史研究中处于基础性地位，是国史研究的主要形式之一。

（3）国史研究理论与方法论，以如何认识和研究国史为基本内容，是衡量国史研究这一学科发展程度的根本标志，也是推动国史研究不断发展的认识来源和理论基础。它包括历史哲学意义上的国史观、国史本体论和认识论。其中，国史观是国史哲学的核心内容，并与国史本体论和国史认识论一起构成国史哲学的基本体系。马克思主义国史观是以唯物史观为思想理论基础的历史观。

（4）国史学史，是以国史研究这一学科的发展史为研究对象，总结本学科建设经验，预测学科发展趋势的分支学科。

（5）比较国史学，用比较的方法，把本国史与国别史、世界史联结起来，认识本国历史发展所处的历史方位、历史阶段及其特征，以及本国历史发展对世界历史发展的作用与贡献。

国史研究中这些分支学科的发展是互为条件的，相辅相成的。只有各个分支学科在发展上的相互促进，才能推动国史研究的全面、协调和可持续发展。为此，需要遵循国史研究的规律，将科学发展观运用于国史研究的认识实践，系统总结国史研究的历史经验，借鉴历史学和其他学科的经验，逐步建构起国史研究的比较完整的学科体系。

三

在国史研究中，以唯物史观为指导的研究和以唯心史观为哲学基础的认识总是相比较而存在、相斗争而发展的。马克思主义的国史研究不仅具有一般历史学“存史资政育人”的功能，而且在社会主义意识形态和核心价值体系建设，以及在维护国家统一、弘扬中华民族精神等领域，彰显着护国的功能。朱佳木先生通过总结近代以来中国史学思想，特别是马克思主义史学家的爱国主义优良传统，以及 20 世纪 90 年代初东欧剧变的惨痛历史教训，较早阐述了国史研究的“护国”功能。根据这一史学思想，国史研究“护国”功能的发挥，不仅是国史研究赖以存在和发展的重要价值所在，而且是衡量国史研究是否得到科学发展的重要标尺。

然而，长期以来，在发挥“护国”功能上，马克思主义的国史研究始终面临着唯心史观的各种挑战。其主要是：

（1）以唯心史观的立场、观点和方法“解构”国史，混淆或颠倒历史的是与非、善与恶、荣与辱，以此误导或扭曲人们对新中国成立以来历史的认识，进而消解社会主义意识形态的历史基础。国史是各种非马克思主义思潮向社会主义意识形态渗透的一个突破口，马克思主义国史研究工作者始终处在这一意识形态斗争的前沿。

（2）割裂、诋毁国史，为阻止国家统一和分裂国家制造所谓历史依据。这方面的突出表现是“藏独”“疆独”和“台独”史观。它们严重威胁着国家的主权和领土完整，危害着国家和中华民族的根本利益。我们是在国家尚未实现完全统一的历史条件下修治国史的，维护国家主权和领土完整，是马克思主义国史研究义不容辞的神圣职责。

国史是国家主权的重要组成部分，维护国史就是维护国家主权的社会历史基础。维护国史，首先必须搞清楚所要维护的对象——国史本身，包括它的历史面貌、创造主体和历史特性等。只有真实的历史和以历史事实为基础的国史研究成果，才能为维护国家主权和领土完整、促进国家统一提供坚实的历史依据和智力支持。

国史研究面对“藏独”“疆独”问题，需要进一步加强新中国成立以来民族历史问题研究，特别是民族区域自治地方史中对于国史具有典型意义的历史问题的研究，处理好国史与地方史的关系。我国是一个统一的多民族国家，不同行政区域、民族居住区域，在自然环境、社会历史与文化上存在着一定的差异性，而且社会经济与政治也具有一定的区域发展不平衡性。当代地方史，是国史的社会基础和重要组成部分。研究国史，就要把国史的完整统一性与地方史的多样性特点统一起来。同时，国史的完整统一性和地方史之间的相互联系及一体化发展决定了研究地方史，必须从省情、区情和市情出发，将地方史放在国史的大背景下、中央与地方关系的范畴内和各地方相互联系的过程中来考察。孤立地强调地方历史的特殊性，容易“一叶障目”；忽视或抹杀这种特殊性，同样容易犯简单化的错误，导致对历史认识的偏差。比如，关于当代地方史的分期问题，一些地方的历史发展趋势虽然与国家的总体历史发展是一致的，但事实上存在着不同步的问题，尤其是对于新中国成立初期的地方史，这一问题就表现得比较明显。相应地，在历史分期上当然不能搞一一对应或“一刀切”，而是应当根据国家的总体历史发展实际，就当代地方历史分期做具体分析。再比如，关于当代地方史的研究重点问题，在国家的建设和发展中，有的地方的社会经济以农业为主，有的则以工业为主；有的地方城市化发展水平比较高，城市管理问题就比较突出；即使同为民族区域自治区，因为实行区域自治的民族不同、区情不同，其历史文化传统和社会经济发展水平也相应有所不同。为揭示地方史发展的特殊性，地方史研究应抓住本地历史发展中的主要矛盾问题，确定其历史研究的主线、主流和具有地方特色的研究领域。

西藏是中国不可分割的一部分。中华人民共和国成立以来，西藏逐步实现了由旧到新的历史性变革和由封建农奴制度到社会主义制度的历史性跨越，确立并发展着民族区域自治制度。民族平等、团结，经济发展和社会进步，成为当代西藏地方历史发展的主题。当代西藏地方史是指中华人民共和国成立以来西藏和平解放、建设和改革的理论与实践进程。这一历史因西藏的特殊性而在我国地方史和民族区域自治史中具有很强的典型意义。坚持和完善民族区域自治制度，推动西藏现代化发展，需要研究它；总结党的西藏工作，探索西藏社会发展规律，需要研究它。为此，国史研究需要进一步加强对国家主权和领土问题的历史由来、祖国历史观等问题，以及各种“独立”活动和分裂国家的思潮产生与发展过程的研究。

国史研究面对“台独”史观问题，应处理好台湾地方史在国史研究中的地位问题，以维护国家历史安全。台湾自古就是中国不可分割的一部分。然而，就是在这一本不成问题的历史问题上，“台独”分子以“去中国化”“去其中国史”为伎俩，为其“台独”寻找历史依据。“台独”的所谓“去其中国史”，显然是在割裂中国大陆史与台湾地方史同属一个中国史的历史。因此，在这样的背景下，包括当代中国史在内的整个中国史面临着是否安全的问题。国家历史安全问题应纳入国家安全的有机构成来对待。在国史研究中，不仅要研究历史上中央政府对台湾地方的治理，而且要研究台湾与大陆内地的交往、台湾对缔造祖国的历史贡献；不仅研究祖国统一的奋斗史，而且要研究台湾人民抗击外来侵略、反对分裂祖国的斗争史。关于台湾地方历史，要在“一国两制”方针指导下，将之放在中华民族的发展史和中国历史之中加以具体、历史地考察。

（3）篡改国史，向社会大众特别是青少年散布和灌输不正确的历史认识，以此影响他们的历史观的形成，进而将他们的人生观、世界观和价值观的树立引入歧途。历史观是人生观、世界观和价值观形成的重要基石。只有形成正确的历史观，才能树立正确的人生观、世界观和价值观。即使人生观、世界观和价值观已经基本形成，也有一个以正确的历史观不断加以纠正、改造和完善的过程。这些都需要马克思主义的国史研究以正确的历史认识为基础，引导、帮助和促进人们树立正确的人生观、世界观和价值观，并不断改造主观世界，为培养社会主义建设者和接班人提供智力支持。

（4）抹黑国史，否定国家建设、发展和改革所取得的历史成就，通过渲染历史发展中的挫折、失误和教训，丑化社会主义，试图消解广大人民群众对共产党的领导、社会主义制度历史必然性的认识，进而瓦解民族自尊心、自信心赖以树立和增强的历史基础和共同的思想基础。

国史研究就是要通过研究中国共产党领导人民进行社会主义革命、建设和改革的历史，科学总结历史经验，以真实的国史为维护国家主权和领土完整、实现祖国完全统一提供历史依据和精神动力，以正确的国史观不断增强国家和社会的共同思想基础，高扬社会主义旗帜和以爱国主义为核心的中华民族精神。

[原载《红旗文稿》2008 年第 23 期]